中华文明起源书系

徐峰 著

过渡带
两淮地区早期社会进程

上海古籍出版社

图书在版编目(CIP)数据

过渡带：两淮地区早期社会进程 / 徐峰著.
上海：上海古籍出版社，2025.8. -- (中华文明起源书系). -- ISBN 978-7-5732-1683-0
Ⅰ. K295.3
中国国家版本馆 CIP 数据核字第 2025M53K79 号

策划编辑：贾利民
责任编辑：贾利民
技术编辑：耿莹祎
美术编辑：阮　娟

中华文明起源书系
过渡带：
两淮地区早期社会进程
徐　峰　著
上海古籍出版社出版发行
(上海市闵行区号景路159弄1-5号A座5F　邮政编码201101)
(1) 网址：www.guji.com.cn
(2) E-mail: guji1@guji.com.cn
(3) 易文网址：www.ewen.co
上海雅昌艺术印刷有限公司印刷
开本 710×1000　1/16　印张 24　插页 5　字数 404,000
2025 年 8 月第 1 版　2025 年 8 月第 1 次印刷
ISBN 978-7-5732-1683-0
K·3899　定价：118.00 元
如有质量问题，请与承印公司联系

中华文明起源与早期发展的
总体进程（代总序）

近 40 年来，包括"中华文明探源工程"在内的一系列重要考古工作，在揭示中华文明起源、形成、发展的历史脉络上取得了一系列重要研究成果。同时也要看到，要形成比较完整的中国古代文明理论，还需要付出长期艰苦的努力。

中华文明起源，不仅是我国学者潜心研究的重大课题，也是国际学术界持续关注的研究课题。习近平总书记指出："经过几代学者接续努力，中华文明探源工程等重大工程的研究成果，实证了我国百万年的人类史、一万年的文化史、五千多年的文明史。"中华文明起源于尚无文字记载的古史传说时代，对其进行追溯探讨需要依靠考古学的研究和发现。自我国现代考古学诞生以来，重要考古发现层出不穷。20 世纪 80 年代，我国各地在新石器时代考古方面有了一系列重大发现。基于这些重大发现，学术界认为，探求中华文明的形成，应当着重研究二里头文化之前的新石器时代。在考古学家夏鼐先生和苏秉琦先生倡导下，中华文明起源与早期发展的研究任务被正式提了出来。近 40 年来，包括"中华文明探源工程"在内的一系列重要考古工作深入推进，对中华文明起源与早期发展的总体进程有了比较清楚的认识。

中心聚落开始出现，社会的复杂化全面展开

农业考古发现和研究表明，史前农业自 1 万多年前萌芽以来，经过漫长发展，至晚在距今 6 000 多年时有了长足进步。综合栽培作物的驯化，包括耕作、耘田、收割和谷物加工的全套农具，南方水田田亩整治和给排水构造，以及家畜饲养等多方面情况看，当时的农业已经形成一整套生产体系，成为长江、黄河以及西辽河地区人类最主要的经济活动。农业的发展提供了比较稳定的食物，为人口增殖、社群规模扩大和向复杂化发展奠定了基础。

从大约 5 700 年前开始，许多地方的村落群中出现了中心聚落。例如，陕西省华县泉护村、安徽省含山县凌家滩、江苏省张家港市东山村、湖南省澧县城头山等遗址，它们的面积达几十万甚至上百万平方米，远大于周围几万平方米的普通村落,其内部制陶、石器制造等手工业水平和分工程度也明显高于普通村落。此外,还可从墓葬大小和随葬品质量、数量相差悬殊等情况,看出社会成员财富、地位的明确分层,这表明社会的复杂化在聚落之间和中心聚落内部全面展开了。

中心聚落的出现是划时代的新事物,把那些差别不大的普通村落逐渐整合成一个更大的整体。作为一个整体,它和相邻部落建立起种种关系。于是,在聚落群内部和聚落群之间开始出现前所未有的政治联系。从学术研究上看,这种以一座大型聚落为中心、聚集多座普通村落的社会结构,与先秦文献记载的五帝时代的"邦""国"类似,兹称之为古国。从大约5 700年前以来,古国这种社会组织结构成为各地比较普遍的存在,史前中国从此进入了"天下万国"的古国时代。

良渚文化率先进入文明阶段,开启了史前文明浪潮

自距今5 000年前后,此前阶段发生在聚落群内部的整合行为,在一些地区扩大到聚落群之间乃至整个文化区域,并取得了相当的成功。一些地方率先步入文明阶段,典型代表是分布在江浙地区的良渚文化。

近年来的田野考古揭示了良渚文化的基本面貌:由高墙环绕的规模巨大的良渚古城和古城外围宏大的水利工程反映良渚人掌握了较高的科学技术,更意味着存在一个可以有效组织和运用庞大社会资源的强制性公共权力,并且有迹象表明这种强制性权力甚至可以褫夺他人性命。古城内部存在高规格宫殿建筑。良渚社会有着复杂的行业分工和级差明显的社会阶层,城市居民除了贵族之外,也有制作玉器、漆木器等的手工业者,其按照职能、行业等组成的居民结构迥然不同于依照血缘关系形成的农业村落。古城并无从事农业生产的迹象,城内发现了大规模粮食仓储,据此推算古城直接垄断了大约2 000平方公里范围内的农业剩余和其他资源,从而可知城乡之间存在着明确和紧密的辖制关系。可以说,良渚古城是整个良渚文化范围内最高等级的政治中心、宗教中心和手工制造业中心。

这些情况表明,良渚文化是个高度复杂化的社会,中华大地上波澜壮阔、此起彼伏的史前文明浪潮就此开启。大体而言,与良渚文化同时或稍晚,长江中游地区的屈家岭—石家河文化早期和西辽河流域的红山文化,其社会都呈现出向原始国家形态迅速发展的态势。

二里头文化诞生发展,中华文明进入王朝时代

距今约4 300至3 800年,在考古学上是新石器时代末期,也叫龙山时代。这一时期的突出变化首先表现在文明分布的大格局上。良渚文化、红山文化和石家河文化这些步入文明阶段的先行者先后衰落了,而黄河流域诸文化迅速提高了文明化速度,成都平原也初现文明曙光,其中尤以陕西省神木市石峁、陕西省延安市芦山峁、山西省襄汾县陶寺、四川省成都市新津区宝墩等几座规模巨大的古城令人瞩目。另一个突出变化是在社会文明化的内容上。一方面,从中原到陕北,考古发掘出的暴力和战争相关资料明显增多,社会处在剧烈动荡之中。另一方面,源自中亚的麦类作物及其栽培技术,黄牛、绵羊、山羊等家畜及青铜冶炼技术于这一时期传入中国,先到达西北地区,再传至中原,这些新的生产要素为社会复杂化进程注入了新的动力。例如,陕北的石峁文化迅速崛起的一个重要原因,很可能是引进了羊这种既不与人争食又能在黄土高原上不利于农耕的深沟大壑中饲养的家畜,从而提供了更多的优质食物资源。

这一时段的晚期,中原的龙山文化在剧烈动荡中完成了一系列重组整合,并在广泛吸收周围文明先进因素的基础上,在距今3 800年左右诞生了一个新的文化,即以河南省洛阳市偃师区二里头遗址命名的二里头文化。二里头文化分布在豫西晋南地区,与文献中夏人活动地域吻合,年代落在史传夏纪年范围内。就规模和复杂程度来看,二里头遗址无疑是二里头文化的都城。越来越多的考古发现还证实,二里头的一些具有自身特征的物品,如牙璋、玉刀、绿松石镶嵌青铜牌饰、陶封口盉等对外有广泛传播。这些物品并非普通生活用器,而是礼制用器。所以,它们的传播实为中原社会的政治礼仪、制度、思想的播散。二里头文化立足中原又辐射四方,不仅再一次改变了中华文明的进程和格局,还开启了以中原地区为主导、整合其他地方文明的政治和历史进程,中华文明遂进入王朝时代。

不断深化研究,努力形成比较完整的中国古代文明理论

研究发现,良渚、陶寺、石峁等具备原始国家形态的文化,主要有四个特征:一是农业、科学技术显著发展,出现了复杂的社会分工;二是阶级分化,表现为出现了贵族专有的宫殿区和墓地,同时高等级手工业制品的生产和分配为贵族所控制,社会等级制度已经形成;三是出现了作为政治、经济和文化中心的城市;四是社会存在着具有强制性的公共权力即王权,以及由其建立和掌控的区域性政体。这是基于中国历史考古资料总结出来的文明标准,也是对长期缺少中国历史内容的人类早期文明理论的重要补充。这几条标准没有强调国外主要是在西亚、埃及文明资料基础上总结出来的冶金术和文字这两项内容,表明中国史前文明既有人类历史发展普遍性的一面,也有自身特殊性的一面。

总体而言,经过近40年的探索,学术界在揭示中华文明起源与早期发展的总体进程、阶段性发展、各阶段的主要内容、最早的国家特征等问题上取得一系列重要研究成果。但也要看到,这些成果中,描述性内容多于理论的总结和升华,要形成比较完整的中国古代文明理论,还需要付出长期艰苦的努力。

与此同时,学术界也愈发意识到中华文明起源与早期发展问题的复杂性。中华文明起源与早期发展不仅是一个长达近2 000年的历史过程,还是一个分布在黄河、长江全域以及钱塘江、淮河、西辽河流域等广袤大地上的诸多地方文明构成的巨大丛体,体量为同时期世界古代文明之最,学术界早就形象地称之为史前文化的"多元一体"。同时,这个丛体内部的各地方社会也分别有自己的文明化演进方式和特点。基于此,上海古籍出版社策划出版了"中华文明起源书系",向学界展示这些地方文明演进过程、原因机制、方式道路的研究成果。这有利于进一步了解它们怎样在彼此的取长补短、交流互鉴、融会贯通中逐步扩大发展一体化趋势,凝聚形成中华文明的特色特点,最终形成中华文明延绵不绝和统一多民族国家的历史结果。

北京大学考古文博学院教授

2025年5月

序

2007年徐峰考入中国社会科学院研究生院考古系，随我攻读博士学位。记得入学后不久，他来找我谈论文选题。他的硕士论文做的是西周时期的淮夷，他拟在此基础上，往前向新石器时代追溯，往后向东周延伸，对今苏皖淮北和江淮地区进行一项长时段的社会进程研究。大家知道，自2001年起，我们中国社会科学院古代文明中心就与同行们召开了多个区域的文明化进程研讨会。我一直主张，研究中华文明的起源，应当首先研究各个地区的文明化进程，我此前指导的好几位博士的论文均以区域文明化进程为题。所以，徐峰的这个选题和我的主张是相吻合的。而且，他选择的区域也有其自身特点，和环太湖、中原、海岱这些中心地区不同，淮北与江淮地区是地理上的南北过渡地带，非核心区，社会进程的模式按理应该是有所不同的，而且考古学界对这片区域的研究也相对比较薄弱，这是我感到他选择这一区域做工作的新意所在。

现在呈现给读者的《过渡带：两淮地区早期社会进程》这部专著，就是在他博士论文的基础上修改完善的。2010年徐峰从社科院研究生院博士毕业，进入南京师范大学工作，距今已有十载。十年来，他不急不躁、继续打磨博士论文，并将之出版，是令人高兴的事情。

通览全书，我觉得本书有几大特点引人注目。一是两淮这个区域的考古学研究，以往不同角度的思考虽有不少，不过长时段、系统探讨这片区域社会进程的著作却还没有。该书前半部分探讨史前时期的若干考古学文化，包括生态环境、社会分层、聚落形态等等；后半部分则利用文献记载，结合考古学材料，分析该区域的族群、文化和政治，向读者展现了两淮地区夹处在文化核心区的互动和碰触情境中的社会进程。

二是借鉴景观生态学中的"廊道"理论来分析过渡地带的文化交流。以往学界多注意过渡带有助于文化的融合，而本书则强调两淮的廊道特性，廊道是一种危险的景观结构，会引导外来物种及天敌侵入，威胁乡土物种生存，构成文化间的冲突。

从宏阔的历史进程看,这片区域的人群与文化很难在一个稳定的、僻静的、可持续的发展程序中经营下去。该书认为,这些地理结构特征潜藏在两淮地区的社会进程中,既是社会进程的内容,又是影响社会进程的因素。和中原、环太湖地区的文明化进程研究不太一样的是,地理中心区通常展示的是区域社会如何壮大,出现社会分层,逐步达到文明或早期国家的层次。而在这本书中,作者向我们呈现的社会进程却不太一样,文化发展时断时续,此间地域分布的尽是当时寡弱的小国,夹处于大国间,境遇十分困窘。这是该书内容的重点。

三是社会进程中精神文化领域的探讨。中华文明探源工程曾将精神文化考古列为子课题,以期对各地区文明化进程中精神文化的发展成就进行揭示,并且追寻博大精深的中华文明的精神源头。该书中精神文化的探讨是以一篇附录的形式出现的,并没有系统全面地总结两淮早期社会进程中的精神文化,可能是篇幅与精力所限。不过,几个个案的探讨颇有新意,提出了一己之见,尽管这类精神文化的研究常常是见仁见智。值得一说的是,附录中精神文化的探讨依然是服务于该书主题的。比如,他指出,两淮地区的很多精神文化因素往往属于零星的发现,七足镂孔器、三位一体的玉鹰、玉版等等,无不如此,这就表明了两淮的精神文化发展过程中有很多闪耀的火花,但是还没有发展到量变引起质变的地步,容易昙花一现。只要和良渚文化的玉琮、神人兽面纹的那种普遍性存在相比,差别是一目了然的。

四是该书思维比较开放,在归纳分析考古学材料的基础上,能够比较有效地借用其他学科的一些理论,如"廊道"理论以及人类学中的族群认同理论,来帮助相关问题的探讨,这就使得该书兼有考古学和历史学的特点,打破了学科界限,适合不同学科背景的研究者阅读参考。

除了以上几点我印象比较深刻外,书中还有很多细节的讨论不乏新意,读者可自行体会,不一一介绍。总的来说,该书资料翔实,结构完整,主题论述层层推进,且能前后呼应。尤其是绪论和结语部分,学术史的回顾、研究两淮的合理性与必要性以及理论视角等内容的介绍,给人一种非常充实的感觉。这部著作着力于一个特定的地理区域进行长时段的探讨,有年鉴学派宏大叙事的风格。能够在若干历史问题的引导下,细致分析考古学材料,归纳借鉴同行观点而有所创新,提炼出属于这个区域的社会进程模式和动力,难能可贵。我认为,这是一部成功的论著,必将促进这一时期历史和考古学研究的深入。

当然,任何研究都是基于现有资料而得出的暂时性的认识,尤其是考古学研究,考古学材料瞬息万变,该书提出的诸多观点也需在新的考古发现中接受考验。社会进程研究包罗万象,十分复杂,以后若有条件,该书还可以依据新材料进一步对考古学文化谱系、生态环境及其与文化兴衰变化的关系、聚落形态所反映的社会结构的变化等方面做更为全面、细致的研究。

是为序!

王巍

2019年12月

目　录

中华文明起源与早期发展的总体进程(代总序) ⋯⋯⋯⋯⋯⋯⋯⋯⋯⋯ 赵　辉　1

序 ⋯⋯⋯⋯⋯⋯⋯⋯⋯⋯⋯⋯⋯⋯⋯⋯⋯⋯⋯⋯⋯⋯⋯⋯⋯⋯⋯ 王　巍　1

绪论 ⋯⋯⋯⋯⋯⋯⋯⋯⋯⋯⋯⋯⋯⋯⋯⋯⋯⋯⋯⋯⋯⋯⋯⋯⋯⋯⋯⋯⋯⋯ 1
　　第一节　引言 ⋯⋯⋯⋯⋯⋯⋯⋯⋯⋯⋯⋯⋯⋯⋯⋯⋯⋯⋯⋯⋯⋯⋯ 1
　　　　一　考古学界的社会进程研究 ⋯⋯⋯⋯⋯⋯⋯⋯⋯⋯⋯⋯⋯⋯ 1
　　　　二　两淮的地理界定与地形 ⋯⋯⋯⋯⋯⋯⋯⋯⋯⋯⋯⋯⋯⋯⋯ 7
　　　　三　研究两淮的合理性与必要性 ⋯⋯⋯⋯⋯⋯⋯⋯⋯⋯⋯⋯ 12
　　第二节　学术史回顾 ⋯⋯⋯⋯⋯⋯⋯⋯⋯⋯⋯⋯⋯⋯⋯⋯⋯⋯⋯ 15
　　第三节　研究视角与方法 ⋯⋯⋯⋯⋯⋯⋯⋯⋯⋯⋯⋯⋯⋯⋯⋯⋯ 23
　　　　一　整体与长时段的视角 ⋯⋯⋯⋯⋯⋯⋯⋯⋯⋯⋯⋯⋯⋯⋯ 23
　　　　二　"斑块—廊道—本底"模式 ⋯⋯⋯⋯⋯⋯⋯⋯⋯⋯⋯⋯⋯ 25
　　　　三　聚落形态与文化因素分析 ⋯⋯⋯⋯⋯⋯⋯⋯⋯⋯⋯⋯⋯ 29
　　　　四　本书的构成 ⋯⋯⋯⋯⋯⋯⋯⋯⋯⋯⋯⋯⋯⋯⋯⋯⋯⋯⋯ 31

第一章　互动初显：大汶口文化时期的两淮 ⋯⋯⋯⋯⋯⋯⋯⋯⋯⋯⋯ 33
　　第一节　淮北地区 ⋯⋯⋯⋯⋯⋯⋯⋯⋯⋯⋯⋯⋯⋯⋯⋯⋯⋯⋯⋯ 33
　　　　一　大汶口文化背景 ⋯⋯⋯⋯⋯⋯⋯⋯⋯⋯⋯⋯⋯⋯⋯⋯⋯ 34
　　　　二　生态环境与生业经济 ⋯⋯⋯⋯⋯⋯⋯⋯⋯⋯⋯⋯⋯⋯⋯ 41
　　　　三　社会关系分化 ⋯⋯⋯⋯⋯⋯⋯⋯⋯⋯⋯⋯⋯⋯⋯⋯⋯⋯ 50
　　第二节　江淮地区 ⋯⋯⋯⋯⋯⋯⋯⋯⋯⋯⋯⋯⋯⋯⋯⋯⋯⋯⋯⋯ 64
　　　　一　江淮东部的文化序列及面貌 ⋯⋯⋯⋯⋯⋯⋯⋯⋯⋯⋯⋯ 65
　　　　二　江淮东部的生态环境和生业经济 ⋯⋯⋯⋯⋯⋯⋯⋯⋯⋯ 72
　　　　三　安徽江淮的文化序列与面貌 ⋯⋯⋯⋯⋯⋯⋯⋯⋯⋯⋯⋯ 74
　　　　四　安徽江淮的生态环境与生业经济 ⋯⋯⋯⋯⋯⋯⋯⋯⋯⋯ 79

五　凌家滩文化的兴盛与衰亡 ……………………………………… 80
　　小结 ……………………………………………………………………… 96

第二章　互动加剧：龙山文化时期的两淮 …………………………… 99
　第一节　淮北地区 …………………………………………………………… 99
　　一　龙山文化背景 …………………………………………………… 100
　　二　生态环境与生业经济 …………………………………………… 107
　　三　藤花落：一隅之兴与社会分化 ………………………………… 114
　第二节　江淮地区 ………………………………………………………… 126
　　一　江淮东部的"间歇性"遗存 …………………………………… 126
　　二　安徽江淮间的龙山文化 ………………………………………… 132
　　三　汇聚：枢纽禹会村 ……………………………………………… 134
　小结 …………………………………………………………………………… 142

第三章　衰退与低迷：岳石文化时期的两淮 ………………………… 144
　第一节　淮北地区 ………………………………………………………… 144
　　一　岳石文化背景 …………………………………………………… 145
　　二　岳石文化的衰退 ………………………………………………… 150
　第二节　江淮地区 ………………………………………………………… 154
　　一　江淮东部的"间歇性"遗存 …………………………………… 154
　　二　安徽江淮间的文化面貌 ………………………………………… 157
　小结 …………………………………………………………………………… 160

第四章　边缘与附属：商代的两淮 …………………………………… 163
　第一节　淮北地区 ………………………………………………………… 163
　第二节　江淮地区 ………………………………………………………… 168
　小结 …………………………………………………………………………… 178

第五章　征服与反抗：西周时期的两淮 ……………………………… 179
　第一节　"淮夷"的族群建构 …………………………………………… 180

| 一 淮夷的由来 ································· 180
| 二 生态环境与生业经济 ························· 187
| 三 淮夷兴盛及其与周人的战争 ····················· 190
| 四 "族群认同"的不同面相 ························ 195
| 第二节 西周两淮的考古学文化 ························ 196
| 小结 ·· 213

第六章 蚕食：春秋时期的两淮 ······························ 215
  第一节 残喘：两淮政体的困境 ························ 215
  第二节 物质文化面貌 ······························· 220
    一 徐舒等国的青铜器 ··························· 220
    二 徐舒等国的葬制与葬俗 ······················· 230
  小结 ·· 241

结语 ··· 242

附录一 一水分南北：淮河的早期边界性 ····················· 259
附录二 两淮社会进程中的精神文化 ························· 266
附录三 从膨胀到萎缩："青莲岗文化"研究的回顾与思考 ········ 304

参考文献 ··· 314

后记 ··· 356
新版后记——在区域空间中发现"过渡带" ···················· 359

插 图 目 录

图 1　淮河独流入海图 …………………………………………… 8
图 2　苏皖两淮及毗邻区域地理空间 …………………………… 10
图 3　大汶口文化晚期陶器举例 ………………………………… 36
图 4　尉迟寺聚落及排房布局图 ………………………………… 54
图 5　大汶口文化中期阶段建新房址分布图 …………………… 58
图 6　大汶口遗址大汶口文化墓葬平面图 ……………………… 61
图 7　江淮东部新石器时代文化第一期陶器举例 ……………… 66
图 8　江淮东部新石器时代第二期陶器举例 …………………… 67
图 9　江淮东部新石器时代第三期陶器举例 …………………… 68
图 10　龙虬庄文化与崧泽、良渚文化陶器因素比较 …………… 70
图 11　侯家寨一期陶器举例 …………………………………… 75
图 12　大汶口文化早期江淮间陶器与大汶口文化陶器对比图 … 76
图 13　凌家滩文化陶器举例 …………………………………… 78
图 14　1987、1998年发掘墓葬、祭坛、祭祀坑及积石圈分布图 … 81
图 15　凌家滩文化玉器举例 …………………………………… 85
图 16　淮北龙山文化类型格局 ………………………………… 101
图 17　尹家城类型龙山文化陶器举例 ………………………… 102
图 18　尧王城类型龙山文化陶器举例 ………………………… 103
图 19　王油坊类型龙山文化陶器举例 ………………………… 105
图 20　F26平、剖面图 ………………………………………… 115
图 21　F36平、剖面图 ………………………………………… 116
图 22　F43平、剖面图 ………………………………………… 117
图 23　F7、45套房平、剖面图 ………………………………… 118
图 24　F48及红烧土广场 ……………………………………… 119

图 25	藤花落遗址龙山文化城址总平面图	122
图 26	江淮东部与王油坊类型龙山文化类似的文化遗物	128
图 27	广富林、花山遗存中与王油坊类型龙山文化相似的器物	130
图 28	禹会祭祀台基	135
图 29	禹会 JSK1	136
图 30	禹会 JSK2	137
图 31	禹会村出土陶器示例	139
图 32	岳石文化格局图	146
图 33	尹家城类型岳石文化陶器示例	147
图 34	周邶墩遗址中与岳石文化相似的第二类遗存	155
图 35	安徽江淮间岳石文化陶器示例	157
图 36	大墩子铜铃	159
图 37	大墩子铜锛	159
图 38	安徽阜南出土商代龙虎尊	164
图 39	含山大城墩遗址第二期陶器示例	169
图 40	含山大城墩第三期陶器示例	170
图 41	含山出土商代铜爵	171
图 42	含山出土商代铜戈	172
图 43	肥西出土商代父丁瓯拓片	172
图 44	盐城龙冈商墓出土陶器示例	177
图 45	早期王朝时代的河流水系及重要自然资源分布	193
图 46	梁王城遗址西周墓葬出土陶器示例	198
图 47	梁王城遗址 M31 出土陶簋与陶鬲	199
图 48	MK1 坑内随葬马车构件及饰品	200
图 49	西周早期安徽江淮地区陶器举例	202
图 50	西周中期安徽江淮地区陶器举例	203
图 51	西周晚期安徽江淮地区陶器举例	204
图 52	姜堰天目山遗址西周时期陶器举例	209
图 53	群舒铜器之兽首鼎举例	221

图 54	圈钮平盖鼎举例	222
图 55	群舒青铜器举例	224
图 56	邳州九女墩三号墩出土铜器	227
图 57	九女墩二号墩墓室平面图	230
图 58	邳州九女墩三号墩墓室平面图	231
图 59	M1 墓封土堆	235
图 60	白土垫层示意图	235
图 61	"亚"形墓室埋葬布局	236
图 62	放射线遗迹	236
图 63	土丘与土偶层遗迹	237

图 1	尉迟寺"七足镂孔器"	267
图 2	屯溪铜五柱器	268
图 3	大汶口陶器上的刻划符号	269
图 4	新疆小河墓地胡杨木柱	270
图 5	羌族的山神标志	270
图 6	《金文编》中的"皇"字	272
图 7	商周青铜器上的山形冠饰或发型	273
图 8	西汉神祇图	274
图 9	凌家滩玉鹰	275
图 10	越南沙莹文化中的双兽头玦饰	276
图 11	龟腹甲及其捆扎后的示意图	278
图 12	藏族神话中的宇宙生成图	279
图 13	西藏民间占卜图	280
图 14	连云港尹湾汉墓所见龟与博局占之关系	281
图 15	龟腹甲盾片示意图	282
图 16	大墩子出土有磨痕的龟腹甲	282
图 17	M1 圆形墓坑鸟瞰	285
图 18	围绕成圆圈的土偶墙(局部)	286

图 19 带索痕的土偶 …………………………………………………… 287
图 20 蚌埠双墩出土十字形刻划符号 …………………………………… 292
图 21 凌家滩遗址出土玉版与玉鹰 ……………………………………… 293
图 22 霍山戴家院西周圜丘 ……………………………………………… 294
图 23 禹会遗址发现大型人工堆筑台基 ………………………………… 297

绪 论

第一节 引 言

世界是过程的集合体,一切事物都有产生、存在和灭亡的过程。在社会进程(Social Process)或曰过程中,人类群体相互交接,通过各种活动来建立社会关系。其间,群体生活的变动、社会结构的改变,均属于社会进程的范畴。因此,社会进程是包罗万象的,伴随着时而前移、时而后退的诸多社会形态的变化。其动态方式也是多种多样的,包括了竞争、冲突、顺应、合作与同化。无论哪一种,均与人类群体有着密切的联系。就本书而言,其宏观主题是要探讨在几千年来区域社会之间不断靠拢、逐渐前进的统一趋势过程中,其中某个区域曾经历的种种变化及它对此做出的反应。这个区域是今天中国江苏和安徽两省的江、淮之间以及淮河北部这样一片南北过渡性的自然地理带;而我探讨的整个时间过程,则始于新石器时代中晚期,终于春秋时期。这是为了研究而人为界定的一个时间段[①]。实际上,任何一项社会进程的研究,必定是阶段性的[②],正如埃利亚斯所言:"社会发展既没有'起点',也没有'目的',更不是'前世注定'。"[③]

一 考古学界的社会进程研究

中国考古学与历史学界关于社会进程的研究,可谓由来已久。20世纪上半叶,

[①] 本书研究之所以将春秋作为讨论的终点,是因为春秋时期两淮地区夷人在吴楚夹攻下的覆灭是该区域先秦历史进程中的标志性事件。此外,新石器至春秋时期在时间区间上也属于当代西方汉学研究长期形成的"早期中国"的学术范畴,指从史前直到汉代。以吉德炜(David N.Keightley)于1975年创办《早期中国》(Early China)刊物为标志。近年,先秦两汉史学界与考古学界冠以"早期中国"的研究颇多,出现频率最高的是由早期中国研究丛书编委会策划,上海古籍出版社出版的多辑丛书。
[②] 有学者指出历史叙述在操作层面只能是切片式的,即便是布罗代尔所谓的"长时段",也不过是历史长河中的一片刻。参见罗志田:《飞鸟之影:浅议历史研究中的以静观动》,《文史哲》2016年第6期。
[③] 诺贝特·埃利亚斯著:《文明的进程:文明的社会起源和心理起源的研究》(第二卷),袁志英译,三联书店,1999年,第408页。

古史界关于社会进程的研究一般以殷周社会为相对起点,这是因为在殷周社会之前,缺乏直接文献记载的古史给人的感觉是"茫昧无稽、语焉不详";以顾颉刚为首的"疑古派"用"层累地造成的中国古史"说对之摧枯拉朽式的攻击,使传统古史如坠深渊。不过与此同时,以考古学者为主力的研究人员则又揭橥"古史重建"的大旗①,通过仰韶村、西阴村、殷墟、城子崖等遗址的发掘,以及更大量的中华人民共和国成立之后数以万计遗址的发现,将社会进程研究的起点向前挪移,以此来"拉长古史"。社会进程的研究遂不再局限于狭义史学的范畴,而前移到新石器时代,甚至旧石器时代,开辟出一片更为广阔的天地。

某种意义上,对"社会进程"的研究就是"史"的研究。所谓"史",正是自然界和人类社会的发展过程。20世纪的中国考古学蓬勃发展,大量的考古资料如雨后春笋般从地下涌出。面对日新月异的考古学材料,无论是史前还是历史时期的"社会进程"或"史"的研究,都有补充、印证、修改,甚至重写的必要。尤其是史前时期,考古学者面对的几乎是过去不为人知、全新的考古学材料,时代给当代中国考古学者提出了重建史前社会的要求。

1991年,苏秉琦发表了一篇重要论文,即《关于重建中国史前史的思考》②。在该文中,他列出了史前史的重要内容,包括人类的起源、农业的起源、文明的起源、国家的出现、民族的形成等等。正如我在文首所言,社会进程是包罗万象的。在历史的长河中,每一样事物都有它自己的历史进程,但是本书所谓"社会进程"的研究,显然不是要兼罗并包式地对万事万物的进程研究一番,那是不可能完成的任务。自20世纪以来,考古学界关于社会进程的研究往往着力于那些在人类历史发展过程中起过重要作用或者说有转折性意义的,诸如文明或国家的起源研究。事实上,对这类问题的研究也并不是孤立的。以文明或国家的进程为主题的研究可以并且必须将众多子目串联起来。一般而言,"文明"或"国家"指代的是一种先进的社会、文化、政治发展状态,那么对文明或国家进程的研究,就势必在一种系统论的思维下对支撑文明和国家出现的众多社会子系统、元素的进程进行研究。如此,文明或国家进程的研究实际起到了"牵一发而动全身"的效果。

---

① 杜正胜:《从疑古到重建——傅斯年的史学革命及其与胡适、顾颉刚的关系》,《中国文化》第十二期,1995年。
② 苏秉琦:《关于重建中国史前史的思考》,《考古》1991年第12期。

不妨就以文明或国家进程作为社会进程研究的典型略作回顾。关于中国文明的起源,中国的考古学者大致经历了"文化西来说"①、"东西二元对立说""一元说""多元论"这样的研究历程②。无论是哪一说,它们都反映了在社会进程研究中,中国与外域,或者中国区域内部之间横向的动态关系,即社会互动。在横向比较的同时,当然也有纵向的探索,比如,长时段社会进程的研究得以开展首先有赖于考古学文化谱系的建立。接着,研究者们在这一人为搭建的逻辑时空框架中,对自然界和人类社会的种种因素作历时性和共时性的排比,观察它们的社会发展与变迁。其中,文明起源的研究便很具代表性。在文明起源的探索中,考古学界主要通过人类遗留下来的各类遗迹、遗物来发现不同时期的自然与社会诸因素,比如生态环境、生产力、社会制度、社会阶层、文化习俗等多方面的变化,从而呈现社会文明化、复杂化的历史进程。他们界定出文明的标志(物化的或者抽象的)③,判断文明出现的阶段,并且探究文明得以诞生的动力。夏鼐关于中国文明起源的研究就是典型,他在论述中国文明的起源时采用一种非常平实的方法,从小屯殷墟文化开始,确认殷墟文化已是发达的文明,并归纳出文明的三种要素:城市、文字和青铜冶铸技术。在这三方面,殷墟文化都已经达到了相当的高度,而文明显然不是一蹴而就的,在殷墟文明之前,还有一个相当长的孕育和发展阶段,以殷墟文化作为参照,他向前追溯文明的进程。他认为二里冈文化够得上文明,并且是属于中国文明中的商文明。再往前,"二里头文化,至少它的晚期,已达到了文明的阶段。它如果不是中国文明的开始,也是接近于开始点了。而比二里头更早的各文化,似乎都是属于中国的史前时期"④。由于文明的定义和标志难以全然统一,所以二里头文化是不是中国最早的文明期在考古界是有不同看法的⑤。不过总的来说,夏鼐的观点比较稳妥,也是考古学界比较乐于接受的一个主流性意见。而且,从国家起源的角度说,二里头文化存在的时代恰好相当于古代文献中的夏王朝时期。后者,也正是中

---

① 参见安特生著:《中华远古之文化》,袁复礼节译,文物出版社,2011年。
② 参见夏鼐:《中国文明的起源》,中华书局,2009年,第79~106页,初版于1985年,文物出版社出版;陈星灿:《从一元到多元——中国文明起源研究的心路历程》,《中原文物》2002年第1期。
③ 一般认为,文明要素有文字、城市、复杂的礼仪中心、青铜器铸造、礼制等等。然而,这些要素只是判断文明的重要参照,它们与文明并不存在绝对的对应关系。有关文明要素的讨论,可参见夏鼐:《中国文明的起源》,第79~106页;《考古》编辑部:《中国文明起源座谈纪要》,《考古》1989年第12期。
④ 在中国学术界,关于文明起源的研究相当多,不过说到对文明起源首次进行系统研究、开风气之先的要数夏鼐的《中国文明的起源》一书。
⑤ 最典型的例子是近十几年来,随着良渚古城及古城外围水利系统的发现,考古学界越来越多的学者赞成良渚社会已经是文明社会。

国传统史观中早期国家的形成时期。

与文明的起源研究一样,国家之形成同样是社会进程研究的重点。国家的出现是进入文明社会的根本性标志,国家是文明社会的概括。国家出现的研究与文明起源的研究有一段重叠。当然,文明起源研究的范围要大于国家形成的研究[①]。长期以来,我国学者在前国家社会形态的研究上,可谓深受西方学术界的影响,从摩尔根的"氏族—部落—部落联盟—国家"的古典进化论模式[②],到塞维斯的"游团—部落—酋邦—国家"新进化序列[③],以及弗里德的"平均社会、等级社会、阶层社会和国家社会"四阶段说[④]。众多学者积极引荐这些重要的学说,并把它们应用到实际的案例研究中去[⑤]。这些外来的模式,虽不乏争议,但总体而言,它们的确丰富和推进了社会进程的研究,尤其是在理论方面。

有些学者则绕开相关概念,径直从中国的实际考古资料中抽象出规律性的认识。苏秉琦就是这方面的代表。他在20世纪80年代以辽西地区为个案,指出一个区域的发展经历了"古文化(指原始文化)、古城(指城乡最初分化意义上的城和镇)、古国(指高于部落的、稳定的、独立的政治实体)"三个阶段。随后,他又提出"古国、方国、帝国"国家形态发展三部曲,以及"原生型、次生型、续生型"国家发展三模式[⑥]。"古文化、古城、古国"概念提出之后,在考古学界产生了深刻的影响,实际上具有了指导性意义。各大文化区纷纷立足于当地,探索每个文化区域内的古文化、古城、古国,极大地推动了各区域的社会进程研究。不过,对于古国理论,有的学者也颇有微词。如谢维扬认为:"将古国确认为国家,以及在此基础上形成的古国理论,在关于古国作为国家的考古学证据的认定上尚存在缺陷,即缺乏对于国家制度存在自明的证据和由于不包含关于前国家时期复杂政治组织的概念,而放弃了对国家形成前夕可能存在的接近于国家的社会政治形

---

① 王巍:《谈谈文明与国家概念的异同》,《古代文明研究》第一辑,文物出版社,2005年,第1~3页。
② 摩尔根著:《古代社会》,杨东莼等译,商务印书馆,1971年。
③ Service, E.R. *Primitive Social Organization*. New York, Random House, 1962; *Origins of the State and Civilization*. New York, Norton, 1975.
④ Fried, M. *The Evolution of Political Society*. New York, Random House, 1967.
⑤ 例如谢维扬:《中国早期国家》,浙江人民出版社,1995年;叶文宪:《部族冲突与征服战争:酋邦演进为国家的契机》,《史学月刊》1993年第1期;陈淳:《酋邦的考古学观察》,《文物》1998年第8期;陈淳:《社会进化模式与中国早期国家的社会性质》,《复旦学报》(社会科学版)2006年第6期。
⑥ 参见苏秉琦:《中国文明起源新探》,辽宁人民出版社,2009年,第110~143页。

式的探讨。"①

无论是冠以"文明起源""国家起源",还是用近些年国际学术界惯用的"社会复杂化"之名,考古学界对社会进程的研究可谓持续不衰,相关研究成果非常多②。要论到声势和规模,则是从20世纪90年代末"夏商周断代工程"开始的。这个工程是由国家资助旨在解决中国早期王朝年代的项目,1996年启动,2000年结束③。虽然断代工程的核心目的是年代学,但毫无疑问,它也是社会进程研究的一个组成部分。这个工程同时还是之后开启的"中华文明探源工程"的序幕,是为深入研究我国古代文明的起源和发展打基础的。中华文明探源工程探索的年代范围是公元前2500年~公元前1500年。从这个时间段上我们就可以看出,社会进程的研究不可能从鸿蒙之初一股脑儿往后拉,而必定是阶段性的。当然,选择这个时间段做文章,是因为这一阶段相当于考古学上的龙山时代和古史传说中的五帝时代,是探索中国早期文明或国家进程的一个关键性阶段。而探源选择的区域则以中原为主,重心是河南中西部和山西南部,这个区域是华夏文明兴起和发展的摇篮。

中华文明探源研究具有相当的地域广阔性,多个古代文明研究中心成立,多个区域文明化进程学术研讨会召开。据统计,从2002年起,长江下游④、中游⑤、上游⑥、东方地区⑦、中原⑧、淮河流域⑨、辽河流域⑩、江淮地区⑪均召开了区域文明化进程的研讨会。这些研讨会的召开,说明若干区域的资料经过多年的积累,已经到达一个亟须对它们进行系统分析、消化的时刻,需要对这些区域作历时性的观察,以及与其他区域作共时性的比较,以明了各区域的发展道路,以及它在整个中华文明进程中的不同地位和特色。

从目前对区域社会进程的研究来看,学界关注的重点区域,以苏秉琦"区、系、

---

① 谢维扬:《中国国家起源研究中的"古国"问题》,《学术月刊》2001年第4期。刘莉也认为"古国"这类概念阐释得不够,没有提供合理的判断国家的标准。见刘莉:《中国新石器时代——迈向早期国家之路》,文物出版社,2007年,第10页。
② 王巍:《中国文明起源研究发展趋势》,《中国社会科学院院报》,2003年8月28日。
③ 夏商周断代工程专家组:《夏商周断代工程:1996~2000年阶段成果报告》,世界图书出版社,2000年。
④ 参见《中国社会科学院古代文明研究中心通讯》第4期。
⑤ 参见《中国社会科学院古代文明研究中心通讯》第6期。
⑥ 参见《中国社会科学院古代文明研究中心通讯》第8期。
⑦ 参见《中国社会科学院古代文明研究中心通讯》第7期。
⑧ 参见《中国社会科学院古代文明研究中心通讯》第9、11期。
⑨ 参见《中国社会科学院古代文明研究中心通讯》第9期。
⑩ 参见《中国社会科学院古代文明研究中心通讯》第12期。
⑪ 参见《中国社会科学院古代文明研究中心通讯》第13期。

类型"理论中划分的六大文化区为主①。毋庸置疑,苏秉琦在1981年发表的"区、系、类型"理论,可谓区域社会进程研究的一个学术基础。它对中国的新石器及部分青铜文化做了综合归纳,致使中国新石器研究产生了很大变化,迅速冲垮了长期占主导地位的中国古文化的大一统思想②。它对于认识不同区域在社会进程上的多样性和独立性无疑有着重要意义。继此,很多学者也陆续发表观点。佟柱臣提出了新石器时代文化的多中心发展论和不平衡论③。严文明也认为中国史前文化的发展是多元的,呈现一种分层次的重瓣花朵式的向心结构④。

苏秉琦在区系类型学说的基础上,进一步探索不同区域的社会进程,具体到中国文明的起源,他重点以辽西红山文化为例,辅以大地湾、陶寺、良渚等个案,认为距今六千年到四五千年间的中华大地上,文明火花如"满天星斗"⑤。文明起源"满天星斗"说的提出,引起了很大的反响,激起了对不同区域文明化进程的探索。

文明起源"满天星斗"说对于探索不同区域社会进程的多样性与独立性无疑是积极的。但与此同时,当它作为一种学说受到广泛接受的同时,有些区域社会进程的探讨也存在教条地理解这一观点的倾向。吴春明在讨论闽中地区国家起源与社会发展时曾经提到,文明起源"满天星斗"说提出之后,一场声势浩大的区域间争夺文明上游的竞赛拉开帷幕,将文化多样性和文明多元论的研究推向极端,"蛮番边地"也强求在中国早期文明"满天星斗"中寻找优越的位置和与夏商周同步的"文明火花"⑥。这一灼见强调了区域社会进程探讨中容易被忽视的一面,即区域社会发展的不平衡性。吴春明用具体案例进一步深化了佟柱臣的观点。的确,任何既有的区域社会发展模式,可以作为参考,但不能代替对所研究区域实际材料的具体分析。

社会进程的研究总是依托于某个特定区域的。对区域社会进程的研究,属于

---

① 即以燕山南北、长城地带为中心的北方,以山东为中心的东方,以关中(陕西)、晋南、豫西为中心的中原,以环太湖为中心的东南部,以环洞庭湖与四川盆地为中心的西南部,以鄱阳湖—珠江三角洲一线为中轴的南方。参见苏秉琦、殷玮璋:《关于考古学文化的区系类型问题》,《文物》1981年第5期;苏秉琦:《中国文明起源新探》,第29~30页。
② 俞伟超:《本世纪中国考古学的一个里程碑》,《中国文明起源新探》,第163页。
③ 佟柱臣:《中国新石器时代文化的多中心发展论和发展不平衡论——论中国新石器时代文化发展的规律和中国文明的起源》,《文物》1986年第2期。
④ 严文明:《中国史前文化的统一性与多样性》,《文物》1987年第3期。
⑤ 苏秉琦:《中国文明起源新探》,第86~107页。
⑥ 吴春明:《没有帝国的东南——闽中地区国家文明起源与发展的初步研究》,《东方考古》第2集,科学出版社,2006年,第7~14页。

中国全局性社会进程的一个组成部分。它是诸多学科,包括考古学、历史学、经济史、历史人类学、社会学重要和主要的研究取向。其积极意义在于:要对整体有更加分明和突出的了解,就不得不关注区域的差异性及区域内部各系统的互动。但是,从被关注、被研究的"平等性"上来说,各区域之间显然是不一样的。目前学术界关注较多的仍然是苏秉琦归纳的"六大区"这样的区域中心地带,尤其是像中原这样一个在中国文明、国家进程中有着举足轻重地位的地区。客观地说,这六大文化区考古资料积累丰富、文化谱系相对完整、源远流长,就是在当今,也是人口的稠密区。所以这几个区域率先得到研究者们的关注、重视和研究实在情理之中。另一方面,这六大区无疑属于一个约数,如果按照地理、水系等因素来细分,要将中国境内分成条条块块,绝不止六块。也就是说,理论上,每一片区域都可以对之进行社会进程的研究。那么,本书选择的区域是今天苏皖两省的淮北和江淮地区,简称"两淮"。在这片区域,淮河穿流东西,淮南淮北是中国自然地理上有名的南北过渡、交界地带。在当前区域社会进程的研究中,这个地带还是关注较少和研究相对薄弱的地带。这是本书选择这个区域的重要原因①。

二 两淮的地理界定与地形

"淮",指淮河。淮河发源于河南省南部的桐柏山,东邻黄海,北倚黄河及沂蒙山地,南以大别山、张八岭与长江流域分界。淮河乃"四渎"之一。《尔雅·释水》:"江、河、淮、济为四渎。四渎者,发源注海者也。"②这说明淮河排名第三,是向东流入大海的。淮河流域地域甚广,其西部、西南部及东北部为山区、丘陵区,其余为广阔的平原。

本书所指的"两淮"③,由今苏皖两省的"淮北"④与"江淮"组成。淮北指今天苏皖两省淮河以北的地理空间。江淮则是苏皖两省的江淮之间。这片地带大致属

---

① 无独有偶,一些历史地理学者也强调对于"在宏大的中国历史叙述中那些未能占据'一席之地'的各种区域性的历史与文化要给予充分的关注,主张尊重诸种形式的区域特性及其文化表现形态,承认并致力于揭示其在人类文明和中国历史发展中的价值与意义"。这种视角与笔者可谓不谋而合。参见鲁西奇:《中国历史的空间结构》,广西师范大学出版社,2014年,第10页。
② 《尔雅注疏》,《十三经注疏》,中华书局,1980年,第2619页。
③ 自宋以来,"两淮"作为一个区域名在史书中频见。如南宋名臣真德秀曾言:"自古立国东南,未有不以两淮、荆襄为根本。"转引自鲁西奇:《中国历史的空间结构》,第188页。
④ "淮北"的地理概念有很多种。如果按淮河水系来分,淮北水系由汝河、洪河水系,沙河、北汝河、贾鲁河、颍河水系、惠济河、涡河水系、浍河、睢水水系,和沂沭泗等子水系组成,流经近百个州县,以此为根据,淮河以北,汝河、洪河以东,旧黄河以南几乎所有地区都属于淮北区域范围。"淮北"有时又指江苏、安徽两省淮河以北地区。此外,"淮北"还有更狭义的指代,即专指安徽淮北地区。

于以淮河为横轴,向北、往南延伸的一个在中国自然地理上属于南北过渡性的区间。淮北可以分成皖北和苏北两个部分。皖北地势平坦,只在北部有些低矮的小山与丘陵,东、北、西三面分别与江苏、山东、河南交界,地理位置十分特殊。皖北位于华北平原的南端,是黄河和淮河长期冲积泥沙形成的冲积平原,海拔高度约20~40米,地势自西北向东南倾斜,除东北部淮北市附近有剥蚀残丘外,主要为黄河等河流改道泛滥带来的泥沙的沉积物,是著名的黄泛区。主要水系除淮河外,不定期有众多的支流呈平行状向东南流。

苏北,泛指江苏省境内淮河以北部分。在中国历史上,淮河多次受到黄河的干扰与破坏,每当此时,淮河流域可谓灾难深重。今天的淮河下游,实际被分成两个部分:一部分南入长江;一部分从灌溉总渠入海。今地理学界一般以苏北灌溉总渠为界分南北。当然,因为我们关注的是先秦时期,彼时淮河是独流入海的,所以,淮北是相对清晰和明确的。《禹贡》:"导淮自桐柏,东会于泗、沂,东入于海。"在先秦两汉时期,淮河的入海口在今涟水县治。本书讨论的淮北,便是指这一时期淮河流向的以北部分(图1)。

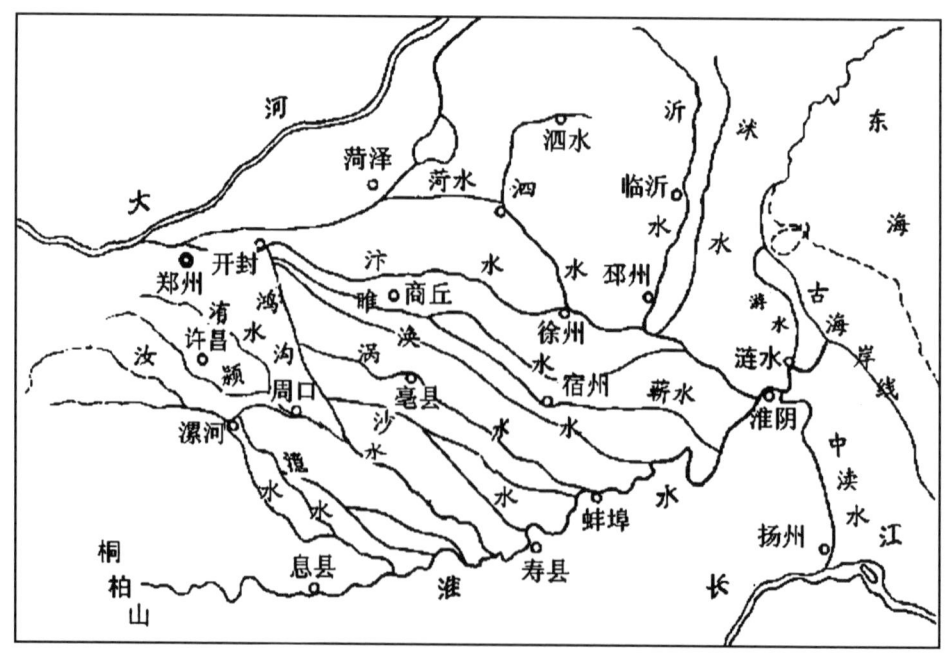

图1 淮河独流入海图

苏北灌溉总渠以北的广大平原,是由黄河和淮河以及淮河的支流泗、沂、沭诸河合力塑造而成的,属于黄淮平原。苏北也有少数低山丘陵,如东北部连云港的云台山,赣榆、东海二县与山东省交界处的一些低山丘陵。徐州市郊则有少数石灰岩残丘。

江淮,顾名思义,指长江和淮河之间的那块地域,古亦称"淮南"。江淮主要指苏皖两省的江淮。与淮北一样,我也将江淮分成东西两个部分来讨论。东部指江苏省的江淮,西部指安徽省的江淮。两者以京杭大运河(古邗沟)为界。

安徽江淮,地形上是低山丘陵。大别山逶迤东延,海拔高度多在500~1 000米左右,最高峰为霍山的白马尖,海拔1 774米。大别山以东,地势显著降低,岗丘连绵,泛称"江淮丘陵",具体名曰"张八岭",海拔高度一般在50~300米,最高峰为将军山,海拔399米。其间有以东淝河、南淝河和合肥为中心的狭长的蜂腰地段,是古代南北交通要道。江淮丘陵以南为长江沿江平原,除了一些残存的低山丘陵外,一般地势低平,湖沼密布。

安徽江淮又大致可分成三个地理小区:巢湖流域、江淮北部和皖西南①。巢湖地区,又称江淮中部,此小区地理位置十分重要,顾祖禹《读史方舆纪要·南直八·庐州府》形容这一带为:"淮右噤喉,江南唇齿。自大江而北出,得合肥则可以西问申、蔡,北向徐、寿,而争胜于中原;中原得合肥则扼江南之吭,而拊其背矣。"②其作为通道的特性可见一斑。

江淮北部即江淮间沿淮部分,包括今天的蚌埠、六安两个小区。蚌埠地区是古往今来的枢纽地区。六安地区依山襟淮,贯淮潩而望江海,连鄂豫而衔中原,是大别山沿淮地区的中心地带。此地山川环结,号为险厄。西南以迄于东北,皆崇山峻岭,蔽亏日月③。

而皖西南,位于大别山南麓,乃"淮服之屏蔽,江介之要冲"④。此区山深水衍,偏守一隅⑤。

江淮东部,俗称"里下河平原",是一片平原地形。其西是大运河,东邻黄海,南

---

① 江苏江淮习惯上称为"江淮东部",而安徽江淮,学界有不同表述,有称之为"江淮中部",有称之为"江淮西部"。在本书中,笔者用"安徽江淮"来统称这片区域。
② 顾祖禹:《读史方舆纪要》,贺次君、施和金点校,中华书局,2005年,第1270页。
③ 顾祖禹:《读史方舆纪要》,第1290页。
④ 顾祖禹:《读史方舆纪要》,第1299页。
⑤ 地理上,皖西南位于江淮的西部,偏处一隅。本书暂不对皖西南进行专门的探讨,但若涉及比较研究,也会适当讨论。

接长江,北抵废黄河(今苏北灌溉总渠)。里下河平原在地质史上曾经是濒海潟湖景观,后在长江、淮河的合力冲积作用下,里下河平原逐渐形成河流密布、地势低洼,中低周高的浅碟状地貌,俗称"锅底"。江苏的江淮,北与苏北相接,向南越过长江,则是宁镇地区和环太湖地区。

　　本书关注的重心区域是苏皖的淮北与江淮(图2)。与此同时,对于一个区域的探讨,若不同时关注与之毗邻的其他区域,那么这样的研究显然难以全面而深刻。原因很简单,没有哪一个区域是完全孤立的,区域社会是一个彼此关联、互动的复合体和整体。本书拟将两淮置于彼时的地区世界体系中进行观察,从而可以更好地认识和把握这个区域的发展进程,以及它在区域间的特殊地位和作用。

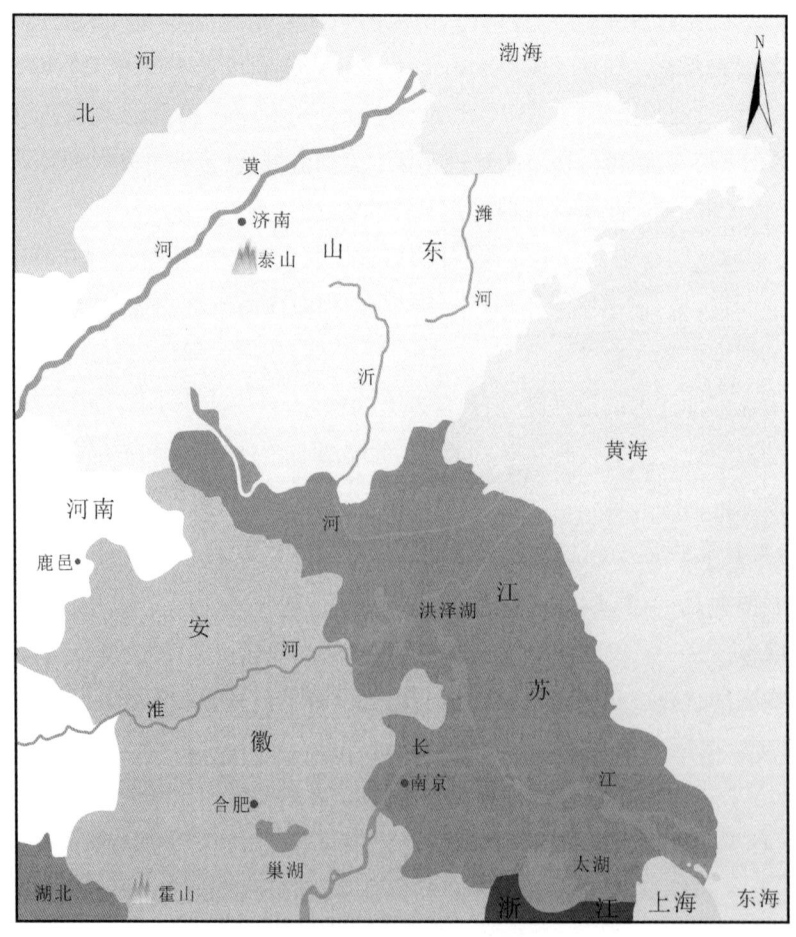

图2　苏皖两淮及毗邻区域地理空间

鉴于此,我们在考察两淮的同时,还要特别关注如下毗邻区域。它们是豫东、鲁西南、鲁中南、鲁东南,以及江淮南面的宁镇地区、环太湖地区等等①。

特别像豫东、鲁西南,它们与皖北、苏北的关系非常密切。这四个小区域,在考古学上本身已经有了一个特定的考古学文化区概念,即"苏鲁豫皖"区。这个四省交界的区域在地理上属于华北平原和江淮丘陵的缓冲带,也属于黄河与淮河长期冲积泥沙形成的冲积平原的一部分,因此,地理上有它独特的一面。这个考古学文化区概念最早由苏秉琦提出,他在1978年召开的东南沿海地区新石器时代考古学术会议上指出:

> 如果把山东的西南一角、河南的东北一块、安徽的淮北一块与江苏的北部连在一起,这个地区出土的新石器时代遗存确有特色,这可能与徐夷、淮夷有关。古人说"江淮河汉,谓之四渎"。不能把黄河流域、长江流域的范围扩大到淮河流域来,很可能在这个地区存在着一个或多个重要的原始文化。②

1987年,国家文物局确立了苏鲁豫皖四省交界区先秦考古学文化研究的重要课题,并于1991年组织了"苏鲁豫皖考古学术讨论会"③。苏鲁豫皖区,今人也称为"大淮北",而且在经济领域内,苏鲁豫皖四省的20个地级市共同构成了一个"淮海经济区"。这与"苏鲁豫皖"区在考古学文化上所具有的相对整体性以及连接中原和沿海的过渡特性无疑是一致的。归根结底,是由于这个区域特殊的地理位置决定的。

因此,谈苏北与皖北,不联系邻近的豫东和鲁西南,包括东边的鲁中南、鲁东南,有潜在地将一个完整的面割裂开来的危险。另一方面,尽管"苏鲁豫皖"作为一个文化交界区有其整体性,然而各个小区毕竟不同。豫东是平原地形,地处黄河大冲积扇的东南翼,跨黄河、淮河两大水系,平原上河流纵横,作为淮河的支流,像颍水、汝水、沙水等,多呈西北—东南方向注入淮河。豫东是中国历史上有名的黄泛区,这片区域的地表被好几米厚的黄土和泥沙所掩覆。这样的地理景观对于考

---

① 近来对"淮北"地区的研究大都注意到这一点,既以狭义的淮北为重心,同时又对鲁属或豫属的被作为"淮北"的边缘地区有所关照。可参见池子华:《中国近代流民》,社会科学文献出版社,2007年;马俊亚:《被牺牲的"局部":淮北社会生态变迁研究(1680~1949)》,北京大学出版社,2011年。
② 苏秉琦:《略谈我国东南沿海地区的新石器时代考古》,《文物》1978年第3期。
③ 《文物研究》编辑部:《苏鲁豫皖考古座谈会纪要》,《文物研究》第7辑,黄山书社,1991年。

发掘的限制显而易见,目前豫东考古资料的积累比邻近区域相对薄弱。豫东也是沟通郑洛地区与山东、苏皖之淮北的中间要道。

鲁西南主要指菏泽地区,在先秦时期,今濮阳、菏泽、商丘一线以东地区是著名的湖沼地带,主要有大野(巨野)泽、菏泽、雷夏泽以及孟诸泽①。这种生态环境在一定程度上限制了当地人群的生存和发展。这片地带也常遭水患,为了适应险恶的自然环境,当地人群多择高地而居。这种高地,在文献中被称为"丘",如"陶丘""商丘""楚丘";或称"虚",如"颛顼之虚""昆吾之虚"。现今豫、鲁、苏、皖一带居民则将平地凸起的小块高地叫作"台""墩""岗""堌堆"等,称呼不一。而今考古材料证明,在这类高地上,往往会发现古代遗址。鲁西南是连接鲁中腹地与中原的过渡地带。

鲁中南,是山地地形,包括泰山、沂山和蒙山等,最高峰海拔 1 000 米以上,如泰山海拔 1 524 米,兀立于华北平原之上。其余山地海拔一般在 500~600 米,多由前震旦纪的变质岩系组成,上有寒武—奥陶系石灰岩盖层。在鲁南,石灰岩多近似水平地分布于山顶,形成坡陡、顶平的"方山"地形,群众称为"崮"。

由泰沂山系向南或往东,山势渐低,过渡到鲁东南低山丘陵地带。本书涉及的鲁东南地区主要包括今天的临沂和日照两个地级市。这个小区地处我国地势第三级阶梯的东缘,地势西北高东南低,蒙山、沂山均呈西北—东南向延伸,东部面向一望无垠的黄海。地貌类型以丘陵为主,间有小片的河谷冲积平原。

江淮以南是宁镇山脉和太湖平原,一西一东。宁镇山脉蜿蜒耸峙于长江南岸,峰峦连绵。其中茅山山脉略作南北走向,突起于句容、溧水、高淳、溧阳和金坛之间,是太湖水系和秦淮河水系的分水岭。太湖平原北起长江,东抵大海,南达钱塘江和杭州湾。太湖平原区素以地势平坦开阔、水网稠密、湖荡众多著称,历来是一个地理、经济、文化相对独立,自成中心的本底(matrix)区域。

三 研究两淮的合理性与必要性

在当前中国考古学界有关区域社会进程(文明化或社会复杂化)的研究中,研究者们关注的重点区域是所谓的六大文化区。就今天而言,这六大文化区依然是经济、文化、人口中心区。但是,对于这些区域中心外围或之间的一些过渡性地带,学界重视的程度似乎还不够。本书的主旨就是将视线从那些已经被聚焦得过多的

---

① 邹逸麟:《黄淮海平原历史地理》,安徽教育出版社,1997 年,第 163 页。

地区转移出来,关注位于区域中心之间的连接性地带。两淮就是中国境内这样的地带之一。将淮北、江淮作为一个区域来研究,有什么样的合理性? 我认为区域作为一个"区域"应有明确的界限,并且能够被认同①。那么两淮地区有什么样的区域边界和文化认同呢?

两淮跨越了淮河和长江两大水系。淮北,从水系上讲,属于淮河流域,而且占据了淮河流域的大部分空间;从地区上看,淮北范围内的鲁西南、鲁中南、鲁东南、苏北,以及皖北,大致可归属于"海岱历史文化区"②。也就是《禹贡》中所说的:"海、岱及淮,惟徐州。"

江淮,地跨长江、淮河两大水系。安徽江淮间,大别山余脉张八岭是江、淮的分水岭。今江淮南部贴近长江的一些县市均属长江流域。也就是《禹贡》中所称的:"淮、海惟扬州。"因此,本书探讨的中心空间正是徐、扬二州。

从水系上来看,淮北属于淮河流域,而江淮南部贴近长江的一部分则属于长江流域。就这一点而言,淮北"淮域"的特征显然要更浓郁些,但这无妨我们将两个小区归于一个"相对整体"进行讨论,因为两者存在较多相似之处。况且,即便是同一个流域,上游、中游、下游也会有地理、文化与发展模式的差异性和多样性。

从南北区间位置来看,淮北、江淮,尤其是苏皖的淮北、江淮,正好处在中国东部的中间位置,是一个过渡性地带。众所周知,秦岭—淮河一线被视为中国地理上的南北分界线。虽然这条线很难在地理上明确清晰地呈现,但不得不承认,淮河两岸是一个自然景观渐变的区域,淮河一线正是临界、突变地带。以淮河为分界,南北的各种自然景观,包括植被、农作物、土壤等的确发生了质的变化。《晏子春秋·杂下之十》中说"橘生淮南则为橘,生于淮北则为枳"③,形象地说明了桔类植物在南北不同环境中造成的品种变异。秦岭—淮河一线还是我国亚热带和暖温带的分界线、亚湿润和湿润区的分界线,以及800毫米等降水量线,自此向南降水量逐步递增,过了长江达到1 000~1 500毫米。

两淮地区在中国历史上起过重要的作用。观古今大势,但凡南北分裂之际。淮北、江淮一带必为南北对峙、拉锯的主战场。淮河两岸的得失,对于国家政权是

---

① 这个观点受到布罗代尔的影响。布罗代尔在解释"经济世界"时,认为经济世界占据一定的地域,并有一定的界限,界限的变化相当缓慢,但毕竟有变化。参见布罗代尔著:《资本主义的活力》,《资本主义论丛》,顾良、张慧君译,中央编译出版社,1997年,第101页。
② 高广仁、邵望平:《中华文明发祥地之一——海岱历史文化区》,《史前研究》1984年第1期。
③ 张纯一:《晏子春秋校注》,梁运华点校,中华书局,2017年,第219页。

统一,抑或分裂有着重要意义。文献中对两淮形势的评价甚众。以清人顾祖禹在军事地理名著《读史方舆纪要》中所言为例:

> 自南北分疆,往往以长淮为大江之蔽。陈人失淮南,遂为隋人所并。唐末杨行密与朱温亟战于淮上,温不能渡淮,杨氏遂能以淮南之境与中原抗。五代周取淮南,而李氏之亡不旋踵矣。宋王德曰:"淮者,江之蔽也,弃淮不守,是为唇亡齿寒。"①

其实,离我们更近的一些时候,譬如解放战争时期,三大战役之"淮海战役",又名"徐蚌会战",也是为了争夺淮河两岸。国民党军队在淮海战役失败之后,没过多久其政权便垮台了。可见两淮的得失对于南北政权而言,的确非同小可,确乎有种规律性因素在起着作用。而本书的目的,则是将目光转向早期中国时期。我相信两淮过渡带这种关乎全局的特性,一定不仅仅出现在中古、晚近时期,而是自新石器时代,经青铜时代,一直通向帝国的过程中,便已经存在了。

对新石器至青铜时代两淮社会进程的探讨,有助于了解早期中国文化圈及帝国形成过程中,这个过渡带发挥过的作用,以及它在本身发展过程中的适应情况。实际上,它可以被看作不同区域势力在此冲突与融汇的一个力量"校场"。

从东西方位来看,两淮又有另一个特征,即同属于"东方沿海地区"。苏秉琦在1978年东南沿海地区的新石器时代考古会议上,从历史地理的角度,将中国分成了两大部分——面向海洋的东南部地区和面向亚洲大陆腹地的西北部地区②。张光直曾经从大汶口文化开始,沿着海岸平原"走入"马家浜文化,做了一场贯穿各个考古学文化区的假想中的旅行,他发现整个中国东海岸在一段连续的时期之中的许多石器和陶器特征与类型上存在相似之处,为此他提出"龙山形成期"的概念③。许倬云将由渤海湾南至钱塘江,向左折入江西南部的这一带称为"弧形传布地带"④。高蒙河也将长

---

① 顾祖禹:《读史方舆纪要》,第887页。
② 苏秉琦:《略谈我国东南沿海地区的新石器时代考古》,《文物》1978年第3期。
③ 张光直:《中国相互作用圈与文明的形成》,《庆祝苏秉琦考古五十五年论文集》,文物出版社,1989年。
④ 这一带的地形,大致是冲积土,海岸为沙岸,平原上有湖沼及平缓的河川,水量充沛,气候温和。许倬云的这个论点,是相对于童恩正著名的"半月形地带"而提出的,在由东北至西南的半月形地带,考古学文化有很多相同之处。可参见许倬云:《接触、冲击与调适:文化群之间的互动》,《中国历史学与考古学之整合研究》,"中研院"历史语言研究所,1997年,第80页。

江三角洲平原、黄淮平原、山东半岛和鲁中山丘临海地带称为"东方沿海地区"①。

综上可知,两淮虽然地跨江、淮两大水系,但被当作一个整体来对待是有据可依的,除了具有南北过渡带、东方沿海地区这些地理特性外,在古代民族属性上,这个区域在某段历史时期主要生存着夷人,包括东夷与淮夷。《礼记·王制》中说:"东方曰夷。"②这是两淮可以被整体对待的又一个原因。有意思的是,两淮地区在历史上曾经产生过多次族群认同,早期的一次是夷,最近的一次则是在当代仍有影响的"苏北人"。韩起澜(Emily Honig)曾经运用族群理论对一个在很大程度上被无视的人群、社会关系和历史过程进行了重建③。这个人群即是"苏北人"。尽管从苏北内部很难形成统一的族群认同,但苏北人之所以是"苏北人",正是因为长江以南上海大都市这面镜子的存在。苏北人正是以江苏的淮北与江淮之间的人群为主,为什么先秦有淮夷,近世有苏北人?④ 与淮北、江淮的地理位置大有关联。

在商周的背景下,淮北、江淮地区,我们还可以借用当今一些人类学者所谓的"中间圈"来标示⑤。核心圈在商周的背景下便是"华夏"。而淮北、江淮就是那时的"中间圈",是一个流动的走廊地带⑥。在今天而言,这个中间圈早已是核心圈的一个组成部分。因为在今天的人类学上,中间圈更多与所谓"西部"相重叠。但是,"中间圈"不是一成不变的。以两淮而言,它是商周背景下的中间圈,同时也是华夏东南的第一层边缘地带。华夏是不断扩张的,边缘是不断向外递伸的。

第二节 学术史回顾

两淮是中国南北过渡性区间,它跨越了淮河和长江两大水系。但是在本书的

---

① 高蒙河:《我国东方沿海地区的远古文化考察》,《复旦学报》(社会科学版)1999年第1期。
② 《礼记正义》,《十三经注疏》,中华书局,1980年,第1338页。
③ 韩起澜著:《苏北人在上海(1850~1980)》,卢明华译,上海古籍出版社,2004年。
④ 我在对韩起澜著作的一篇读后感中简要比较了淮夷与苏北人的族群认同。见徐峰:《苏北人与淮夷:同一片地域的两次族群建构》,《百色学院学报》2013年第2期。
⑤ 王铭铭认为,中国历史上的"世界观",可以分成核心圈、中间圈和外圈。从中国人类学角度看,核心圈研究的是汉族农村和民间文化,这个圈子自古以来与中央实现了再分配式的交往,其"教化"程度较高。"中间圈"就是今天所谓的少数民族地区,这个地带中的人,居住方式错综复杂,不是单一民族的,因人口流动,自古也与作为核心圈的东部汉人杂居与交融。参见王铭铭:《经验与心态:历史、世界想象与社会》,广西师范大学出版社,2007年,第303页。
⑥ 王铭铭:《中间圈:"藏彝走廊"与人类学的再构思》,社会科学文献出版社,2008年。

研究中,于空间范围而言,淮河流域占得较多,长江流域只占一小部分。

淮河夹峙在黄河、长江两大水系之间。长久以来,学界对于这三大水系史前考古学文化的关注度是不平衡的。

虽然江、淮、河、汉并称"四渎",但无论从流程,还是整体流域面积上,淮与汉都不可与江、河同日而语,所以受到的关注度不一样也在情理之中。在相当长的一段时间内,考古学界对淮河流域的考古学文化研究有两点值得注意:第一,苏秉琦曾经指出:"不能把黄河流域、长江流域的范围扩大到淮河流域来。"言下之意很明显,学界有将本属淮河流域的空间错置到黄河或长江流域的名下来对待和研究的情形,如此便挤压了淮河流域的研究空间,割裂了淮河流域的整体性与独立性。历史上,黄河夺淮曾对淮河水系造成极大的破坏,淮河水系的紊乱状态,可能致使研究人员对水系的空间把握产生了误解。退一步而言,如果我们不去计较某片空间究竟是在"淮"还是"河"的名下,而是实际关注这片空间的被研究状况的话,则淮河流域的很大一片区域其实并未受到轻视,它们一直在被研究着。比如,在前文介绍淮河水系时说过,中原的部分区域,像郑州及其以南一带,在水系上属于淮河流域。显然我们不能说这片区域未受到重视,实际情形恰恰相反。区别在于,这片区域被置于"中原"这一区域概念下。同理,淮河下游的鲁中南泰沂山系地带,是大汶口文化—龙山文化分布的中心地带,是海岱历史文化区南部重心之一,一直都是考古学研究的重点对象。学界似乎更习惯于给这片区域冠以"海岱"之名,而忽视了它在水系上同属淮河流域。也是在这个意义上,有的学者试图为淮河流域的文化体系正名,比如高广仁、邵望平就曾倡言淮系文化,主张将淮河流域从黄河、长江文明中独立出来,予以格外的注意[①]。

[①] 高广仁、邵望平:《析中国文明主源之一——淮系文化》,《东方考古》第1集,科学出版社,2004年;高广仁:《淮河史前文化大系提出的学术意义》,《郑州大学学报》(哲学社会科学版)2005年第2期。其实将淮河流域一部划给黄河流域,一部划给长江流域这种分法是其来有自的。《尚书·禹贡》中说:"海、岱及淮惟徐州","淮、海惟扬州"就表明了淮河为徐扬二州的分界线。张其昀也曾经主张将淮河流域一分为二,淮河以北地区归入黄河三角洲,淮河以南地区归入长江三角洲。但是历史地理学者胡阿祥、张文华就质疑了这种分法,他们认为淮河的南北分界意义是有限的,与其用淮河这条线来划分南北,不如用淮河流域这个面来兼容南北。胡阿祥、张文华两位历史地理学者的见解与高广仁、邵望平是一致的。这几种见解都是有道理的,但在各自的方向上均不能过度。过分强调淮河边界性会撕裂淮域的整体性,而过分注重淮域的"整体性"也有不妥之处,因为淮河流域面积十分广袤,将其作为一整体对象来处理,不但困难,而且也会将诸多区域差异笼统地包含其中。正是基于这一点,本书的研究对象聚焦于"两淮"。参见张其昀:《本国地理》,商务印书馆,1930年;胡阿祥、张文华:《淮河》,江苏教育出版社,2010年,第115~118页。

第二,淮河流域有些区域的考古学研究的确起步相对较晚,这个区域就是本书关注的苏皖淮北和江淮区。淮北属于"苏鲁豫皖"区。国家文物局在1987年确认了"苏鲁豫皖"课题,并于1991年组织召开了学术座谈会,会议的精神是号召苏鲁豫皖四省文物考古工作者为一个学术目标协同作战,抓重点,开拓新的研究领域,解决苏鲁豫皖区的考古学文化问题。也是在1989年,中国社会科学院考古研究所成立安徽工作队,工作的重点放在了包括淮河在内的整个皖北地区①。自此之后,淮河流域皖北一带的考古学文化研究得到全面展开,先后发现了一批重要的新石器时代遗址,其中以蒙城尉迟寺大汶口文化遗址最为重要。这批资料为建立皖北先秦考古学文化谱系及进一步的研究奠定了基础②。

"苏鲁豫皖"作为一个人为设定的由不同小区构成的整体文化区,既要注意到它的整体性,也不能忽视了各小区独立的一面。在回顾这个区域的研究现状时,不宜一刀切,而是要具体区间具体分析,充分注意到不同小区的不同发展和研究历程。以苏北来说,中华人民共和国成立以来,在考古资料的积累和研究方面,一直处于领先和持续发展的状态。主持苏北考古工作的是南京博物院。这个研究机构在20世纪60年代,对苏北有着较为广泛的新石器时代遗址调查③,兼有多个考古遗址的发掘,诸如大墩子④、刘林⑤、连云港二涧村⑥等遗址。2000年以来,南京博物院的考古工作者又在黄淮地区做了不少工作,发掘了新沂小徐庄、连云港藤花落、邳州梁王城等遗址,后两者尤为重要。

而在江淮境内,安徽江淮和江淮东部的考古工作也不平衡。江淮东部早在20世纪50年代便在废黄河南岸发现了淮安青莲岗遗址⑦,并在此之后提出了"青莲岗文化"⑧。青莲岗文化提出的初衷和意义在于打破黄河和长江下游只有仰韶文化和

---

① 《文物研究》编辑部:《苏鲁豫皖考古座谈会纪要》。这里主要指苏鲁豫皖地区的史前工作而言。
② 张敬国:《近年来安徽淮北地区新石器时代考古的主要收获》,《文物研究》第9辑,黄山书社,1994年。
③ 譬如,南京博物院:《江苏邳海地区考古调查》、《江苏射阳湖周围考古调查》,《考古》1964年第1期;尹焕章、张正祥:《洪泽湖周围的考古调查》,《考古》1964年第5期等等。
④ 南京博物院:《江苏邳县四户镇大墩子遗址探掘报告》,《考古学报》1964年第2期。
⑤ 江苏省文物工作队:《江苏邳县刘林新石器时代遗址第一次发掘》,《考古学报》1962年第1期;南京博物院:《江苏邳县刘林新石器时代遗址第二次发掘》,《考古学报》1965年第2期。
⑥ 江苏省文物工作队:《江苏连云港市二涧村遗址第二次发掘》,《考古》1962年第3期。
⑦ 华东文物工作队:《淮安县青莲岗新石器时代遗址调查报告》,《考古学报》第九册,1955年。
⑧ 南京博物院:《南京市北阴阳营第一、二次的发掘》,《考古学报》1958年第1期;曾昭燏、尹焕章:《江苏古代历史上的两个问题》,《江海学刊》1961年第12期。

龙山文化的学术格局①。但是很可惜,由于青莲岗遗址内涵的不典型,青莲岗文化一名备受争议,遂经历了一个由膨胀到萎缩的过程②。青莲岗遗址之后,除了海安青墩遗址外,江淮东部几乎再没有考古发掘。直到进入20世纪90年代,在江苏考古工作人员对江淮东部进行了诸多考古调查和发掘之后,江淮东部的文化面貌才逐步清晰。江淮东部的考古工作受客观环境的制约也很大。史前时期的海侵限制了遗址的数量,江淮东部废黄河一带又是黄泛区,遗址埋藏普遍较深,不易发现。阜宁陆庄遗址的发掘就是一个很好的例子③。

相较于江淮东部,其西的安徽江淮的考古工作,从新中国成立以来至今,新石器时代遗址常有发现。比较闪耀的考古学文化有双墩文化、凌家滩文化、薛家岗文化等等。

考古材料的积累,是重建区域社会进程的前提条件。随着两淮区域考古工作的不断进行,资料的日益丰富,较为综合性的论述也相应出现。大致可以包括两个方面:一方面是针对考古发掘中出土的各类资料的研究,如对不可移动的众多遗迹(如房址、墓葬等)和可移动的遗物(陶器、玉器等)进行基础性整理和研究;另一方面,是生产力、社会结构、文化谱系、族属等课题研究的开展。正如前文所云,这两类主题均属于社会进程研究的组成部分。因此,社会进程的研究在自然地进行着。而近些年来,随着考古学界更为明确地开展和深化文明化进程这类课题,2004年,江苏省考古学会与中国社会科学院古代文明研究中心联合举办了"淮河流域古代社会文明化进程学术研讨会"④;2006年,安徽省文物考古研究所和中国社会科学院古代文明研究中心共同举办了"江淮地区文明化进程学术研讨会"⑤。越来越多的学者开始关注淮北、江淮一带的社会进程,并且已经形成了若干局部小区的社会进程的论文。

例如,杨立新对江淮地区的文明化进程做了考古学观察。他将江淮地区的文

---

① 邵望平语。参见黄景略、张忠培等:《淮河下游新石器时代的绚丽画卷——龙虬庄遗址与江淮地区古文化学术座谈会专家发言纪要》,《东南文化》1999年第3期。
② 关于青莲岗文化的学术史回顾。可参见张敏:《青莲岗文化的回顾与反思——兼论考古学文化区与民族文化区的相互关系》,《东方考古》第8集,科学出版社,2011年;徐峰:《从膨胀到萎缩——青莲岗文化研究的回顾与思考》,《文物研究》第20辑,科学出版社,2013年。
③ 南京博物院考古研究所、盐城市文管会、盐城市博物馆:《江苏阜宁陆庄遗址》,《东方文明之光——良渚文化发现60周年纪念文集》,海南国际新闻出版中心,1996年,第130~150页。
④ 参见《中国社会科学院古代文明研究中心通讯》第9期。
⑤ 参见《中国社会科学院古代文明研究中心通讯》第13期。

明化进程分成了萌芽、起源和形成三个阶段,并且探讨了这一区域文明化进程的背景、动力和发展模式。他注意到了江淮地处中原、海岱、江汉和长江下游等几大原始文化中心区的边缘地带或过渡带,在其发展过程中既有一定的独立性,又不可避免地受到周邻地区原始文化的影响和冲击①。何德亮也关注了江淮地区,他同样注意到这个小区的特殊地理位置,指出这个区域在文化特色上具有多元性。他考察了这个小区的区域社会进程,认为在距今5 300年前后,即凌家滩文化时期,该小区跨入了我国古代文明社会的门槛。他也注意到了毗邻区域对这个小区日渐深入的文化影响②。宋建则鲜明地指出了江淮地区文明化进程的特点,从文化谱系来看,江淮地区早期文明存在断裂的现象。同时,他同样注意到毗邻的大汶口、龙山、良渚等文化对这个区域的冲击,导致这个区域逐渐"边缘化"。他认为这是中国多元一体文明起源的特异模式③。早些时候,高蒙河从理论层面上阐述了所谓"漩涡地带"的考古学研究。他认为"漩涡地带"实际上是相对于文化因素比较稳定的地区所提出的一种界说,其本身呈现出文化因素易于动荡的不稳定的态势。具体而言,这样的地带处在各个发展阶段的遗存,均难以由同一个谱系作为纽带而连续不断地得到发展④。方林也讨论了先秦时期淮河流域作为中国古代南北、东西文化交汇带,其文化具有开放性的特征。⑤ 不难看出,江淮地区因为地处"中间"和"过渡"性区间而易受到周边区域的影响,是关注这个区域的学者们较为普遍的认识。

除了直接以文明化进程为题所做的综合分析外。还有些学者从具体的因素来看待相关区域的发展。如王吉怀重点讨论了皖北尉迟寺遗址的聚落资料,认为尉迟寺遗址孕育着较高一级的文明因素,比如建筑基址、大型围壕,认为在大汶口文化晚期,社会组织和结构已发生深刻的变化,所在区域正处在由原始社会向文明社会转折过渡的重要阶段⑥。殷志强探讨了江淮地区出土的"良渚式"玉器,并指出这一区域受到良渚文化的强烈影响。他还注意到江淮间皖西南小区的文化面貌较

---

① 杨立新:《江淮地区文明化进程的考古学观察》,《文物研究》第15辑,黄山书社,2007年。
② 何德亮:《江淮地区史前时期的文明化进程》,《文物研究》第15辑。
③ 宋建:《江淮地区早期文明进程的断裂与边缘化》,《文物研究》第15辑。
④ 高蒙河:《试论"漩涡地带"的考古学文化研究》,《东南文化》1989年第1期。
⑤ 方林:《先秦时期安徽淮河流域文化的开放性特征》,《文物研究》第13辑,黄山书社,2001年。
⑥ 王吉怀:《淮河流域新石器时代晚期聚落形态及其特征》,《文物研究》第15辑。

多承袭本地文化传统,受中原龙山文化、江南良渚文化影响较小①。还有的学者从史前稻作农业入手,指出淮北、江淮地区是史前稻作农业和粟作农业两种耕作方式的交错分布带,农业经济的发展促进了文明化进程②。

而江淮东部的社会进程研究,高邮龙虬庄遗址的发掘是一个重要的契机。通过龙虬庄及若干其他遗址的发掘,江淮东部的文化面貌、生态环境、史前社会得以一定程度地重建③。

从更宏观的社会进程研究来看,近些年诸多区域的研究特色是以"文明化"或"复杂化"冠名的。"文明化"或"复杂化"反映了一种社会变化过程。社会组织的各个层面出现了分工和专门化,这种功能上的分异和集中程度愈高,社会的复杂化程度也就愈高④。麦奎尔将社会复杂化分解为异质性和不平等两个概念,前者是指社会群体之间人口构成或职业的分化,后者是指一个社会内部获取财富和地位的差异。这两个变量导致社会结构在横向和纵向的变化,使得社会日趋复杂化⑤。

于是考古学者注意从考古遗存中寻找这种复杂化的具体表现,观察私有制和贫富分化是何时出现的。根据考古学材料,从大汶口文化中晚期开始,社会内部人与人、人群与人群之间的不平等便已体现出来。发展到龙山文化时期,这种不平等更为严重。按照"国家是阶级矛盾不可调和的产物与表现"这一观点。阶级的矛盾首先是人与人之间的矛盾,逐渐发展到人群与人群之间的矛盾。从考古资料可以观察到,这种矛盾在大汶口文化中晚期就已经很明显,随后不断加剧。什么是矛盾的不可调和?它在物质形态上会有什么样的表现呢?聚落考古正是观察这种矛盾的有效途径。单聚落之间、聚落群之间的分化被考古学者观察出来。其中,城址的研究就是一个典型。城是一种高级的聚落形态,是一批聚落遗址的区域中心。它的兴建本身便是一项复杂化工程,需要规划、动员、运输、兴建等一系列程序,一个平面型社会结构的社会很难胜任这样一项工程。城的兴建又是出于什么目的呢?

---

① 殷志强:《江淮地区出土"良渚式"玉器文化属性蠡测》,《文物研究》第 15 辑。
② 张居中等:《淮河流域史前稻作农业与文明进程的关系》,《东方考古》第 1 集。
③ 龙虬庄遗址考古队:《龙虬庄——江淮东部新石器时代遗址发掘报告》,科学出版社,1999 年;崔英杰:《江淮东部地区史前文化研究》,《东方考古》第 6 集,科学出版社,2009 年。
④ Mitchell S. Rothman, "Studying the Development of Complex Society: Mesopotamia in the Late Fifth and Fourth Millennia B.C.," *Journal of Archaeological Research*, vol.12, no.1, 2004, p.76.
⑤ Randall H. McGuire, "Breaking down Cultural Complexity: Inequality and Heterogeneity," *Advances in Archaeological Method and Theory*, vol.6, 1983, pp.100~105.

社会内部人员之间在住居形态上的分化与隔离：一部分人住城内，另一部分住城外，这本身即体现了社会内部人群之间的矛盾。更常见的观点认为城的兴起是为了防卫，既有社会内部人员之间的防卫，亦有区域之间的互相防卫。城的功能应该不止一种，而是不断在加强和更新的。但城的出现，本身即是矛盾的一种体现。因此，城被当作文明或国家出现的重要指标之一，是非常有见地的意见。

另一方面，我们看到相当多的，是通过墓葬形态来展示社会内部的种种不平等。墓葬形态本身即是聚落形态的一个组成部分。所谓"聚落形态"，实际就是"人群的居住安排方式"①，包括了人群生前所居和人死后所居。人群生前的不平等，在墓葬资料中会有所反映。在反映人们的社会关系这一点上，生前聚落形态与墓葬形态是可以达成一致的，并且从后者入手可以了解与观察到更细微、更具体的社会关系。

综上，聚落和墓葬形态的分析，是现有文明化或复杂化进程研究中惯有的考古学研究途径，本项研究中也将采用之。

再来看当前淮北、江淮区域内青铜时代的研究，严格来讲，在社会进程上，相关研究不如史前时期那般如火如荼，这一方面是因为目前的文明化进程的终点是早期国家的形成，而考古学界的主流观点认为至晚到二里头文化时期，国家形态已经出现。另一方面，二里头、商、西周时期，淮北、江淮区域的考古发现，尤其是对于社会进程分析至关重要的聚落（包括聚落形态与墓葬形态）资料相对欠缺。这不仅仅是资料的问题，更是淮北、江淮地区社会进程中的一个变化，同时也是需要阐释的重要问题。

青铜时代两淮地区的社会进程研究自有另一番特色，即充满了历史学个案的探讨。在前文中，我曾引苏秉琦指明的国史的核心问题，一是国家起源（即文明起源），二是民族文化传统。进入青铜时代后，社会进程中一个令人瞩目的课题便是多民族起源的问题，之所以在这一时期，民族的议题浮现出来，是因为可能与这一时期有关的一些曾经活跃于历史中的氏族、人群在传统文献中被记载下来。因此，研究者们自然而然地开始将这一时期的考古学文化遗存与文献中的人群对应起来。这既是在为一定区域一定的文化遗存寻找其背后的主人，同时也是对传统文献中的人群进行文化溯源。这一主题，曾是中国考古学界最热门的研究主题之一，尤其以历史时期考古学为最。一系列以族名，同时有时也是国名为称号的地方文

---

① 王巍：《聚落形态研究与中华文明探源》，《文物》2006年第5期。

化起源研究是考古学者乐此不疲的研究主题,直到现在也仍然在延续。诸如夏文化、商文化、先周文化、周文化、吴文化、楚文化、东夷文化,淮夷文化等等。

以两淮地区来说,它在区域民族起源及发展上,有其自身的整体特性。大体来说,这片东方沿海区域以夷人为主,包括东夷与淮夷。关于东夷与淮夷的研究,研究成果众多。诸如傅斯年[①]、徐中舒[②]、顾颉刚[③]、郭沫若[④]、黄盛璋[⑤]、陈秉新[⑥]、李修松[⑦]、何光岳[⑧]等众多学者均有研究,以上学者多从历史文献的角度,包括传世文献和甲骨文、金文的记载对东夷、淮夷的族名、源流、分布、迁徙,与商周之关系、存灭等多个角度进行了研究。同时,一些考古学者则试图将考古学研究与文献结合起来,对东夷文化和其在中国文明起源中的作用进行探索。例如,1961年,曾昭燏和尹焕章谈到今徐淮地区,可能会发现一种或多种与良渚、湖熟同时期的文化,也就是古代淮夷、徐戎的文化遗存[⑨]。1963年,刘敦愿将古史传说与考古发现结合起来进行研究,考证山东龙山文化就是风姓东夷族文化[⑩]。1989年,严文明对东夷文化进行了全面探索,论证岳石文化是夏代夷人文化。他从考古学研究和文献考证两个方面阐述东夷文化的形成、发展与衰亡。他认为山东地区从北辛文化起,至山东龙山文化的整个时期,都应属于东夷远古文化的系统。严文明对东夷文化的探索,不仅从考古学和文献结合方面考证确认了东夷文化,而且勾画出海岱地区文明起源及其早期发展的大致轮廓[⑪]。王迅也对东夷文化和淮夷文化从考古学上进行了确认[⑫]。此外,立足于山东的一些考古学者对东夷文化也有常年的研究,高广仁、栾丰实、方辉诸位对东夷文化的起源、分布,与商周之关系,文明进程等方面都各有所论。

近些年,受到西方族群理论的影响,一些学者用族群理论来讨论先秦族群的建构。王明珂在这方面做了很好的示范,他对西方族群及族群认同的理论做了介绍,

---

① 傅斯年:《夷夏东西说》,《庆祝蔡元培先生六十五岁论文集》下册,历史语言研究所集刊外编第一种,1935年。
② 徐中舒:《蒲姑、徐奄、淮夷、群舒考》,《四川大学学报》(哲学社会科学版)1998年第3期。
③ 顾颉刚:《徐和淮夷的迁、留——周公东征史事考证四之五》,《文史》1990年总23期。
④ 郭沫若:《卜辞通纂》,科学出版社,1983年,第462~465页。
⑤ 黄盛璋:《淮夷新考》,《文物研究》第5辑,黄山书社,1989年。
⑥ 陈秉新、李立芳:《出土夷族史料辑考》,安徽大学出版社,2005年。
⑦ 李修松:《徐夷迁徙考》,《历史研究》1996年第4期。
⑧ 何光岳:《群舒与偃姓诸国的来源与分布》,《江淮论坛》1982年第6期。
⑨ 曾昭燏、尹焕章:《江苏古代历史上的两个问题》,《江海学刊》1961年第12期。
⑩ 刘敦愿:《古史传说与典型龙山文化》,《山东大学学报》(历史版)1963年第2期。
⑪ 严文明:《东夷文化的探索》,《文物》1989年第9期。
⑫ 王迅:《东夷文化与淮夷文化研究》,北京大学出版社,1994年。

并有个案的探讨①。朱继平探讨了两周时期的淮夷从族群向编户齐民的转变,在族群理论的背景下进行了历史地理的探索②。

对于东夷或者淮夷的探讨,不仅是在中心—边缘的视野下研究与周人相对的弱势群体的历史,同时也是江淮、淮北一带移民的历史,从中建构该地的社会进程。

在族群研究的同时,青铜时代两淮地区的很多研究是围绕各种类型的物质遗存展开的。不可移动的遗存可以墓葬为代表。墓葬的发现,通常能够印证文献记载中各诸侯国的地望,而墓葬本身,包括墓葬形制、葬俗、随葬品等又构成了若干研究主题。可移动的遗存则种类众多,像陶器、青铜器、玉器的研究,展示了那个时代的物质发展水平、仪礼风貌、历史关系等等,为研究这块区域的社会进程奠定了较好的基础。

尽管两淮地区的早期研究非常多样和丰富,但总体而言,当前该区社会进程的研究在空间上是小片的、在时间上是片段的。将两淮当作一个整体单位,一个夹在太湖和海岱区之间的过渡带,以进行更为宏观的社会进程之研究尚未见到。本书将在前人研究的基础上将淮北与江淮,既从空间上视为一个整体单位,同时又非铁板一块,充分注意各小区间的差异;以及从史前至春秋时期,这样一个长时段的视角,来重建一个更为完整的历史画面。在这样一种长时段的社会进程的重建中,本书也有明确的问题导向,即两淮进入春秋时期,为什么是一番小国林立,苟延残喘于大国之间的面貌?蛮夷戎狄中,何以夷最先被同化?这种局面是短时之外层现象,抑或有着深层次的历史结构。要回答这些问题,需要从春秋往上追溯,纵向观察两淮自身的进程模式及其与周边的持续性的互动。

第三节 研究视角与方法

一 整体与长时段的视角

本书是一项区域社会进程的研究。社会进程涵盖的内容非常广,所以我们务必以系统或整体的视角来处理研究对象,以期呈现两淮地区的"内外、上下关系"。

---

① 王明珂:《华夏边缘:历史记忆与族群认同》,社会科学文献出版社,2006年;王明珂:《羌在汉藏之间》,中华书局,2008年。
② 朱继平:《从淮夷族群到编户齐民——周代淮水流域族群冲突的地理学观察》,人民出版社,2011年。

人类世界是一个复合体和整体,它由诸多彼此关联的过程组成①。一个区域之所以成为一个区域并且存在,是有其产生的历史、存在的结构及发展的动力的。有关这一区域作为整体存在的合理性,上文我已经做了介绍。简单来说,我为这片区域总结了三个关键词:(1)南北过渡带;(2)东方沿海区;(3)夷域。

在这项区域整体性研究中,空间上,要充分注意区域、文化与族群的互动;时间上,则要坚持"长时段"的考察。"长时段"一词频见于考古学的著作中。原因很简单,史前考古学的研究对象——考古学文化,往往具有很长的文化期,每期间隔百年乃是常态。史前考古学的特点决定了史前考古研究无从涉及狭义史学研究中的"事件",而要从长时段的角度来探讨相关对象的历史进程。众所周知,"长时段"这个概念源于著名的史学流派之一法国"年鉴学派(Annales School)"②。年鉴学派的第二代领导人物法国著名史学家布罗代尔(Braudel)曾将历史时间区分为"地理时间、社会时间与个人时间"。之后,他更明确地把这三种历史时间称为"长时段""中时段""短时段",并提出与这三种时段相适应的概念,分别称为"结构""局势""事件"③。布罗代尔将"长时段"称为"结构",表面上看两者是难以对等的,但是结构正需要在时间中方可显现。只有借助长时段的观察,反复比较历史上类似的表相,方能接触到本相,即布氏所谓的长期不变或者变化极慢的那类东西④。对于人

---

① Wallerstein, Immanuel. *The Modern World-System: Capitalist Agriculture and The Origins of The European World-Economy in The Sixteenth Century*. 1974, New York, Academic Press.
② 有西方考古学者指出,新考古学者同样关注长时段历史的规律性变化,到20世纪80年代,才有理论家指出新考古学派与年鉴学派的相似性。参见马修·约翰逊著:《考古学理论导论》,魏峻译,岳麓书社,2005年,第26页。
③ 所谓"结构",是指长期不变或者变化极慢,但在历史上经常起到深刻作用的若干因素,如地理、气候、生态环境等;所谓"局势",是指在较短时期内起伏兴衰、形成周期和节奏的一些对历史起重要作用的现象,如人口消长、物价升降、生产增减等等;所谓"事件",是指一些突发的事变,如革命、条约、地震等。布罗代尔认为,这些"事件"只是"闪光的尘埃",转瞬即逝,对整个历史进程只起微小的作用。参见费尔南·布罗代尔:《菲利普二世时代的地中海和地中海世界》第一卷,唐家龙、曾培耿等译,商务印书馆,1996年;Braudel, F. *Histoire et sciences sociales: la longue durée*, Annales, 17, 1958. 法国高等社会科学院的莫里斯·埃玛尔(Maurice Aymard)评价布罗代尔是第一个为地理空间做传的历史学家。参见专访莫里斯·埃玛尔:"重回长时段",我们如何认识布罗代尔,澎湃新闻,2017年9月14日。
④ 赵鼎新也有相似的看法。赵最近谈到了社会科学研究中的三种叙事策略,分别来自社会学、历史学和人类学。他在分析理想型历史学家的策略时指出:"(理想型历史学家)他们拒绝结构性力量的影响,这也就极大地打消了他们对于长时段、大历史的兴趣,代之以专注短期的、小规模的历史事件或者甚至着眼于一件小事的某一方面。他们确信通过对一个小规模的历史事件做详尽的研究可以实现一个更好的情境化论述。然而,这种认识论存在两个缺点。聚焦于一个小的历史事件或者仅仅是该事件的某个方面得出来的结论会传达出人类经验的复杂性和多样性,却错失了更大的图景和更长的联系。"参见 Dingxin Zhao, *The Confucian-Legalist State: A New Theory of Chinese History*, Oxford University Press, 2015, p.377.

类历史进程而言,结构有着支持与阻碍两种作用,所谓"支持",即结构所具有的长期稳定性,会对人类历史的进程产生某种持续性的影响;而"阻碍",是说人类与其经验无法超越地理、社会和思想文化诸结构的框架。至于"局势""事件",无疑是处在"结构"以上的层次,它们的发现有赖于不同性质材料的出现。譬如"事件"的探讨,就不能没有同时期文献的记载,而文字诞生以前的历史,其材料特点是完全属于文化方面,不比现代材料,多可注意于人事方面[①]。所以本书社会进程的研究中将随着材料的变化,文化与族群在时间进程中不断浮现[②]。

那么在长时段的视野里,本书探讨的两淮区域有着什么样的结构呢?为了更好地对之作出阐述,在此引入另一个视角,即来自景观生态学(Landscape Ecology)的"斑块—廊道—本底"模式。

二 "斑块—廊道—本底"模式

鉴于两淮属于夹处在海岱和太湖文化区之间的过渡性空间。在对之进行研究时,务必要连带将海岱和太湖拉入一并思考。从史前东方沿海地区来看,海岱、两淮和太湖这三个地区实属一个整体,区域间的互动非常频繁。海岱、两淮、太湖,南北一线。打个比方说,海岱、太湖如同南北两点,两点连成一线。中间的线之所以能存在,是因为有两点的确定。两淮,在传统的历史经验中,我们知道它是南北过渡区,是政治上的拉锯地带,人群、物品频繁地在此间流动。根据这些既有的认识,我们认为这种过渡的地理结构会对该区的社会进程产生持续的影响。因此,为了能够对这片区域的生态、文化、族群、整个的社会进程有更好的把握,本书拟采用景观生态学理论来对之进行观察。

景观(landscape)这一概念是在 19 世纪中叶作为一个科学术语被引入到地理学中的。它曾经被视为地形的同义语,用以描述地壳的地理、地质以及地貌属性。至 1939 年,德国生物地理学家 Troll 提出"景观生态学"的概念。他将景观当作是人类生活环境中的"空间的总体和视觉所触及的一切的整体"。另一名德国学者 Buchwald 进一步发展了系统景观思想,他认为:所谓景观可以理解为地表某一空

[①] 傅斯年:《考古学的新方法》,《傅斯年全集》第三卷,湖南教育出版社,2003 年,第 89 页。
[②] 有关先秦时期不同阶段主题的探讨与材料的关系。可参见张光直:《对中国先秦史新结构的一个建议》,《中国考古学与历史学之整合研究——历史语言研究所会议论文集之四》,历史语言研究所出版品编辑委员会,1997 年,第 1~12 页。

间的综合特征,景观是一个多层次的生活空间,是一个由陆圈和生物圈组成的、相互作用的系统①。在本书中,我主要借鉴的是景观的结构概念。景观结构指的是"不同生态系统间的空间关系"②。景观生态学注重于研究空间格局的形成、动态及与生态学过程的相互关系。这与考古学文化的研究可谓异曲同工,考古学研究的重要内涵是考古学文化。对考古学文化的研究也是关注其形成、分布及文化间的相互关系。因此,景观生态学中的若干理论可以作为史前考古学文化研究的参考。

在景观生态学理论中,有"斑块—廊道—本底模式"。所谓"斑块(patch)",是指外貌上与周围地区(本底)有所不同的一块非线性地表区域③,通常会表现为较明显的地理单元④。斑块可以大到地球,小到叶片上的气孔。斑块多姿多态、千变万化,自然界就好像是由无数的斑块构成的多尺度镶嵌体⑤。对于斑块,我们宜作动态的理解,有些斑块,在它所支持的无论是自然景观,还是文化景观的发展上,缺乏一种持久、稳定、可持续的动力;而有的斑块则持续的时间相对较长,近于永久性斑块,这种斑块的属性颇类似于本底。在本书的研究中,斑块的使用有一定的灵活性,它可以与考古学文化区域类型持有同等的内涵,也可是更具体的文化因素。当斑块用于代指一种规模较小的文化类型时,斑块能够鲜明地反映出文化变迁的动态效果。

至于本底(matrix),它通常具有比另外两种景观单元,即斑块和廊道(corridor)更高的连续性,故许多景观的总体动态常常受本底支配。这一点非常重要,在本书的探讨中将会看到,苏皖两淮地区缺乏内在的发展动力或者说动力微弱,社会进程频频为海岱和太湖文化区所牵引与左右。本底、斑块、廊道这三种结构和功能特征(即面积上的优势、空间上的高度连续性和对景观总体动态的支配作用)是识别本底的三个基本标准。不过,要精确地区分本底、廊道与斑块既不容易,也无必要。比如,许多景观中并没有在面积上占绝对优势的土地利用类型或植被类型。再者,由于景观结构单元的划分总是与观察尺度相联系,所以本底、廊道和斑块的区分往

---

① 关于景观概念及其研究的详细介绍,可参见俞孔坚:《论景观概念及其研究的发展》,《北京林业大学学报》,1987年第4期。
② 邬建国:《景观生态学——格局、过程、尺度与等级》,高等教育出版社,2009年,第8页。
③ 徐化成:《景观生态学》,北京林业大学出版社,1996年,第9页。
④ 邬建国:《景观生态学——格局、过程、尺度与等级》,第89页。
⑤ 邬建国:《景观生态学——格局、过程、尺度与等级》,第89页。

往是相对的。此外,广义地讲,本底可看作是景观中占主导地位的斑块,而许多所谓的廊道亦可看作是狭长型斑块①。

"走廊"或称"廊道"是与本底有所不同的带状或线状土地。它既可能是一条孤立的带,也可能与属于某种植被类型的斑块相连②。走廊起着分隔和连通的双重作用。这正如江淮在历史上曾经发挥的作用一样。国家统一时,它是连通南北的动脉。诸如京沪铁路、京杭大运河就可以被视为这种走廊连通性的微观化模型。国家分裂时,江淮一带便成为边境,南北政权被它所分隔。廊道将所有的景观既联结又分割,相应带来两种结果。一种是流动和连通可以造成廊道内部生物群落、文化景观的多样性,能为某些物种提供特殊生境或暂息地。这也是文化融汇的功能,这类物种多了,便在形式上构成不同的斑块。廊道可以增加生境斑块的连接度,提高斑块间物种的迁移率,促进斑块间基因交换和物种流动,方便不同斑块中同一物种中个体间的交配,有利于物种的空间运动,增加物种重新迁入的机会;但与此同时,廊道也是一种危险的景观结构,能分割生境斑块,阻断基因或物种流,造成生境破碎化,或引导外来种及天敌的侵入,威胁乡土物种生存,这便构成了文化之间的冲突。可见,廊道在功能上具有矛盾性与复杂性。

廊道地区的这种效应,对于我们分析两淮地区的文化格局及变迁,提供了非常好的观察视角。具体到两淮及其毗邻地区。我结合它们的地理区位特征和既有的历史经验,将不同小区区别对待。江淮,最具有廊道的特性。《左传·哀公九年》记载:"吴城邗,沟通江、淮。"③《史记·河渠书》:"自是之后,荥阳下引河东南为鸿沟,以通宋、郑、陈、蔡、曹、卫,与济、汝、淮、泗会。于楚,西方则通渠汉水、云梦之野,东方则通(鸿)沟江淮之间。"④安徽江淮间流经凌家滩遗址的裕溪河也是沟通江淮与江南的"高速公路",在凌家滩文化时期,它很可能在玉石运输方面起着重要作用。在明、清时期,裕溪河流域商贾云集,促成了江北首镇运漕镇的兴旺。传统文献强调了河道将不同的区域沟通起来,突出了江淮的通道功能是依赖于河流的。明末清初著名学者顾炎武在《形势论》一文中对中国不同区域有过形象的比喻:"窃以为荆、襄者,天下之吭;蜀者,天下之领;而两淮、山东,其背也。"他将两淮比作人体之

---

① 邬建国:《景观生态学——格局、过程、尺度与等级》,第37页。
② 徐化成:《景观生态学》,第9、21页。
③ 杨伯峻:《春秋左传注》,中华书局,2009年,第1652页。
④ 司马迁:《史记》,中华书局,1959年,第1407页。

脊背,实在形象,脊背在头颈与下肢之间,无疑起着连通的功能。这一功能也正是廊道的功能之一①。太湖和海岱地区则是本底。而淮北,作为黄淮平原的一部分,在与江淮廊道连接之前,它扮演着地理缓冲带(buffer zone)的角色,诸如豫东、皖北、苏北,都属于地理交接带,如同地质上板块的交接处通常不稳定一样,地理区域上交接处的文化发展相比于中心区也要显得不够稳定和可持续性弱。历史经验多次表明,淮北的地理结构使得它极易成为被干扰和被牺牲的局部②。

我也必须指出,将本底、斑块、廊道这三个景观要素安在这些小区之上,并不意味着这些景观要素与区域百分百对应,而是认为区域地理特征与这些景观要素有相通之处。以江淮来说,当我用"廊道"来形容它时,大家或许会有所不习惯。因为廊道或走廊,通常指的是不同于两侧本底的狭长地带。"狭长"是人们对于廊道的基本印象。如三峡走廊③、河西走廊等等。然而实际上,生态廊道包括3种基本类型:线状生态廊道(linear corridor)、带状生态廊道(strip corridor)和河流廊道(stream corridor)④。线状生态廊道呈狭长条带;带状生态廊道是指有较丰富内部种的较宽条带;河流廊道是指河流两侧与环境基质相区别的带状植被,又称滨水植被带或缓冲带⑤。江淮更接近于带状生态廊道。将苏皖江淮合起来看,或许它的南北狭长状不明显,但是苏皖江淮被邗沟分成东西两部分,单看苏、皖境内的江淮时,它的狭长带状就较明显⑥。同时,我们也知道,江淮与淮北的地域上流淌着很多河流。皖北的河流,像洼河、涡河、颍河等多呈平行状流向东南。安徽江淮间也有沟通南北的河流,如施水,又称南淝水,南流入于巢湖;淝水,又称东淝水,北流入于淮河。沿此二水而行,水陆相辅,可出入于淮南、江北,这便是巢淝通道。巢湖南有河流与

---

① 顾炎武:《亭林文集》卷六《形势论》,《顾亭林诗文集》,中华书局,1983年,第124页。
② 在我看来,淮北研究尤能体现布罗代尔"长时段"观察的意义。一项涉及明清以来淮北社会生态变迁的研究,包括治水、漕运、盐务等政策对该区地理、河道、水文、物产、民性及经济结构与社会结构等的塑造乃至扭曲作用。见马俊亚:《被牺牲的"局部":淮北社会生态变迁研究(1680~1949)》。
③ 参见何驽:《廊道理论对三峡史前聚落认识的启发——景观生态学理论与考古研究思考之一》,《中国文物报》2000年5月3日。
④ Forman R T T, Godron M. *Landscape ecology*. New York Wiley, 1986. pp.121~155.
⑤ 朱强、俞孔坚、李迪华:《景观规划中的生态廊道宽度》,《生态学报》2005年第25卷第9期。
⑥ 即便将苏皖江淮合起来,江淮的廊道特性也不会因为它的形状而降低。因为廊道的宽度在景观生态学界是可以讨论的。由于生态廊道结构与功能的复杂性,通常使得廊道宽度具有很大的不确定性。一般来讲,在生态廊道设计中,廊道越宽越好,随着宽度的增加,环境的异质性增加,物种的多样性也增加。有关景观规划中生态廊道宽度的讨论,参见朱强、俞孔坚、李迪华:《景观规划中的生态廊道宽度》,《生态学报》2005年第25卷第9期。

长江相通①。苏北徐淮平原上亦有多条河道,像沂、沭、泗诸河。江淮东部有邗沟,历史上多次被人工整修,成为今天大运河的一部分。这些河流是早期历史时期,乃至今日人群、文化交流的通道。水系,无论大小,在它所在的一定区域中往往会起到连通的功能,事实上就相当于一个个小型的走廊。这些因素总合起来烘托了江淮的"廊道"特性。文化遗产学界已经提出遗产廊道的概念,主张对此进行研究、保护及传承。在廊道遗产中,运河正是其中的一类②。江苏江淮与淮北区域内的若干城市正是京杭大运河上的重要枢纽。

因此,用景观要素之"廊道"来形容江淮是有合理性的。长江与淮河恰好构成了这片小区的南北界线。安徽江淮以西是大别山,江淮东部之东是大海。因此,江淮实际上被限定在一个有边界的独立空间中,淮河与长江既作为天然屏障,令独立考古学文化的形成成为可能,但是这些屏障又并非不可逾越的边界。周邻的考古学文化通过廊道互相交流,造成廊道地区多样性的生成。

用景观要素来代表这些小区,既关照了不同小区的差异性,又将它们合成一个整体。两淮可以被统合成一个"南北过渡带",即顾炎武形容的"脊背"。这个脊背就像是跨在江面上的一座高速公路大桥,太湖、海岱区就相当于两个始点,也可以是终点(视方向而定)。淮北是引桥部分。江淮则是江面上实际意义的渡桥。

三 聚落形态与文化因素分析

如果说"整体""长时段"及"斑块—廊道—本底"模式是我们看问题的视角,是指导本书的理论。那么聚落形态和文化因素的分析则是我们重建社会进程的方法。这两种方法也是考古学研究中的重要武器。

斯图尔特曾经认为,考古聚落形态是人类组织和自然环境相伴存在的证据。威利主张,聚落形态"反映了自然环境、经营者采用的技术以及由文化所维持的、社会互动和控制的各种制度"。他既承认生态因素在塑造聚落形态中的作用,同时注意到许多其他社会和文化性质的因素也会反映在考古记录中。特里格评价威利的研究是运用考古材料来解释长时段社会和政治演变的重大先驱性努力③。

若干学者重点强调了聚落形态分析对于探讨区域社会内部,以及区域之间社

---

① 李孝聪:《中国区域历史地理》,北京大学出版社,2004 年,第 251 页。
② 我国典型的廊道遗产包括丝绸之路、京杭大运河、茶马古道等。
③ 布鲁斯·G·特里格著:《考古学思想史》(第 2 版),陈淳译,中国人民大学出版社,2011 年,第 286 页。

会关系的作用。特里格曾将聚落考古定义为"利用考古学的资料来研究社会关系"[1]。张光直从另一个角度将之表述为"是在社会关系的框架之内来做考古资料的研究"[2]。王巍认为,考古学的聚落形态的研究可以帮助我们了解聚落内部以及聚落群中的社会组织结构、形态变迁等问题[3]。

无论如何,聚落形态是连接生态与人、人与人、重建社会进程的一个中介。不过,聚落形态研究的前提是聚落调查和聚落考古,这两方面进展的完善与否对于社会组织和结构的探索无疑会有影响。

"文化因素分析法"也是考古学研究中不可或缺、行之有效的一种研究手段[4]。我们完全可将之视为冲在研究最前沿的技术先锋,颇有些类似于考证。其本质,乃是一种比较方法。文化因素分析法用以分析一个考古学遗存内部所包含的不同文化因素的组成情况,以认识其文化属性,即确定它在考古学文化谱系中的位置[5]。文化因素分析之所以有存在之必要,是因为任何一个社会组织、考古学文化都不是孤立存在的,它们或多或少总要与相邻的单元发生接触,在互相影响的过程中,自然而然的,其社会或文化内部就会出现其他文化的因素。因此,文化因素分析的理想状态是要将有着不同来源的文化因素"各就各位"。

文化因素分析的适用范围可以包括考古发掘中揭露的各种各样的考古遗存。但一般来说,用于陶器的分析最为普遍,因为陶器风格变化频率高,在反映一个考古学文化面貌的时候最具典型性,所以本项研究进行文化因素分析时以陶器为主,同时也兼及铜器、墓葬形制、葬俗、图像纹饰等其他方面。

鉴于本书是一项长时段的研究,从新石器时代跨越至东周。对于史前时期而言,本书主要利用考古学材料。在进入有文献可依的历史时期,则将尽可能把考古学材料与传统文献统合起来,既对考古中发现的沉默的物的遗存进行充分的比较、归纳,同时也要利用传统的史学研究方法。本书将充分结合两淮中间过渡地带的区域特征,从"融汇""冲突"与"传承"三个角度,主要是前两者来讨论两淮这一过渡或脊背之地的早期社会进程。具体说来,我将借助考古学材料以讨论生态环境

---

[1] Bruce G. Trigger, Settlement archaeology — its goals and promise, *American Antiquity*, 32(1967).
[2] 张光直:《谈聚落形态考古》,《考古学专题六讲》,文物出版社,1986年,第74~93页。
[3] 王巍:《聚落形态研究与中华文明探源》,《文物》2006年第5期。
[4] 关于"文化因素分析法"的理论性阐述,可参见俞伟超:《楚文化的研究与文化因素的分析》,《楚文化研究论集》第1集,荆楚书社,1987年;李伯谦:《论文化因素分析法》,《中国文物报》1988年11月4日。
[5] 俞伟超:《楚文化的研究与文化因素的分析》,《楚文化研究论集》第1集。

的变化与生业经济的发展。通过考察聚落形态,呈现社会进程中的种种文化面貌、社会形态及社会关系。同时,横向注意区域的互动,以及这种互动是如何牵引与影响了社会进程。互动的过程正是不同区域文化间冲突与融汇的过程。就是说区域互动的探讨,实际关乎社会进程的动力问题。同时纵向观察两淮与毗邻区域的关系问题以及随时的变化[1]。本书试图将处于不同时空的考古学文化有机地串联在一起讨论,不仅指出考古学文化分布的成因,而且欲解释考古学文化序列的断裂与连续现象。本书格外注重地理结构对社会进程的影响,力图探索两淮过渡带社会进程中多个方面呈现出来的某种"历史的长期合理性(long-term rationality of history)"[2]。

四 本书的构成

本书共十一个部分,绪论首先简要介绍了中国考古学界区域社会进程的研究,其次指出在当前学术背景下两淮研究的必要性与合理性,并叙述了两淮早期社会进程研究的理论视角、方法及主要内容。

第一至三章分别以大汶口文化、龙山文化、岳石文化作为相对的文化参照背景,对距今约七千年至三四千年的两淮地区的社会进程进行了探讨,讨论从内外两个层面进行。内部,从若干中心遗址的聚落形态考察,探讨当时的生态环境、生业经济、社会组织及社会关系的变化,重现当时的社会发展水平。研究发现在距今5 500年左右,史前社会已经有明显的贫富分化,在区域中心遗址这种分化更为明显,而边缘区域则相对平等。不同区域的发展是不平衡的,社会变迁的速度是不一样的。通过对史前时期的探讨,可见两淮地区的社会进程主要是文化发展上缺乏一种可持续的、稳定的模式,不同时期的文化与文化间易形成空白。外部,利用文化因素分析方法观察区域间的文化交融,以及外域文化向两淮地区的拓展,其中包含了人群的迁徙。这些均影响了两淮地区的社会进程。与此同时,对于史前时期的两淮,本

---

[1] 迄今关于淮北、江淮地区历史发展的研究,大抵都会从生态环境和区域互动两个角度入手。原因很简单,这片地区在历史的发展中的确受到生态环境变化带来的很大的影响,诸如黄河夺淮、洪灾、环境污染等等。区域互动亦是这片区域进程中的重要动力。
[2] 采用黄仁宇"历史的长期合理性"(long term rationality of history)这一带有大历史观的术语来表达,我个人的理解是,我们在做历史研究的时候,经常会感叹在许多问题上,历史有着惊人的相似,好像存在某种"规律",其背后的原因或与经济有关,或与地理有关等等。我不拟采用"规律"这类术语,我认为很多事情虽然发生的频率高,但究竟能否构成规律,必须在长期的实践中进行检验,故我采用"历史的长期合理性"。实际上这种观点与年鉴学派"长时段"概念非常相似。参见黄仁宇:《中国大历史》,三联书店,2007年。

书也重点探讨若干区域社会(如尉迟寺、凌家滩、藤花落等)的发展,这些遗址都曾有过相对的辉煌,在社会结构上可能已经进入或接近古国层次,但之后并未得到延续。

第四至六章进入历史时期的探讨。第四章讨论了商代霸权王国兴起之后,两淮地区已经成为相对于商王国中心的众多边缘区域之一。商王国在政治与文化两个层面均拓展到了两淮地区。本章利用文化因素分析法,结合文献记载,呈现了商代两淮地区的文化面貌、社会发展状况及此间附庸国与商王朝的关系问题。

第五章讨论了西周时期两淮地区的淮夷,论述了淮夷的由来、兴盛、分布、生态环境与生业经济,以及最主要的,淮夷与周人的冲突,并据此讨论淮夷的族群认同。本章的讨论表明了西周王朝对两淮的经略极大牵引了两淮地区的社会进程。

第六章讨论了春秋时期两淮地区的社会进程,尤其是政治进程,即两淮地区诸多分散、寡弱、不相统属的小国在周边大国的竞争中被逐个击破,融入了秦帝国一统的洪流中去。本章同时论述了春秋时期两淮地区诸小国的文化面貌,认为春秋时期这些小国在物质层面上也有了相当大的进步。这一章标志着两淮地区在早期中国时期社会进程中一个阶段性的结束——淮泗夷散为民户。

最后,结语部分以较长的篇幅全方面总结了两淮地区社会进程的动力。两淮的社会进程是在与周边区域冲突与融汇下进行的。两淮过渡带与边缘的地理特征对于该区社会进程及若干历史面相有着重要且持续的塑造作用。

本书还有三篇附录,附录一从淮河边界这一视角,讨论了新石器与青铜时代淮河的文化与族群边界特性的形成。

附录二讨论了两淮地区社会进程中的精神文化。本章并没有对精神文化面貌做全面的铺陈,而是以两淮地区的一件陶器、一件玉器及一座墓葬进行了个案分析,展现了两淮社会进程中精神文化领域的多个面相,尤其是宇宙观的面貌。与此同时,从历时性的角度,借助考古学材料观察了江淮地区若干文化传统的连续或演变,这也是针对本书所提出的两淮社会进程"断裂的连续"模式的一个补充,即认为虽然两淮社会进程总体上是这样一个模式,但是在若干文化传统所反映的精神文化层面,这个地区的社会进程中有它一以贯之的东西,可谓"形散而神不散"。这种社会进程中呈现出来的连续、传承及演变的一面是不容忽视的。它是淮域文明发展中的重要特征。

附录三从对青莲岗文化学术史的回顾与思考来对本书主题做一个补充和另一个角度的印证。

第一章　互动初显：大汶口文化时期的两淮

第一节　淮北地区

目前考古学界各区域文明化进程的研究大致选择公元前4000年前后作为起点，在这个时间点，各地方社会的文明化进程开始加速。严文明曾经指出，距今5500年(相当于大汶口文化中期)是一个重要的分界。"在此以前属新石器时代，从聚落遗址、房屋建筑或埋葬习俗来看，都比较强调统一和平等的原则；在此以后属铜石并用时代，考古遗迹清楚地表明这时已出现贫富分化和社会地位的分化，私有制、阶级乃至准国家的政治实体都是在这个时期相继形成的。从这个意义来说，探索中国文明的起源自然要从公元前3500年开始"[①]。

公元前4100~前2600年，淮北地区主要流行着大汶口文化。本章即以大汶口文化作为参照系进行论述。不过需要说明的是，由于不同区域的谱系不尽相同，大汶口文化的年代、分期及类型只是一个参考，在具体区域的谱系论述时，有时会超出大汶口文化的时间表，比如会对早于大汶口文化的文化进行背景式论述。与此同时，因为苏皖淮北是黄淮平原的一部分，考古学文化属于黄淮文化系统。故对苏皖淮北社会进程的探讨也将涉及毗邻小区，特别是通过与它们的比较，淮北地区社会进程的特征才可以显现。

大汶口文化因发现于山东泰安大汶口遗址而得名，遗址位于泰安县和宁阳县交界的地方，跨在大汶河两条支流的交汇处。1959年夏，济南市博物馆与山东省文管处在此进行了首次发掘，清理了133座墓葬，获得了一批富有鲜明个性的器物群，后以《大汶口——新石器时代墓葬发掘报告》一名出版[②]。1962年，中科院考古

[①] 严文明：《略论中国文明的起源》，《文物》1992年第1期。
[②] 山东省文物管理处、济南市博物馆：《大汶口——新石器时代墓葬发掘报告》，文物出版社，1974年。

所第一次发掘曲阜西夏侯遗址,工作人员在分析遗存内涵的基础上,认为山东龙山文化的内涵不能包括以大汶口墓葬为代表的一类遗存,故建议将后者另名为"大汶口文化"[①]。1963 年,夏鼐在《中国原始社会史的研究》一文中提出了大汶口文化的命名[②],得到了考古界的认同。

一 大汶口文化背景

目前大汶口文化的分布范围相当广阔,总体以海岱地区为核心。该文化的典型遗址有邳县刘林[③]、大墩子[④]、新沂花厅[⑤]、大汶口[⑥]、曲阜西夏侯[⑦]、日照东海峪[⑧]、胶县三里河[⑨]、兖州王因[⑩]、枣庄建新[⑪]、诸城呈子[⑫]、茌平尚庄[⑬]、长岛北庄[⑭]、莒县陵阳河[⑮]、莒县大朱村[⑯]、蒙城尉迟寺[⑰]等等。从这些典型遗址的分布来看,本项研究所指的"淮北",即苏北和皖北的大汶口文化遗址在该文化的整个分布体系中,差不多在南部边缘。

---

① 中国科学院考古研究所山东队:《山东曲阜西夏侯遗址第一次发掘报告》,《考古学报》1964 年第 2 期。
② 夏鼐:《中国原始社会史的研究》,《历史教学》1963 年第 4 期。
③ 江苏省文物工作队:《江苏邳县刘林新石器时代遗址的第一次发掘》,《考古学报》1962 年第 1 期;南京博物院:《江苏邳县刘林新石器时代遗址第二次发掘》,《考古学报》1965 年第 2 期。
④ 南京博物院:《江苏邳县四户镇大墩子遗址探掘报告》,《考古学报》1964 年第 2 期;《江苏邳县大墩子遗址第二次发掘》,《考古学集刊》第 1 集,文物出版社,1981 年。
⑤ 南京博物院:《花厅——新石器时代墓地发掘报告》,文物出版社,2003 年。
⑥ 山东省文物管理处、济南市博物馆:《大汶口——新石器时代墓葬发掘报告》。
⑦ 中国科学院考古研究所山东队:《山东曲阜西夏侯遗址第一次发掘报告》,《考古学报》1964 年第 2 期;中国科学院考古研究所山东队:《西夏侯遗址第二次发掘报告》,《考古学报》1986 年第 3 期。
⑧ 山东省博物馆、日照县文化馆东海峪发掘小组:《一九七五年东海峪遗址的发掘》,《考古》1976 年第 6 期。
⑨ 中国社会科学院考古研究所:《胶县三里河》,文物出版社,1988 年。
⑩ 中国社会科学院考古研究所:《山东王因——新石器时代遗址发掘报告》,科学出版社,2001 年。
⑪ 山东省文物考古研究所、枣庄市文化局:《枣庄建新——新石器时代遗址发掘报告》,科学出版社,1996 年。
⑫ 昌潍地区文物管理组、诸城县博物馆:《山东诸城呈子遗址发掘报告》,《考古学报》1980 年第 3 期。
⑬ 山东省文物考古研究所:《茌平尚庄新石器时代遗址》,《考古学报》1985 年第 4 期。
⑭ 北京大学考古实习队、烟台地区文管会、长岛县博物馆:《山东长岛北庄遗址发掘简报》,《考古》1987 年第 5 期。
⑮ 山东省文物考古研究所、山东省博物馆、莒县文管所:《山东莒县陵阳河大汶口文化墓葬发掘简报》,《史前研究》1987 年第 3 期。
⑯ 山东省文物考古研究所、莒县博物馆:《莒县大朱家村大汶口文化墓葬》,《考古学报》1991 年第 2 期;苏兆庆、常兴照、张安礼:《山东莒县大朱家村大汶口文化墓地清理简报》,《史前研究》辑刊,1989 年。
⑰ 中国社会科学院考古研究所:《蒙城尉迟寺——皖北新石器时代聚落遗存的发掘与研究》,科学出版社,2001 年;中国社会科学院考古研究所、安徽省蒙城县文化局:《蒙城尉迟寺》(第二部),科学出版社,2007 年。

目前学界对于大汶口文化的分期较普遍的意见是分成早、中、晚三个阶段,栾丰实在这个大框架内,又细分成六期十一段①。根据发表的大汶口文化¹⁴C测年数据②,这三大阶段在绝对年代上,跨越了大约1500年,早期为公元前4100年至前3600年,中期为公元前3600年至前3100年,晚期为公元前3100年至前2600年。每一阶段持续时间约500年。在这1500年的历史长河中,并非所有遗址的大汶口文化遗存都能"有始有终":有的只是起了个头,有的属于中途参与,还有的则赶上了尾声。在这些遗址中,属大汶口文化早期阶段的典型遗存有邹县野店1~4段(也即野店报告中的一至三期)、王因1~4段(报告中的早、中、晚三期)、刘林1~4段、大墩子1~2段等等;属中期阶段的有野店5~6段、大汶口1~3段、西夏侯1~2段、大墩子3~4段、花厅1~2段;属晚期阶段的有野店7~10段、大汶口4~6段、西夏侯3~6段、花厅3段、赵庄大汶口文化遗存、陵阳河1~4段、大朱家村1~4段、东海峪下层墓、杭头四座墓葬、尉迟寺1~3段、段寨1~2段、章华台第2组等等。

根据不同的地域特点,结合不同区域考古学文化的具体面貌,学界已将大汶口文化分成若干类型,这几个类型并不一定全在同一时间层面上。关于这些类型各自的文化面貌,考古学界已有相关总结③(图3列举了大汶口文化晚期面貌)。在此撮要如下:

王因类型

大汶口文化王因类型,因"王因遗址"名之。王因遗址地处海岱腹地鲁中南地区,在兖州西南12.5公里的王因村,东距泗河约4公里。该遗址历经1975~1978年七次发掘,揭露面积约10180平方米。这是一处以大汶口文化早期墓葬为主的墓地,共清理墓葬899座。出土各类遗物2264件。王因遗址的发掘丰富了大汶口文化早期阶段墓葬资料和内涵,同时为研究早期阶段的埋葬习俗、墓葬制度及社会性质等提供了重要资料④。

王因类型主要分布于汶、泗流域中上游,北抵泰山、南达微山河、西临古运河,

---

① 可参见高广仁:《试论大汶口文化的分期》,《考古学报》1978年第4期;栾丰实:《大汶口文化的分期和类型》,《海岱地区考古研究》,山东大学出版社,1997年。
② 中国社会科学院考古研究所:《中国考古学中碳十四年代数据集(1965~1991)》,文物出版社,1991年;《放射性碳素测定年代报告》,《考古》1992年第7期、1993年第7期、1995年第7期。
③ 参见中国社会科学院考古研究所:《中国考古学:新石器时代卷》,中国社会科学出版社,2010年,第287~292页。
④ 中国社会科学院考古研究所:《山东王因——新石器时代遗址发掘报告》。

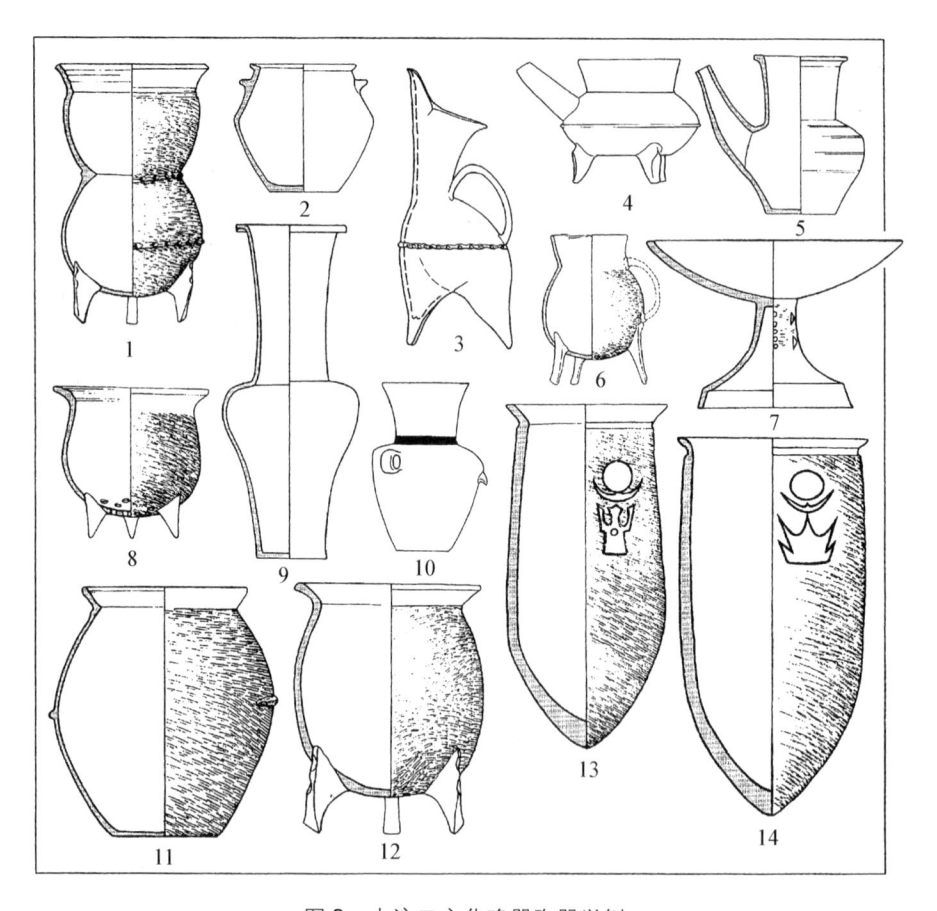

图3 大汶口文化晚期陶器举例

（图采自《中国考古学·新石器时代卷》）

1. 甗（尉迟寺M203：1） 2. 罐（大汶口M4：13） 3. 鬶（尉迟寺M126：10） 4. 盉（大汶口M47：20） 5. 盉（尉迟寺F9：12） 6. 盉（尉迟寺M162：1） 7. 豆（陵阳河79M17：16） 8. 鼎形甗（尉迟寺F46：13） 9. 长颈壶（尉迟寺F30：26） 10. 朱绘背壶（大汶口M117：60） 11. 罐（尉迟寺M189：1） 12. 罐形鼎（尉迟寺M45：1） 13. 大口尊（尉迟寺M177：1） 14. 大口尊（尉迟寺M96：2）

东依蒙山，主要遗址有王因、野店等。王因类型的陶器以夹砂红陶为主，泥质红陶次之，有少量夹砂灰陶和彩陶。纹饰以附加堆纹为主，另有刻划纹、按压纹、锥刺纹和乳钉纹等。出现了一定数量的彩绘，主要用红、白、黑等几种颜色勾画出弧边三角纹、回形纹、勾连纹和圆点纹等。典型器物有鼎、罐、觚形杯、鬶、壶、豆、盆等。其中鼎的数量最多，尤其是釜形鼎，觚形杯的数量亦多，在王因墓地中，鼎类及觚形杯是最基本的组合。

主要遗迹有墓葬、房址、灰坑和陶窑等,其中墓葬资料最为丰富,目前发现各类墓葬近千座。以单人仰身直肢葬为主,另有多人合葬和多人二次合葬现象,合葬墓一般以同性为主。流行拔牙、枕骨人工变形和口含陶或石质小球致使齿面萎缩内收呈马蹄形和齿面磨损严重的特殊习俗。

刘林类型

刘林类型分布于苏北,地处泗、沂、沭诸河的下游地区。这一类型与北辛文化大伊山类型联系密切,两者当有渊源关系。典型遗址有刘林和大墩子。

陶器分夹砂和泥质两类。夹砂质类多红色,数量最多。夹砂质陶多炊具,以鼎为大宗,鼎外表常有烟痕;泥质陶多饮食器皿,如钵、豆、觚形杯、罐、盆等,造型与纹饰都比较美观,许多器外表挂有红衣,或者作黑或灰色并打磨光滑。生产工具有穿孔石斧、石锛、砺石等,另有像獐牙勾形器这类有勾割功能的组合工具,以及穿孔的龟甲、角枪头、各类骨器等等。遗迹主要是墓葬,另有房址、灰坑、陶窑等,但数量少,且保存状况差。

墓葬葬俗方面,人骨大多数头顶向北偏东,葬式多为仰身直肢,但也发现少数比较特殊的葬式,如迁葬、仰身或侧身屈肢葬、盘臂盘腿葬、折头葬等。分单人葬和两人合葬两类。成年人存在拔除一对上侧门齿的习俗。墓中有殉狗和随葬穿孔龟甲(龟甲中有小石子)的习俗。

大汶口类型

大汶口类型的分布范围基本承接了早期阶段的王因类型,主要遗址除大汶口遗址外,还有野店、西夏侯、滕州西公桥[①]、曲阜南兴埠[②]、兖州六里井[③]、枣庄建新[④]等。发现的遗迹主要有房址、墓葬、陶窑、灰坑等。房址一般为半地穴式,另有方形地面式建筑。墓葬基本为长方形土坑竖穴墓,葬式中以单人仰身直肢居多,亦发现屈肢葬和成年男女合葬墓。流行拔牙和枕骨人工变形的习俗。在一些墓里发现了使用葬具的现象。

陶器以灰陶为主,红陶次之,另有少量的灰黑和黑陶。纹饰有镂孔、弦纹、附加堆纹、刻划纹、乳钉纹和彩绘等。彩绘以红彩为主,勾画出圆点纹和带状纹等。典

[①] 山东省文物考古研究所:《山东滕州市西公桥大汶口文化遗址发掘简报》,《考古》2000年第10期。
[②] 山东省文物考古研究所:《山东曲阜南兴埠遗址的发掘》,《考古》1984年第12期。
[③] 国家文物局考古领队培训班:《兖州六里井》,科学出版社,1999年。
[④] 山东省文物考古研究所、枣庄市文化局:《枣庄建新——新石器时代遗址发掘报告》。

型器物有鼎、罐、觚形杯、高柄杯、鬶、壶、豆、盆等。

花厅类型

花厅遗址在江苏新沂西南。该文化类型由刘林类型发展而来,分布于淮河下游苏北地区,主要遗址有新沂花厅、徐州高皇庙[1]、沭阳万北[2]等。花厅类型目前发现的居住遗迹较少,主要是土坑竖穴墓,多为单人仰身直肢,也有少量男女合葬墓,头向东。从保存较好的人骨来看,花厅居民也存在枕骨变形和青春期拔除一对上颌侧门齿的习俗。部分墓主随葬有獐牙、獐牙勾形器等物,獐牙常在手边。较大型墓葬还殉葬有猪的部分骨骼或整狗,更有甚者,有殉人。随葬陶器分夹砂陶和泥质陶,典型陶器有瓦足鼎、深腹盆形鼎、圈足罐、长颈扁腹鬶、圈足壶、瓦状纹浅盘豆、矮圈足盉、双耳壶和圈足杯等,均不见或少见于其他类型。生产工具主要为石器,有石钺、穿孔石斧、有段锛、石刀、石镞、砺石等,石质优良,磨制光滑,制作精致。还有各类骨角器,如在刘林类型中亦可见到的獐牙勾形器。花厅墓地大型墓葬中随葬的玉器也特别值得关注,其兼有大汶口文化和南方良渚文化的器型和特征,有环、琮、管、坠、镯、璜、佩、锥等。

西夏侯类型

西夏侯遗址位于曲阜市西夏侯村西,面积约 12 万平方米。西夏侯类型承接大汶口类型,分布范围与之基本一致。典型遗址有西夏侯、大汶口等。遗迹有房址、灰坑、陶窑。房址一般为半地穴式,也有少量地面式建筑。墓葬多为土坑竖穴,单人仰身直肢,头向朝东,有枕骨变形和拔牙习俗。手握獐牙的现象十分流行。墓里出现使用葬具的现象。个别墓有用整个猪头随葬的现象。另见玉和大理石制成的锥形器。典型陶器有深腹圜底扁凿形足鼎、折腹釜形鼎、折腹双层盘形豆和瓶等。

赵庄类型

苏北大汶口文化晚期阶段遗址发现不多,有花厅、赵庄[3]、梁王城[4]等遗址。花厅 3 段属大汶口文化晚期阶段。赵庄的材料没有单独发表。据栾丰实的观察,赵庄出土了折沿圆腹圜底篮纹鼎、粗颈袋足鬶、浅盘豆、大口罐、细高体背壶、长颈长

---

[1] 江苏省文物管理委员会:《徐州高皇庙遗址清理报告》,《考古学报》1958 年第 4 期。
[2] 南京博物院:《江苏沭阳万北遗址新石器时代遗存发掘简报》,《东南文化》1992 年第 1 期。
[3] 纪仲庆、车广锦:《苏北淮海地区新石器诸文化的再认识》,《考古学文化论集(二)》,文物出版社,1989 年。
[4] 南京博物院等:《邳州梁王城遗址 2006~2007 年考古发掘收获》,《东南文化》2008 年第 2 期;南京博物院等:《梁王城遗址发掘报告(史前卷)》,文物出版社,2013 年。

流盉和圈足尊等器类,而且鬹、豆、背壶的形态已接近龙山文化同类器型,年代晚于花厅3段,故他建议赵庄遗址为苏北大汶口文化晚期阶段类型①。

尉迟寺类型

尉迟寺类型主要分布于鲁西南、皖北及豫东的部分地区,属大汶口文化晚期。这一类型处于东西方两大集团的交汇和碰撞地带,所以在文化面貌上表现出多种因素杂处的混合性。它在器物形态上与大汶口文化密不可分,同时在建筑形式和技术上,在埋葬习俗方面又受到来自中原的强烈影响。主要遗址除尉迟寺外,还有亳州付庄②、萧县花家寺③、宿州古台寺和小山口④、固镇垓下⑤、鹿邑栾台⑥等。遗迹主要有房址、墓葬、灰坑、祭祀坑和大型环壕等。房址一般为浅穴式排房建筑,房址由主墙、隔墙、门道、室内柱及灶等组成,相连的排房之间多互不相通。室内散布有大量的日用陶器及少量的生产工具。成人墓葬一般为土坑竖穴,以单人仰身直肢葬为主,同时有一些屈肢葬和侧身葬的情况。儿童流行瓮棺埋葬。此外,尉迟寺还流行一种针对儿童采用的陶片葬的习俗,即先将陶器打碎下铺,婴孩置于上,再用陶片覆盖,很有地域特色。墓主生前有拔牙习俗。陶器以红褐陶为主,另有红陶、灰陶等,器表装饰以横、斜篮纹占多数,典型器物有侧三角足罐形鼎、细长颈瘦袋足鬹、甗、豆、罐、长颈壶、背壶、筒形罐、大口尊、器盖、高柄杯、筒形杯等。

陵阳河类型

大汶口文化晚期阶段新出现的类型。主要分布于沂、沭流域及东部沿海地区。其重要遗址除莒县陵阳河外,还有莒县的杭头⑦、大朱家村、小朱家村及日照东海峪等遗址。遗迹以墓葬为主,皆为土坑竖穴墓,其中一些大型墓葬出现木质葬具,流

---

① 栾丰实:《大汶口文化的分期和类型》,《海岱地区考古研究》。需要注意的是,毕竟泗洪赵庄遗址的材料较少,且未正式发表。而梁王城遗址的发掘报告已经出版,梁王城遗址大汶口文化遗存承袭花厅类型而来,遗存丰富。梁王城的报告编写者建议用"梁王城类型"来代表苏北地区大汶口文化中晚期的一个地方类型。参见南京博物院等:《梁王城遗址发掘报告(史前卷)》,第577页。
② 杨立新:《安徽淮河流域的原始文化》,《纪念城子崖遗址发掘60周年国际学术讨论会文集》,齐鲁书社,1993年。
③ 安徽省文物考古研究所:《安徽肖县花家寺新石器时代遗址》,《考古》1966年第2期。
④ 中国社会科学院考古研究所安徽队:《安徽宿县古台寺和小山口遗址试掘简报》,《考古》1993年第12期。
⑤ 安徽省文物考古研究所:《安徽省固镇垓下遗址发掘的主要收获》,《中国社会科学院古代文明研究中心通讯》第19期,2010年;安徽省文物考古研究所、固镇县文物管理所:《安徽固镇县垓下遗址发掘的新进展》,《东方考古》第7集,科学出版社,2010年。
⑥ 河南省文物研究所:《河南鹿邑栾台遗址发掘简报》,《华夏考古》1989年第1期。
⑦ 山东省文物考古研究所、莒县博物馆:《山东莒县杭头遗址》,《考古》1988年第12期。

行单人仰身直肢葬,头向以东偏南者占多,少见头骨枕部人工变形、拔牙和使用獐牙的现象,有用残陶鬶足随葬的独特习俗。陶器以黑陶和夹砂灰陶为主,泥质黑陶和灰陶次之,另有少量夹砂红陶和红褐陶。纹饰以篮纹为主,另有弦纹、附加堆纹、按压纹、镂孔等。典型器物有宽折沿深腹平底罐形鼎、双腹盆形鼎、鬶、高领罐、大口尊、缸、筒形杯、带流盉、薄胎高柄杯等。此外,值得注意的是,该类型的一大特点是发现了一批图像文字,刻划在作为随葬品的大口尊上,这在其他类型比较少见。

　　大汶口文化的刻划符号以鲁东南地区所见为多,皖北尉迟寺遗址也有发现,两者属于同一体系。这种符号的争议较大。上部的圆被认为是太阳几无疑义,中间的有太多看法,曰云气、曰火、曰月牙、曰鸟等等。古文字学者甚至将这种符号与文字联系起来①。我倾向于认为这种符号表现的是鸟托负着太阳越过山峰。何驽认为这种符号的含义有极大的不确定性,是大汶口文化先民视觉经验的再现,不必用任何一套特殊的语词来解读就可以得到这些信息,而恰恰不是"真正的文字"②。尽管如此,符号系统是人类社会发展到一定高度所特有的思维信息表达信号系统,对于推动人类社会精神文明的发展起着非常重要的作用,因此学术界历来重视文字起源与史前刻划符号、文字起源与文明起源关系的探索③。

　　以上,综合前人的研究成果,概述了几种大汶口文化类型,在大汶口文化早、中、晚三阶段中,它们堪称各个时期不同区域的典型文化类型。但是在整个大汶口文化谱系中,这几个文化类型的发展是不平衡的。鲁中南区的大汶口文化,早期有王因类型、中期有大汶口类型、晚期有西夏侯类型。显然鲁中南一带的大汶口文化序列最为完整。苏北地区的大汶口文化在完整性上不及鲁中南区,早期有刘林类型、中期有花厅类型,晚期花厅类型仍在持续,但未能持续到底,而且典型遗址过少。鲁东南和皖北两个小区,则基本要到晚期时,典型的大汶口文化区域类型方才出现。可见,鲁中南区是大汶口文化景观中的本底区域,而苏北、皖北、鲁东南等小区,则因文化的"厚度"不及前者,属于大汶口文化的区域斑块类型。从遗址数量上看,鲁中南区的中心地位格外明显。那里的大汶口文化遗址最为密集④。在看到鲁

---

① 参见唐兰:《从大汶口文化的陶器文字看我国早期文化的年代》,《光明日报》1977 年 7 月 14 日;于省吾:《关于古文字研究的若干问题》,《文物》1973 年第 2 期。
② 何驽:《怎探古人何所思——精神文化考古理论与实践探索》,科学出版社,2015 年,第 395 页。
③ 何驽:《怎探古人何所思——精神文化考古理论与实践探索》,第 369 页。
④ 可参见国家文物局:《中国文物地图集——山东分册》,中国地图出版社,2007 年,第 52 页。

中南区在大汶口文化分布的空间格局位居中心的同时,我们还需意识到,大汶口文化从早到晚的不同阶段,也在经历着变化。对外,它的影响范围不断扩大;在内,它的整体社会水平不断提高,社会结构等各方面也在发生变化。内外的变化应是同步进行的,而且两者必然有着密切的关联。下面,我们将对大汶口文化时期的社会发展进程进行具体的研究,这包括两个方面:一是大汶口文化时期的生态环境与生业经济;二是大汶口文化时期的社会关系。

二 生态环境与生业经济

(一) 生态环境

生态环境的重建离不开环境考古。环境考古的作业对象以遗址为基本单位,同时还包括遗址周围的环境。通过对各遗址的动物骨骼、植物枝叶和籽实以及孢粉等遗存的研究,可大致了解该遗址所在地过去的动植物群落及其所反映的古气候等环境信息①。

大汶口文化时期的整体气候环境是温暖湿润的。它处在距今 8 500～3 000 年的全新世大暖期(又称"仰韶温暖期")②。大淮北一带的遗址环境考古证明了这一点。根据对大汶口文化早期阶段山东兖州王因遗址的孢粉分析,研究者发现含有落叶阔叶乔木栎,热带、亚热带地区生长的草本状蕨类、凤尾蕨、海金沙,广域性分布的草本植物唐松草、蒿等。现生亚热带地区的蕨类植物的存在证明当时气候温暖湿润③。动物遗存的鉴定也显示了相似的信息,在王因遗址的地层中,发现有扬子鳄的遗骸,扬子鳄今仅见于北纬 30～31 度的长江中下游,但是由于气候温润,加之王因遗址一带水域纵横、植被茂盛,有适于扬子鳄生存之条件,故有研究者认为发现的扬子鳄并非南来,当地应有分布④。

尽管淮北一带总体气候环境相似,但是各个小区的生态环境却有很大差异。大汶口文化早期,苏北由于全新世最高海面的到来,遭受海侵袭击,形成广阔的沼泽、湖泊和大河,在这种情况下,出现大面积的遗址空白区,根据海岸线的重建,海岸线从北向南大致经过赣榆—连云港西—灌云—灌南—阜宁—施庄—盐城西—东

---

① 严文明:《环境考古研究的展望》,《环境考古研究》(第二辑),科学出版社,2000 年。
② 施雅风:《中国全新世大暖期气候与环境》,海洋出版社,1992 年,第 7~9 页。
③ 中国社会科学院考古研究所:《山东王因——新石器时代遗址发掘报告》,第 452~453 页。
④ 周本雄:《山东兖州王因新石器时代遗址中的扬子鳄遗骸》,《山东王因——新石器时代遗址发掘报告》。

台—海安,随后往西经泰县—泰州—扬州,这条海岸线,至迟在5 500年前已经形成,遗址数量十分稀少,仅见11处①。

皖北在大汶口文化之前,是小山口一期和石山子一二期文化②,遗址数量相当少,在新石器时代早中期只发现8处③。史前时期的皖北,在黄河变迁和地质运动的共同作用下形成了一个湖泊、沼泽和河流密布的地貌形态,即所谓的第二湖沼带④,毗邻的豫东和鲁西也一样。鲁西南至豫东的濮阳、菏泽、商丘一线以东地区有大野泽、菏泽、雷夏泽等大面积湖泊沼泽,因中全新世气候温湿多雨而水域广大,当时的湖泊地层分布广泛而且具有连续性。由于环境的恶劣,这一带几乎不可能成为人类的居住地,遗址十分稀少。据有的学者统计,鲁西南、豫东新石器时代早中期遗址的数量分别为0和1⑤。进入大汶口文化时期,虽然由于承载新石器时代文化的原生地层发育成熟,湖泊大大退缩,包括浍河、涡河、颍河等支流在内的淮河水系已经形成,从而给原始聚落扩散提供了良好的地表条件,但是整个大汶口文化早中期,皖北一带的遗址都没有太多的增加。

与苏北、皖北相比,大淮北范围内的其他小区在大汶口文化早期情况相对要好。鲁中南是山东省地势最高、山地面积最大的区域。来自这个区的兖州王因遗址的环境考古表明,这个区在大汶口文化早期生态环境较好,可以通过遗址数量得到反映。据不完全统计,鲁中南地区发现的大汶口文化遗址约有72处⑥。

另外,这一时期的鲁东南地区,位于鲁中南山地丘陵东缘的临沂,根据发表于1992年的调查统计,共发现大汶口文化时期遗址19处⑦,由于经发掘的遗址较少,尚无法细致辨别早、中、晚期的遗址数量。而在更东的滨海地区,根据中美合作多

---

① 吴建民:《苏北史前遗址的分布与海岸线的变迁》,《东南文化》1990年第5期。要特别指出的是,在下文中还会有多处提到遗址数量的统计问题,由于新的考古发现,遗址数量的统计肯定都是暂时的。随着时间的变化,遗址数量也会相应变化。因此,我们只能观察一个基本情形,只要未来遗址数量的变化没有达到量变引起质变的地步,就不会影响在各自时间背景下得出的相对性结论。
② 吴加安:《安徽北部的新石器文化遗存》,《考古》1996年第9期。
③ 陈洪波:《鲁豫皖古文化区的聚落分布与环境变迁》,《考古》2007年第2期。
④ 邹逸麟:《黄淮海平原历史地理》,安徽教育出版社,1997年,第163页。
⑤ 陈洪波:《鲁豫皖古文化区的聚落分布与环境变迁》,《考古》2007年第2期。
⑥ 依据如下资料统计:《山东滕县古遗址调查简报》,《考古》1980年第1期;《枣庄市南部地区考古调查纪要》,《考古》1984年第4期;《山东邹县古代遗址调查》,《考古学集刊》第3集,中国社会科学出版社,1983年;《山东泗水、兖州考古调查简报》,《考古》1965年第1期;《山东曲阜考古调查试掘简报》,《考古》1965年第12期;《山东微山县古遗址调查》,《考古》1995年第4期;《山东济宁县古遗址》,《考古》1983年第6期。
⑦ 临沂市博物馆:《山东临沂新石器时代遗址调查简报》,《考古》1992年第10期。

年,在日照沿海地区进行的全覆盖式调查最新公布的资料,年代最早的两处遗址属于北辛文化阶段,两处遗址均属面积不足 1 万平方米的小型聚落,且均位于调查区域南半区的奎山西侧山麓地带①。而明确属于大汶口文化早期阶段的遗址只有后果庄一处②。有研究推测,这一时期沿海地区较高的海平面和沼泽地阻止了本区大型聚落的生成③。

借助这样一个区域生态环境的对比,特别是反映在遗址数量这一指标上,已经可以看出生态环境对于区域社会发展的影响。大淮北境内遗址数量的差别,已形成了强烈的空间异质性。

到了大汶口文化中期阶段,枣庄建新遗址为我们提供了当时大淮北境内的整体气候环境。孢粉分析反映的生态环境偏旱,气温略有下降,湖沼萎缩④。从整体上看,大汶口文化中期的生态环境要较早期为好,遗址数量从早期的 100 多处升至 200 处⑤。

大汶口文化中期,是海平面迅速下降的一个时期,这与该期气候的变化相吻合。这一时期的苏北发现遗址 14 处⑥,主要集中在苏北北部,尤以连云港、沭阳、泗洪一线最为密集,这片区域应为古硕项湖、桑墟湖北岸,经历前期高海面后,本期出现了相对适宜的居住环境,遗址遂分布其上⑦。

相较于早期,皖北,以及鲁西南和豫东的遗址数量有所增加,不过起色不大。这三个小区遗址的增加或许得益于气候环境的变化。大汶口文化中期阶段(大约相当于距今 5 600～5 100 年),仍然处在全新世大暖期,不过这一大暖期被分成了四个时间段,其中第三个时间段,即距今 6 000～5 000 年,是气候波动剧烈、环境较差的一个阶段。一方面承继着前一阶段暖湿气候的特点,保存着暖期生物遗迹;另一

---

① 方辉、文德安等:《鲁东南沿海地区聚落形态变迁与社会复杂化进程研究》,《东方考古》第 4 集,科学出版社,第 256 页。
② 栾丰实:《日照地区大汶口、龙山文化聚落形态之研究》,《中国考古学跨世纪的回顾与前瞻——1999 年西陵国际学术研讨会论文集》,科学出版社,2000 年。
③ 方辉、文德安等:《鲁东南沿海地区聚落形态变迁与社会复杂化进程研究》,第 258 页。
④ 山东省文物考古研究所、枣庄市文化局编:《枣庄建新——新石器时代遗址发掘报告》,第 231～233、236 页。
⑤ 王芬:《海岱地区和太湖地区史前社会复杂化进程的比较研究》,山东大学博士学位论文,2006 年,第 79、91 页。
⑥ 吴建民:《苏北史前遗址的分布与海岸线的变迁》,《东南文化》1990 年第 5 期。
⑦ 刘志岩、孙林、高蒙河:《苏北海岸线变迁的考古地理研究》,《南方文物》2006 年第 3 期。

方面,敦德冰心记录显示存在3次降温事件①。其结果可能是这一时期气候偏凉干,降雨减少,地下水位下降,湖泊水域面积收缩,这对于湖泊纵横的鲁西、豫东一带而言,或许正为聚落的发展挪出些许空间。

中期阶段的鲁东南沿海地区,在经过区域调查的日照,属大汶口文化中期的遗址未见报道②。至于鲁中南,则仍然保持稳定的增长趋势。

大汶口文化晚期(相当于距今5 100~4 600年),进入了大暖期的后二千年,距今4 000年之前为气候波动和缓的亚稳定暖湿期,气候环境较上阶段有所改进③。来自西公桥遗址的植物硅酸体分析表明,当时气候比较温暖;兖州六里井的植物硅酸体及孢粉分析亦传达了相似的信息,六里井还发现了不少动物,主要有猪、牛、獐、麋鹿、鹿犬、豹猫和淡水贝类的河蚌、蚬及铜锈黄棱螺,说明当地既有森林、灌木景观,又存在一定规模的水域④。

皖北蒙城尉迟寺的考古资料也极好地传达了当时的自然环境信息。大汶口文化层中出土了丰富的动物遗存:田螺、蚌、鱼、虎、梅花鹿、麋鹿、獐、猪、扬子鳄等。从这些动物的生态特征可以判断,当时气候温暖湿润,河流、沼泽、密林、湿地等像斑块一样镶嵌在淮北平原上⑤。植物孢粉分析的结果则表明,尉迟寺遗址植物孢粉样品中既有一些属于热带、亚热带种属的植物,如芸香科、木樨科、冬青属、铁杉属等;也有一些带适合温带气候的植物种属,如属于半常绿或落叶类乔木、小乔木、灌木的栎属等。这一植物种属的多样性,显然与尉迟寺地处南北临界地带有着密切的关联。孢粉显示尉迟寺大汶口文化晚期的环境特征是湖泊相连,水生植物茂盛,存在大面积的浅洼地、湖洼地,应该为气候暖湿的生态环境⑥。

大汶口文化晚期,苏北地区遗址总体陷入低迷,大汶口文化晚期偏晚阶段的遗址或文化层基本缺失,有研究者推测这种现象与距今4 700~4 000年前的第二次高海平面期有关⑦。此外,有学者也注意到史前黄河下游改道对古文化发展的影响,

---

① 施雅风:《中国全新世大暖期气候与环境》,第8页。
② 方辉、文德安等:《鲁东南沿海地区聚落形态变迁与社会复杂化进程研究》。
③ 施雅风:《中国全新世大暖期气候与环境》,第9页。
④ 何德亮:《山东新石器时代环境考古学研究》,《东方博物》第十一辑,杭州大学出版社,2004年。
⑤ 袁靖、陈亮:《尉迟寺遗址动物骨骼研究报告》,《蒙城尉迟寺——皖北新石器时代聚落遗存的发掘与研究》,第424~441页。
⑥ 赵慧民:《尉迟寺遗址孢粉数据与古代植被环境研究》,《蒙城尉迟寺——皖北新石器时代聚落遗存的发掘与研究》,第450~454页。
⑦ 吴建民:《苏北史前遗址的分布与海岸线的变迁》,《东南文化》1990年第5期。

王青指出,在距今4 600年前后(大致相当于大汶口文化晚期和龙山早期),黄河下游河道发生改道,由今淮北平原的废黄河故道一带入海。因改道引起的泛滥,影响了苏北地区新石器时代的居民①。不过这恐非大汶口文化晚期苏北文化发展的全貌。邳州梁王城遗址的发掘表明,大汶口文化晚期,部分小区还是比较繁荣的。根据多学科合作下的环境考古分析,大汶口文化产生前夕,该区域的气候环境冷湿,进入大汶口文化时期,气候与环境好转,略显温暖湿润,但也有较大的波动②。

　　而在鲁豫皖交界区域,大汶口文化晚期却迎来了该区历史上一个较好的发展期。皖北大汶口文化晚期,根据有关调查,仅浍河与北淝河之间就辨识出15处大汶口文化晚期遗址(整个皖北的遗址量当不止这个数),其中以尉迟寺遗址规模最大,属一级聚落,在其周围还散布着10多处二、三级聚落,互相拱卫、相互依托,大小型遗址形成了"金字塔"式的分布格局③。近年来,皖北大汶口文化晚期遗存又有较多发现,如宿州骑路堌堆④、宿州王楼遗址⑤。

　　而与皖北相邻的豫东、鲁西南两小区,到大汶口文化晚期,遗址数量也继续增加,据有关统计,豫东大汶口文化晚期遗址有9处,鲁西南则有8处⑥。这一时期鲁豫皖遗址的增加有两方面原因:一、大汶口文化晚期自然环境的进一步改善,对聚落的生成和适应更为有利,早先当地已经存在的个别遗址或能得到一个发展的生机;二、随着大汶口文化社会经济的不断发展和壮大,人口不断增多,物质需求不断增长,早中期的大汶口文化分布范围逐渐扩大,向外拓展是顺理成章之事。再者,在大汶口文化社会不断发展的同时,其社会内部也逐渐呈现出贫富分化和社会分层,并且随着时间的增长愈见明显,在此背景之下,向外拓展某种意义上也算是在释放和排遣社会内部积聚的矛盾和压力。皖北尉迟寺遗址的形成,就很可能与人群迁徙、文化移植有关⑦。

---

① 王青:《试论史前黄河下游的改道与古文化的发展》,《中原文物》1993年第4期。
② 南京博物院等:《梁王城遗址发掘报告(史前卷)》,第588页。
③ 中国社会科学院考古研究所安徽工作队:《皖北大汶口文化晚期聚落遗址群的初步考察》,《考古》1996年第9期;吴加安:《安徽北部的新石器文化遗存》,《考古》1996年第9期。
④ 阚绪杭、周群:《宿州市骑路堌堆新石器时代遗址和墓葬》,《中国考古学年鉴(2001)》,文物出版社,2002年。
⑤ 安徽省文物考古研究所、宿州市文物管理所:《宿州王楼遗址发掘报告》,《东南文化》2006年第1期。
⑥ 这个数目只是针对在一批大汶口文化遗址中可以辨识出的属于晚期的遗址,实际应不止此数。参见陈洪波:《鲁豫皖古文化区的聚落分布与环境变迁》,《考古》2007年第2期。
⑦ 这是有关大汶口文化尉迟寺类型形成较普遍的意见。参见栾丰实:《大汶口文化的分期与类型》、《仰韶时代东方与中原的关系》,均载《海岱地区考古研究》;中国社会科学院考古研究所、安徽省蒙城县文化局:《蒙城尉迟寺》(第二部),第370~382页。

豫东亦在大汶口文化辐射范围之内,周口①、商水②、郸城③等地已发现多处大汶口文化遗存。不止如此,大汶口文化还经由豫东平原这一中原与海岱之间的过渡带,深入中原腹心地区④,这一态势以大汶口文化晚期最为强烈。

至于同属大淮北的鲁东南沿海地区,同样在大汶口文化晚期迎来发展机遇,这一时期的鲁东南沿海地区,在经历了大汶口文化早中期的"惨淡"后,遗址数量显著增多,达到50余处⑤。整个海岱地区,据不完全统计,共发现了500多处,而实际数字可能远不止于此⑥。

综合来看,大淮北境内各小区在大汶口文化时期,生态环境有很大差异,鲁中南地区相对平稳,而其他小区,苏北、皖北、鲁西南、豫东、鲁东南则有很大起伏。生态环境的好坏直接影响了当地社会的发展。

(二)生业经济

经济基础决定上层建筑,大汶口文化早中晚期,遗址数量从少到多,文化辐射范围越来越大,遗址之间开始形成聚落等级。除了上述生态环境为人类的生存提供了优越的环境之外,也离不开人类发挥主观能动性,积极地适应自然、改造自然的卓越能力。社会经济形态的逐渐完善和多样,无疑是促进和稳定人类生存的关键因素,是推动社会进程的至关重要的动力。"生业经济"指的是在一定的生态环境中人们是如何生存和发展的,以何种手段进行生产、分配与交换,以获得生存资源。

1. 农业

经过北辛文化时期的积淀与发展,大汶口文化时期的社会经济,包括农业、家畜饲养业、渔猎业、采集业,以及包括制陶、玉、石、骨等手工业都有长足的进步。

大汶口文化早期,与北辛相比,生产工具已更为进步和多样,以石品质来说,磨制石器已成为石器的主要成分,打制石器亦比北辛文化时期同类形制来得规整,穿孔技术已有应用。典型的石器有石斧、石铲、石锛、石凿、石刀、石磨盘、石磨棒等

---

① 周口地区文化局文物科:《周口市墓葬清理简报》,《中原文物》1986年第1期。
② 商水县文化馆:《河南商水发现一处大汶口文化墓地》,《考古》1981年第1期。
③ 郸城县文化馆:《河南郸城段砦出土大汶口文化遗物》,《考古》1981年第2期。
④ 武津彦:《略论河南境内发现的大汶口文化》,《考古》1981年第3期。
⑤ 栾丰实:《日照地区大汶口、龙山文化聚落形态之研究》,《中国考古学跨世纪的回顾与前瞻——1999年西陵国际学术研讨会论文集》。
⑥ 王芬:《海岱地区和太湖地区史前社会复杂化进程的比较研究》,第109页。

等。这些石器各具功用,比如用磨光的穿孔石斧和石铲砍伐树木、清除树根杂草、开垦土地,进行耕种;用石刀收割禾穗;用石磨盘和石磨棒进行研磨加工。在大汶口文化时期,工具的多样化促进了社会经济的发展。

农作物方面,在大汶口文化早期的王因遗址,经孢粉分析发现,样品 77sywT4016 中出现的禾木科植物的花粉有可能属于稻①。倘若能够确认的话,黄淮平原边缘地区栽培水稻的时间将大为提前。但一般而言,淮河以北地区以种植谷类作物为主,属于旱地农作物系统。在北辛文化时期,已经发现了炭化的粟标本②。大汶口文化早期,长岛北庄遗址也见有黍类遗存③。淮北一带当以粟为主要农作物。

大汶口文化中期,工具种类进一步增加,质量亦更为优化。以大汶口墓地来说,工具质料可分成石、骨、牙、角、陶、蚌六类,以石、骨最多,分别占了 39% 和 41%④。中期石器趋向规范化、轻型化,通体磨光,造型规整,穿孔愈发普遍。工具种类的多样、相互配合和补充,以及质量的优化,提高了生产效率,农业产量亦会相应提高。这一时期,农作物发现有所增加,在鲁中南地区的建新遗址,遗迹 F1、H135、H218 中浮选出了 60 粒轻度炭化的籽实,经鉴定,是粟⑤。

进入大汶口文化晚期,农具的种类已经比较齐全,形制也很规范。在晚期形成的大汶口文化蒙城尉迟寺类型中,石器、骨器、蚌器、角器,器形规整,磨制精细,数量丰富。据不完全统计,含残石器在内,有石锛 148 件、石斧 28 件、石钺 63 件、磨盘和磨石 80 件、磨棒 6 件,另外还有石铲、石镰、石刀等,几乎包括了整个农业生产过程中从开垦到收割的各类生产工具⑥。相应于生产工具的逐步完善,农业产量也节节提高。据胶县三里河遗址的报道,在一个大汶口文化晚期的房址内(F201)发现一个窖穴,形状近似圆形,口部长短径分别为 1.85 和 1.70 米,深 1.4 米;底部近圆形,直径 1.5 米,容积约 2.9 立方米,在里面发现 1.2 立方米的灰化或炭化粟粒,说明这个窖穴是储粮的⑦。由于历时千年,粮食必定腐朽收缩,因此当时的容量应该还

---

① 孔昭宸、杜乃秋:《山东兖州王因遗址 77sywT4016 探方孢粉分析报告》,《山东王因——新石器时代遗址发掘报告》,第 452 页。
② 吴诗池:《山东新石器时代农业考古概述》,《农业考古》1983 年第 2 期。
③ 吴诗池:《山东新石器时代农业考古概述》,《农业考古》1983 年第 2 期。
④ 山东省文物管理处、济南市博物馆:《大汶口——新石器时代墓葬发掘报告》,第 34 页。
⑤ 孔昭宸、杜乃秋:《建新遗址生物遗存鉴定和孢粉分析》,《枣庄建新——新石器时代遗址发掘报告》,第 233 页。
⑥ 中国社会科学院考古研究所:《蒙城尉迟寺——皖北新石器时代聚落遗存的发掘与研究》,第 315 页。
⑦ 中国社会科学院考古研究所:《胶县三里河》,第 11 页。

要更大一些。胶县三里河粮仓的发现，折射出大汶口文化晚期海岱地区的农业已有相当的发展。

这一时期，地处南北过渡地带的蒙城尉迟寺遗址发现了粟类和稻类两种农作物遗存，而且两者在尉迟寺农业经济中的地位几乎同等重要，换言之，尉迟寺遗址在大汶口文化晚期的农业生产是以种植稻谷和粟类作物并重为特点的①。最近江苏的考古学者也在泗洪顺山集发掘了一处史前环壕聚落。在多个单位中浮选出炭化稻米。测年数据表明其年代距今 8 300 年前后②。说明在距今 8 000 年前，淮河北岸已经开展水稻种植。此外，日照地区徐家村遗址大汶口文化层浮选出的 1 粒稻谷，以及黍、黍亚科、旋花科等植物种子则表明，在大汶口文化时期，鲁东南沿海地区很可能也是稻旱混作区③。

2. 家畜饲养业

农业的繁荣和发展，推动了饲养业的发展，两者相辅相成，互为补充。大汶口文化早期，已有多种动物被饲养。如在王因遗址，发现的家养动物遗存有猪、狗、鸡、水牛、黄牛。其中猪是较早，同时亦是普遍被饲养的对象，在早期的多个大汶口文化遗址中，都发现有猪的遗存，像刘林、大墩子等。在刘林遗址一条灰沟的北段底部，发现 20 个猪牙床集中放在一起，文化层内也出土猪牙床共计 171 件④。除了猪之外，牛、狗等动物的骨骼也经常被发现，刘林、大墩子、大汶口早期墓葬中有用整狗、牛头骨随葬的现象。

进入中晚期阶段，家畜饲养业进一步发展，各类家养动物骨骼更为多见，用猪骨随葬更加普遍，遗址中出土的猪骨数量明显增加，大汶口墓地的 133 座墓葬中，有 43 座墓使用猪头，其中最多的达 14 个⑤。大墩子遗址发现有饲养两年的成年猪骨，说明饲养时间延长，饲料持续补充。大墩子还见有陶畜圈模型，传递了当时畜养动物时的部分信息。陵阳河墓地的 45 座墓葬中，29 座墓葬随葬有猪下颌骨，总数达 174 件之多，平均每座墓近 4 件，最多的一座墓达 33 件⑥。在皖北尉迟寺，家

---

① 中国社会科学院考古研究所、安徽省蒙城县文化局：《蒙城尉迟寺》（第二部），第 334 页。
② 林留根等：《江苏泗洪顺山集发现距今八千年环壕聚落》，《中国文物报》2012 年 11 月 23 日。
③ 陈雪香：《山东日照两处新石器时代遗址浮选取样结果分析》，《南方文物》2007 年第 1 期。
④ 南京博物院：《江苏邳县刘林新石器时代遗址第二次发掘》，《考古学报》1962 年第 2 期。
⑤ 山东省文物管理处、济南市博物馆：《大汶口——新石器时代墓葬发掘报告》。
⑥ 山东省文物考古研究所、山东省博物馆、莒县文管所：《山东莒县陵阳河大汶口文化墓葬发掘简报》，《史前研究》1987 年第 3 期。

畜饲养也达到相当规模,狗、猪的骨骼数量基本占包括野生动物在内的整个动物骨骼群数量的56%①。

家畜饲养为人类提供了较为稳定的肉食资源,改善了人类的食物结构,进而提高了身体素质。在满足基本生理需求的同时,个别家畜还被用于其他场合,如祭祀、随葬等。大量猪骨在墓葬中的出现就很可能含有祭祀的意味,如出于避邪或护卫死者灵魂之目的②。再说狗,新石器时代以狗殉葬的现象在大汶口—龙山文化系统中最为密集,这种现象在晚商时期达到鼎盛,腰坑中殉狗成为殷代墓葬制度中重要的组成部分③。

3. 渔猎业

在人类发展史上,渔猎业先于农业、家畜业而诞生。渔猎经济是一种可以独立存在的经济形式。在定居农业日渐发达之后,人类并没有放弃渔猎业,而是将之作为农业的有益补充。

考古证据表明,大汶口文化居民有着较为发达的渔猎经济。王因遗址发现了数以万计的动物标本,其中陆上野生动物有獐、野猪、獾、虎、熊、梅花鹿等;水生及喜水的动物有乌龟、鳖、水獭、扬子鳄、七种硬骨鱼、八种淡水蚌、两种螺等。除蚌壳外,这些动物残骸多破碎不整,有的被烧成黑色,且多出土于灰坑之中,显然是人类食用后的废弃物,从一个侧面反映了王因居民的经济生活。高广仁认为,水生动物是一项重要的食物来源,王因古代居民经营的是一种以捕捞淡水蚌为主要副业的原始农业经济类型④。

晚期的尉迟寺遗址出土有田螺、蚌、鱼、鳖、鸟、兔、鸡、狗、虎、獾、野猪、家猪、梅花鹿、麂、麋鹿、獐、圣水牛、黄牛、扬子鳄等多种动物的骨骼。各式野生动物为当地居民提供了丰富的肉食资源。经统计发现,野生动物中鹿科动物占有很高的比例,占到44.74%,它们与家养的猪构成了人们的主要肉食来源。有研究者亦表示,在尉迟寺遗址,家畜所占比例并不算高,仅在50%左右⑤,这至少说明家畜饲养在尉迟寺并不占优势,人们还需依赖狩猎、捕捞等方法以获取肉食资源。

---

① 中国社会科学院考古研究所:《蒙城尉迟寺——皖北新石器时代聚落遗存的发掘与研究》,第316页。
② 王仁湘:《新石器时代葬猪的宗教意义——原始宗教文化遗存探讨札记》,《文物》1981年第2期。
③ 高广仁、邵望平:《中国史前时代的龟灵与犬牲》,《中国考古学研究——夏鼐考古五十年纪念文集》,文物出版社,1986年。
④ 高广仁、胡秉华:《王因遗址形成时期的生态环境》,《庆祝苏秉琦考古五十五年论文集》,文物出版社,1989年。
⑤ 这是《蒙城尉迟寺》(第二部)中的统计数(第326页),与第一部中的统计相差不大。

当然,渔猎经济的发展离不开渔猎工具。从大汶口文化遗址出土的器具来看,骨、角质的倒刺鱼镖、骨镞、蚌镞、骨矛、骨梭形器,石质的石镞、石矛、网坠等等,说明当时的渔猎技术相当发达。

大汶口文化时期,得益于良好的自然环境、稳定且不断提高的农业经济的发展,淮北境内的大汶口文化遗址数量从早至晚不断增加,大汶口文化的分布范围逐步扩大。与此同时,大汶口文化的社会结构和社会组织,也相应地在发生着变化。所谓社会结构或社会组织的变化,无非是人与人、人群与人群之间关系的变化,而要了解这种变化,一个重要的途径便是聚落考古。

三 社会关系分化

考古学聚落形态的研究可以了解过去人们的社会关系。由于目前淮北地区大汶口文化时期完整聚落形态的资料还很少,因此,我们主要围绕住居和墓葬,以及聚落群之间的关系来考察大汶口文化人与人、人群与人群关系的变化。社会关系分化,如贫富、阶层的分化是社会复杂化的一个体现。

迄今为止,大汶口文化时期苏皖淮北境内资料比较丰富的遗址主要有刘林、花厅、尉迟寺,其中又以蒙城尉迟寺的聚落形态最为完善。

1. 刘林

苏北史前时期的社会分化在大汶口文化早期阶段的刘林遗址已略微可见。在刘林第一次发掘的52座墓中,随葬品有多到15件的,也有少到两三件的。刘林第二次发掘的145座墓葬中,完全没有随葬品的有18座,有1~8件随葬品的100座,9~15件随葬品的19座,19件以上至32件的8座。这种随葬品多寡不均的现象,晚期比早期更为显著。

刘林墓地经过了1960和1964年前后两次发掘,大体发现了六座墓群,分属一、二两期。有学者分析认为,这六座墓群是"墓组—墓群—墓区"三级结构形式的反映,一个墓组代表一个家庭,一个墓群为一个家族,其是由血缘关系亲密的若干家庭组成的[①]。从随葬品所反映的社会关系来看,尽管不同墓葬的随葬品有多寡之别,暗示社会内部的差别与分化已经开始,但是并不显著,基本上可以认为刘林社会内部还是处在一个相对平等的状态,整个社会还不够富裕。与刘林遗址相邻,同

---

① 栾丰实:《大汶口文化的社会发展进程研究》,《古代文明》第2卷,文物出版社,2003年,第34页。

处邳州的大墩子遗址早期阶段反映的贫富分化状况与刘林十分相近。

2. 花厅

苏北新沂花厅属于大汶口文化中期阶段，它的主要发现是墓葬。花厅分南、北两个墓区，历经1953、1987、1989三次发掘，共发现大汶口文化中晚期墓葬85座，其中南区23座，北区62座①。南区墓葬的年代大致相当于大汶口文化中期阶段，北区则包括了中期和晚期前段②。南区墓葬规模都很小，据花厅报告公布的资料，长度一般在1.4~3米，2.5米左右比较普遍，宽为0.7~1.78米。这种规模难与北区墓葬相提并论，北区墓葬可分大、中、小三个类型，大墓墓坑可长达5米，宽3米多，深1.5米，个别深达2.2米。而中小型墓葬也长2~3、宽1~2米。像花厅北区这样大体量的大墓，在邻近的大汶口、野店也是不多见的。

南、北墓葬的差距不单单体现在墓葬形制大小上，随葬品方面，亦有悬殊。南区23座墓葬共发现随葬器物386件，每墓平均约17件，以陶器为主，石器、玉器、骨器较少。北区62座墓葬共出土随葬品1430件，每墓平均约23件。重要的是，北区墓葬在贵重物品上远胜于南区，北区共出土玉器430件，石器93件，骨器41件。显然，北区墓地集中埋葬了当时的权贵人物。

南、北墓区的分化是一方面，在各自墓区内部的分化同样不容忽视。先说南区，南区每墓平均约有17件随葬品，而在23座墓葬中，低于这一平均数的有14座③，占一半有余，分化是显然的，但同时并未出现"两级"状或者"金字塔"式的分化。从有关数据（表1）来看，最低的一座M103只有1件，40件以上的有1座，30多件的2座，20多件的4座，10多件的9座。南区墓地的分化颇有点橄榄球式，即随葬品过多和过少的墓葬属于少数，中间还存在一个较为稳定的基数。

表1　大汶口文化中、晚期阶段花厅墓地墓葬随葬品统计

	1~9件	10~19件	20~29件	30~39件	40件以上
南区	7	9	4	2	1
北区	14	22	8	6	10

---

① 南京博物院：《花厅——新石器时代墓地发掘报告》，文物出版社，2003年。
② 栾丰实：《花厅墓地初论》，《海岱地区考古研究》。
③ 据报告墓葬出土器物统计表，见《花厅——新石器时代墓地发掘报告》（第203页）。

而在北区墓地,62座墓葬,平均每墓约23件,低于这一平均数的有40座。40件以上的有10座,30多件的6座,20多件的8座,10多件的22座,小于10件的14座。10~19件的墓葬数最多,属于中下等级。花厅墓地大汶口文化类型,在呈现贫富分化、社会分层这种社会现象上,除了通过随葬品多寡、墓葬面积大小等指标来观察之外,还存在一种堪称是反映人与人之间等级、地位差距较为极端的形式,即殉人。北区10座大墓中发现8座存在殉人现象,共发现殉人19具,其中未成年者16具,成年者3具①。当然,用人殉葬也是葬俗的一种,但是这种葬俗若不建立在人与人之间不平等的基础上,是不可能得到实施的。花厅墓地殉葬主要出现在北区墓地,而北区墓地的年代相对晚于南区墓地,这也进一步证明了花厅社区人与人之间的不平等是随着时间推移不断加剧的。根据马克思和恩格斯的论述,人殉现象开始于母系氏族制向父系氏族制过渡或父系氏族制已经确立的时期。父系氏族制的确立,标志着父权的尊严,这就为人殉的出现创造了条件②。旁观同一时期大汶口文化的其他区域,如野店、大汶口,像花厅北区墓地这般明确的人殉现象还不多见。然而放眼南方,在大汶口文化体系之外的良渚文化,在福泉山③、赵陵山④等多处墓地中均发现了殉人现象。加上花厅北区墓葬中大量的良渚文化因素,特别是大墓中的良渚式玉器。让有的学者认为花厅墓地中的良渚文化因素(如玉琮、璧、钺以及人殉)是作为一整套"礼制"的载体传播过来的⑤。至于究竟是大汶口人借用了这种礼制,还是良渚人异地实施,较难澄清。严文明曾经推论花厅有殉人大墓的主人是良渚人,良渚文化的一支武装力量北上征伐,打败了花厅居民并实施了占领,战争中一些战士牺牲了,故就地安葬,并随葬以反映本族特色的玉器和陶器等物品,同时将敌方的儿童和妇女作为殉葬品⑥。

3. 尉迟寺

在蒙城尉迟寺,有着大汶口文化晚期淮北最完整的聚落形态和大型排房建筑

---

① 据报告北区墓葬登记表统计。关于人殉现象的认定,参见黄象洪:《新沂花厅遗址人殉现象的鉴定和认识》,《花厅——新石器时代墓地发掘报告》,第216~221页。
② 马克思:《摩尔根〈古代社会〉一书摘要》,人民出版社,1978年,第36页;《马克思恩格斯选集》第4卷,人民出版社,1972年,第61页。
③ 上海市文物管理委员会:《福泉山——新石器时代遗址发掘报告》,文物出版社,2000年。
④ 江苏省赵陵山考古队:《江苏昆山赵陵山遗址第一、二次发掘简报》,《东方文明之光——良渚文化发现60周年纪念文集》,海南国际新闻出版中心,1996年。
⑤ 高广仁:《花厅墓地"文化两合现象"的分析》,《海岱区先秦考古论集》,科学出版社,2000年。
⑥ 严文明:《碰撞与征服——花厅墓地埋葬情况的思考》,《文物天地》1990年第6期。

基址。尉迟寺一带存在三级聚落,而尉迟寺就是第一级的中心聚落。这个中心聚落有大型围沟环绕,既可防御外人入侵,又可用于排水或者蓄水。鲁豫皖一带的遗址,是典型的堌堆遗址。这种遗址是一种防水的适应性景观。由于淮河经常摆动,尉迟寺一带的聚落往往不敢靠淮河太近。

尉迟寺聚落最令人瞩目的单位是红烧土排房建筑基址。排房建筑一方面体现出进步的建造技术;另一方面,又一定程度上反映了当时的社会组织结构。通过13次发掘,围沟之内,一个完整的14排18组共73间的聚落已被整体揭露(图4)[①]。

这73间房址最少以两间为一组,最多的长达12间,形成一排长屋,其中以4间一组为多见。从整个聚落布局来看,显然是经过了统一规划后而实施的建筑格局。

房址一般发现于地势较高处,有浅基穴。基穴周围有墙基槽,基槽内立木柱,搭建框架,然后抹泥,最后经火烧烤。

房屋地面经过加工,居住面平整、光滑和坚硬。每间房址都有独立的进出门道,房间较大的有两个门道(开于一面墙的两侧),较小的有一个门道(开于一面墙的一侧)。门道底部多见铺设的木质门槛,门槛外侧用细泥斜向涂抹,形成斜坡状护坡,略经烧烤,既能保护门槛,亦可防止雨水侵入。

据笔者统计,73间房址中有40间发现灶址[②]。灶址绝大多数位于房间内与门相对应的后墙里侧。面积较小的房间,灶址一般与后墙即主墙墙体连为一体;面积较大的房间,灶址往往与后墙有20~30厘米的距离,独立建于室内略偏于一侧的居住面上。各房间多在灶及后墙附近放置有各种炊饮、存储类陶质生活用器皿及石斧、石锛等生产工具。在部分房址的前面发现有活动广场,广场经过人工砸实,表面平整坚硬。此类活动广场应是排房建筑的有机组成部分。

总的来说,尉迟寺的红烧土排房反映出大汶口文化晚期,皖北一带的建筑工艺达到了比较高的水平,体现了社会的进步。这种建筑水平与建筑格局即便放在当时更大的范围来看,也是处于领先位置的。皖北在大汶口文化晚期可谓十分兴旺。

排房在一定程度上还反映出尉迟寺的社会结构。73间房子有40间设灶(还要考虑考古中未能发现的),与大汶口文化早期阶段少见有灶的单间房屋是不同的。单间房屋中设灶,说明住在这个房间中的人可以单独炊煮。在单间房子中发现的

---

① 中国社会科学院考古研究所、安徽省蒙城县文化局:《蒙城尉迟寺》(第二部),第14页。
② 据《蒙城尉迟寺》两部报告附表中大汶口文化排房房基址登记表统计。

图 4　尉迟寺聚落及排房布局图

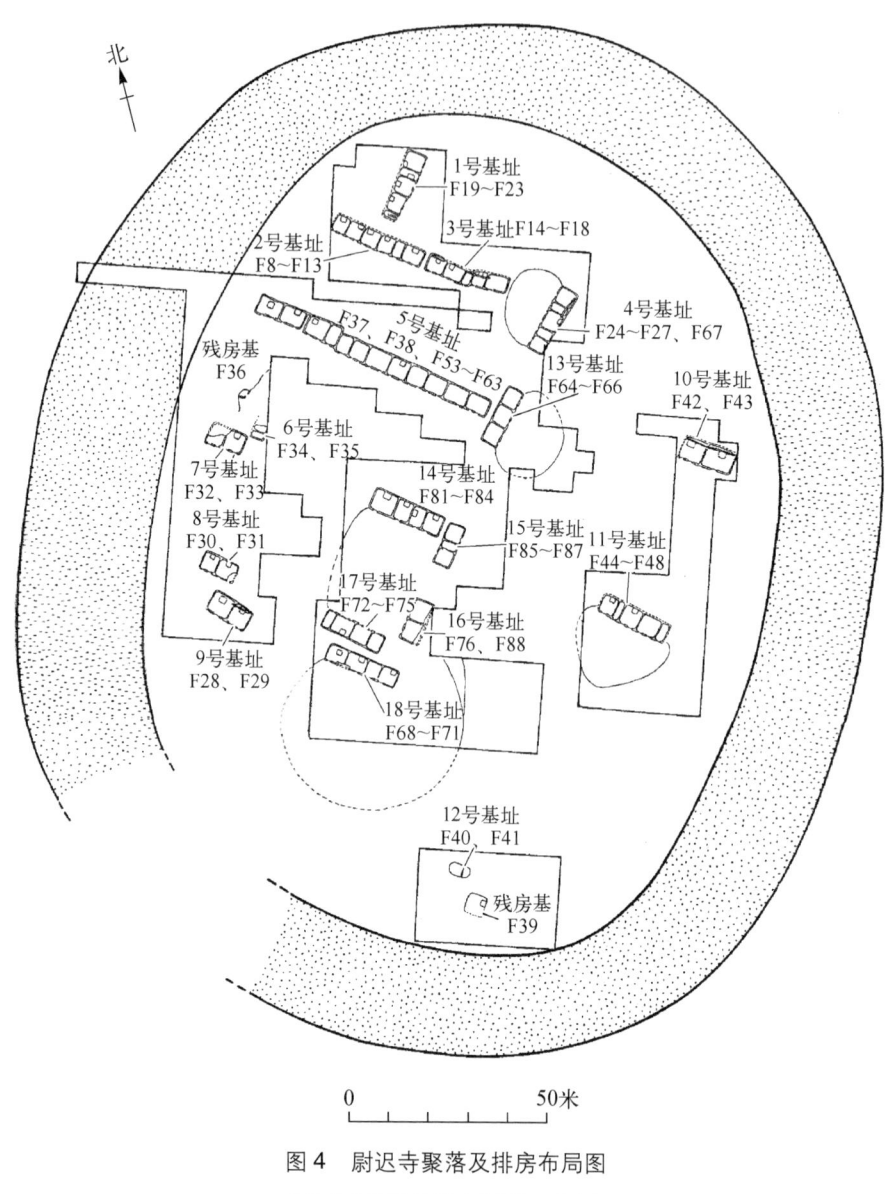

（采自《蒙城尉迟寺》（第二部））

陶器、石器等物件，无疑也归这个房子的主人所有，每间房子又有单独的门道，种种现象都说明在尉迟寺这个区域社会中，人与人之间开始具有私属化的"空间"。据尉迟寺第一部发掘报告，排房中的大房间使用面积多在 10 平方米以上，可供 3~4 人居住，那么，居住在这一相对私属化"空间"中的 3~4 人，关系自然是极为密切的,他们极有可能是一个生产和消费相对独立的核心家庭①。

但与此同时,这一私属化的"空间"又并非完全独立,因为排房中相邻的两间房子拥有一面公用隔墙。这一隔墙虽然起到隔出一个单独空间的作用,但又并非专属于某一间房子,实际形成了"既隔且联"的效果。如果说,一个房子里的居民代表了一个核心家庭的话,那么相邻的两个房子的居民又是什么关系呢?一般来说,在史前时期,亲属关系越近的家庭居住得至少不会太远。处于同一排房子的居民可能含有亲属关系,但是也有可能与邻排的存在亲属关系。不管怎样,有亲属关系的核心家庭组合起来,形成扩展家庭,类似于一个小型家族。而整个尉迟寺的排房或许正是由多个家族构成的一个区域社会单元。根据房址中出土的陶器、石器和陶拍的分布情况,尉迟寺聚落各扩展家庭之间虽然存在差别,但基本上还是属于较平等的独立生产和生活单位②,这与通过墓葬随葬品分析所得出的信息是一致的。

蒙城尉迟寺的大型围沟聚落和被环绕的红烧土排房,显示了大汶口文化晚期,当地居民在住居规划上的进步性。尉迟寺一带属黄淮平原,水患频仍,所以当地遗址多呈堌堆状。尉迟寺遗址位于高出现地面 2 米左右的堌堆上,地势较高。围沟外侧呈斜坡状,倾斜的外沟沿有利于水的流入,使之不至于将沟缘冲塌;内侧陡直,可以防止洪水漫入遗址内部,同时沟内的存水也可供人们生活所需。

在住居聚落形态上体现进步的不只是尉迟寺。目前考古界一般都承认尉迟寺遗址是一处中心聚落,在其周边还有二级和三级的聚落遗址。而近年在皖北固镇垓下遗址的发掘则表明,像尉迟寺及其周边聚落构成的一、二、三级聚落群,可能不止一处。在蒙城东面不远的垓下,安徽考古人员发现了一座大汶口文化晚期阶段的城址③。城墙周长 1 510 米,城墙基宽约 24.7 米,残存高度最高处达 3.8 米。城墙平地起建,堆筑而成。城墙外缘还有壕沟,沟内包含大汶口文化晚期淤积层。城墙目前存在 9 处缺口,不过发掘人员表示,有些缺口明显是后世破坏形成的,目前该城是否存在城门并不清楚。城内遗存以秦汉及新石器时代为主,城址西北部可能是新石器时代居民生活区。垓下大汶口文化城址的发现极为重要。在尉迟寺遗址,考古人员发现了大型带围沟的聚落。而在垓下,则既有壕沟,亦有城墙,而且它

---

① 中国社会科学院考古研究所:《蒙城尉迟寺——皖北新石器时代聚落遗存的发掘与研究》。
② 中国社会科学院考古研究所、安徽省蒙城县文化局:《蒙城尉迟寺》(第二部),第 411~414 页。
③ 安徽省文物考古研究所:《安徽省固镇垓下遗址发掘的主要收获》,《中国社会科学院古代文明研究中心通讯》第 19 期,2010 年;安徽省文物考古研究所、固镇县文物管理所:《安徽固镇县垓下遗址发掘的新进展》,《东方考古》第 7 集。

是皖北地区发现的第一处城址。城是高级的聚落形态，一般只存在于区域中心聚落，所以很可能在垓下一带，也存在着多级聚落的分布，那么在蒙城和固镇这样一个相距不远的范围内，就可能存在着两个区域性中心。它们之间是什么样的关系，目前还不能确定，或许有着半合作、半竞争的关系。尉迟寺大汶口文化类型被认为是从大汶口文化母区扩展出来的一个类型。现在垓下大汶口文化城址的发现表明，在大汶口文化晚期，大汶口文化向外拓展的势头非常强劲，在外围地带形成了多个区域中心。

再从墓葬的角度对大汶口文化晚期尉迟寺的社会关系进行观察。尉迟寺遗址的发掘经过前后两个阶段。第一阶段发现墓葬192座，包括竖穴土坑墓90座，儿童瓮棺葬102座，竖穴土坑墓中成人墓66座，儿童墓24座。第二阶段发现墓葬92座，其中，成人竖穴土坑墓21座，占墓葬总数的23%；儿童竖穴土坑墓3座，占墓葬总数的3%；儿童瓮棺葬68座，占墓葬总数的74%。

可以看出，儿童墓、瓮棺葬的比率是比较高的，这也是尉迟寺墓地最显著的特点，一定程度上反映了尉迟寺遗址未成年人死亡率相对较高。

综览尉迟寺发现的284座大汶口文化晚期阶段墓葬，分处于Ⅰ、Ⅱ、Ⅲ、Ⅳ、Ⅴ五区，绝对年代距今4800~4600年，可分为三段。在这284座墓葬中，儿童瓮棺葬有170座，占了近60%。据我对尉迟寺两部发掘报告墓葬登记表中瓮棺葬数据的统计，瓮棺葬中的随葬品数量普遍较少，随葬品最多的是M162，有9件，其余基本在1~5件。随葬品(其实亦是葬具)主要是陶器，有罐、大口瓮、鼎。纵然这些瓮棺葬分布于不同小区，跨越了三个时间段，但是在显示随葬品贫富分化问题上，未成年人墓葬显然不是一个合适的观察点，实际证据也显示，占比为60%的瓮棺葬及其随葬品差距不大。

可以从成人墓葬入手分析。第一阶段的发掘中，属于尉迟寺大汶口文化一段的墓葬有6座，但全是儿童瓮棺葬；第二阶段发掘中属于一段的成人墓葬只有1座，即M275。合起来，尉迟寺大汶口文化一段成人墓葬即为M275。第二段合并之后有16座，其中属第一阶段发掘的有11座，第二阶段的5座。第三段共有70座成人竖穴土坑墓，含第一阶段发掘的55座和第二阶段的15座。从墓圹面积来看，尉迟寺的墓葬只能算是中小型墓葬，绝大部分墓葬长度在2米以下，宽度在1米以下。在其他大汶口文化墓地，如大汶口、花厅、建新等的长度在3米以上的墓葬，在尉迟寺没有发现。随葬品数量上，粗略一览，便会发现尉迟寺墓葬随葬品非常少，若与大汶口、花厅、野店墓地(详下)相比,颇有薄葬与厚葬之分。第一段 M275,无随葬品;第二段 16 座共计 68 件,平均每墓仅 4 件多。这一段墓葬间确有贫富之分,如随葬品最多的 M67 有 20 件,有二层台,而又有 7 座无随葬品。

第三段,70 座成人竖穴土坑墓,共计随葬 88 件,每墓平均才 1 件多,而有 29 座墓无随葬品,最多的一座不过 24 件(M317)。

在前文中我们指出,尉迟寺一带存在三级聚落,宏观上显示了区域社会可能存在的级别关系。然而在尉迟寺遗址的微观社会中,无论是排房,还是墓葬,都看不出尉迟寺社会有多大的贫富和阶层分化。将尉迟寺墓地放到大汶口文化晚期的其他墓地,如野店、建新、大朱村等进行对比,不难发现,尉迟寺堪称另类,当别的墓地贫富分化特别明显之时,尉迟寺却呈现出相对平等的一面。从上面的论述来看,刘林墓地的贫富分化初露端倪,花厅则有愈演愈烈之势,何以到了大汶口文化晚期的尉迟寺,却好像改弦易辙了。在对这种现象做出分析之前,我们最好扩大视野,对毗邻区域若干遗址的聚落形态略微关照,从而更为全面地了解大汶口文化时期的社会关系,避免一叶障目的危险。下面依时间早晚,主要从住居形态和墓葬两个方面进行分析。需要指出的是,由于不同遗址、不同时期的资料不平衡,并不能做到对每个遗址、每个时期均能从住居形态和墓葬两个方面进行介绍。

鲁中南的兖州王因大汶口文化早期聚落布局有居住区及墓地之分,但又相距不远。墓地存在埋葬中心区,该区未见房基,亦无窖穴等生活遗迹,而遗址中发现的房址的分布区域,没有发现同时期的墓葬①。王因遗址发现房址 14 座,分为南、北两区,基本都是半地穴式,形状多样,分圆形、椭圆形、长方形、方形多种。F2 保存较好,为近方形,东西长 5.6 米,南北宽 5.3 米,面积 29.6 平方米,门道开在南侧,留有三级台阶,室内有 9 个柱洞,柱洞底部铺垫红烧土渣,并略加夯打。

因王因房址材料有限,欲借之了解王因遗址的社会组织结构恐有难度,不过,有的学者业已指出,其空间分布结构至少隐含了房子组—居住区—聚落三个层次②。

大汶口文化中期阶段的房址情况,可以枣庄建新为代表。建新遗址一共发现27 座房基,以长方形为主,方形次之,圆形仅 3 座。建筑方式均为地上建筑,许多房基在平整过地面后,直接建在生土上。室内均未见灶址,有的仅发现用火痕迹。门

---

① 中国社会科学院考古研究所:《山东王因——新石器时代遗址发掘报告》,第 301 页。
② 王芬:《海岱地区和太湖地区史前社会复杂化进程的比较研究》,第 82 页。

道多设在北面和西面。结构以单间为主,双间相连的只有 2 座。房基四周挖有基槽,槽内立木柱;有的无基槽,但挖有柱坑,最后埋立柱;有的直接将木柱栽在地面上①。

相当于大汶口文化中期偏晚的有 4 座,F8、F16、F19、F20(图 5)。它们位于中区东南部,相互间无叠压、打破现象,应同时使用过一段时期。从空间位置上看,F8 在西,F20、F19 偏东,且在一条南北中轴线上,F16 在中间。F16 和 F19 面积稍大,且靠得很近,呈 90 度直角,有的学者已经指出,F16、F20、F19 三座房基正好构成一品字形②,F16 是双间的长方形房,发掘者认为门道在东间北部,朝北开。从报告发表的图来看,这个门道还是比较明显的。栾丰实认为 F16 南墙有两个柱洞间距较大,该处似也有一门③,而 F19 的门道是向西的,如此,这三座房子应该属于一个整体,F20 可能用于储藏,F19、F16 用于炊煮和居住,三者应有着较密切的联系,或许这些房子的居住者之间存在血缘关系。

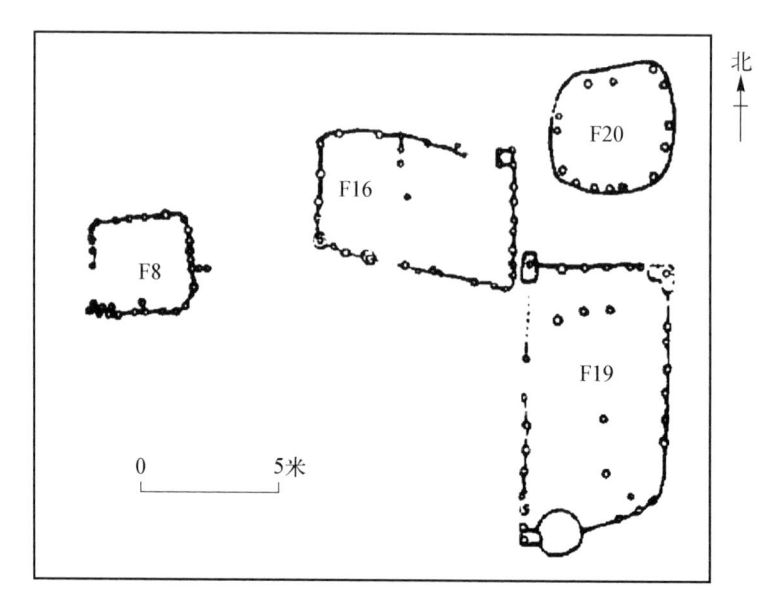

图 5 大汶口文化中期阶段建新房址分布图

(采自《枣庄建新》)

---

① 山东省文物考古研究所、枣庄市文化局:《枣庄建新——新石器时代遗址发掘报告》,第 163 页。
② 栾丰实:《大汶口文化的社会发展进程研究》,《古代文明》第 2 卷,第 20 页。
③ 栾丰实:《大汶口文化的社会发展进程研究》,《古代文明》第 2 卷,第 20 页。

大汶口文化晚期阶段,整个大汶口文化分布范围之内的居住材料都较之前要多,前文已经介绍的尉迟寺聚落即是代表。这一时期城址的发现,表明社会关系有了进一步的变化。

来自若干遗址的墓葬材料则更为充实地反映了大汶口文化由早到晚社会关系的剧烈变化。首先来看大汶口文化早期阶段的王因墓地。王因墓地可分成三期,在这三个时期也可看出变化。比如第一期,多数墓葬无随葬品,有随葬品的往往也只两三件,彼此差距不大。第二期时,大部分墓葬有随葬品,主要为生活用具类的陶器,以及骨、牙和角类等。第三期时,大部分墓葬都有随葬品,与前两期相比数量上有所增多,种类也变得丰富。其中的石质生产工具采用了磨光和穿孔技术,穿孔石铲、斧、锛等生产工具只见于男性墓葬中,而早期墓葬中不见生产工具;还有生活用的陶器,以及骨、牙、玉、甲、陶等类生产工具和装饰品。这一时期,陶器制作得更为规整和精致。总的来说,在大汶口文化早期阶段,王因墓地反映的贫富文化还不明显,社会内部人与人的关系似乎还不紧张。这与大致同一时期的刘林情形相似。

从王因和刘林的材料来看,大汶口文化早期阶段的社会关系还是相对平等的。邹县野店遗址同时期墓葬的随葬品信息对之也可佐证,但是这一时期也有个别例外,如大汶口遗址。

在1974~1978年第二、三次对大汶口文化遗址的发掘中,考古工作者发现了一批年代较《大汶口》报告早的房基、灰坑、墓葬等遗迹,以及丰富的陶、石、骨牙器等文化遗物,进一步丰富了该遗址中的早期大汶口文化和更早一些的文化遗存的内涵[①]。在这批属于大汶口文化序列早期阶段的遗存中,可以见到与早期阶段其他遗址如王因、刘林、野店等不太相称的情形。有学者统计,大汶口遗址早期阶段的随葬品在5件、10件以下墓葬的比例,明显低于刘林、野店、大墩子三处遗址,而随葬品在20件以上的墓葬占到总数的近1/3,超过上述三处遗址同一比例的10倍以上,显示了较强的经济实力和较高的整体富裕程度[②]。

同时,在这一阶段的大汶口遗址内部,人群之间的分化和差距也可从墓葬因素上体现出来。大汶口遗址第二、三次发掘发现大汶口文化墓葬46座,可分成4个墓组。墓组与墓组之间在随葬品数量上悬殊较大,如第一墓组,当是富裕家族墓地,

---

① 山东省文物考古研究所:《大汶口续集——大汶口遗址第二、三次发掘报告》,科学出版社,1997年。
② 栾丰实:《大汶口文化的社会发展进程研究》,《古代文明》第2卷,第42页。

M2005 和 M2019 两墓仅陶器一项便占全部墓葬随葬陶器的 1/4 左右,此外还有各式骨器、石器、装饰品及猪下颌骨等等①。在墓葬构建上,第一墓组也体现了相对高的规格,比如第一墓组墓葬带二层台的比例远较其他墓组为高②。

由此可见,在大汶口文化的早期阶段,大汶口遗址在社会生产力水平上已经超出同期其他遗址,经济上处于领先地位,大汶口遗址当是大汶口文化的重要中心区域。对于大汶口文化早期阶段的社会关系而言,总的来说是比较平等的,不单在随葬品数量的比较上,在墓组与墓组、墓群与墓群之间,都是如此。进入大汶口文化中期阶段,早期出现的贫富分化开始加剧,社会间人与人的关系变得更具竞争性。

在 1959 年发掘的大汶口遗址中,有学者根据墓葬排列的疏密程度,将相当于大汶口文化中、晚期阶段的 133 座墓葬划成四群(图 6)③。其中属于中期阶段的大约有 105 座④,以《大汶口报告》中早、中期墓为代表⑤。这四群墓葬数量不等,其中以最南端的第一墓群墓葬最为密集,有 43 座中期阶段的墓葬。北端的第四墓群墓葬数量最少,仅 8 座⑥。中间的第二群 26 座,第三群 27 座。尽管第四墓群墓葬数量最少,但是它在墓葬形制、葬具、随葬品数量和质量等因素上,均有其他三群不及之处,体现出较高的地位。大汶口墓地中期阶段墓圹面积最大的两座墓葬 M12、M13 皆出在第四墓群。M13 是一对成年男女合葬墓,有大型葬具,随葬猪头最多,而且墓的四壁用原木卧叠构成葬具。在中期阶段,有葬具的墓葬并不多,除 M13 外,还有第一墓群的 M94、M99、M107,和第三墓群的 M81,但后四座墓在随葬品方面难与 M13 相提并论。

在对中期阶段四群墓葬的随葬品数量进行统计后发现(表 2),第四墓群仅 8 座墓葬就占有了 283 件随葬品,平均每墓 35.4 件;而第一墓群 43 座墓共计 479 件,平均每墓 11 件。前者是后者的 3 倍有余。第二群平均每墓 15 件,而第三群则最低,平均每墓仅 6.9 件。此外,随葬品中一些较能显示等级,或有特殊礼俗意义的物品,诸如玉器、猪头、龟甲等,也以第四墓群最为集中和明显。

---

① 山东省文物考古研究所:《大汶口续集——大汶口遗址第二、三次发掘报告》,第 109 页。
② 山东省文物考古研究所:《大汶口续集——大汶口遗址第二、三次发掘报告》,第 222~230 页,据墓葬登记表统计。
③ 韩建业:《大汶口墓地分析》,《中原文物》1994 年第 2 期;栾丰实:《大汶口文化的社会发展进程研究》,《古代文明》第 2 卷,第 38 页。
④ 1959 年清理大汶口文化中晚期墓葬 133 座,属于中期阶段的有 95 座,加上 10 座虽不能分期,但据墓葬平面排列关系,大体亦可归入中期的 10 座,共 105 座。可参见栾丰实:《大汶口文化的社会发展进程研究》,《古代文明》第 2 卷,第 37 页。
⑤ 高广仁:《试论大汶口文化的分期》,《考古学报》1978 年第 4 期。
⑥ M14 远离墓群,未计入。

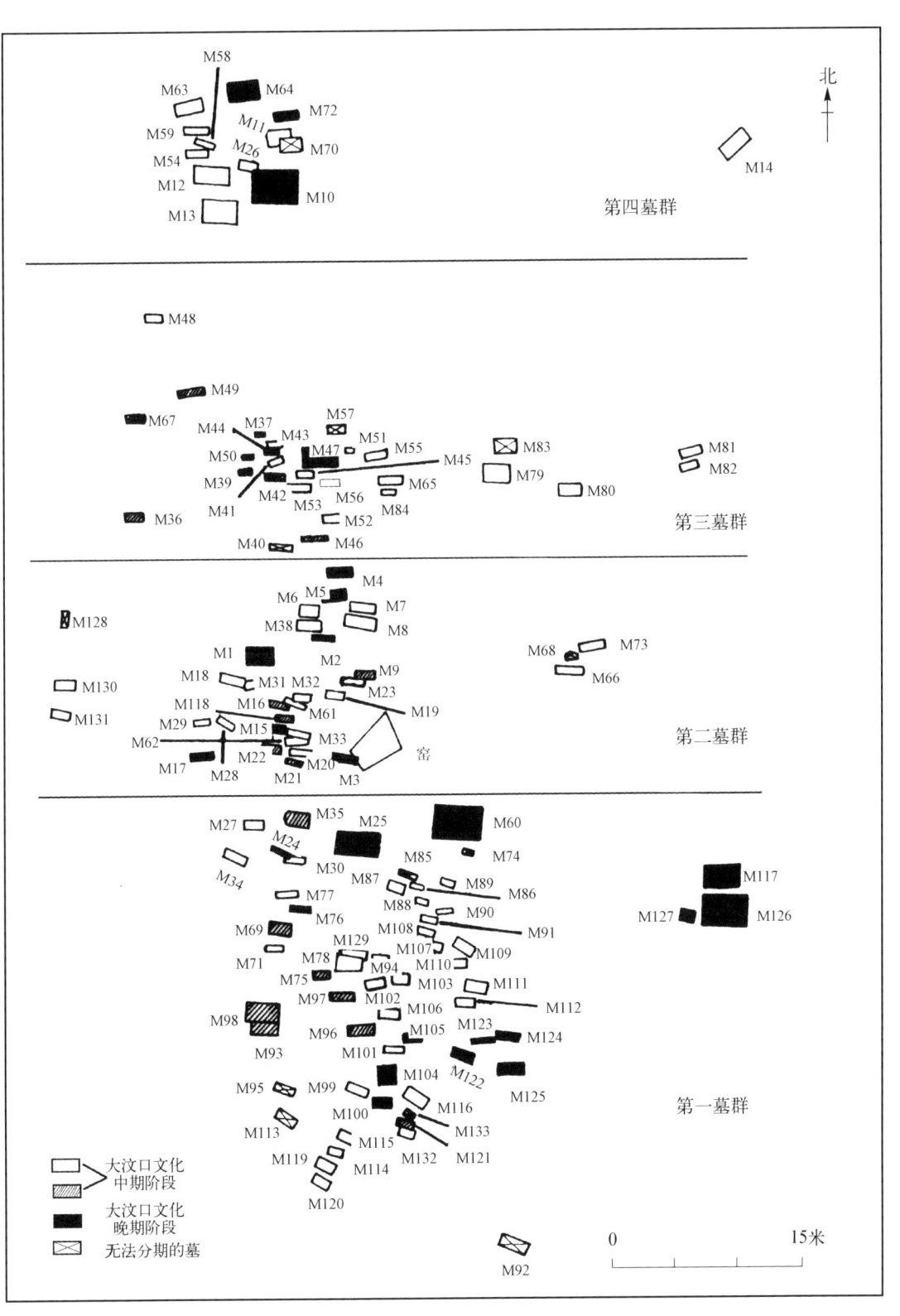

图 6 大汶口遗址大汶口文化墓葬平面图
(据《大汶口》1974;栾丰实,2003)

表 2 大汶口遗址中期阶段墓葬随葬品分群统计表

墓　群	墓葬数	随葬品（件）	平均（件）
第一群	43	479	11
第二群	26	392	15
第三群	27	188	6.9
第四群	8	283	35.4

毫无疑问，大汶口文化中期阶段，单个墓葬和墓群所折射的人与人、人群与人群之间的分化已经加剧。社会交际网络中，那些更富竞争性的个人和集体，凭借着威权或者某种特殊的才能可以控制和获取更多的物资和贵重物品，早期阶段人与人之间的相对平等逐渐被阶层分化所取代。到大汶口文化晚期阶段，贫富分化进一步加剧。大汶口墓地晚期阶段的墓葬资料在很多方面均有体现[①]。

进入大汶口文化晚期，大汶口文化的辐射范围明显变大了，早中期以鲁中南和苏北为主，晚期则进一步拓展到了鲁东南、皖北，并向中原地区西进。鲁中南一带的遗址数量也仍然在增加。例如邹县野店南面的枣庄建新，发现了相当于大汶口文化中期偏晚至晚期阶段的遗存，与大汶口墓地的中、晚期，野店第五期年代基本一致，个别单位可能到野店第四期[②]。

据对建新墓地材料的分析，建新遗址的早期阶段，生产力水平尚低，贫富分化不明显，人与人、人群与人群之间还算平等。中期时人口增多，社会财富在积累，但贫富分化还不太明显。到晚期时，墓区之间拉开差距，有的墓区在墓葬面积上较它区更胜一筹，而且也占据了更多的随葬品。在墓区内部，单墓与单墓之间也体现出差距。若再放眼外围，将建新与大汶口、野店、苏北的花厅相比，则建新又要比它们低一个层次。建新墓地的年代本身要晚到大汶口文化中期偏晚至晚期阶段，可能是后期发展出来的一个遗址，社会积淀似乎不足。

在鲁东南地区，大汶口文化早、中期时遗址数量较少，到大汶口文化晚期，则进入一个快速发展期。这一时期，无论是聚落群之间，还是墓葬方面，都明显体现出等级和贫富的分化。栾丰实曾根据遗址的空间分布、面积规模及出土遗迹遗物，将

---

① 栾丰实：《大汶口文化的社会发展进程研究》，《古代文明》第 2 卷，第 47 页。
② 山东省文物考古研究所、枣庄市文化局：《枣庄建新——新石器时代遗址发掘报告》，第 154 页。

日照地区的遗址分成了 3 个区,分别是陵阳河区、前寨区、东部沿海区①。每个区又可以各分等级,如陵阳河区可分为 3 个等级,以陵阳河遗址为中心,它与周边的遗址群可能具有一种统治与被统治的关系。

鲁东南地区的大汶口文化晚期墓葬也充分体现了贫富的分化。无论是莒县陵阳河,还是大朱家村,墓葬随葬品时代愈晚,数量愈多,反映出在生产力不断提高的基础上,社会财富与日俱增。但与此同时,墓与墓、墓组与墓组,即反映的人与人、人群与人群之间在掌握、拥有资源方面的不平等也越来越突显,社会团体内部的人际关系越来越富有竞争性,阶层已经出现,且日渐分化。

由此可见,大汶口文化时期从早到晚,贫富、阶层分化是逐渐加剧的。但是要注意的是,这种社会不平等关系的出现时间,在区域之间存在不平衡,以中心地区来得更为显著和超前,而在边缘地区社会关系分化则并不明显,尉迟寺就是一个鲜明的例子,至少从它目前的材料来看确实如此。可见,不同地区社会变迁的速度是不同的。

从更大的空间范围来看,大约处于同一时间段的北方红山文化早期、山东半岛大汶口文化早期、长江中上游大溪文化中期、中原地区仰韶文化中期等遗址呈现出的社会关系面貌没有太大的差别,即社会内部成员之间虽有贫富分化,但还不严重。不过,长江下游张家港东山村崧泽文化早中期大墓的发现却表明,大约在距今 5 800 年前,当地社会已有明显的分化。② 李伯谦为此指出,以往一般把距今 5 500 至 4 500 年的仰韶文化晚期看作中国古代由相对平等的社会向不平等的分层社会过渡的社会结构重大转型时期,而东山村的发现,至少将原来估计的开始转型时间提早 300 年。他认为东山村已可看到初级王权,社会已进入苏秉琦所称的"古国"阶段。③

东山村的例子既表明社会分化的时间比原先估计地要早,同时也反映了区域社会关系分化的不平衡。如此看来,对于大汶口文化晚期尉迟寺相对平等的社会关系,也不必惊讶。有贫富分化显得严重,超前的区域,自然也有社会关系相对平等的区域。

---

① 栾丰实:《日照地区大汶口、龙山文化聚落形态之研究》,《中国考古学跨世纪的回顾与前瞻(1999 年西陵国际学术研讨会论文集)》。
② 南京博物院等:《江苏张家港市东山村新石器时代遗址》,《考古》2010 年第 8 期。
③ 李伯谦:《崧泽文化大型墓葬的启示》,为"中国古代文明与国家起源"笔谈内容,见《历史研究》2010 年第 6 期。

对于大汶口文化晚期尉迟寺聚落显露的社会关系的相对平等,我们应该多做一些思考。尉迟寺墓葬透露的社会关系不可与大汶口文化中心区同日而语。但是流行简朴的墓葬习俗的社会也未必是平等主义的。不过就尉迟寺的情况来说,它的贫富阶层分化应当不至于太严重。排房建筑也是一个不错的观察点,尉迟寺的排房无论在排列,抑或房子空间结构上,并未显示出明显的等级差别。此外,尉迟寺遗址在整个大汶口文化圈相对边缘的位置,也是该社会关系分化不致太明显的原因之一。其实,尉迟寺遗址的情形并不是孤立的现象。苏北邳州的梁王城遗址属于大汶口文化中晚期遗存。从考古材料来看,梁王城遗址属于一个普通的中小型聚落。从初始发展至完全衰落,聚落内部未见明显的贫富分化、阶级分层,呈现出一种较为平等而有序的发展态势。①

第二节 江淮地区

江淮东部的考古学文化在20世纪90年代之前还处在所谓"青莲岗文化"的模糊和争议中。青莲岗遗址是1951年考古人员在江苏淮安首次发现的,但是并未对之进行正式发掘,而只是做了四次调查,采集了包括石器、陶片、兽骨在内的共计338件标本②。对这次采集所获陶器及石器当时有一个感性的认识,即认为它们与苏北和江南地区的新石器时代文化有些近似。"青莲岗文化"的研究可以分为三个阶段:第一阶段是20世纪五六十年代,青莲岗遗址被发现,文化被命名,范围被扩大,探讨者主要是南京博物院的工作人员;第二阶段是20世纪七八十年代,一方面是南京博物院的学者主张该文化的统一性,另一方面则是外单位的学者质疑该文化的合理性;第三阶段是20世纪90年代至今,随着南京博物院考古学者对江淮东部龙虬庄等遗址的发掘,该区的史前文化面貌和序列重新确定,青莲岗文化日益式微。青莲岗文化的发展呈现出一个从膨胀到萎缩的过程③。

维护青莲岗文化的观点中有一点颇为值得注意,即将青莲岗遗址所在的江淮一带"预想"为文化区域中心,但是这种认识却并未建立在充分的考古学证据的基

---

① 南京博物院等:《梁王城遗址发掘报告(史前卷)》,第579页。
② 华东文物工作队:《淮安县青莲岗新石器时代遗址调查报告》,《考古学报》第九册,1955年。
③ 详细讨论见附录三。

础上。在三十多年的讨论中,江淮东部几乎未进行过考古发掘,学界对于青莲岗文化内涵的讨论,主要是利用江南和淮北不同地区不同时代的遗址进行研究。而从地理的角度来看,江淮东部是淮北和江南的过渡地带,也是中国东部沿海地带的中间地段。倘若意识不到江淮东部的特殊位置,那么很可能在这个小区的文化定位上走入误区。

一 江淮东部的文化序列及面貌

从 1991 年起,南京博物院的考古工作人员在对江淮东部多次考古调查的基础上,选择高邮龙虬庄遗址作为重点发掘对象。龙虬庄遗址的发掘,为重新梳理和认识江淮东部史前文化谱系打开了一扇门①。

在对典型遗址龙虬庄遗址分期的基础上,距今 7 000~5 000 年江淮东部的新石器时代文化可以分成三期。

第一期分前后两段,前段遗存在高邮唐王墩遗址发现,这个遗址发现了可能早于龙虬庄遗址第 8 层的遗存,绝对年代上限估在距今 7 000 年。后段相当于龙虬庄遗址的第 8 层和第 7 层,也即龙虬庄遗址的第一期,距今 6 600~6 300 年。

第二期也可分前后两段,前段以龙虬庄遗址的第 6 层,青墩遗址的第 6 层和第 5 层为代表②;后段以龙虬庄遗址的第 5 层和第 4 层③,青墩遗址的第 4 层,以及青莲岗遗址的第 4 层为代表,年代距今 6 300~5 500 年,其中前段距今 6 300~6 000 年,后段距今 6 000~5 500 年。二期后段相当于大汶口文化早期。

第三期,以龙虬庄遗址东部边缘的第 6 层、第 5 层和第 4 层,以及青墩遗址上文化层,即第 3 层为代表,距今年代约 5 500~5 000 年,相当于大汶口文化的中期。

第一期文化遗物主要有陶器和骨角器,另有少量石器。陶器以夹砂灰陶和泥质橘红陶为主,夹砂陶质地疏松,多孔;泥质陶一般质地细腻。常见器形有釜,以双

---

① 龙虬庄遗址考古队:《龙虬庄——江淮东部新石器时代遗址发掘报告》,科学出版社,1999 年。
② 南京博物院:《江苏海安青墩遗址》,《考古学报》1983 年第 2 期。根据近年新发现的淮安黄岗遗址,泗洪顺山集遗址均有早于龙虬庄文化的遗存。由于相关材料尚未发表,这里不作讨论。
③ 因为文化的分期与遗址的分期是有区别的,所以业内有些学者对报告将 4、5、6 层中 402 座墓葬同归第二期,以及将 4、5、6 层分为前后两段,有些不同的看法。比如张忠培曾建议是否可以考虑将第二期的部分东西归到第一期上来。黄翔将第 6 层墓葬中不随葬陶鼎的墓葬(他定为"甲组")归入第一期后段。崔英杰认为第二期的 4、5、6 层墓葬分别代表着这一时期的早、中、晚三段。参见黄景略、张忠培等:《淮河下游新石器时代的绚丽画卷——龙虬庄遗址与江淮地区古文化学术座谈会专家发言纪要》,《东南文化》1999 年第 3 期;黄翔:《龙虬庄文化研究》吉林大学硕士学位论文,2007 年,第 3~5 页;崔英杰:《江淮东部地区史前文化研究》,山东大学硕士学位论文,2007 年,第 19 页。

耳罐形釜和窄沿盆形釜为主。另有盉、钵、碗、豆、罐、器座等。盉多作圜底壶形,直口微侈,圆球腹,下有三实足,腹中部有一向上翘的宽扁把手。钵为小平底,折腹,有的下加三矮足。豆一般为深盘矮圈足。三足罐多深腹圜底,下加三矮扁足。陶器多装饰指甲纹、戳点纹和刻划纹(图7)。

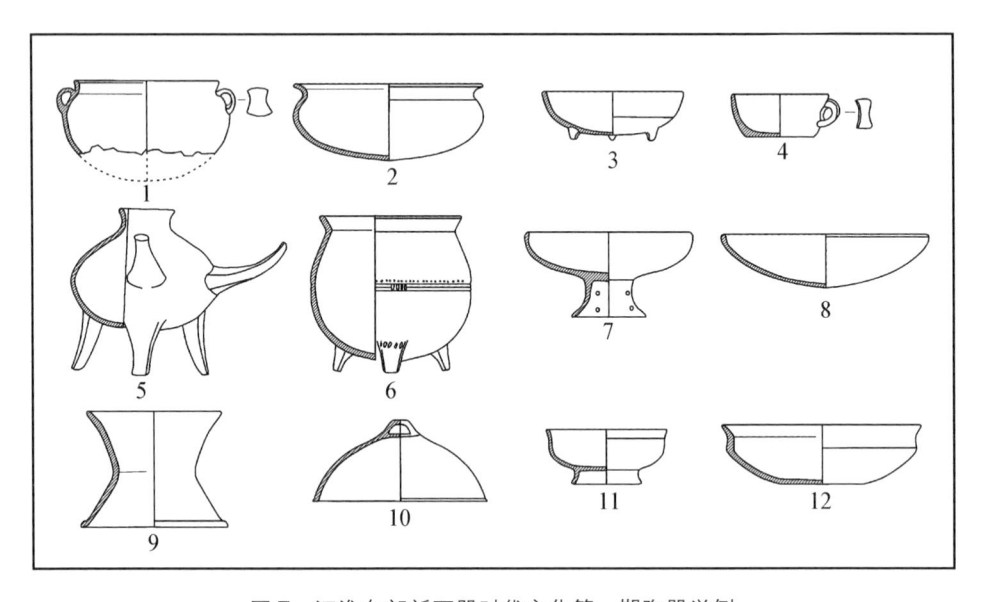

图7 江淮东部新石器时代文化第一期陶器举例

(采自《龙虬庄》,1999)

1.罐形鼎 2.盆形釜 3.三足钵 4.杯 5.盉 6.三足罐 7.豆 8.钵 9.器座 10.釜盖 11.碗 12.盆(均来自高邮龙虬庄)

第二期文化遗物有陶器、骨角器和玉石器。陶器(图8)仍以夹砂灰陶为主,其次为泥质橘红陶,黑陶、灰陶亦占一定比例。陶器器形除与第一期相同的外,新出现的器形有鼎、匜、猪形陶壶,鼎有罐形鼎和盆形鼎。釜仍为双耳罐形釜和盆形釜,并出现带管状流的双耳罐形釜,带腰沿的深腹筒形釜本阶段则不见。早期的罐形鼎为罐形釜加三扁足,说明鼎釜之间有承继关系。盉的形态基本与第一期相同,多出筒状流,在口部捏一尖流者少见。另外新出现的有泥质陶盉,平底,有的下加三实足。豆多为浅盘高圈足豆,圈足下部外撇,呈大喇叭形,圈足上常见三角形、圆形、长方形大镂孔或圆形、三角形戳点。除豆之外,大喇叭形高圈足器还有罐、壶、壶形匜、亚腰形壶、小口扁腹带把罐等。多高圈足器也是这一阶段的特色之一。而多带流器是其又一重要特色,有出一至两个管状流的双耳罐形釜、向上出二至三个冲天管状流的壶、口部捏成四个宽流的壶以及出一管状流的盉等。种类最多的是匜,除高圈足壶形匜外,还有大圈足钵形匜、平底深腹钵形匜、浅盘豆形匜。其中,最常见的是深腹平底筒形匜,皆口大底小,腹壁斜直或微向内弧,口部捏一尖流,中部一侧出一向下弯曲的宽扁鋬。钵与三足钵仍流行,然多弧腹,不见折腹。卵形腹三足罐本阶段基本不见。新出现的器形还有筒形杯、觚形杯、高柄杯、三足盘、三扁环足盆等。陶器装饰除镂孔、戳点外,彩陶的出现是本阶段最显著的特征。

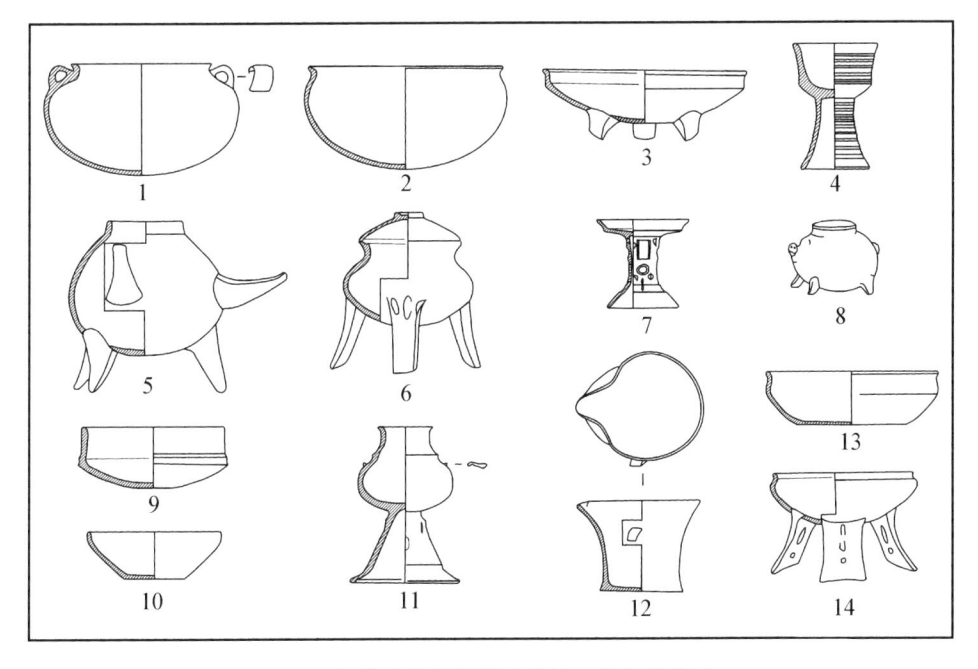

图 8 江淮东部新石器时代第二期陶器举例

(采自《龙虬庄》,1999)

1. 罐形釜 2. 盆形釜 3. 三足钵 4. 杯 5. 盉 6. 罐形鼎 7. 豆 8. 猪形壶 9. 盒 10. 钵 11. 壶 12. 匜 13. 盆 14. 三足盘(均来自高邮龙虬庄)

彩绘主要施于红陶碗、钵、豆等之上,绝大多数为内彩,有红彩和黑彩两种,所绘纹样有宽带纹、水波纹、网状纹、弧线纹、卦形纹、三角形纹等。此外,这期的骨角器非常发达,除镞、锥、镖、笄、坠形器之外,还有角纺轮、角叉、骨匕、骨刮、骨凿等,形体较大的有角斧、锄、勺等,并出现可装卸刃部的复合工具角锄。此期还发现了玉石器,主要有璜、镯、串饰等装饰品。石器有刀、斧、锛、凿、锄等,其中舌形扁平穿孔石斧在青莲岗、梨园、龙虬庄、青墩等遗址均有发现,且数量较多,为常见器形之一。另外,扁风字形石锄也颇具地方特色。锄平背,宽弧刃,两侧内弧外撇,中部偏上穿一长方形或椭圆形孔。

第三期文化遗物有陶器、骨角器和玉石器。陶器(图9)仍以夹砂灰陶为多,泥质陶有红陶、灰陶、黑陶,其中灰陶明显增多。陶器器形有鼎、豆、壶、盆、钵、碗、杯、尊等。鼎多折腹圜底。豆多为大圈足向内斜折再向外撇,常见三角形、圆形小镂孔。罐多为平底,新出现的有平底矮三足或矮圈足两类。壶出现贯耳。杯除筒形杯外,高柄杯增多,出现带流阔把杯。大口尊也是新出现的器形。陶器装饰除镂孔外,粗凸弦纹、瓦楞纹常见,彩陶几乎消失。骨角器的器类与上一阶段相比,变化不大,唯数量减少。玉器中出现琮形饰。石器变化较大,舌形石斧不见,出现长方形扁平穿孔石斧,有段石锛也是新出现的器形。

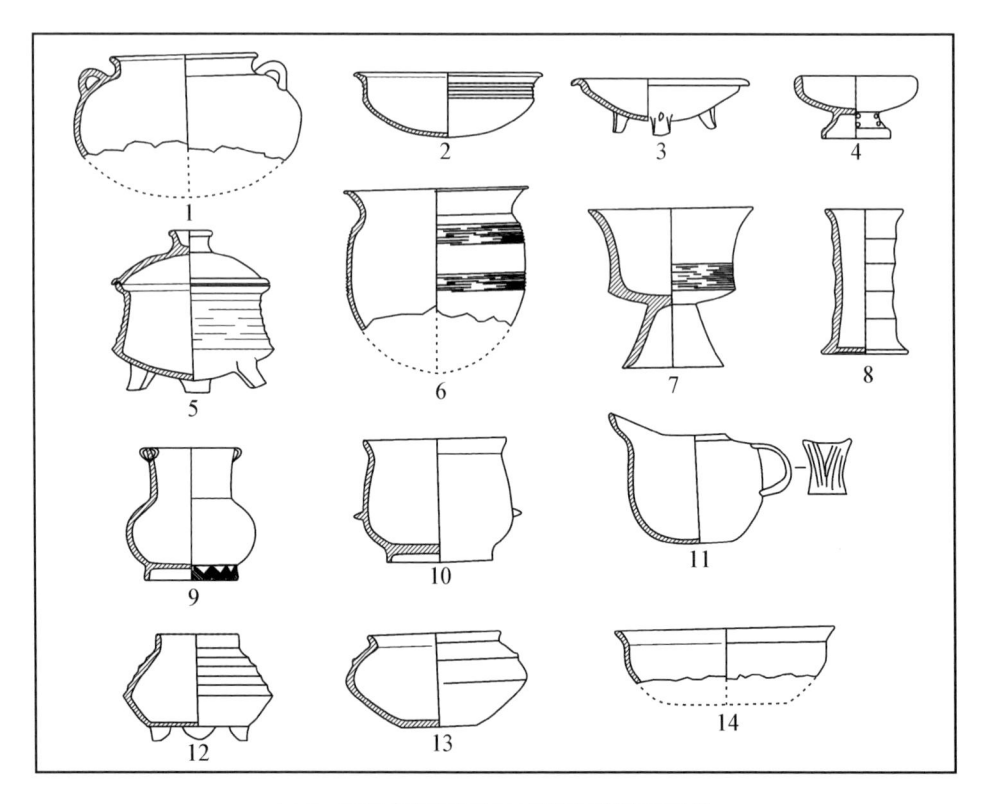

图9 江淮东部新石器时代第三期陶器举例

1. 罐形釜 2. 盆形釜 3. 三足钵 4. 豆 5. 鼎 6. 大口尊 7、8. 杯 9. 贯耳壶 10. 尊 11. 带流阔把杯 12. 三足壶 13. 罐 14. 盆(3~5、7~9、12、13. 海安青墩;余高邮龙虬庄)

通过对江淮东部三期遗存的文化因素分析,目前学界在第一期和第二期的文化性质上没有大的异议,即认为它们属于龙虬庄文化①。这一时期江淮东部的文化遗存总体而言以自身文化因素为主,带有较浓郁的地方特色,有一批较为独特的器物。炊器以釜为主,双耳罐形釜和盆形釜是大宗。江淮东部的鼎与海岱、江淮中部及太湖或宁镇地区的鼎,在形态上均有明显差异②。

龙虬庄文化中多水器,盉、匜、壶的形态和功能十分多样。高圈足器较多,既利于稳定,又能用于观赏。在陶器纹饰上,手压捺窝与用指甲压出的花纹最为常见,彩绘则流行内彩。此外,骨角器发达是江淮东部原始文化的一大显著特征,与同时期其他地区的骨角工艺相比处于领先地位。

从第二期的后段开始,江淮东部原始文化中出现了太湖地区崧泽文化因素(图10),在龙虬庄遗址和青墩遗址中均有发现。有学者认为,青墩第二期遗存与龙虬庄遗址二期差异较大。折腹釜形鼎、罐形鼎、盆形鼎、粗圈足豆、圆角近方形钻孔石钺、长条形石锛、玉璧、环、璜等器物皆见于崧泽文化遗址③。

崧泽文化因素向北越过长江抵至江淮东部已很明确。二期后段相当于大汶口文化早期,绝对年代约距今 6 000~5 500 年。海安是南北海岸线的一个转折点,隔海和长江与崧泽文化的母区相望。崧泽文化若越江北上,海安青墩毫无疑问是第一站。相较而言,高邮龙虬庄偏西偏北,所以受崧泽文化的影响不如青墩。从青墩继续往北,沿海而行,经盐城、阜宁一带,道路畅通,无大的地形阻碍,越过淮河后,即抵苏北。大汶口文化早期,在刘林、大墩子、万北、新沂小徐庄、王因等苏北鲁南的大汶口文化遗址中,曾经发现过少量的崧泽文化因素;同样的,在崧泽文化遗址中,也见有大汶口文化的因素④。由此可见,在大汶口文化早期,江淮东部一带的文化融汇性已经体现出来。

进入第三期,相当于大汶口文化的中期,由于龙虬庄遗址发现遗物不多,限制了对文化整体面貌的了解。从现有的材料来看,一、二期常见的一些陶器仍在延

---

① 龙虬庄遗址考古队:《龙虬庄——江淮东部新石器时代遗址发掘报告》,第 493~531 页;黄景略、张忠培等:《淮河下游新石器时代的绚丽画卷——龙虬庄遗址与江淮地区古文化学术座谈会专家发言纪要》,《东南文化》1999 年第 3 期。
② 龙虬庄遗址考古队:《龙虬庄——江淮东部新石器时代遗址发掘报告》,第 496 页。
③ 燕生东:《海安青墩遗存再分析——江淮东部地区考古学文化研究之一》,《东南文化》2004 年第 4 期。
④ 栾丰实:《论大汶口文化和崧泽、良渚文化的关系》,《中国考古学会第九次年会论文集》,文物出版社,1993 年,第 62~81 页;郝明华:《苏皖江北地区的崧泽文化因素》,《东南文化》2001 年第 5 期。

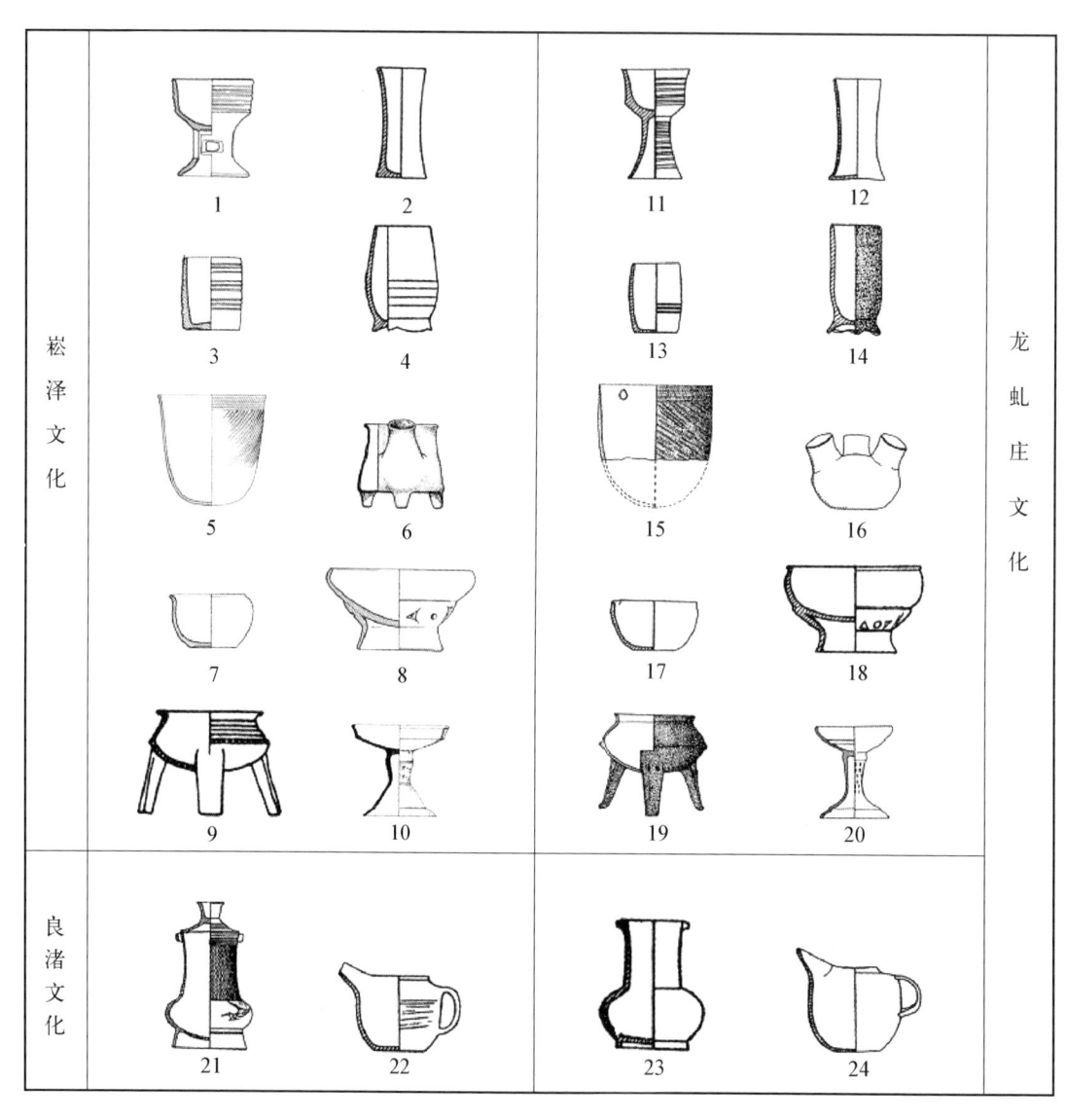

图 10 龙虬庄文化与崧泽、良渚文化陶器因素比较

（据黄翔，2007）

1. 南河浜(M1∶3) 2. 草鞋山(M203∶16) 3. 南河浜(H7∶60) 4. 崧泽 5. 南河浜(G2∶1) 6. 崧泽(T6M1-1) 7. 南河浜(M33∶7) 8. 南河浜(M83∶10) 9. 崧泽 10. 崧泽(B2M5-20) 11. 龙虬庄(T3629④∶2) 12. 龙虬庄(T1829④∶4) 13. 龙虬庄(M291∶3) 14. 龙虬庄(M92∶4) 15. 龙虬庄 16. 龙虬庄(M40∶4) 17. 龙虬庄(M305∶2) 18. 青墩(M45∶7) 19. 龙虬庄(M286∶3) 20. 龙虬庄(M98∶1) 21. 草鞋山(M198) 22. 张陵山 23. 青墩(M18∶7) 24. 龙虬庄

续。但是作为江淮东部史前文化中有突出特点的骨角器,在种类和数量上均有所下降。彩陶突然消失,红衣陶基本不见。与此同时,陶器呈现出更多崧泽文化晚期和良渚文化早期因素。

在青墩遗址,第三期出现了较多的良渚文化因素,如陶器中的黑皮陶贯耳壶、敛口钵形豆、石器中的有肩扁平穿孔石斧、有段石锛,以及采集到的璧、琮、镯、瑗、坠等玉器。三期时的青墩很可能已经成为良渚文化分布区[①]。

此外,在差不多同一时期的阜宁东园遗址[②],同时存在良渚文化因素和大汶口文化因素,龙虬庄文化因素却不见。可见,良渚文化,与在它之前的崧泽文化一样,越江北上;而大汶口文化中期,北面的大汶口文化同样向南传,遂在淮北、江淮这一南北过渡带上,形成了东园这样的文化两合遗址。大汶口文化因素甚至越过两淮,渡过长江,在江南地区的史前文化中也能看到该文化因素,比如宁镇地区的北阴阳营遗址 H2 中就有大汶口文化的陶器及图符等因素[③]。

之后,进入大汶口文化晚期,目前江淮东部经过发掘的同时期遗址甚少,以阜宁陆庄较为典型[④]。陆庄遗址地处废黄河南岸,与长江以南的以太湖为中心的环太湖地区即良渚文化区相距约 300 公里。陆庄遗址出土的器物主要是陶器,另有少量石器和玉器。陶器的器形有鼎、鬶、盉、瓮、罐、盆、豆、缸、盘、器盖、纺轮等。通过器物风格可知,陆庄遗址含有良渚和大汶口两种文化因素,以前者为主。栾丰实曾将陆庄遗存分为甲、乙、丙三组因素,其中甲、丙组因素比较密切,属良渚文化因素;而乙组属大汶口文化因素。在对三组因素综合考虑后,他认为陆庄遗存的相对年代为大汶口文化晚期阶段或良渚文化晚期阶段;绝对年代,上限当在距今 5 000 年,下限为距今 4 600 年[⑤]。

陆庄遗存的发现,无疑为良渚文化北上传播这个链条又增加了一个点。我们知道,在花厅遗址大汶口文化中晚期阶段也发现过良渚文化因素,尤其是大汶口文化晚期的前段,良渚文化因素尤为浓厚。因此,将大汶口文化中期发现良渚文化因素的

---

① 燕生东:《海安青墩遗存再分析——江淮东部地区考古学文化研究之一》,《东南文化》2004 年第 4 期。
② 南京博物院、盐城市博物馆、阜宁县文化局:《江苏阜宁县东园新石器时代遗址》,《考古》2004 年第 6 期。
③ 南京博物院:《北阴阳营——新石器时代及商周时期遗址发掘报告》,文物出版社,1993 年,第 87~88 页。最近在良渚文化寺墩遗址出土一件大口尊,上有典型的大汶口文化刻符。
④ 南京博物院考古研究所、盐城市文管会、盐城市博物馆:《江苏阜宁陆庄遗址》,《东方文明之光——良渚文化发现 60 周年纪念文集》,第 130~150 页。
⑤ 栾丰实:《论陆庄新石器时代遗存的文化性质和年代》,《考古》2000 年第 2 期。

青墩、晚期的陆庄以及花厅串联起来,可以清晰地看到一条良渚文化北渐之路。

此外,在江淮间兴化张郭蒋庄(亦称"蒋家舍")泰东河一带,江苏考古工作者发现良渚文化墓葬 200 多座,出土玉器、陶器 1 200 多件①。在江淮之间发现密集的、如此多数量的良渚文化墓葬还是头一次。这批良渚文化墓葬及其器物所代表的考古学文化远离了良渚文化的核心区,因此可以被视为良渚文化在江淮间的一个小型亚文化。然而从历时性的视角来看,江淮东部良渚文化之后尚未发现与良渚文化属于同一谱系的考古学文化。因此,蒋庄良渚文化对于江淮东部来说恐怕应属于一种未能可持续发展的文化斑块。

从上文的论述可知,随着时间的推移,区域互动的加速,江淮东部早期具有的本土文化特性有渐衰之势;相反,外来区域的文化特征日渐明显。崧泽、良渚文化的北进就是这种写照。栾丰实最近的研究指出,大汶口文化早期出现的陶豆、大口尊等器物从崧泽文化的核心区经江淮之间的过渡,传播和扩散到海岱地区南部。崧泽文化向北方黄淮下游地区的扩散可以分为四个层级或四个区域:第一是长江以北的江淮之间地区,可称为苏中地区;第二是淮河故道以北至苏鲁交界一带,可称为苏北地区;第三是泰沂山脉以南的鲁南地区;第四是泰沂山脉以北的鲁北及胶东半岛地区。其中江淮东部属于外围分布区②。与上述苏皖淮北属于大汶口文化的外围边缘区域一样,江淮东部也是属于崧泽、良渚文化的边缘区域。这就印证了苏皖淮北与江淮在区域文化体系中所带有的边缘与过渡双重特性。

二 江淮东部的生态环境和生业经济

在距今 7 000~5 000 年间,新石器时代江淮东部的本土性文化是龙虬庄文化,借助它的发现,我们对于当时的生态环境、生业经济有了一个很好的了解。

龙虬庄遗址地处里下河碟形洼地西缘,其形成与当地环境演变有着密不可分的关系。在距今 7 000 年左右,龙虬庄遗址文化层堆积尚未形成。有研究者认为,这与气候条件无关,而是与水有关。这一阶段正是全新世早中期海面快速上升的时期,岸线变化比较快,海岸线最西可达今宝应湖、高邮湖以西,现在的江淮平原东

---

① 林留根、甘恢元、闫龙:《兴化、东台蒋庄—五星遗址发掘》,《江苏考古(2010~2011)》,南京出版社,2013 年,第 25~27 页。甘恢元、林留根等:《江苏兴化、东台市蒋庄遗址良渚文化遗存》,《考古》2016 年第 7 期。
② 栾丰实:《崧泽文化向北方地区的扩散》,《东南文化》2015 年第 1 期。

部成为浅海湾。对龙虬庄这一时期地层中采集样品进行的孢粉分析显示,此时龙虬庄遗址周围分布着由香蒲、芦苇、水蕨等组成的浅水水生植被。根据这些草本植物的含量可以判明,龙虬庄周围不仅有河流,还应有较大面积的湖荡和沼泽,且由于水域面积过大而不利于人类的生存①。

不过这种环境状况在龙虬庄一、二、三期时得到很大的好转,一期时环境暖湿,相对稳定,二期和三期时环境则相对略干,水域面积有所缩小,为人类的定居和生产提供了优异的条件。

环境考古分析不仅可以揭示古气候环境及其变化,也能在一定程度上反映古代先民的经济生活。植物考古工作者在龙虬庄两个探方的文化层中都发现了水生植物菱的花粉,出土的自然遗物中有菱角和水生的芡实。由此可知,当时的采集经济主要是采集可食的水生植物。与此同时,龙虬庄的先民从定居的起始阶段即开始了小规模的稻作活动,有了原始稻作农业,并且随着时间的推移,稻作农业规模有日趋扩大之势。

除了植物遗存外,龙虬庄遗址也发现了大量的动物遗存,有麋鹿、獐、梅花鹿、小鹿、猪、犬、鱼类、爬行类及各类蚌等等。从这些动物遗存判断,当时龙虬庄一带呈现出集河、湖、沼泽湿地为一体的自然景观。人类生活其间,既有猪、狗等家养动物,又不时渔猎鱼禽野兽,经营着以原始稻作农业为主,渔猎采集、家畜饲养为辅的综合生业经济。

在此基础上,当地的手工业经济也有较高水平。其中最富地方特色的是一系列骨角器。这些骨角器多用当地麋鹿的骨角制作而成。器型有斧、镐、镞、叉、镖、凿、锥、刀、匕首、勺、箸、梭、针、笄等,各具功能②。

由于江淮东部无山,缺乏石料,当地居民可能还从邻近区域进口玉石器,满足自身经济和文化需求③。

如前所述,太湖地区距今 5 800 年的崧泽文化墓地已经反映出社会的贫富分化,海岱地区从距今 5 500 年开始,大汶口文化社会内部也体现出贫富差异,苏北地区亦复如是。而江淮东部,目前由于材料有限,特别是墓葬材料很少,社会关系究

---

① 龙虬庄遗址考古队:《龙虬庄——江淮东部新石器时代遗址发掘报告》,第 397~402 页。
② 龙虬庄遗址考古队:《龙虬庄——江淮东部新石器时代遗址发掘报告》,第 497~498 页。
③ 龙虬庄遗址考古队:《龙虬庄——江淮东部新石器时代遗址发掘报告》,第 497 页;张弛:《大溪、北阴阳营和薛家岗的石、玉器工业》,《考古学研究》(四),科学出版社,2000 年,第 55~76 页。

竟是相对平等,抑或开始分化,一时还看不清楚。最近泰兴、兴化交界处的蒋庄遗址的发现则提供了观察亚文化区社会关系分化的一次机会。该遗址发现了200多座良渚文化墓葬。这片墓地的资料对于探讨良渚文化中心区之外的区域良渚文化社会关系极有裨益。初步看来,这片墓地显示了一定的社会分化,但是分化程度与环太湖良渚文化中心区不可同日而语。

总体看来,江淮东部龙虬庄文化时期还处在一个初步发展的阶段,之后的社会进程则较明显地受到来自太湖地区文化的牵引。目前的考古资料还未能显示江淮东部存在与同期崧泽、良渚文化对等的社会发展水平。

三 安徽江淮的文化序列与面貌

在介绍相当于大汶口文化时期安徽江淮地区的文化面貌及社会进程时,我们需首先对之前的文化序列及面貌有个大致了解,以便前后比较。我们以相当于北辛文化晚期这一时期作为文化起点。

北辛文化晚期,年代大约距今7 000~6 500年。安徽江淮间的文化遗存以侯家寨下文化层为典型[①],同期遗存还有淮南小孙岗、怀远双古堆、凤台硖山口、霍邱扁担岗、肥东岗赵[②]等调查资料,主要分布在江淮北部区域。另外,蚌埠双墩遗址[③]虽然在地理上位于淮河北岸,但文化遗存类似,故我们一并纳入讨论。

侯家寨文化一期以夹砂红褐陶居多,泥质陶较少,存在少量灰、黑陶和一定数量的外红内黑陶,夹蚌末较为普遍,部分器表施红衣。均为手制陶器,器物胎厚粗糙,火候低易碎。器表多素面,纹饰以附加堆纹为主,另有指甲纹、戳印纹、划纹和镂孔、按窝纹、乳钉纹。流行平底器、矮圈足器及錾手、器耳等,器类有釜、支座、罐、碗、盂、纺轮、拍子、器盖(图11)等。不少陶器圈足底部刻有多种不同的符号,内容题材丰富,有许多几何形图案,如方形、三角形、梯形等,有树叶等植物图案和猪、鹿、鱼等动物图案。生产工具主要有石锛、石斧、陶纺轮、网坠、骨针等,但最为引人注目的是出有大量的鹿角勾形器,还发现有大型加工工具石臼。这一时期以定远侯家寨遗址下层为代表的文化遗存,特征独特,本土特色浓郁,是安徽江淮地区新石器时代早期文化的代表。

---

① 阚绪杭:《定远县侯家寨新石器时代遗址发掘简报》,《文物研究》第5辑,黄山书社,1989年。
② 张敬国等:《安徽肥东、肥西古文化遗址调查》,《文物研究》第2辑,黄山书社,1986年。
③ 安徽省文物考古研究所、蚌埠市博物馆:《蚌埠双墩:新石器时代遗址发掘报告》,科学出版社,2008年。

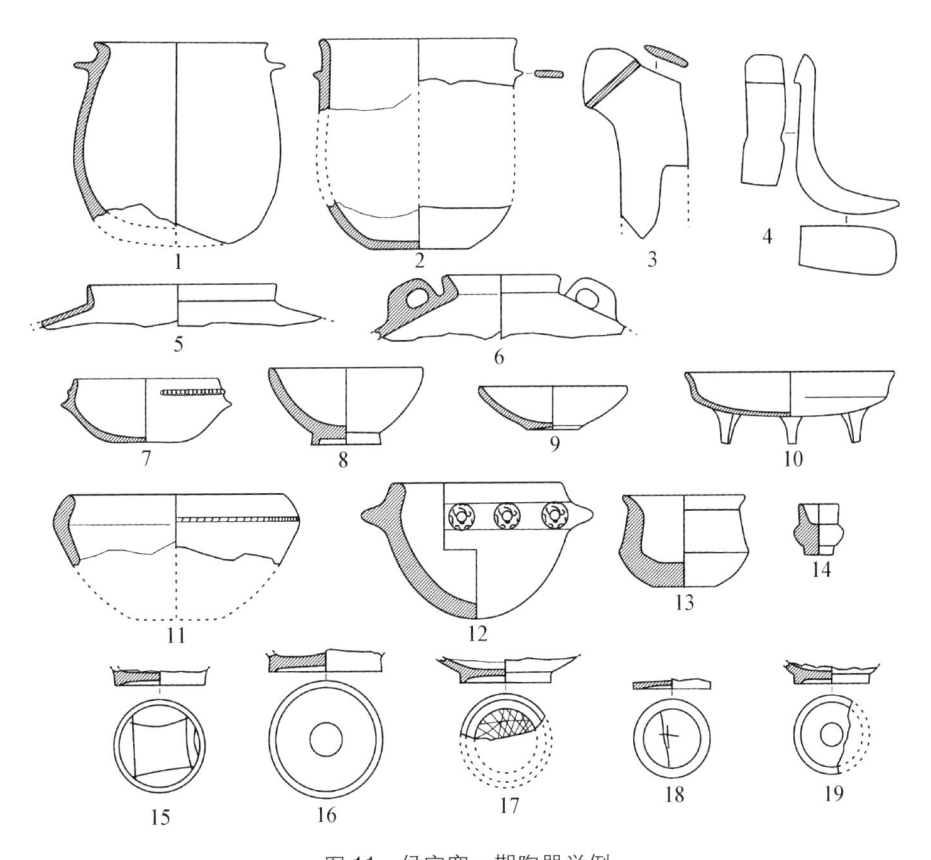

图 11　侯家寨一期陶器举例

（采自《文物研究》第 5 辑）

1、2. 罐形釜(T2④:82、T4③:5)　3. 支座(T1④:32)　4. 鹿角勾形器(T6③:2)　5、6. 罐(T2③:90、T2③:89)　7、11. 钵形釜(T3④:152-1、2)　8、9. 碗(T1④:31-1、2)　10. 三足盘(T3③:90)　12、13、14. 盂(T3③:42、9,T6③:16)　15. 方框形刻符(T2④:104)　16. 圆形刻符(T2④:106)　17. 网状形刻符(T3③:109)　18. 数字形刻符(T3④:112)　19. 太阳形刻符(T2④:105)

相当于大汶口文化早期或稍晚至中期的遗存,有侯家寨上层、肥西古埂下层①、含山大城墩②、霍邱红墩寺下层等。这一时期的陶器同样以夹砂红褐陶占大多数,泥质陶数量少,有少量的灰陶、黑陶和外红内黑陶。陶片中常夹蚌末,部分器表施红衣。陶器均为手制,部分器物表面经磨光。大多数器物为素面,纹饰主要是附加堆纹、指甲纹、戳印

---

① 安徽省文物考古研究所:《安徽肥西县古埂新石器时代遗址》,《考古》1985 年第 7 期。
② 安徽省文物考古研究所、含山县文物管理所:《安徽含山大城墩遗址第四次发掘报告》,《考古》1989 年第 2 期。

纹、刻划纹、乳钉纹之类。另发现少量彩陶片,以淡黄色作地,上绘黑色草叶花瓣纹。器型有鼎、盂形器、罐、豆、壶、甗、盆、钵、碗、勺、器盖等,流行三足器和平底器。鼎和盂形器数量最多。从这期开始,能够在江淮间看到相当多的大汶口文化因素,举凡鼎、罐、豆、盂、杯等器与同时期大汶口文化中心区的同类器均有相似的风格。略举数例,侯家寨二期的双耳罐(图12,1)与王因双耳壶(图12,2)相似,在各自的简报中只是名称不同而已。

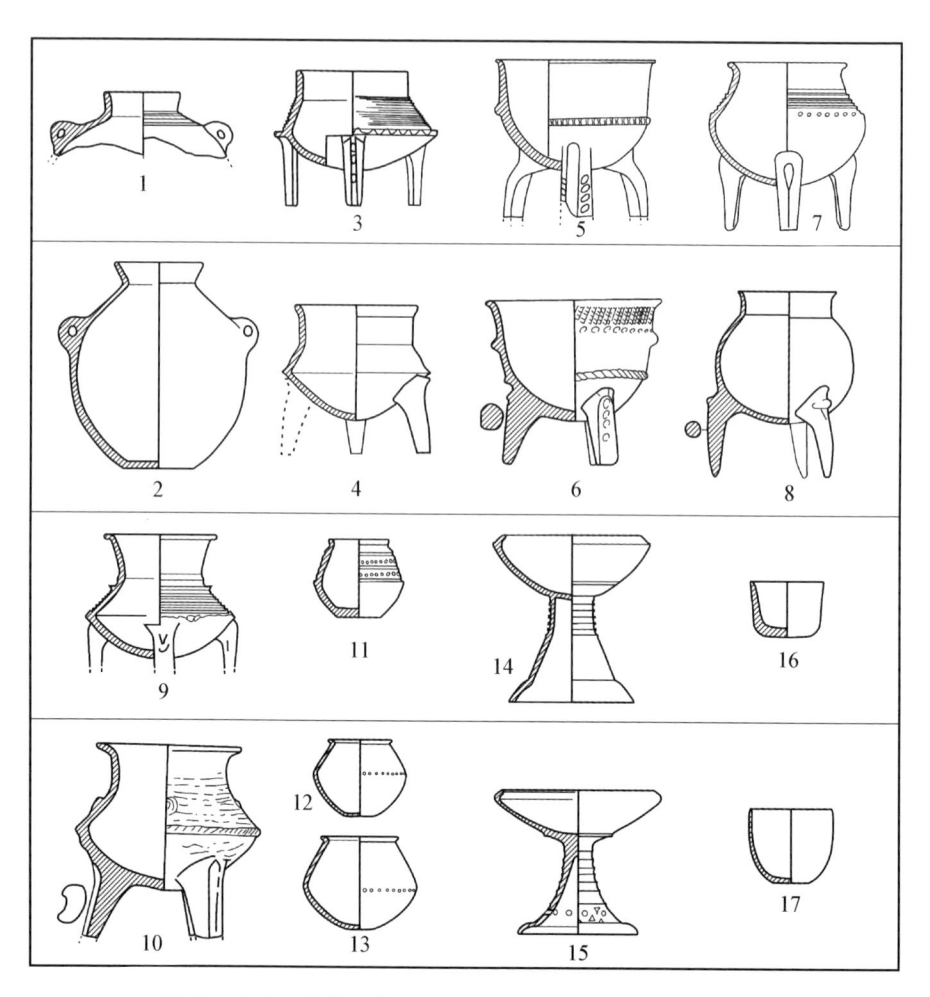

图 12　大汶口文化早期江淮间陶器与大汶口文化陶器对比图

1. 侯家寨(H1∶11)　2. 王因(T238③∶1)　3、5、7. 侯家寨(T3②∶118、H4∶3、T2③∶108)　4. 刘林(M213∶4)　6、8. 王因(M2395∶3、M2237∶6)　9. 大城墩(H9∶2)　10. 王因(T118③∶1)　11. 侯家寨(T2②∶36)　12. 王因(T270②∶6)　13. 刘林(M128∶1)　14. 古埂(H2∶8)　15. 王因(M287∶1)　16. 古埂(T1③∶18)　17. 王因(M2381∶5)

鼎的数量较多，而且形式多样，侯家寨的釜形鼎（图12,3、5）和罐形鼎（图12,7）在王因、刘林遗址均能找到相似器。含山大城墩第四次发掘第一期所出Ⅰ式釜形鼎（图12,9），夹砂红陶，外红内黑。敞口，高颈，平沿，方唇，斜肩，折腹，圜底。肩部饰数周凸凹弦纹和对称的锥状泥钉，折腹处饰一周花边及四个对称的鸡冠耳。足上部扁圆，下部残。这件釜形鼎与侯家寨的形制很相似，不过颈更长，且略向内斜。这件釜形鼎与王因的一件（图12,10）形制上十分相似，尤其是颈部。另外含山大城墩的Ⅱ和Ⅲ式也属同类风格。侯家寨二期的一件Ⅳ式盂形器（图12,11），夹砂红褐陶，器形较小，手制，器壁较厚，素面，极少数饰弦纹和刺点纹，颇有地方特色。这件器与山东王因大汶口文化中的一件形制类似，纹饰亦相近，该件罐的鼓腹处亦饰锥刺纹。另在刘林遗址中也有发现（图12,13）。古埂早期的豆（图12,14）与王因Ⅰ式豆（图12,15）相近。古埂早期的一件杯（图12,16），泥质红陶，直口，底微平，与王因墓葬出土的Ⅴ式（图12,17），同为泥质红陶的陶杯形制相似等等。

石器方面，磨制石器数量增多，种类有臼、杵、斧、铲、锛等，未见磨盘、磨棒。蚌器和骨角器仍较发达，蚌器有铲、镰等，骨器有锥、针、凿等，角器继续以鹿角靴形器为主，另有少量锥状器。

通过上述对比可知，在大汶口文化早中期，大汶口文化因素可能已经抵达江淮地区，江淮间开始受到大汶口文化的影响[①]。

距今约5 600~5 300年的凌家滩文化[②]，陶器种类多样，有鼎、豆、壶、盘、尊、鬶、罐、钵、杯、背水壶、鸡形壶、纺轮和器盖等，基本组合是鼎、豆、壶、罐。陶器多为泥质陶，其次为夹细砂灰陶、泥质黄褐陶，还有夹细砂黄褐陶、泥质黑陶等。凌家滩墓葬中出土的陶器质地疏松，能复原的相对较少。纹饰多素面，镂孔和弦纹次之。制法以轮制为主，少量模制和手制。

从出土陶器数量来看，豆最多，罐和壶其次。陶豆形式多种多样，装饰有长方形、方形、圆形和三角形镂孔，弦纹和素面次之，还有盲孔；形态有细高圆形柄、假圈足和粗圆形柄、竹节形柄等，豆盘有浅盘、深盘之分；还有鼓腹带盖的豆。

---

① 这一观察当是可靠的。杨立新也曾指出，约在大汶口文化中期阶段，随着周边地区原始文化的强势兴起，对安徽境内的史前文化形成较大冲击。首先是大汶口文化南渐扩张至整个淮北区，并与当地文化产生碰撞、融合，形成以大汶口文化为主要特点的新的地方类型——付庄类型。大汶口文化向南一直影响到江淮区。参见杨立新：《安徽史前若干问题的思索》，《道远集——安徽省文物考古研究所五十年文集》，黄山书社，2008年，第37~58页。
② 安徽省文物考古研究所：《凌家滩——田野考古发掘报告之一》，文物出版社，2006年，第278页。

陶豆壶是凌家滩最具地方特征的陶器,其结构结合了陶壶和豆柄。它主要出现在大墓中,表明其性质不一般。除了豆、壶等主流随葬陶器外,还有一些数量较少,如鸡形壶、单耳杯等具有鲜明地方特色的器物。除了本地特征比较明显的器物外,还有一些陶器明显来自同时期周边区域的考古学文化,如较为典型的大汶口文化陶器有背水壶(图 13,8),凌家滩遗址仅出土 1 件。盆形鼎(图 13,7),出土 2 件。再如薛家岗文化因素,陶鬶的形制与安徽潜山薛家岗文化二期出土的陶鬶基本相似①,陶鬶(图 13,6)在薛家岗文化中是主流品种,是薛家岗文化具有特色的器形,但在凌家滩遗址出土较少,属非主流品种。实际上,凌家滩墓地出土的陶壶、陶罐,与薛家岗文化中的同类器在形制上较为相似,毕竟两个遗址地理上相距并不远,故文化上存在交流是十分正常的。

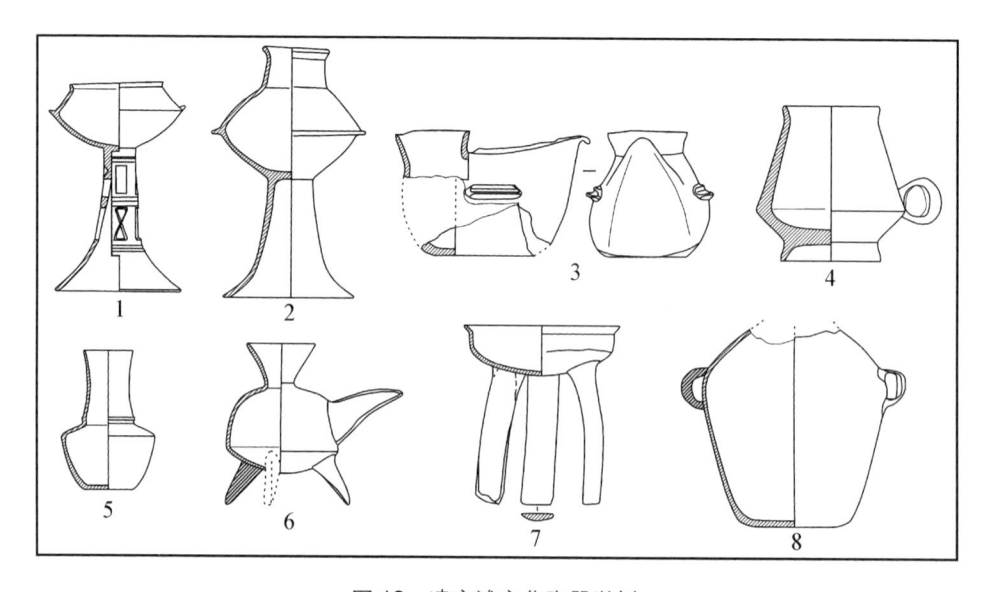

图 13 凌家滩文化陶器举例

(采自《凌家滩》,2006)

1. 豆(87M9∶46) 2. 豆壶(87M15∶3) 3. 鸡形壶(87M9∶56) 4. 单耳杯(87M12∶29)
5. 壶(87M10∶4) 6. 鬶(87M11∶3) 7. 盆形鼎(98M29∶56) 8. 背壶(87M9∶45)

当然,凌家滩遗址最引人注目的无疑是它发达的玉石工业。凌家滩所见玉石器数量多、种类多样、做工精致,是史前长江中下游著名的玉石工业中心之一。凌家滩文化代表了巢湖流域史前文化发展的最高成就。

---

① 安徽省文物工作队:《潜山薛家岗新石器时代遗址》,《考古学报》1982 年第 3 期。

四 安徽江淮的生态环境与生业经济

安徽江淮间新石器时代早、中期的遗址目前发现不多。据有关统计,大约有11处[1],包括了江淮北部、西部和中部。根据这一时期有关遗址出土的遗物,我们可以了解到这一时期的生态环境和生业经济。

定远侯家寨遗址文化层中出土了大量的动物骨骼,经鉴定有猪、鹿、马、狗、牛、羊、豹、鱼、蚌、螺、龟鳖等十三种。其中数量最多的是猪和鹿的骨骼,约占80%[2]。从这些动物的生活习性可知,当时聚落周围有着一个河湖密布、森林草原并存的温暖湿润的生态环境。动物种类显示,当时江淮间先民的生业经济活动中,包括了家畜饲养、渔猎和采集。除了动物遗存外,一些陶器刻划符号也反映了当时先民的生活状况。例如在淮河干流北岸的蚌埠双墩遗址,考古工作者在陶器上发现了很多刻划图符。其中就有结网捕捞、鱼叉等花纹和伏击野猪的图案,表明渔猎是此时期先民的重要生业经济之一。

至于农业经济,环顾与安徽江淮毗邻的区域,像江淮东部的龙虬庄遗址、淮河上游的舞阳贾湖遗址、淮北的蒙城尉迟寺遗址等,都有丰富的稻作农业遗存的发现。那么安徽江淮间有早期稻作农业遗存是很自然的。考虑到这一点后,科技工作者在属于新石器时代早段的蚌埠双墩、霍邱红墩寺、定远侯家寨等遗址中采集的红烧土块上,找到了一批保存很好、具有鉴定特征的稻壳印痕[3]。经鉴定,这些稻壳印痕与残存秆片无疑是属于栽培稻的。

因此,新石器时代早、中期,江淮间的生业经济当是稻作农业、家畜饲养和渔猎采集的混合式经济。

新石器时代早、中期的11处遗址,大都延续到了新石器时代晚期,并在此基础上,遗址数量有大幅度增长,上升到53处[4]。人口数量也大量增加,反映了新石器时代中期至晚期,自然环境保持稳定,聚落处于可持续发展的状态。到新石器时代晚期,早、中期遗址数量不多的巢湖流域遗址变为密集,这可能与当时当地的气候

---

[1] 朱光耀等:《安徽省新石器和夏商周时代遗址时空分布与人地关系的初步研究》,《地理科学》2005年第25卷第3期。
[2] 阚绪杭:《定远县侯家寨新石器时代遗址发掘简报》,《文物研究》第5辑。
[3] 张居中等:《淮河流域史前稻作农业与文明进程的关系》,《东方考古》第1集,科学出版社,2004年。
[4] 朱光耀等:《安徽省新石器和夏商周时代遗址时空分布与人地关系的初步研究》,《地理科学》2005年第25卷第3期。

环境优良有关。在距今 6 000~5 000 年,巢湖流域气候温暖湿润,动植物资源丰富,稻作农业稳定发展①,为凌家滩文化的繁荣发展铺垫了良好的自然环境基础。

五 凌家滩文化的兴盛与衰亡

相当于大汶口文化的中期,距今 5 600~5 300 年,江淮巢湖流域涌现出一支光辉璀璨的史前文化,即凌家滩文化。凌家滩遗址位于含山县,其地紧邻太湖山和裕溪河。裕溪河连接长江与巢湖,是重要的物资运输河道。经调查、钻探确定,凌家滩遗址总面积达 160 万平方米,在其周围 5~10 公里范围内还分布有五六处小遗址②。南京营盘山遗址就是这样的遗址之一,营盘山与含山凌家滩在地理上靠得很近,那里发现了与凌家滩相似的玉石器③。实际上它们的玉石器制作都属于北阴阳营系统④。离凌家滩遗址更近的一处遗址是韦岗,两者相距仅 2 公里多。考古工作者最新对韦岗遗址的发掘证实,凌家滩遗址不是孤立的,它的高度发达有社会基础⑤。凌家滩遗址当处于聚落群的顶端,是一个有着较多小遗址支撑的中心遗址。裕溪河在凌家滩文化的诸遗址间,包括周邻地区间的交往中扮演着重要的交通动脉角色。

到目前为止,凌家滩遗址发现了大量重要的遗迹遗物,包括墓葬、祭坛、祭祀坑、积石圈、红陶块铺垫的大型广场遗迹、壕沟⑥和大量精美的玉器。

(一) 聚落布局

根据现有的资料,凌家滩文化拥有一定规模的聚落群和一个相当发达的中心聚落。在中心聚落凌家滩遗址,考古人员发现了大型纪念性建筑、墓地、广场与壕沟。大型纪念性建筑包括祭坛和巨石建筑。

"祭坛"原面积约 1 200 平方米,大致呈长方形(图 14),遭到破坏后,现存约 600 平方米。它的平面布局无规则可言,但从建筑特点来看,颇具匠心。它自上而下分

---

① 吴立等:《巢湖流域新石器至汉代古聚落变更与环境变迁》,《地理学报》2009 年第 64 卷第 1 期。
② 张敬国、杨竹英:《凌家滩发现我国最早红陶块铺装大型广场》,《中国文物报》2000 年 12 月 24 日;杨立新:《江淮地区的原始农业与文明形成的关系》,《文物研究》第 13 辑,黄山书社,2001 年。
③ 魏正瑾:《南京市营盘山新石器时代遗址》,《中国考古学年鉴(1984)》,文物出版社,1984 年。
④ 张弛:《大溪、北阴阳营和薛家岗的石、玉器工业》,《考古学研究》(四),科学出版社,2000 年。
⑤ 安徽省文物考古研究所、含山县文物局:《安徽含山县韦岗遗址新石器时代遗存发掘简报》,《考古》2015 年第 3 期。
⑥ 参见安徽省文物考古研究所:《2013~2014 年度凌家滩考古工作汇报》,《中华文明探源及其相关文物保护技术研究》工作简报,第 15 期,2014 年 7 月 10 日。

三层堆积,表层用小鹅卵石、小碎石子加黏土即似现在的三合土铺设而成,中层用灰白色胶泥掺和石块、石英碎块、大粒黄沙和小石子搅拌夯筑,最下层为纯净细腻的黄斑土。祭坛上有4处用大小不同的石块垒成的积石圈和3处大体呈长方形的祭祀坑。但是坑中出土物品一是少,二是只有陶器等遗物,墓葬中常出土的玉器并未在坑中发现。在祭坛的东南角还有一处"祭祀用火"(发现了堆积很厚的草木灰)的地方,但是它与祭坛的关系并不明确。

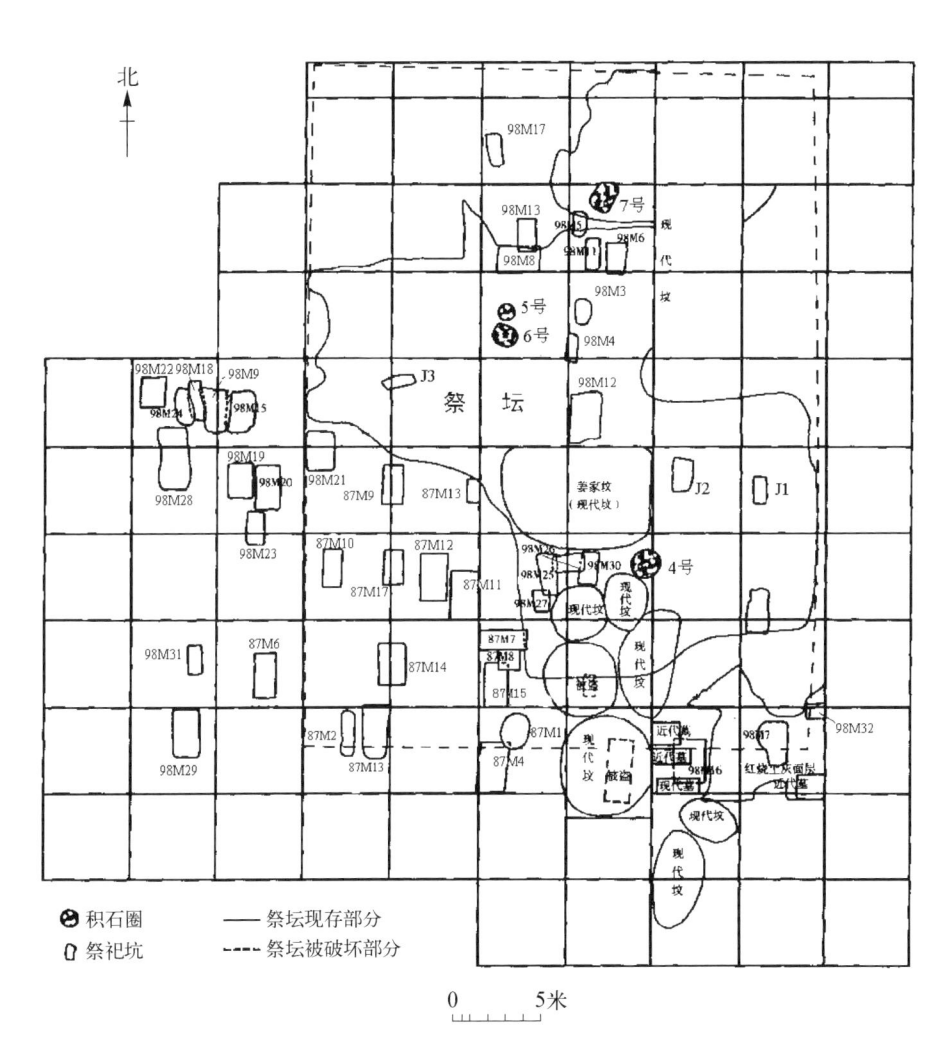

图14 1987、1998年发掘墓葬、祭坛、祭祀坑及积石圈分布图
(采自《凌家滩》,2006)

有研究者基于"祭坛"现存布局没有规则,以及"祭祀坑"中缺乏祭祀用品或者祭祀用品不明确等理由,认为给凌家滩"祭坛"定性的证据尚不充分①。我认为,这一遗迹究竟能否称之为"祭坛"都不会改变它的特殊和重要性。利用不同质地材料、分层建筑这一设计显然已经脱离原始的简单方法,开创中国建筑史的先河,奠定了中国土石结合建筑方式的基础。辽宁红山文化的祭坛用石块垒筑,显示其建筑方式还没有脱离原始简单性;比较晚的良渚文化采用了人工堆筑的三色土祭坛。与它们相比,凌家滩祭坛规模宏伟,设计新颖,建筑面积大,建筑方法独具风格,具有鲜明的时代特征②。从这一建筑的设计特点、布局规模可以看出,距今5 300年的凌家滩社会应当存在一个领导性阶层,具有了统一调配、指挥人力物力来营建公共设施的能力。

从平面布局上可以看到,祭坛的周围分布着大量墓葬,精美贵重的玉器多出于此。祭坛的南面,是一片大面积红陶块建筑遗迹区。红陶块遗迹长约90、宽约30米,总面积约2 700平方米。2000年发现时,相关人员曾推断该遗迹为大型聚落广场③。收到凌家滩报告时,发掘者又推断其可能为神庙和宫殿建筑遗存④。目前可以肯定的是,这片遗迹建造得相当考究。红陶块质地坚硬,无规则,比较原始,是砖的雏形。在揭露红陶块遗迹时,还在其上发现木炭、陶片和石斧等。更为重要的是,发现了一口水井。水井制作考究,井壁上半部系用红陶块码砌成圈。水井是人类水资源利用和开发的重要发明之一,既方便了汲水,也让日常饮水更加卫生。像凌家滩这口出现在公共空间的水井更可能与集体性的生活有关,并且参与了社团定期举行的某种仪式性活动。

除此之外,在岗地的中线上还发现三组巨石群。第一组当地称"石头岗",约上百块;第二组约十块;第三组当地称"石头圩",有长方形的巨石三块。三组巨石之间,有一定规律性,似有某种内在的联系。如第一组与第二组巨石均居山岗南北向中位线上,而三组巨石中都立有高约2米、宽1.2~1.4米的石柱(碑),且巨石的石质均为石英砾岩。三组巨石在平面上呈一磬折形,直线距离不等,第一组到第二组

---

① 参见周玮:《安徽含山凌家滩祭坛的初步研究——兼及良渚文化祭坛》,《东南文化》2001年第1期;同时也有学者综合考虑认为,称为"祭坛"无太大问题。见朔知:《凌家滩祭坛遗迹试论》,《凌家滩文化研究》,文物出版社,2006年。笔者赞成该遗迹为祭坛的意见。
② 安徽省文物考古研究所:《凌家滩——田野考古发掘报告之一》,第271页。
③ 张敬国、杨竹英:《凌家滩发现我国最早红陶块铺装大型广场》,《中国文物报》2000年12月24日。
④ 安徽省文物考古研究所:《凌家滩——田野考古发掘报告之一》,第36页。

约为500米,第二组到第三组约为900米。在当时山岗上未建有民房的时候,三者之间可以互相看到。从巨石遗存及其位置来看,应与宗教或天象观测有关①。

红陶块遗迹的南面,则是当时凌家滩先民的聚落生活居住区。从海拔高程上看,祭坛高程20米,红陶块遗迹高程13~15米,居住区海拔高程6.7米。从居住区看,祭坛和墓地正好天地连成一线。墓地、祭坛占据着凌家滩最重要的位置,在凌家滩人的心中有着最为神圣的意义。

目前,凌家滩遗址的聚落布局尚不够完整,但是我们从祭坛、墓葬、红陶块广场、巨石建筑、壕沟可以看出,凌家滩人在聚落营建上有整套规划,并且非常重视人与自然的关系,说得更通俗一点,即注意到风水。目前凌家滩所见重要遗迹多与世俗生活无关,诸如祭坛、墓葬、巨石建筑,反映的是凌家滩人与自然、与神灵、与祖先之间的联结。可以说,凌家滩人按照自己的宇宙观原则在当地营建了一处"神圣中心(Sacred Center)"。

(二) 墓葬资料所见社会关系

下面我们再对墓葬的相对年代及与祭坛的关系进行讨论。前三次发掘共发掘出44座墓葬,其年代有相对早晚之分。由于凌家滩墓葬中出土的陶器较少,因此借助陶器类型学进行相对精细的年代学研究无可施行。报告依据墓葬开口层位和地层堆积,墓葬与祭坛间的相互关系将44座墓葬分为三期:第一期1座,第二期33座,第三期10座②。

第一期墓葬只有87M15,开口于④层下。87M15在现存祭坛的南面;但按照报告推测的祭坛原先的布局,则87M15则又在祭坛分布范围之内。那么87M15与祭坛的关系,只有两种可能,要么是87M15打破祭坛,要么是祭坛叠压87M15。考虑到离87M15不远的被归入第二期的87M9和87M12均开口于②层下,打破③、④层和祭坛沙石层,以及现存祭坛的③层叠压着④层(由于地层未统一,这个④层未必是87M15上的④层),87M15早于祭坛的可能性更大一些。

第二期墓葬最多,计33座。从平面上看,二期的墓葬按照与祭坛的关系,可分成两类,一类是在祭坛范围之外;一类在祭坛范围之内。祭坛范围内的,又分两类,一类是在现存祭坛范围内;一类是在现存祭坛范围外,但却在发掘者推测的原祭坛

---

① 张敬国、杨竹英:《凌家滩发现我国最早红陶块铺装大型广场》,《中国文物报》2000年12月24日。
② 安徽省文物考古研究所:《凌家滩——田野考古发掘报告之一》,第278页。

范围内。在现存祭坛范围内的,北部有 98M6、98M8、98M5;南部有 98M25～27、98M30,皆开口于②层下,打破第③层。根据墓葬开口,我们认为这几座墓葬的年代晚于祭坛。现存祭坛之外的 98M13 打破 98M8,故也晚于祭坛。

在原祭坛范围内的,有 87M1、87M8～14、87M17、98M21。其中 87M9、87M11、87M12,报告明言开口于②层下,打破③、④和祭坛沙石层,故其年代当晚于祭坛。其余的几座,包括 87M8、87M10、87M13、87M14 均开口于②层下,打破③、④层,年代也当晚于祭坛。

至于祭坛范围之外的,主要集中在祭坛的西部,它们与祭坛没有直接联系。从墓葬开口层位来看,大多数开口于②层下,并打破③层,其年代应不早于祭坛。

第三期墓葬有 10 座,皆开口于①层下,年代当晚于祭坛。其中有 4 座墓葬,即 98M11、98M3、98M4、98M12,在现存祭坛范围内,直接打破了现存祭坛的表层。

由此可知,祭坛范围内的墓葬,一般年代都晚于祭坛,尤其是像第三期的 98M11、98M3、98M4、98M12 这四座墓,随葬品数量普遍少,4 座墓葬只随葬 2 件玉器。从它们打破祭坛这一现象来看,可能是在祭坛废弃之后被埋葬的。当时的凌家滩社会可能遭遇了某种大的变故。

这 44 座墓葬,大多为竖穴土坑墓,以东西向为主。墓长一般在 2 米左右,普遍较浅。从随葬品数量来看,已有明显的贫富差距。我们以第二期的 33 座墓葬为例进行分析。由于凌家滩墓葬的最大特色就是玉器的随葬,而且玉器在当时属于高成本投入,是凝结着最高技术和智慧的终端产物。因此,我们就以玉器的有无、多寡作为具体的比较标准。

有 6 座墓葬没有玉器随葬,即 98M5、98M9、98M13、98M22、98M26、98M32。这 6 座墓葬的随葬品总量也普遍不高。

随葬 1～5 件玉器的墓葬有 9 座,即 87M13、98M6、98M8、98M15、98M23、98M24、98M27、98M30、98M31。与没有玉器的墓葬相比,随葬 1～5 件玉器的墓葬在随葬品总量上没有大的差别。

随葬 6～10 件玉器的墓葬有 4 座,即 87M10、98M19、98M21、98M28。

11～15 件玉器的 4 座,即 87M1、98M14、98M18、98M20。

16～20 件的 2 座,即 98M16、98M25。

20 件以上的有 8 座,即 87M4、87M8、87M9、87M11、87M12、87M14、87M17、98M29。就这 8 座而言,随葬的玉器件数有很大差距,最多的 87M4,有玉器 103 件;

最少的87M11和87M14只有23件,差距十分悬殊。另外,这8座墓葬的随葬品总量也很高。

由此可知,凌家滩社会内部贫富、阶层的分化已是明显的事实。这与我们在同时期大汶口文化分布区看到的情形是一样的。结合墓葬的随葬品数量和墓葬的分布来看,出土玉器较多的大墓大多在现存祭坛的南缘,呈东西向,从87M7向西至98M29;而西、北面则相对集中地分布着一批随葬石器较多的墓葬,石钻和砺石、大量玉芯均出于西边的墓葬中。这种分布似乎有一定的规划,但并不是太明显。

凌家滩墓葬除了在随葬品方面给了我们当时阶层、贫富分化的信息外,几座大墓中出土的凝聚深刻文化内涵的玉石器,对我们进一步了解当时凌家滩文化的社会性质和文化形态提供了帮助。

凌家滩墓葬出土了大量的玉石器(图15),种类多样,器形美观、工艺精湛。玉器的种类大致有斧、钺、铲、勺(87M4)、璜、环、玦、镯、璧、玉人(87M1)、护腕饰、玉龟、玉版(87M4)、三角形饰(87M4)、冠形饰(87M4)、簪(87M4)、管、玉豕(87M13)、龙(98M16)、鹰(98M29)等;石器主要有钺、铲、锛、砭石、凿等。

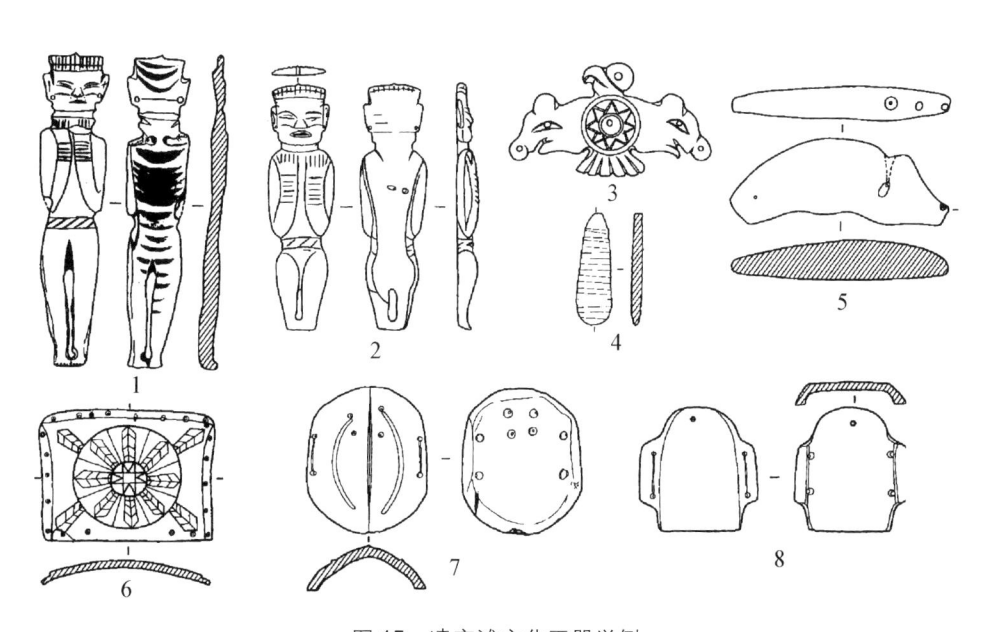

图 15　凌家滩文化玉器举例

1、2. 玉人(87M1∶3、98M29∶15)　3. 玉鹰(98M29∶6)　4. 玉蝉(98M29∶9)　5. 玉猪(87M13∶1)　6. 玉版(87M4∶30)　7、8. 玉龟(87M4∶35、87M4∶29)

单从形制和功能来划分的话,上述玉器可分成四种:一种是仿工具类,像斧、钺、铲、勺;一种是装饰类,像璜、环、镯、玦、冠形饰、簪、护腕饰;一种是肖生类,像龟、豕、龙、玉人、鹰等;还有一种是祭祀类,像璧。

先看第一种,玉斧、玉钺显非实用器。它们虽具石斧、石钺的外形,意义却已经升华了,成为象征权威和身份的礼器,代表的是一种军事统帅权①。我们以凌家滩墓地前三次发掘的44座墓葬中出土玉钺的墓葬为例,出土玉钺的墓葬计有11座,占了1/4②,而出土石钺的墓葬有31座。很明显,当钺的材质由石转为玉时,能够拥有它的人的数量减少了。拥有玉钺的人在当时的社会权力结构中,应当占据着较高的层次。

第二种,璜、镯、玦等玉器。从功能上说,玉璜出现之初,无疑是装饰性的。这从它多呈弧形,及璜的两端或一端多有穿孔以便穿绳佩戴可以看出。镯、玦亦当作如是观,玦多垂于耳下,镯则套于腕部。佩戴这类器物,首先给人以视觉上的美感。其次,我们认为任何一种珍贵、奢侈、只有少数人能够拥有的器物,都有可能成为身份、等级的象征,并且在日常使用的过程中,会逐渐形成一套器用制度。以璜而言,在传统玉礼观念中,璜乃"六器"(璧、琮、圭、琥、璋、璜)之一,是用来"礼北方"的祭器,并且是"君子无故,玉不去身"的"德佩"之核心。凌家滩遗址出土玉璜众多,计有115件,是目前新石器时代遗址中出土玉璜数量最多的。这115件玉璜出自27座墓,占1/2强。其中出土璜最多的是87M15,有30件,同出的还有49件玉管,3件玉冠饰,1件玉钺;居次的是87M4,有19件,87M4所出种类更显齐全,璜、镯、环、玦、管、钺、璧皆有出土,另外还有玉版、玉龟等器。综合来看,两座墓主可能在身份、职业上有所不同,但可以肯定的是,两者同居社会权力结构中的上层。

从87M4和87M15两墓出土的玉璜来看,凌家滩社会已经诞生了一定的礼仪制度。玉璜在凌家滩墓葬里并不是单一孤品出现,而是形制大体相似,或者器形上有大有小的一批玉璜一同随葬,这就带有后世青铜器随葬时的"列器"性质。随葬璜数量的多少,与墓主的身份、地位显然也有关系,生前身份、地位、权力越高者,一般来说,随葬璜的数量可能就越多。

---

① 林沄:《说"王"》,《考古》1965年第6期;王明达:《反山良渚文化墓地初论》,《文物》1989年第12期。
② 参见《凌家滩——田野考古发掘报告之一》(附表)。

第三种肖生类玉器,包括以"人"为主题和以"动物"为主题的两类玉器。凌家滩墓地目前出土了6件玉人,87M1和98M29各出3件。98M29属于大墓无疑,87M1出土玉器11件,与其他几座大墓相比,略低一个层次。玉人或站或蹲,造型大同小异,头戴人字形尖凸的浅冠,双臂弯曲,置于胸前,双臂刻有横纹,表示手镯。这些玉人形象可能是当时用法术通神的巫觋的写照。用玉制作出这种小型化的玉偶,并随葬于墓中,可能是对墓主身份和职业的一种强调。我们姑且认为87M1和98M29墓主生前是从事通神、祭祀一类事务的礼仪人员。

以动物为原型制作的玉器,在新石器时代是很多见的。动物型玉器(也包括其他材料的动物型艺术品)的制作,可能有两个目的:一是工匠根据日常观察,将自然界中的动物形象用艺术品的形式加工出来,纯粹是形式上的创作;另一种则可能具有一定的内涵,特别是那些动物原型经过变形和转化了的。凌家滩出土的具体动物型玉器中,较为人瞩目的有87M4的1件玉龟、98M29的1件玉鹰,还有87M13和07M23的玉豕等等。有关玉鹰的文化内涵,我将在下文中专门讨论。

通过上文对凌家滩遗址出土的三种玉器的讨论,我们得出几点认识:

一、凌家滩社会在随葬用品上,已存在一定的器用制度,玉璜、玉镯、玉冠饰、玉管等器以组合的形式出现,其中璜最具代表性。

玉器是凌家滩文化最大的特色,也可以说是最亮眼之处。凌家滩一带有丰富的玉质资源,凌家滩人又掌握着先进的制玉技术,大量品质不俗且内涵丰富的玉器的存在是凌家滩文化兴盛的重要表征。

二、凌家滩社会,掌握知识的人在社会结构中居于较高的地位,他们利用自己这方面的特长,获得更多世俗的权力,死后有更多的玉器随葬,并希冀将这种在世时具有的能力,以及施展这种能力的占验工具带往另一个世界。

三、凌家滩社会的最高首领,很可能本身就是巫,并且是从巫师职业中脱颖而出的。巫师应该不止一个,他们之间可能存在专业的分工,随葬玉鹰的98M29、玉龟的87M4、07M23的墓主,都在社会权力结构中位居上层地位,但是应该各司其职。

四、凌家滩琢玉技术十分发达,有阴刻、浅浮雕、圆雕、镂孔、减地法、实心钻、管钻、抛光等等[①]。正是有此先进技术,才成就了玉器的精美、造型多样,而发明、使用

---

① 安徽省文物考古研究所:《凌家滩——田野考古发掘报告之一》,第274页。

这类技术、制造玉器的工匠自然也功不可没。在祭坛的西、北面相对集中地分布着一批随葬石器较多的墓葬，像 98M20、87M6、98M9、98M15、98M21 等等。这些墓葬有个特点，随葬玉器数量不是太多，石器却不少。这些墓主生前在社会权力结构中可能位居中等地位。98M20 出土玉芯 111 件，这些玉芯与现有出土玉器的孔无一件能吻合，只能说这些玉芯的玉器有可能交流出去了，或者在凌家滩还没有被发现。其身份似为玉匠。但墓中随葬有 4 件玉璜、6 件玉钺，可以看出墓主人不是一般的玉匠，而应是管理玉匠的人员[①]。

这些作为财富的物品（包括玉器及玉器上的图像符号）是凌家滩人建构高等级文化的一种标志性要素，在古代文明中占据了重要地位。这些玉器是凌家滩精英阶层将其秩序合法化的一种有力工具，同时也是权力的体现。

从凌家滩现有资料看，其聚落布局有明显的功能分区。祭坛、广场、巨石建筑、墓葬都可以看作是纪念性建构。它们同时在现实结构和凌家滩人的心理结构中构成了当地社会的一个代表性景观，一个疆域的地标。从空间上说，这种纪念性建构一般只存在于中心聚落。从社会形态上讲，平等社会比较少见，而随着社会等级的加剧，纪念性建筑日益发展，成为社会权力最显著的表现形式。在具体的功能上，这些纪念性的场域当然会有所不同。祭坛是社群与祖先和神祇进行沟通的仪式场合，利用这一纪念性建筑，首领可以以神的代理人身份确立他的权力和地位，维持社会秩序。巨石建筑很可能是天文观测之所。广场则是公共、集体性活动场所。而墓葬则是现实的结构和秩序在另一个空间中的对称性反映。这些纪念性建筑的修建，需要大量的人力和物力，以及领导阶层的规划和实施能力。它们将领导阶层的社会活动制度化和物化，提供了获取政治权力的手段和维持社会制度的基础。

墓葬资料是体现社会进程中人与人之间关系的一种重要的物化手段与形式。凌家滩墓葬已有明显贫富分化，至少可以分成三个等级：第一等级分布在祭坛正南边东西一线上，每墓均出土有数十件甚至上百件玉器，部分墓葬中还有玉人、玉龟、玉版、玉龙、玉鹰等仪礼或技术重器，是显贵者之墓；第二等级可以祭坛西边的一批中型墓葬为代表，随葬品以石器为主，玉器较少，但却有玉、石芯和石质工具出土，应为专做玉、石器的工匠之墓；第三等级，如在祭坛之上，有一批墓葬打破祭坛表层，此类墓葬均形制较小，随葬品数量很少且多为陶器。从墓葬本身来看，它们之

[①] 安徽省文物考古研究所：《凌家滩——田野考古发掘报告之一》，第 221 页。

间已存在较为明显的差距。

值得注意的是,在凌家滩文化遗址看到的社会阶层、贫富分化、中心聚落、高等贵族和祭祀中心的形成,在同一时期的其他文化中也正在发生着。大致在这一时期,人口增长、聚落密度和等级增加、强化农业经济出现,聚落内等级分化形成,整个社会从平等社会逐渐进入了阶层社会——复杂酋邦①。对社会形态的具体定名或许仁者见仁、智者见智,因为这可能牵涉不同标准。但这一时期的社会与此前的社会正变得不同,正沿着日益复杂化的方向前进则是最为重要的。中心聚落、贵族集团、祭祀中心均在凌家滩社会出现。这三个要素可以说是中国文明诞生的最基本的一类条件或者说是基础。诚如严文明所云:"凌家滩是一颗耀眼的明星……在长江下游,是首先走上文明化道路的先锋队。"②

凌家滩文化虽然在玉器上有过辉煌,但终究只存在了大约300年,之后这支文化在安徽江淮间便中断了。这究竟是为什么?

(三) 消亡原因蠡测

文化曾经被定义成"人类超肌体的适应方式"③。从这个角度讲,一个文化的消亡,实际是这个文化对于它的外部环境没有适应。而这个外部环境,可以分成两种:一种是纯自然的生态环境;一种是这支文化范围之外的其他文化系统,它们之间有潜在的竞争关系。与此同时,我们还要从文化内部寻找原因,也即回答它为什么不能适应外部环境。

近些年,印度洋海啸和汶川、海地、玉树地震等等让我们感受到了自然环境对于文化的毁灭性打击。在这个时候,如果一个文化有机体缺乏足够的适应和抵抗这种突如其来的变化的能力,那么这支文化的前途将不堪设想。发达若今日如此,遑论生产力还相对低下的史前社会。在江淮地区盛极一时,被严文明称为"首先走上文明化道路的先锋队"的凌家滩文化,有没有遭受到环境变化的干扰呢?

有关研究表明,距今5 600~5 300年的古凌家滩人生活于中全新世气候适宜期,其文化的发展和繁荣处在气候由温暖湿润向温和和略干转换的过渡阶段④。巢湖地区早—中全新世主要处在温暖湿润的气候条件下。中全新世的前中期(约

---

① 郑建明:《环境、适应与社会复杂化——环太湖与宁绍地区史前文化演变》,上海世纪出版集团,2008年,第227页。
② 严文明:《凌家滩发掘报告》序言。
③ Binford, L.R. 1962. "Archaeology as Anthropology", *American Antiquity* 28: 217~225.
④ 王心源等:《巢湖凌家滩遗址古人类活动的地理环境特征》,《地理研究》2009年第28卷第5期。

6000～5000a B.P.)是本区一万年以来最温暖湿润、降水丰富的气候阶段。这一时期高岗台地上的水蚀作用十分强烈,是造成该处早—中全新世沉积间断发生的外动力原因。

根据目前的考古发掘资料,凌家滩新石器文化层出现在红褐色黏土层中。文化层薄且靠近地表呈不连续状态,墓坑的填土为枣红色黏土,土质坚硬,应与红褐色黏土相同。这些证据表明,古凌家滩人的生活地面处于一个遭受剥蚀或侵蚀的高岗台地环境。这种情况也发生在太湖地区良渚人生活的地貌环境①。

凌家滩当时的古地貌海拔与现今不同。居住区的海拔高程为6.7米,而埋于地下的陶片和红烧土堆积的顶面海拔高程约为6米。第二级台阶为3 000平方米的红陶块广场,现代海拔高程13～15米。第三级台阶是祭坛和大型墓葬区,为整个遗址的最上坡,现代海拔高程20米。整个遗址海拔较低,尤其是遗址居住区现代海拔不到7米,今天巢湖平水期(水位8米左右)便可将其完全淹没,但当时居住区肯定高于一般的洪水位。地质调查资料表明,新石器时代以来,自巢湖东部至沿江的长江北岸由于受到大别山区较强烈的掀升作用影响,普遍处于下沉状态,下沉量大于1 mm/a,河口三角洲下沉量最大,可达10 mm/a。由此我们可以推算出凌家滩的古海拔高度,以本区最低下沉量1 mm/a计,5 300年来下沉5.3米,可以得到凌家滩第一级台阶当时的古海拔高度可达11.3米。凌家滩古人类居住的古地貌面相当于今长江安徽江段一级阶地(约10～15米)②。

目前对凌家滩遗址古地理环境的研究,还不能对凌家滩文化为何会中断给出明确的答案。但是有两点值得我们考虑,一、凌家滩文化时期,整个气候环境是比较温暖湿润、降水丰富的;二、凌家滩遗址海拔较低。那么,一旦降水过频、出现洪涝时,凌家滩文化势必会受到影响。

在论及事物的性质发生变化这一问题上,一些理论流派有着很好的观点。比如大家比较熟悉的马克思主义理论对于内因和外因的认识。再如系统论者,他们在探讨诸如政权、文化有机体的崩溃时很注重从多方面来认识事物性质的变化。他们寻找的是不同的元素或子系统,并且研究它们之间的相互关系③。为什么某些

---

① 史威、马春梅、朱诚等:《太湖地区多剖面地层学分析与良渚期环境事件》,《地理研究》2008年第27卷第5期。
② 王心源等:《巢湖凌家滩遗址古人类活动的地理环境特征》。
③ 马修·约翰逊著:《考古学理论导论》,魏峻译,岳麓书社,2005年,第70页。

压力或事件是关键性的或者并非关键性的①。

在近些年对于中国史前不同区域社会的文明化或复杂化进程的研究中,很多学者注意到一个现象:即在距今 4 000 年左右,中国大范围内发生了文化变化,众多区域的史前文化走向衰落,如龙山文化、良渚文化、石家河文化等。这场文化衰变的重要外因被认为是气候异常,主要表现是气温的降低和多雨及其所造成的洪水频发②。但是这一因素并不被当作是文化衰变的决定性因素,有学者将责任归咎于这些文化发展进程中过度重视而频繁举行的宗教祭祀和不务实际的生产③。当一个社会在非生产性活动中投入过多成本时,的确可以显示出文化繁荣的表象,但是由于这种非生产性活动不会带来直接收益,长此以往,社会实力无疑会变得虚弱,对外应变机制也会变得迟钝,不具弹性。一旦自然灾害、外敌入侵等事件不期而至时,很容易造成政体、文化的崩溃。在距今 4 000 年左右若干史前文化衰变的案例中,之所以外部气候变化因素不被当作决定性因素,是因为当时同样遭逢环境变化的中原地区,却因为先天优越的地理位置和后天重礼务实、持续发展的文化性格,并未随大流一同沉沦,相反异军突起,最终孕育出中国历史上第一个超大型都邑——二里头遗址,和第一个广域性考古学文化——二里头文化。

对照凌家滩文化目前已经可见的文化面貌,我们认为它的文化性格与良渚文化、石家河文化类似。凌家滩文化是目前江淮地区所见最接近文明状态的一支耀眼的文化,在同时期的周边地区,还罕有考古学文化能与之匹敌。关于这支文化的消亡,上文我们已经分析了它可能遭遇的来自气候和生物环境方面的影响。下面,再对凌家滩文化的特质做些思考。

江淮地区在凌家滩文化之前,其社会关系基本处于一种平等状态。玉器这类奢侈、消耗性物品还很少见。与某种仪式相关的纪念性遗存也比较少。但是到凌家滩文化时期,墓葬中随葬玉器变得十分普遍;凌家滩人开始修建祭坛、红陶土广场、可能用于天文观测或宗教仪式活动的巨石建筑;玉器中一些可能带有宗教仪式性质的,或被认为蕴含宇宙知识、信仰的器物开始出现。

---

① 马修·约翰逊著:《考古学理论导论》,第 75 页。
② 竺可桢:《中国近五千年来气候变迁的初步研究》,《考古学报》1972 年第 1 期;吴文祥、刘东生:《4000a B.P. 前后降温事件与中华文明的诞生》,《第四纪研究》2001 年第 21 卷第 5 期;王巍:《公元前 2000 年前后我国大范围文化变化原因探讨》,《考古》2004 年第 1 期,等等。
③ 王巍:《公元前 2000 年前后我国大范围文化变化原因探讨》,《考古》2004 年第 1 期。

在一个日趋复杂的社会中,存在一定量的纪念性建筑、精美的物品无可厚非。但是一旦出现过度生产和消费这类物品的趋势,就有些不可理喻了。从凌家滩的墓葬资料来看,墓葬中随葬玉器有过度之嫌。如迄今凌家滩遗址所见规模最大、随葬品最丰富的 07M23 中,随葬品共计 330 件,玉器就占了 200 件,石器有 97 件,而陶器只有 31 件①。这是最典型的墓葬,其他一些墓葬也存在这种过度重视玉器的现象,相反墓中所见陶器却往往胎体薄、火候低、质疏松,或许它们是冥器,但至少可以看出凌家滩人不务实的生产风格。没有人会否认玉器的精美、贵重,以及它给人带来的视觉上的美感和心灵上的愉悦,如若没有这一特点,重玉也不会成为中国传统文化的品相之一。但是物极必反,过度地珍视、依赖一类物品,就会玩物丧志。

玉能怡情,但在生产力并不发达的史前社会,如在凌家滩遗址,玉器铺陈出来的文化奢靡过度了(比凌家滩文化晚的良渚文化在这一点上与前者一脉相承),对玉的开发、消费并不能满足凌家滩人的基本物质需求,相反是一种负担。凌家滩人的性格中有着务虚而不务实的一面。他们以愉悦鬼神、祖灵为己任。看看他们为死者随葬的那么多的玉器,他们随葬的,毋宁说是玉器,不如说是被浪费的人力和物力。

这种文化现象奇怪吗?它的深层动机是什么?有一种观点认为,欲让隐身的权力显现并可控,艺术品是必须的②。我们更为熟悉的观点来自张光直,他认为青铜艺术品上的若干动物纹样,是巫师用于沟通人神的媒介和助力工具。他的这篇文章后来收入《美术、神话与祭祀——通往古代中国政治权威的途径》一书,内容做了一些补充,题目也换成了一个能更鲜明阐述艺术与政治关系的:"艺术——攫取权力的手段。"张认为:"既然商周艺术中的动物是巫觋沟通天地的主要媒介,那么,独占这种沟通手段也就意味着对知识和权力的控制。占有的动物越多越好。"③虽然张只是讲了艺术品上的部分形象,如动物纹样、文字,是攫取政治权威的手段,但是其意义在于,开阔了我们的视野,令我们可以重新审视艺术与政治,尤其是史前和早期中国时期的艺术与政治的关系。大量艺术品的制作必然会通过动用大量劳力或消耗剩余产品、徭役和特殊服务来体现。将相当部分能量转化为权威的象征,

---

① 安徽省文物考古研究所:《安徽含山凌家滩遗址第五次发掘的新发现》,《考古》2008 年第 3 期。
② Esther Pasztory, The Function of Art in Mesoamerica, *Archaeology*, vol.37, no.1 (January/February 1984), pp.18~25.
③ 张光直著:《美术·神话与祭祀——通往古代中国政治权威的途径》,郭净译,辽宁教育出版社,2002 年,第 65 页。

常常用来生产需要花费大量劳力而又没有实用价值的显赫或贵重物品。这种行为是对维持人类基本生存而需要的经济和省力原则的一种公然的违背①。

凌家滩人的这种文化与社会行为客观上铺张出了凌家滩文化社会进程中的一种复杂化现象。但是在根本上，这种行为是不明智的，是一种错误的、难以成功的社会适应。当采用这种社会或文化行为模式化之后，它便陷入了约瑟夫·坦特曾经归纳的复杂社会崩溃模式②。简单说来，即一个复杂社会为了维持正常的运转，需要有成本投入，同时也会有回报，当收支平衡时，社会适应是成功的，而且会因回报多于支出而积累财富和能量；反之，如果出现不利因素或统治者行为不当，投入多、收益少时，复杂化会成为一种不成功的社会适应。如果这种情况持续失衡，社会就会出现崩溃或解体。

凌家滩文化的社会适应起初是成功的，能够建造祭坛、巨石等纪念性建筑，制造出那么多的精美玉器。如果没有一定的社会能量（或者说剩余产品）的积蓄，这是不可能发生的。但是凌家滩社会正处在社会进程复杂化的趋势中，如阶层、贫富分化，手工业专门化（如玉器由专门的工匠来制作）。统治集团对内需要维护上层阶级的政治权威，对外需要周边次级聚落，乃至其他文化共同体的认同和承认，于是在纪念性建筑、玉器这类形象工程中加大投入，以此标榜。其间还要考虑到一些外部环境事件，比如降雨频频、瘟疫的发生，统治者更需在奢侈、显赫性物品上投入，以期交通先祖神灵，希冀他们的庇佑。诸如此类不合理、不务实的投入，都在加重凌家滩社会的负担。长此以往，当社会的剩余产量不断投入维持复杂系统运转而非供养民生时，维持系统运转的边际支出必然会掏空社会赖以生存的经济基础，社会的崩溃也就不可避免。另一方面，任何一种文化，以及文化的内涵都是有周期的。文化发展到一定阶段，它的某些特征也会自然淡化，并最终趋于消失。所谓凌家滩文化或者环太湖地区良渚文化的衰亡，并不是在此之后当地就无人生存了，而是说曾经以玉为特征的物质文化不再流行了。事实上，长期生存在这种文化中的人员也会产生一种疲惫，渐渐地，就会对这种文化行为感到厌倦，表现在物质材料上，便可能不再追逐玉器的繁华。

所谓外部社会因素，指的是与凌家滩文化大约平行发展的周边区域中文化共

---

① Trigger, B.G.. Monumental architecture: a thermodynamic explanation of symbolic behavior. *World Archaeology*, 1990, 22(2): 119~132.
② Joseph A Tainter, *The Collapse of Complex Societies*, Cambridge, Cambridge University Press, 1988, p.119.

同体对凌家滩文化的影响。

前文论及,在大汶口文化早期之时,大汶口文化因素已经抵达江淮地区。到大汶口文化中期,凌家滩文化出现了有大汶口文化风格的陶器。再如凌家滩墓葬出土玉版、玉鹰上的八角星纹,在大汶口文化早期的大墩子遗址中已经出现①。李修松在分析玉鹰形象时指出,这种形象源于大汶口文化,后者对凌家滩人有着深刻的影响。这种影响是渐进的、间接的,其与大汶口文化逐渐向南辐射,辗转影响江淮地区是一致的②。

而凌家滩文化南面,来自长江南岸的文化同样进逼江淮,在潜山薛家岗、含山大城墩、肥西古埂、定远侯家寨等遗址均发现有差不多同时期的崧泽文化因素。崧泽文化之后的良渚文化也对皖南、皖西、鄂东、宁镇地区产生影响,如在薛家岗文化中就发现不少良渚文化因素③。

就玉器而言,凌家滩玉器与年代差不多的辽西红山文化玉器有很多相似之处。两支文化曾发生过密切的联系。两者在玉器种类、琢玉技术,以至上层宇宙观领域,都有相当的一致性④。红山文化玉器在江淮之间有过明确的流动,双孔或三孔连璧是最好的说明,如在海安青墩⑤、南京浦口营盘山⑥、湖北黄梅塞墩⑦,以及宜兴下湾⑧均有这类连璧的出土。此外还有其他类型的玉器,共同反映了红山文化对江淮有较为明显的影响⑨。红山文化自北向南,分别与大汶口—龙山文化以至良渚文化发生过直接或间接的文化交流⑩。

可见,凌家滩文化不是孤立的,而是与南北不同的区域文化处在一定程度的互动中。由于史前社会没有文字记载,所以对于区域间文化交流的途径,很难具体言明,但不出贸易、战争、迁徙等几种。从大汶口文化早中期江淮区的外来文化因素

---

① 南京博物院:《江苏邳县四户镇大墩子遗址探掘报告》,《考古学报》1964年第2期。
② 李修松:《试论凌家滩玉龙、玉鹰、玉龟、玉版的文化内涵》,《安徽大学学报(哲学社会科学版)》2001年第6期。
③ 朔知:《良渚文化的初步分析》,《考古学报》2000年第4期。
④ 李新伟:《中国史前玉器反映的宇宙观——兼论中国东部史前复杂社会的上层交流网》,《东南文化》2004年第3期;田名利:《凌家滩遗存与红山文化》,《文物研究》第15辑,黄山书社,2007年。
⑤ 南京博物院:《江苏海安青墩遗址》,《考古学报》1983年第2期。
⑥ 魏正瑾:《南京市营盘山新石器时代遗址》,《中国考古学年鉴(1984)》,文物出版社,1984年。
⑦ 中国社会科学院考古研究所:《黄梅塞墩》,文物出版社,2010年。
⑧ 宜兴下湾遗址最近也出土了一件双孔连璧。此则材料系笔者2018年参观宜兴博物馆库房所见。
⑨ 田名利:《凌家滩遗存与红山文化》,《文物研究》第15辑。
⑩ 孙守道:《中国史前东北玉文化试论》,《东亚玉器》,香港中国艺术研究中心,1998年。

来看，我认为已经不是偶然、零星的文化交流所能解释的了，很可能属于有意识的文化扩张行为。对此我们可做两点说明：第一，在前文中我们提到，自大汶口文化中期开始，以海岱地区为大本营的大汶口文化社会内部已经出现较为明显的阶层和贫富分化，整个社会正处于复杂化的进程中，为了维持复杂社会的稳定和运转，统治阶层需要不断投入和追加成本，并且要确保收支平衡，尽可能地远离或避开经济学上所谓的"报酬递减律"（law of diminishing returns），这样才能换取可持续的生存和发展。毫无疑问，在这样的过程中，社会结构内的压力是很大的。它们要做的，就是防止这种不断积聚的压力将自身逼向崩溃，那么办法只有一个，就是排遣压力。在这方面，我们认为大汶口文化社会做得是不错的：它以对外文化扩张的形式来释放文化母区的压力。从目前的考古资料来看，往西，它将文化势力伸入中原；往南，到大汶口文化晚期，在皖北形成尉迟寺类型；并通过淮北地理缓冲带，向江淮递进，其势力更是波及长江以南地区。

第二，大汶口文化社会向江淮扩张，或许有着明确的利益需求。受商周时期中央王朝经略江淮的目的之一是为了夺取铜矿的提示（见下文）。在凌家滩文化时期，江淮巢湖流域的凌家滩文化、皖西南薛家岗文化，及宁镇地区北阴阳营文化，是长江下游最大的玉、石器生产制作中心[①]。在当时玉器是最高端的技术产品，这不能不让人认为大汶口文化社会对于凌家滩、北阴阳营玉石生产系统可能抱有觊觎之心。从目前的考古证据来看，大汶口文化早期，像王因、野店、刘林、大墩子等遗址中已经基本不见北辛文化系统的那一套石器，取而代之的主要是舌形、近风字形和风字形钺等石器。玉器发现较少，仅有半环形璜、环、坠和小璧等。这些石、玉器的种类与形式都同北阴阳营—薛家岗系统相似。尽管还没有证据证明这一时期大汶口文化分布区内的石、玉器都是由长江下游地区贸易而来，但至少其技术系统和器物形式主要出自北阴阳营—薛家岗系统，大汶口文化自身的石器和玉器文化特色在这一时期尚未形成。到大汶口文化中晚期，大汶口文化的石、玉器则大量地继承了前期北阴阳营—薛家岗系统的工艺和器类[②]。这些玉、石器自江淮由南及北地流通，很可能是沿途互惠贸易。的确，考古学证据并没有反映出大规模经济掠夺的迹象。不过，凌家滩及毗邻玉石区到良渚文化早期已渐趋衰落，从其工艺传统为太

---

① 张弛：《大溪、北阴阳营和薛家岗的石、玉器工业》，《考古学研究》（四），科学出版社，2000年。
② 张弛：《大溪、北阴阳营和薛家岗的石、玉器工业》，《考古学研究》（四）。

湖地区的良渚文化和海岱区的大汶口文化所继承这一点来看,彼此区域的一兴一落,的确是由社会资源的再分配造成的①。

目前还没有足够的证据说明凌家滩文化的消亡有没有以及在多大程度上受到别的区域的干扰,但是倘若要从外部社会来理解凌家滩文化消亡的话,我认为从外域文化和凌家滩文化之间的竞争来理解是较为贴切的。

总的来说,由于史前考古研究的局限性,在很多方面,我们不可能做到细微、具体的观察,而只能给出大致的解释方向。通过上述外部生态环境、内部社会因素、外部社会因素的分析,对凌家滩文化的崩溃,我想借用大灾难理论的一个原理来结束对凌家滩文化消亡的解析。大灾难理论原理认为,促进变化的小因素的集结,在达成新的稳定之前,能突然使系统过载和导致系统的快速崩溃②。这些小因素是什么? 在凌家滩文化崩溃的个案中,包括气候变化、瘟疫、过度祭祀、周边区域的文化压势。这些因素,单独开来,可能并不严重,但是合并起来,相互作用,就可能造成意想不到的危机。这时候,如果再有什么预想不到的压力,哪怕很小,也可能应了那个古老的小故事:最后一根稻草压断了骆驼的脊梁。

小　结

在这一章中,我以大汶口文化作为参考系,论述了两淮地区的文化面貌、类型、生态环境与生业经济以及社会内部的关系。对于淮北地区而言,总体上,大汶口文化中晚期是发生重大变化的一个时期,人类适应自然、改造自然的能力逐步改善,遗址数目增长,人口增多,文化的辐射范围变广。大汶口文化已经进入成熟期的稻作社会。稻作经济的发展,特别是稻田带来的产量增加,既可增加"财富"的产量,又可积累"财富",即最初可能是积累稻谷,后来是积累以稻谷作为支付手段的手工

---

① 相似的是宁镇地区史前文化的衰落,张敏认为最终至良渚文化早期,其周边的宁镇和江淮地区的原始文化几乎同时消亡了。他指出:"宁镇地区多低山,有较丰富的玉矿资源。良渚文化的高度发达与繁荣,是建立在周边地区原始文化惨遭毁灭的基础之上的,而宁镇地区原始文化遭毁灭的直接原因应为玉资源。"参见张敏:《句容城头山遗址出土的史前玉器及相关问题的讨论》,《玉魂国魄》(一),燕山出版社,2002 年。
② 肯·达柯著:《理论考古学》,刘文锁、卓文静译,岳麓书社,2005 年,第 194 页。

业产品,包括"精英产品",再后来是积累产生稻谷的不动产,即稻田①。在成熟期的稻作社会,私有财产和贫富分化已经出现。其经济基础,正是发展到成熟阶段的稻作和其他农业经济活动及由此而催生的手工业分工和专业化。从宏观的聚落形态来说,一批具有中心、高等级地位的聚落遗址开始出现,聚落群内部的等级结构已经形成。大汶口文化晚期,由大中小型聚落遗址构成的三层结构的金字塔形聚落群明确出现。

在单个聚落的内部,墓与墓之间、墓组/群之间,分化日益明显。无论是单个聚落内部还是聚落群之间,墓葬中随葬品的比较都是显示彼此间差距、分化的一个重要途径。虽然墓中随葬品不一定是死者生前实际财产的反映,用它们作为反映贫富分化的指标或许并不全面,但是随葬品的多寡本身已经说明了某种问题。考古发掘中所见到的墓葬中的随葬品,可能是死者生前财产,但也有可能来自参加葬礼人员的赠予,而不管是哪一种情况,随葬品的多寡均指向一个事实,即一个拥有大量随葬品的墓主,在他生前所处的社会关系网络中,一定有着非常人所及之处;反之,那些一贫如洗的墓葬,则意味着死者要么生前是一个活在底层的贫困者,要么他在人际关系中处于劣势地位。人与人之间的竞争由此得以显现,有竞争,就必然有压力,当竞争日趋激烈,贫富分化愈严重,社会内部所积压的"力"就愈重,只有适时地将压力排遣出去,社会才会稳定。当大汶口文化中晚期社会内部积累的压力日趋增大时,恰恰也是大汶口文化范围向外拓展之时。这几乎是大汶口文化社会为了维持自己的稳定和持续性发展,一个自然而然向外排遣压力的过程。在这样的过程中,当有主动地扩张,也有被动地迁徙。大汶口文化中晚期,鲁东南、鲁豫皖、中原地区大汶口文化的分布与发展很可能就是在这样的压力背景下促成的。对苏北、皖北而言,这些区域的大汶口文化类型通常是以山东为本底的大汶口文化系统的边缘类型,在文化序列上多有中断,恰如一个时隐时现的文化斑块,其中一个重要原因是生态环境的恶劣。当生态环境不允许文化在此适应生存时,便谈不上社会进程,此时此地的社会进程便是中断、空白的。江淮东部的社会进程也有这种情况,当地的文化发展受生态环境的限制也比较大,文化序列属于异质性文化连接,即文化与文化之间不具有文化血缘关系,反映了当地的社会进程缺乏一种稳定的、自主的、可持续的发展程序。

---

① 关于"成熟期稻作社会",参见吕烈丹:《稻作与史前文化演变》,科学出版社,2013年,第261~317页。

由于区域发展的不平衡性,淮北江淮地区部分遗址的社会分化程度是不一样的。如尉迟寺、梁王城遗址,虽然在文化体系上属于大汶口文化,并且位居它们所在区域聚落群落的中心,但是在整个大汶口文化体系中,它们又处于边缘的位置。这可能是它们社会分化不是太剧烈的原因之一。考古资料表明,在社会形态上它们还稍显落后,可能尚未踏入文明或古国的门槛。

地处江淮距今 5 600~5 300 年的凌家滩文化,基本上处在区域互动尚未过于剧烈的背景下,总体而言区域特征相当明显,当然也包含了若干外域文化的因素。该文化以发达的玉器为世人所瞩目。玉器所反映的早期宇宙观与宗教观也达到相当的高度。凌家滩遗址处于区域聚落群的顶端,大型纪念性建筑的修建、玉器的制造、阶层的分化等等均表明凌家滩文化已经非常接近文明的社会形态。但是很可惜,凌家滩文化给人以"其兴也勃焉,其亡也忽焉"之感。与晚于它的太湖地区良渚文化相比,无论是延续时间,还是辐射的广度,都难以相提并论。凌家滩文化的范围不广、盛行时间不长在一定程度上印证了廊道地带的文化具有的间歇性、分散性与碎片化的特性,这种特性在后面的时期还会出现。

通过这一章的探讨,我们可以初步了解到,作为中间过渡地带的淮北江淮地区,其社会进程的总体特点是:缺乏一个稳定的发展程序,社会发展易受生态环境的影响而变化。同时周边强势区域的文化拓展,以及由此带来的干扰会影响该区域的发展。那么这种特性是否会在以后的社会进程中延续呢?我将在下面几章中继续观察。

第二章　互动加剧：龙山文化时期的两淮

第一节　淮北地区

龙山文化是继大汶口文化之后兴起的考古学文化。20世纪前半叶，关于龙山文化的研究有过一个"泛龙山文化"的阶段，当时的研究者根据不同区域的文化遗存中某些共同的特点，比如薄而有光泽的黑陶，将这些文化遗存均定为龙山文化[①]。关于泛龙山文化，有两点值得关注。第一，既然皆称龙山文化，彼此存有共同因素、保持一定的联系是理所应当的。实际上，龙山文化时期，区域间的接触与互动要较之前更为密切。张光直为此曾提出"龙山形成期"的概念，用以说明在一段连续的时期中，整个中国东海岸的许多陶器和石器在特征与类型上存在相似之处。他还认为正是在这一时期（自公元前4000年左右即已开始），有土著起源和自己特色的几个区域性的文化互相连锁成为一个更大的文化相互作用圈（Sphere of interaction）[②]。第二，泛龙山文化虽然存在共同点，但毕竟分处不同区域，主体性质当有不同。安志敏早年就曾疑惑这些性质并不完全相同的遗址，究竟是属于龙山文化还是分属于不同的文化系统。由于当时材料的限制，他暂时将那些怀疑应属不同系统的遗址归入龙山文化，同时又在龙山文化之前冠以省名以示区别，于是便有了山东龙山文化（即典型龙山文化）、河南龙山文化、陕西龙山文化、江浙地区龙山文化[③]。随着时间推移，和更多遗址的发掘与研究，泛龙山文化之名虽然仍在沿用，但龙山文化也开始具有单称、独立的含义，特指海岱地区，那里被当成是龙山文化的典型和中心区域。严文明则强调，海岱地区以外的文化，都不是龙山文化，必须按照实际情况区分为不同的考古文化，给予适当的名称，不过他主张将这些年代

---
① 有关泛龙山文化的发现与初期的研究，可参见张学海：《龙山文化》，文物出版社，2006年，第9~35页。
② 张光直：《中国相互作用圈与文明的形成》，《庆祝苏秉琦考古五十五年论文集》，文物出版社，1989年。
③ 安志敏：《试论黄河流域新石器时代文化》，《考古》1959年第10期。

大体相近的考古学文化,可以归在"龙山时代"这一共同的名称之下①。

一 龙山文化背景

当前苏北与皖北境内发现的龙山文化遗址并不是很多。对龙山文化的介绍,与前一章一样,我仍将从"大淮北"的范围作一简要的观察,借此也可看出苏皖淮北龙山文化所在的文化格局。

龙山文化晚于大汶口文化,早于岳石文化。可分早、晚两期②。栾丰实将龙山文化分为早、晚两大阶段,含六期10段。其中尹家城8段、西吴寺5段、尚庄4段、丁公5段、三里河7段、呈子6段、尧王城4段、王油坊3段。龙山文化的绝对年代,大致被推定在公元前2600年至前2000年,持续了约600年,每期的绝对年代约在100年③。

大淮北境内的龙山文化分布范围与大汶口文化基本重合,前者正是在后者的基础上发展起来的。当前考古学界一般认为大淮北境内的龙山文化存在这样几个典型类型:尹家城类型、尧王城类型、王油坊类型④(图16)。

尹家城类型:主要分布于泰山以南,蒙山以西的丘陵地带,西到京杭运河,南部靠近微山湖。主要遗址有尹家城⑤、西吴寺⑥、青堌堆⑦、野店⑧、西夏侯⑨、城子崖⑩、薛故城⑪、邹县南关⑫等。主要遗迹有城垣、墓葬、房址、井、灰坑等。房址有半地穴和地面式两种,形状为方形或长方形,有少量白灰面房址。开间以单间为主,偶见双间。墓葬基本为长方形土坑竖穴墓,使用木棺葬具的现象比较普遍,大型墓习见一椁一棺,特大者为重椁一棺。葬式为仰身直肢,头向以朝东者居多,以一次葬为主,有枕骨人工变形和拔牙的习俗,有些墓葬存在墓主人手握獐牙的现象。陶器中

---

① 严文明:《龙山文化和龙山时代》,《文物》1981年第6期。
② 可参见赵辉:《龙山文化的分期与地方类型》,《考古学文化论集》(三),文物出版社,1993年;栾丰实:《海岱龙山文化的分期与类型》,《海岱地区考古学研究》,山东大学出版社,1997年。
③ 栾丰实:《海岱龙山文化的分期与类型》,《海岱地区考古学研究》。
④ 栾丰实:《海岱龙山文化的分期与类型》,《海岱地区考古学研究》。
⑤ 山东大学历史系考古专业:《泗水尹家城》,文物出版社,1990年。
⑥ 国家文物局考古领队培训班:《兖州西吴寺》,文物出版社,1990年。
⑦ 中国科学院考古研究所山东发掘队:《山东梁山青堌堆发掘简报》,《考古》1962年第1期。
⑧ 山东省博物馆等:《邹县野店》,文物出版社,1985年。
⑨ 中国社会科学院考古研究所山东工作队:《西夏侯遗址第二次发掘报告》,《考古学报》1986年第3期。
⑩ 国家文物局考古领队培训班:《山东济宁程子崖遗址发掘简报》,《文物》1991年第7期。
⑪ 济宁市文物管理局:《薛国故城勘查和墓葬发掘报告》,《考古学报》1991年第4期;山东省文物考古研究所:《薛故城勘探试掘获重大成果》,《中国文物报》1994年6月26日。
⑫ 国家文物局考古领队培训班:《山东邹县南关遗址发掘简报》,《文物》1991年第2期。

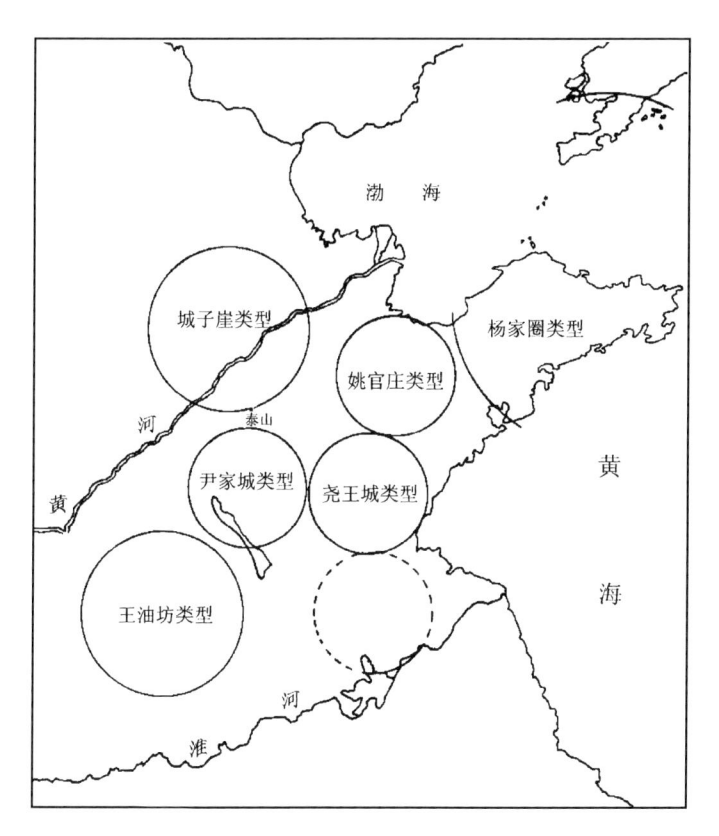

图 16　淮北龙山文化类型格局

（据栾丰实，1997）

以灰陶的比例占多数，另有一定比例的黑陶。器表装饰以素面和素面磨光为主，纹饰中弦纹、篮纹较多，绳纹、方格纹较少。典型器物有罐形鼎、盆形鼎、鬹、甗、素面鬲、中口罐、陶壶、平底盆等（图17）。该类型地处海岱文化区中部偏西，故明显受到来自西部的影响，如涂抹白灰面的技术和流行方格纹、篮纹等。

尧王城类型：位于沂山之南、蒙山以东的鲁东南沿海地区，东靠黄海，西接蒙山，南达陇海铁路，北与姚官庄类型接壤。主要遗址有尧王城[①]、两城镇[②]、

[①] 临沂地区文物管理委员会等：《日照尧王城龙山文化遗址试掘简报》，《史前研究》1985年第4期；中国社会科学院考古研究所山东队：《尧王城遗址第二次发掘有重要发现》，《中国文物报》1994年1月23日。
[②] 山东省文物管理处：《日照两城镇等七个遗址初步勘查》，《文物参考资料》1954年第3期；刘敦愿：《日照两城镇龙山文化遗址调查》，《考古学报》1958年第1期；山东省文物管理处：《山东日照两城镇遗址勘察纪要》，《考古》1960年第9期；南京博物院：《日照两城镇陶器》，文物出版社，1985年；日照市图书馆等：《山东日照龙山文化遗址调查》，《考古》1986年第8期。

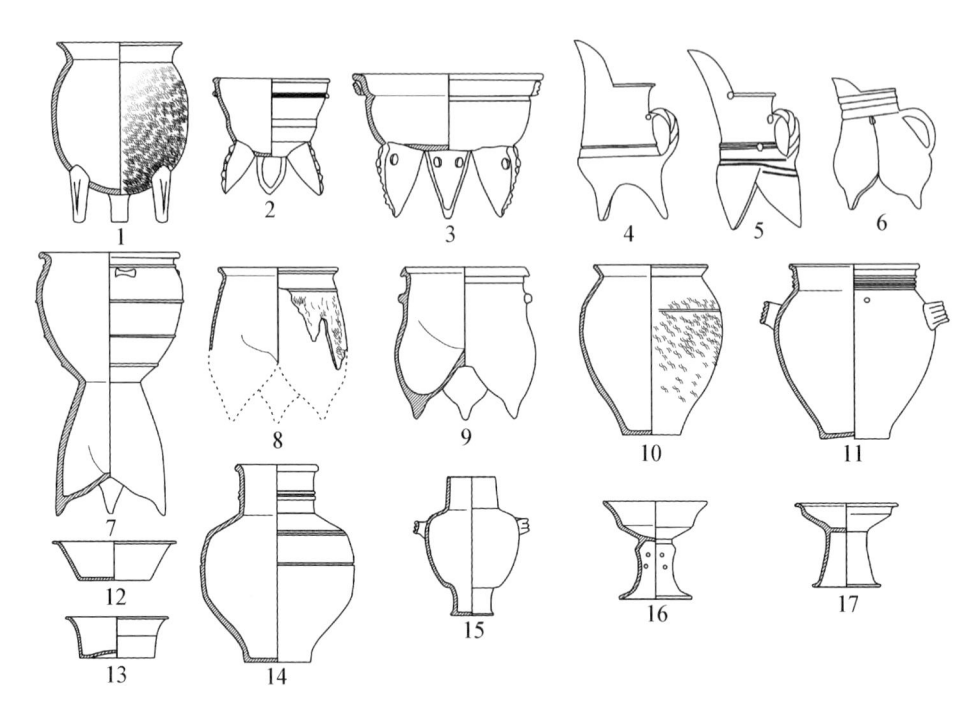

图 17 尹家城类型龙山文化陶器举例

（据栾丰实，1997）

1、2. 罐形鼎（尹家城 M108∶1、尹 F11∶15） 3. 盆形鼎（尹 T192⑧∶13） 4、5、6. 鬶（尹 F205∶8、西吴寺 H203∶33、尹 H26∶3） 7. 甗（尹 H48∶13） 8、9. 鬲（尹 T1⑧∶10、尹 H728∶1） 10、11. 罐（尹 F3∶6、尹 H584∶4） 12、13. 平底盆（西吴寺 H704∶5、尹 H259∶7） 14、15. 壶（尹 F201∶16、尹 M134∶25） 16、17. 豆（尹 M136∶5、H226∶32）

东海峪[①]、丹土[②]、大范庄[③]、化家村遗址[④]等。该类型中经发掘的遗址较多，而且多大型遗址和城址。主要遗迹有城垣、房址、墓葬、灰坑等。两城镇和丹土都明确发现了城的遗迹[⑤]。据说尧王城也有城的线索[⑥]。房址有台基式和地面式两种，出现

[①] 山东省博物馆、日照县文化馆东海峪发掘小组：《一九七五年东海峪遗址的发掘》，《考古》1976 年第 6 期。
[②] 罗勋章：《五莲县丹土村新石器时代遗址》，《中国考古学年鉴(1996)》，文物出版社，1998 年；刘延常：《五莲县丹土新石器时代遗址》，《中国考古学年鉴(1997)》，文物出版社，1999 年；刘延常、王学良：《五莲县丹土大汶口文化、龙山文化城址和东周时期墓葬》，《中国考古学年鉴(2001)》，文物出版社，2002 年。
[③] 临沂文物组：《山东临沂大范庄新石器时代墓葬的发掘》，《考古》1975 年第 1 期。
[④] 山东大学历史系考古专业、莒南县文物管理所：《山东莒南化家村遗址试掘》，《考古》1989 年第 5 期。
[⑤] 中美两城地区联合考古队：《山东日照市两城镇遗址 1998~2001 年发掘简报》，《考古》2004 年第 9 期；刘延常、王学良：《五莲县丹土大汶口文化、龙山文化城址和东周时期墓葬》，《中国考古学年鉴(2001)》，文物出版社，2002 年。
[⑥] 栾丰实：《海岱龙山文化的分期和类型》，《海岱地区考古研究》，第 274 页。

了用土坯错缝垒砌技术。没有发现大型墓葬,但存在土坑竖穴墓和石棺墓。陶器以黑陶为主,灰陶次之,红陶极少。器表多素面或素面磨光,纹饰主要有篮纹、弦纹、附加堆纹、刻划纹、泥饼等。典型器物有罐形鼎、高柄杯、鬶、筒形杯、单耳杯、盆、罐等(图18)。该类型自身特征明显,文化面貌单纯。

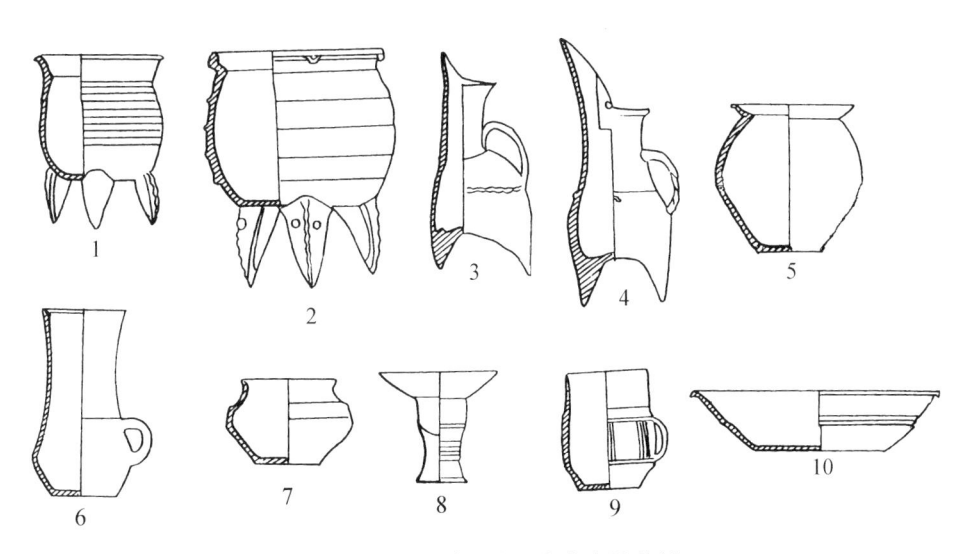

图 18 尧王城类型龙山文化陶器举例

(采自《史前研究》,1985)

1、2. 鼎(T107②:4、T105②:23)　3、4. 鬶(F4:1、T203④:6)　5. 罐(T105②:17)
6. 杯(M38:9)　7. 盂(T104⑤:11)　8、9. 杯(M11:2、T203④:1)　10. 盆(T106④:4)

王油坊类型①:主要分布于鲁西南、豫东和皖北地区,淮河的几条支流沱河、浍河、涡河呈西北—东南向穿过这片交界区域。这片区域属于黄河与淮河长期冲积泥沙而形成的冲积平原的一部分,在地理上属于过渡性地带。它既是中原与海岱地区,同时也是中原和江淮丘陵之间的一个过渡带。发掘过的遗址有王油坊②、造律台、黑堌堆③、清

---

① 可参见栾丰实:《王油坊类型初论》,《海岱地区考古研究》,第 283~300 页。
② 商丘地区文物管理委员会、中国社会科学院考古研究所洛阳工作队:《1977 年河南永城王油坊遗址发掘概况》,《考古》1978 年第 1 期;中国社会科学院考古研究所河南二队、河南商丘地区文物管理委员会:《河南永城王油坊遗址发掘报告》,《考古学集刊》第 5 集,中国社会科学出版社,1987 年。
③ 李景聃:《豫东商丘永城调查及造律台黑孤堆曹桥三处小发掘》,《中国考古学报》第 2 册,1947 年;中国社会科学院考古研究所河南二队、商丘地区文物管理委员会:《1977 年豫东考古纪要》,《考古》1981 年第 5 期。

凉山①、栾台②、坞墙③、安丘堌堆④、莘冢集⑤、付庄⑥、段寨⑦、尉迟寺⑧、淮阳平粮台⑨、花家寺⑩、山台寺、潘庙⑪等 10 余处。王油坊类型所在区域属于黄泛区,历史上水患严重,所以这一带的遗址多呈堌堆状,在这之前的大汶口文化时期,亦属同类情形。主要遗迹有房址、灰坑、水井、墓葬、祭祀坑、石灰窑等。房址有圆形和方形两种,方形、多间相连的排房建筑是其特色。房屋以地面式建筑为主,早期有少量半地穴式建筑。居住面有白灰面、草泥土面和烧土面三种,多数经过反复铺垫。墙体多系草拌泥垛成,并出现夯筑技术。以土坯为材料,采用错缝垒砌技术筑起的土坯墙房屋业已产生。有的房基下面有用儿童、成人作奠基牺牲的现象。灰坑主要有圆形和椭圆形两种,口大底小者居多,也有一定数量的直壁坑,袋形坑和长方形坑的数量较少。墓葬发现较少,多散见于建筑遗迹之中,且多数为儿童墓。王油坊类型发现有水井。水井为圆形竖直壁,井壁光滑坚硬,井底呈锅底状,井内散落有陶质汲水器。山台寺龙山文化遗址发现一个祭祀坑,略呈圆形,其中埋了九头整牛和一个鹿头,有的牛已经被肢解。殷商考古的遗址中常有祭牛的遗迹。牛是大牢,而一个祭祀坑里有九头牛,说明祭祀十分重要与祭祀者的地位非同一般。这个发现亦间接表明,龙山文化王油坊类型有其不同寻常之处⑫。

王油坊类型的陶器以泥质灰陶为主,泥质陶皆为轮制;次为夹蚌壳末的棕或褐

---

① 北京大学考古系、商丘地区文管会:《河南夏邑县清凉山遗址 1988 年发掘简报》,《考古》1997 年第 11 期;北京大学考古系等:《河南夏邑清凉山遗址发掘报告》,《考古学研究》(四),科学出版社,2000 年。
② 河南省文物研究所:《河南鹿邑栾台遗址发掘简报》,《华夏考古》1989 年第 1 期。
③ 商丘地区文物管理委员会、中国社会科学院考古研究所河南二队:《河南商丘县坞墙遗址试掘简报》,《考古》1983 年第 2 期。
④ 北京大学考古系商周组等:《菏泽安邱堌堆遗址发掘简报》,《文物》1987 年第 11 期。
⑤ 菏泽地区文物工作队:《山东曹县莘冢集遗址试掘简报》,《考古》1980 年第 5 期。
⑥ 杨立新:《安徽淮河流域的原始文化》,《纪念城子崖遗址发掘 60 周年国际学术讨论会文集》,齐鲁书社,1993 年。
⑦ 曹桂岑:《郸城段寨遗址试掘》,《中原文物》1981 年第 3 期。
⑧ 《蒙城尉迟寺》(一)、(二),见前引。
⑨ 河南省文物研究所等:《河南淮阳平粮台龙山文化城址试掘简报》,《文物》1983 年第 3 期。
⑩ 安徽省博物馆:《安徽肖县花家寺新石器时代遗址》,《考古》1966 年第 2 期。
⑪ 张长寿、张光直:《河南商丘地区殷商文明调查发掘初步报告》,《考古》1997 年第 4 期;David J. Cohen, *The Yueshi Culture, The Dongyi, and The Archaeology of Ethnicity in Early Bronze Age China*, Ph. D. Dissertation, Harvard University, 2001, p.186.
⑫ 张光直推测,龙山文化的一支(即王油坊类型)与其他地方的龙山文化向岳石文化的发展平行,在豫东发展出来由山台寺可以代表的一支特殊的晚期龙山或岳石文化,它就是殷商文明的前身。见张长寿、张光直:《河南商丘地区殷商文明调查发掘初步报告》,《考古》1997 年第 4 期。

陶，夹蚌陶大多为手制。器表素面居多，泥质陶多经磨光处理。纹饰以篮纹为主，一般为竖或斜行，也有少量横篮纹，绳纹和方格纹次之，另有附加堆纹、弦纹、指甲纹、刻划纹和镂孔等。

陶器种类较多，有鼎、罐、甗、盆、碗、瓮、甑、壶、豆、杯、盒、尊、研磨器、器盖等。其中最具代表性的有罐形鼎、深腹罐、袋足甗、高流鬶、大平底盆、长颈壶、子母口瓮、子母口缸、筒形杯、圈足盘和大器盖（图19）。

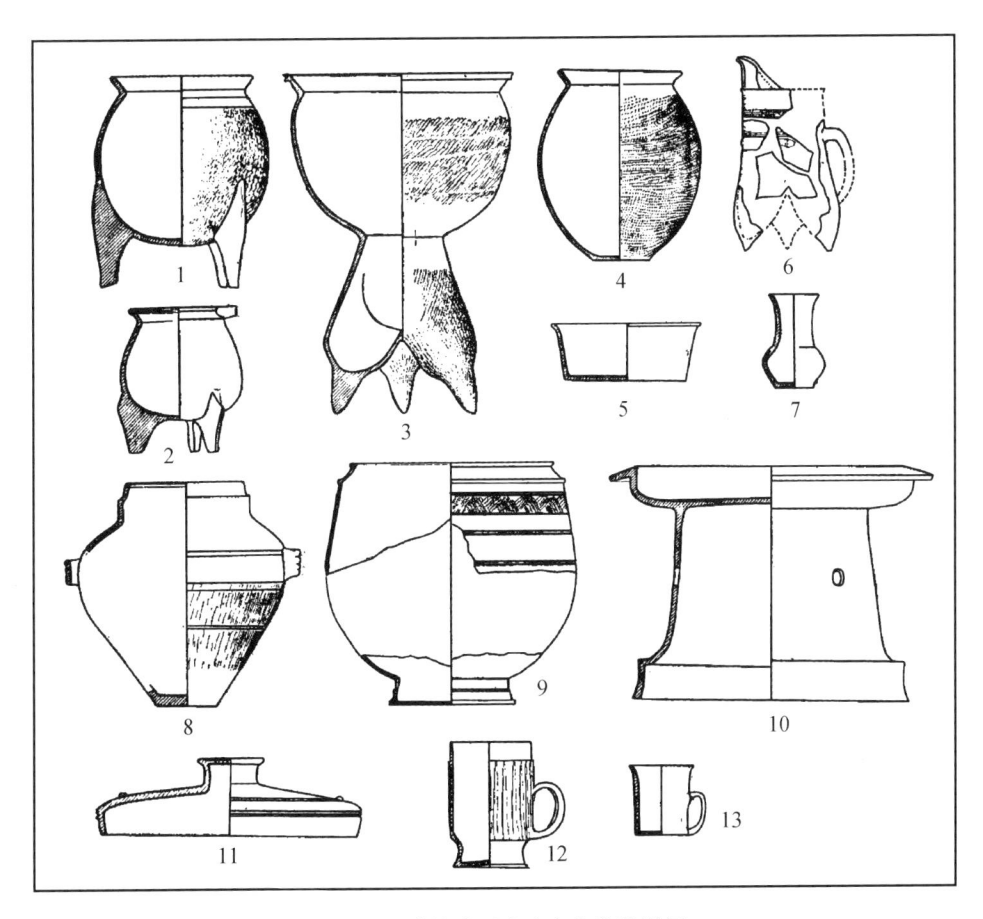

图19 王油坊类型龙山文化陶器举例

（据栾丰实，1997）

1、2. 罐形鼎（H16∶1、H5∶4） 3. 袋足甗（H5∶5） 4. 深腹罐（H3∶1） 5. 大平底盆（H37∶3） 6. 高流鬶（T24③C∶24） 7. 长颈壶（T6②∶2） 8. 子母口瓮（H5∶27） 9. 子母口缸（H34∶2） 10. 圈足盘（H5∶7） 11. 大器盖（H39∶3） 12、13. 筒形杯（H9∶3、H38∶18）

王油坊类型地处鲁豫皖三省交界,其文化面貌有混合的特点①。关于它的文化性质,学界一直有争议。有的研究认为王油坊类型属于河南龙山文化②。李伯谦则认为"河南龙山文化"的概念不科学,文化内涵过于庞杂,其本身就可分成不同的类型。造律台类型(也称王油坊类型)有与之相似的文化内涵,但也有自身的特点,应该是一支独立的考古学文化③。栾丰实则主张王油坊类型应归属于海岱龙山文化系统④。

苏北地区,考古界目前还没有为之确定文化类型,因为龙山时期的遗址较少,典型的也不多。不过偏在海隅的连云港藤花落遗址或许有机会成为苏北地区龙山文化时期的"候选"区域类型。那里发现了相当于山东龙山文化早期偏晚阶段的城址⑤。从出土的遗物面貌来看,有陶、石、玉器及各类动物遗骸标本。生产工具中,斧、锛、刀、镞、凿等各类石器形式多样,且大部分磨制极为精细。玉器仅发现小件锛、坠、锥形饰和六棱形水晶柱状体等。陶器有鼎、鬶、罐、甗、盆、盘、豆、杯、器盖等。动物遗骸有猪、牛、梅花鹿等,而不见贝类等海洋生物遗骸,也很少见有鱼骨。藤花落龙山文化遗存有着明显的自身特色。在城子崖类型中,有非常发达的蚌器和骨角器作为生产工具,两城类型中也有少量蚌器和骨角器,而藤花落的生产工具中不见蚌器和骨角器。从陶系的情况看,有夹砂陶和泥质陶,陶色有黑、红、褐、灰、白、黄等。磨光黑陶没有两城类型发达,灰陶没有城子崖比例高。从鬶、甗等陶器的造型看,藤花落遗址存在东部和西部两种类型的陶器。从纹饰风格看,以素面为主,有弦纹、附加堆纹、绳纹、方格纹、篮纹、刻划纹、竹节纹、镂孔等。其中绳纹、篮纹和方格纹较为发达,很可能受到了西部城子崖类型龙山文化的影响,与两城类型中绳纹、方格纹极为罕见的情况有别。除了藤花落遗址外,苏北还有若干龙山文化遗址,比如新沂的三里墩遗址,虽然发掘面积不大,但是三里墩下层出土的鬶鬵、罐形鼎、条纹罐和鬼脸式鼎足都是明显的龙山文化风格⑥。

---

① 梁思永:《龙山文化——中国文明的史前期之一》,《中国考古学报》第七册,1954 年。
② 商丘地区文物管理委员会、中国社会科学院考古研究所洛阳工作队:《1977 年河南永城王油坊遗址发掘概况》,《考古》1978 年第 1 期。
③ 李伯谦:《论造律台类型》,《文物》1983 年第 4 期。
④ 栾丰实:《王油坊类型初论》,《海岱地区考古研究》,第 283~300 页。
⑤ 苏北龙山文化类型的情况与前一章苏北大汶口文化类型相似,目前学界均未有明确的认识。参见南京博物院、连云港市文物管理委员会、连云港市博物馆:《江苏连云港藤花落遗址考古发掘纪要》,《东南文化》2001 年第 1 期。
⑥ 尹焕章、黎忠义:《江苏新沂县三里墩古文化遗址第二次发掘简介》,《考古》1960 年第 7 期。

龙山文化时期,鲁中南地区依旧是文化底蕴最深厚、持续性最强的一个小区。其他几个小区:鲁东南、鲁西南、豫东、皖北,以及苏北的文化序列则时有中断。鲁东南地区自从大汶口文化晚期蓬勃发展起来后,遗址数量渐多,聚落等级加剧,在龙山文化早期,这种态势仍在延续,但是到了晚期偏晚阶段,鲁东南一带似乎开始走下坡路。如果从大汶口文化早期开始计算,鲁东南地区的社会进程恰好呈现出两头轻、中间重的格局。鲁豫皖一带,恰好与鲁东南地区是一个反背。龙山文化早期阶段,这个区域的遗存较少,到晚期,则出现了王油坊类型。至于苏北地区,由于海侵和黄河泛滥带来的影响,社会进程也不稳定,文化序列存在空缺。

二 生态环境与生业经济

(一) 生态环境

距今约 5 100~4 600 年之时,属于全新世大暖期的后段。这一阶段相当于海岱地区的大汶口文化晚期和龙山文化早期。相当于龙山文化早期阶段的兖州西吴寺遗址的孢粉分析结果表明,这一时期气候暖湿,植被较茂盛,生长着栎、松、桑、榆、漆树等科属的乔木和蓼、藜、蒿等科的草。生长于缓流湖泊、小溪中的喜暖湿环境的环纹藻等表明,当时存在面积较大的湖泊[①]。与西吴寺遗址相近的尹家城遗址,是鲁中南地区一处重要的龙山文化遗址。经鉴定的动物遗骸有狗、猪、黄牛、鸡、羊和野生的虎、鹿、狐等;软体动物中有中国圆田螺、纹沼螺、梨形环棱螺、短褶矛蚌、河蚌、中国尖脊蚌、圆顶珠蚌;水生动物有龟、鳖、扬子鳄;植物种子有莲。鉴定结果表明,山东龙山文化时期,泗水一带的植被比较丰茂,尤其是扬子鳄的发现,说明龙山文化时期的气候比现在温暖湿润[②]。龙山文化时期,遗址数量暴涨,相较于大汶口文化时期的 550 余处,龙山文化遗址数量高达 1 500 多处[③]。就大淮北境内而言,

---

[①] 国家文物局考古领队培训班:《兖州西吴寺》。
[②] 山东大学历史系考古专业:《泗水尹家城》。
[③] 这些遗址遍及海岱地区的各个小区,由于除了日照地区外,其他大部分地区还没有开展系统的区域调查工作,所以实际遗址的数量应该远远多于这个数字。参见王芬:《海岱地区和太湖地区史前社会复杂化进程的比较研究》,山东大学博士学位论文,2006 年,第 79、131 页。相似的,刘莉在对龙山文化遗址的一份抽样调查中,也显示龙山文化时期遗址要远远超过大汶口文化时期。一共发现了 893 处遗址,是大汶口文化时期遗址数量的 4 倍。大汶口文化的时间跨度为 1 500 年,而龙山文化仅为 600 年,可见龙山文化的人口增长率更高。参见刘莉著:《中国新石器时代——迈向早期国家之路》,陈星灿等译,文物出版社,2007 年,第 177 页。同时我们还可以参考国家文物局编订的文物地图册,山东地区龙山文化时期遗址比大汶口文化时期更为密集。参见国家文物局:《中国文物地图集——山东分册》,中国地图出版社,2007 年。

鲁中南区的遗址发展相对稳定,与大汶口文化时期的情况类似。据不完全统计,龙山时期遗址有 104 处①。

鲁豫皖交界区在龙山时期遗址数量突飞猛进,发现 280 处,可以识别出龙山文化早段遗址 8 处,晚段 38 处。其中豫东、鲁西南、皖北三小区的遗址分布又各有差异,豫东 151 处(可辨出早期 6 处,晚期 36 处),鲁西南 80 处(可辨出晚期 2 处),皖北 49 处(可辨出早期 2 处)②。由于遗址以调查居多,发掘为少,因此龙山时期遗址的早、晚区别还不能很好地辨识出来。总体来讲,鲁豫皖区遗址以龙山晚期相对密集,王油坊类型正是属于龙山晚期阶段的区域类型,包括豫东、皖北、鲁西南交界区域。鲁豫皖区龙山文化早期遗址相对稀疏,甚至缺失。有的学者认为可能与这一时期东方的大汶口文化—龙山文化系统与西方的仰韶文化系统之间的冲突有关。这场冲突以东方失败东夷族大溃退告终。大部分东夷族从冀鲁豫皖交界区退回腹地,并且有近百年的时间再也未能返回。这就导致了当地龙山文化早期阶段的文化缺环,文化发展断裂,当地大汶口文化与后续的龙山文化难以直接联系③。也有学者对大汶口文化尉迟寺遗址单人墓人口自然结构进行研究后发现,大汶口文化晚期性别比不平衡,男女比例失调,导致龙山文化时期性别比异常偏高,人口也急剧减少④。这自然也影响到了当地龙山文化的发展。

与此同时,环境变化或许也难辞其咎。有研究人员利用主因子分析方法对尉迟寺遗址区古文化层进行了分析:距今 4 400 年左右,气候开始不断变冷,大汶口人的农业生产不能适应如此寒冷的气候,导致了大汶口人的离开⑤。王青曾经探讨了海岱地区獐与史前环境的变迁。他认为大汶口文化时期獐的数量要多于龙山文化时期,而岳石文化的遗址中迄今未发现有獐。参考其他地区新石器时代各个时期的动物群,也可以发现距今 4 000 年左右喜暖性动物的种类明显减少,这表明气

---

① 依据如下资料统计:《山东滕县古遗址调查简报》,《考古》1980 年第 1 期;《枣庄市南部地区考古调查纪要》,《考古》1984 年第 4 期;《山东邹县古代遗址调查》,《考古学集刊》第 3 集,中国社会科学出版社,1983 年;《山东泗水、兖州考古调查简报》,《考古》1965 年第 1 期;《山东曲阜考古调查试掘简报》,《考古》1965 年第 12 期;《山东微山县古遗址调查》,《考古》1995 年第 4 期;《山东济宁县古遗址》,《考古》1983 年第 6 期。
② 陈洪波:《鲁豫皖古文化区的聚落分布与环境变迁》,《考古》2007 年第 2 期。
③ 孙波:《再论大汶口文化向龙山文化的过渡》,《古代文明》第 6 卷,文物出版社,2007 年。
④ 王建华、曹静:《蒙城尉迟寺遗址单人墓人口自然结构及相关问题研究》,《东方考古》第 10 集,科学出版社,2013 年,第 409~417 页。
⑤ 参见中国社会科学院考古研究所、安徽省蒙城县文化局:《蒙城尉迟寺》(第二部),第 381 页。

候转为干凉①。蒙城尉迟寺出土动物骨骼也提示了类似的信息,大汶口文化层与龙山文化层中麋鹿和獐这类生活在沼泽、湿地等环境的数种动物数量逐渐减少,而梅花鹿一类生活在平原、山地的动物数量相应增加,表明气候确实有变冷的趋势②。

以往的研究认为,由于高海平面及黄河改道引起泛滥,苏北地区的龙山早期文化层基本阙如③。对于海侵和黄河改道两项环境变化抑制了古文化发展的观点,刘莉表示赞同。她进一步推测,因海侵和黄河泛滥引起的苏北洪水事件,可能引发了人口由洪水泛滥区迁向邻近地势较高的适宜居住区,在临沂地区看到的龙山初期因环境变化引起的人口流动很可能是遗址数量骤增和聚落整合的主要因素④。据有关资料统计,鲁东地区的临沂境内,龙山时期遗址有113处,而此前的大汶口文化时期只有19处⑤,表明人口增长迅速。整体上看,目前苏北龙山早期的遗址的确相对较少,不过近些年的考古工作表明,实际情形可能并不那么悲观。连云港藤花落遗址、邳州梁王城遗址,都发现了较为典型的龙山文化早期遗存。

在临沂东面滨海的日照地区,龙山早、中期可谓这个小区史上最辉煌的一个时期。根据区域性调查,龙山时期鲁东南沿海地区遗址增至400余处,聚落形态发生了巨大变化,其中龙山早期遗址150处,中期128处。根据遗址的面积判断,鲁东南沿海地区存在四个聚落等级⑥。调查显示,采集到的可以判为龙山晚期,以及之后岳石、商文化时期的陶片很少,龙山晚期遗址只发现9处。在进入龙山文化晚期后,该区域遗址数量剧减,政治体系走向衰落⑦。不过,有关研究者谨慎地指出,目前尚不能对此下结论,因为以鲁西地区龙山晚期和早期青铜时代文化遗存所建构的陶器组合,抵达鲁东南地区可能存在一个时间差,具有龙山中期文化特征的陶器在相对独立的鲁东南沿海地区延续的时间要长些,鲁东南地区龙山中期走向衰落的发生时间要晚于鲁西地区。现阶段较可肯定的是,在龙山晚期,人口规模跌入低

---

① 王青、李慧竹:《海岱地区的獐与史前环境的变迁》,《东南文化》1994年第5期。
② 中国社会科学院考古研究所:《蒙城尉迟寺——皖北新石器时代聚落遗存的发掘与研究》,科学出版社,2001年,第434页。
③ 吴建民:《苏北史前遗址的分布与海岸线的变迁》,《东南文化》1990年第5期。
④ 刘莉著:《中国新石器时代——迈向早期国家之路》,第181页。
⑤ 临沂市博物馆:《山东临沂新石器时代遗址调查简报》,《考古》1992年第10期。
⑥ 方辉、文德安等:《鲁东南沿海地区聚落形态变迁与社会复杂化进程研究》,《东方考古》第4集,科学出版社,2008年,第259~263页。
⑦ 方辉、文德安等:《鲁东南沿海地区聚落形态变迁与社会复杂化进程研究》,《东方考古》第4集,第268页。

谷,直到西周时期方见回升①。至于目前该区龙山晚期遗址减少的原因,可能兼有环境和社会的因素。距今4 000年左右的降温、洪水事件是重要原因。这一时期,中国境内发生过大范围的文化衰变②,龙山晚期的鲁东南沿海地区也是其一。这个地区本身滨海,对于外在环境的变化十分敏感,极易受到干扰。此间人群的生存发展可能经常发生变动。对于龙山晚期的遗址减少,有学者归因于该区政治中心向鲁西和河南的转移③。

同样滨海的苏北地区,在经历了大汶口文化晚期和龙山早期的遗址稀少后,到龙山晚期有一定程度的回升。这一时期处于低海平面时期,发现遗址30多处,分布在今连云港、沭阳、泗洪一线,分布状况大致与大汶口文化时期十分相似。龙山晚期,在连云港的藤花落,一座龙山早期修建的城址被废弃,很可能与环境变化以及社会动荡有关。

(二) 生业经济

龙山时代是由新石器时代通向国家和文明之路上最为关键,也是最为鼎盛的时期。考古资料向我们展示了那一时期众多的成就。而能有此辉煌,离不开稳定、多样、发达的社会经济。在社会经济的种类上,龙山时期与大汶口文化时期相似,仍以农业为主,家畜饲养和渔猎作为合理的补充。

1. 农业

龙山文化时期的生产工具,有很多是大汶口文化时期的延续。如通体磨光、造型规整,穿孔的石斧。有收割功能的石刀,体扁薄,作长方形、圆角长方形或半月形,背部大多有双孔,无孔者少见。石镰,通体磨光,体扁薄,头圆尖,弧背,后端直而稍宽,凹弧形刃。石钁,掘土工具,打制而成,平面呈上窄下宽的长条形,窄面中段略有弯度,两侧作亚腰形,仅在龙山文化中偶见④。除石制品外,还有蚌制品、骨制品。作为翻土器的蚌铲,以厚蚌壳为材料制成,皆由孔、琢钻而成,绝大多数为单孔,偶见双孔,孔形以圆角长方形或椭圆形居多,椭圆形次之。此器始见于大汶口文化,较常见于龙山文化。鹿角鹤嘴锄,掘土工具,大汶口、龙山文

---

① 方辉、文德安等:《鲁东南沿海地区聚落形态变迁与社会复杂化进程研究》,第268页。
② 王巍:《公元前2000年前后我国大范围文化变化原因探讨》,《考古》2004年第1期。
③ Underhill, A., G. Feinman, G. Nicholas, G. Bennet, F. Cai, H. Yu, F. Luan and F. Hui, 1998, Systematic regional survey in SE Shandong province, China. *Journal of Field Archaeology 25*, p.468.
④ 吴诗池:《山东新石器时代农业考古概述》,《农业考古》1983年第2期。

化皆有发现。总的来说,龙山文化继承了大汶口文化的生产传统,并有新的提高。

农业经济方面,淮北境内的龙山文化遗址兼有旱作和稻作农业。淮北蒙城尉迟寺遗址在大汶口晚期至龙山时代的农业生产以种植谷和粟类作物并重为特点。通过比较发现,在大汶口文化晚期,粟的出土概率略高于稻谷,而到了龙山文化时期,稻作在农业生产中的比重有逐渐增加的趋势[1]。有研究者认为,这一方面可能是因为龙山时代当地生态环境发生了一些细微变化,特别是年降水量有所增强,农业生产条件更有利于稻谷的种植;另一方面,是人类发挥主观能动性,对种植结构主动的调整、改善、经营所致[2]。此外,通过对尉迟寺遗址大汶口文化晚期和龙山时代浮选所出的黍亚科植物种子数量的分析,还得出了另一个值得注意的现象。由于黍亚科植物中有许多品种是常见的田间杂草,因此,考古遗址出土的杂草类植物种子与谷物数量的比值在一定意义上能够反映当时的农作物加工情况或耕作技术水平。根据这一原则,研究者初步认为,尉迟寺遗址大汶口文化晚期的农田耕作仍处于较为粗放的阶段,耘田的技术和程度都不发达,而到龙山文化时期,杂草种子数量的比例骤然下降,说明当时在精耕细作方面有了显著进步[3]。

在尉迟寺以东,属于龙山文化时期的苏北连云港藤花落遗址和赣榆后大堂遗址均有水稻遗存的发现[4]。特别是藤花落,考古工作者在若干遗迹单位(如G8、H149、H72等)中发现炭化稻米数百粒。从外形上来看,这些稻米粒与现代栽培稻已极为相似[5]。经过鉴定,这些稻米是古稻演化中的重要一环,处于向粳型水稻方向演化并逐渐定型的关键时期[6]。

再往北,在滕州的庄里西遗址,研究人员采用水浮选法从若干灰坑中浮选出280余粒炭化粳米。遗址中与粳米伴存的还有野大豆、黍、酸枣果核、野葡萄的种子、高粱小穗的颖片,以及大量蔷薇科植物果核。科技人员推测,龙山时期庄里西

---

[1] 中国社会科学院考古研究所、安徽省蒙城县文化局:《蒙城尉迟寺》(第二部),第335页。
[2] 中国社会科学院考古研究所、安徽省蒙城县文化局:《蒙城尉迟寺》(第二部),第335页。
[3] 中国社会科学院考古研究所、安徽省蒙城县文化局:《蒙城尉迟寺》(第二部),第336页。
[4] 林留根等:《藤花落遗址聚落考古取得重大收获》,《中国文物报》2000年6月25日;林留根、张文绪:《黄淮地区藤花落、后大堂龙山文化遗址古稻的研究》,《东南文化》2005年第1期。
[5] 林留根等:《藤花落遗址聚落考古取得重大收获》,《中国文物报》2000年6月25日。
[6] 林留根、张文绪:《黄淮地区藤花落、后大堂龙山文化遗址古稻的研究》,《东南文化》2005年第1期。

遗址居民在周围湿地上开展稻作农业,而在丘陵区种植生长期短、易于管理和较耐干旱的黍作。大量粳米的发现说明,在距今4 000前左右山东南四湖地域已是粳稻栽培的重要地区①。

在鲁东南沿海地区,自大汶口文化晚期以来就有迹象显示,那里也可能存在稻旱混作经济。到龙山文化时期,这一滨海多水的环境中,已有越来越多的考古证据证实该区适合水稻的种植。如在两城镇遗址,研究者对265份样品做了分析,发现炭化植物种子4 000余粒,鉴定出19类不同植物的种子,其中稻谷454粒(龙山中期)、粟98粒(早期2粒、中期96粒)、黍6粒(龙山中期)。可见,稻作农业在两城地区的经济生活中占有重要地位,其重要性甚至超过了粟。更值得一提的是,在这次浮选中,实验人员还发现了2粒炭化小麦。与现代普通小麦相比,它们尺寸非常小,经测量灰坑H42发现的麦粒长4.6、宽2.6毫米②。另外,胶州赵家庄遗址也发现了炭化小麦。根据对H339出土的一粒炭化小麦的^{14}C年代测定,其年代为公元前2500~前2270年。这个年代与该聚落的年代大体一致,相当于龙山文化早中期。这是到目前为止山东地区考古遗址中"唯一有明确测年的小麦遗存"。除小麦之外,该遗址还出土了水稻、谷子、黍子和大麦等农作物遗存,并且发现了水田遗迹③。另外,鲁西的教场铺龙山文化遗址也发现有炭化小麦标本④。

相比于大汶口文化时期,龙山文化时期的农作物品种增加了,说明在社会经济发展的过程中,地区间的联系加强,为新作物的引进创造了有利条件,而农作物的多样化则增强了经济生活的安全系数⑤。

与此同时,大量容器、酒器、储藏粮食窖穴的发现,也从侧面间接证明了龙山时期农业经济的发达。综上可知,在龙山时代,淮北范围内的农业经济应是以稻旱混作为特点的,且相比于大汶口文化时期,水稻种植范围扩大,农作物种类更为多样化,农业经济的安全系数更高。

---

① 孔昭宸、刘长江、何德亮:《滕州庄里西遗址植物遗存及其在环境考古学上的意义》,《第四纪研究》1999年第4期。
② 凯利·克劳福德、赵志军等:《山东日照市两城镇遗址龙山文化植物遗存的初步分析》,《考古》2004年第9期。
③ 靳桂云、燕生东、刘长江:《山东胶州赵家庄遗址发现龙山文化小麦遗存》,《中国文物报》2008年2月22日。
④ 赵志军:《两城镇与教场铺龙山时代农业生产特点的对比分析》,《东方考古》第1集,科学出版社,2004年。
⑤ 凯利·克劳福德、赵志军等:《山东日照市两城镇遗址龙山文化植物遗存的初步分析》,《考古》2004年第9期。

2. 家畜饲养和渔猎业

龙山文化时期家畜饲养种类以猪为主,兼有牛、羊、鸡、狗等。

猪在龙山文化时期被广泛饲养,是人们肉食的主要来源。许多遗址中都能见到大量破碎的猪骨,如在尹家城遗址,猪骨数量甚多,经鉴定的下颌骨个体达175件,其中118件出自较大型墓葬①,猪的骨骼所占比例达到29.6%②。再如西吴寺遗址,也出土大量猪骨,所占比例达43%,说明西吴寺先民善于养猪,并以猪作为食物来源③。蒙城尉迟寺遗址龙山时期的家畜饲养状况与大汶口文化晚期基本相同,仍以养猪为主,同时还有牛、狗。整个家畜比例在50%左右。在尉迟寺的肉食结构中,家畜并不占明显优势,尉迟寺同样有着丰富的野生动物资源。不过从猪的死亡年龄结构和臼齿长度来看,龙山时期家猪饲养水平已有所进步④。牛、狗在龙山文化家畜饲养中也占有一定比例,西吴寺、尉迟寺、尹家城均有相关遗存的发现。

龙山时期农业和饲养业的繁荣,无疑为人类的粮食与肉食来源提供了基本保障,但与此同时,发达的渔猎经济亦从旁做了有益补充。当时的渔猎工具与大汶口文化时期类似,有鱼镖、骨镞、蚌镞、骨矛、骨锥、骨梭形器、石镞、石矛、鱼钩、网坠等等。从西吴寺出土的属龙山文化时期的动物骨骼来看,有麋鹿(10%)、梅花鹿(20%)、獐(4%)、龟(3%)等,可见狩猎经济仍占有很大的比重。龙山时代当地森林覆盖度较好,也有沼泽与草地。邻近的泗水尹家城动物骨骼标本统计显示,鹿类所占比例相当之高,占到64.8%,说明当时存在适宜有蹄类生活的自然景观。皖北蒙城尉迟寺出土动物骨骼同样显示,当时当地对野生动物的捕猎占有很重要的地位,其中鹿科动物在整个肉食资源中占有很高的比例⑤。除了狩猎有蹄类野生动物外,水生资源也是渔猎的对象。河蚌、田螺、鱼、鳖、龟等,在淮北境内龙山时期遗址中几乎都有发现。淮北境内,无论是鲁东南、鲁中南、苏北,还是鲁豫皖交界区域,在龙山时期,都有一定规模的水生环境,如沼泽、湖泊、河流等,为当地居民提供了渔猎资源。

整体上看,淮北地区龙山文化一方面继承了大汶口文化的优良传统,一方面又比大汶口文化时期有了新的进步,如农作物更为多样化,农业经济的安全系数更

---

① 山东大学历史系考古专业:《泗水尹家城》,第155页。
② 山东大学历史系考古专业:《泗水尹家城》,第350页。
③ 国家文物局考古领队培训班:《兖州西吴寺》,第249页。
④ 中国社会科学院考古研究所、安徽省蒙城县文化局:《蒙城尉迟寺》(第二部),第326~327页。
⑤ 中国社会科学院考古研究所、安徽省蒙城县文化局:《蒙城尉迟寺》(第二部),第327页。

高。又如龙山文化时期的城址如雨后春笋般兴起,较大汶口文化时期有了很大的变化。但是,区域发展的不平衡性、局部地区文化序列的断裂性在苏皖淮北地区仍然存在。

三 藤花落:一隅之兴与社会分化

在第二章中,我们主要借助墓葬、住居及聚落群之间的关系探讨了大汶口文化时期的社会关系。考古资料表明,至晚从大汶口文化中期开始,淮北及毗邻区域,贫富阶层分化已经显现,人与人、区域与区域之间的关系逐渐由相对平等向不平等转化。龙山文化时期总体的社会关系延续了这种趋势。由于目前考古资料的不平衡,难以对淮北、江淮不同小区的社会关系做面面俱到的探讨,故拟对典型遗址进行个案分析。就苏皖淮北而言,连云港藤花落遗址是观察龙山文化时期苏北社会关系、社会形态较好的样本。由此也可看出一个问题,即在第二章中,我们较多分析了其他遗址,而在这里,我们却要借连云港的藤花落遗址来分析,这在某种程度上也正说明了淮北地区文化发展的不平衡性与转移性。

连云港藤花落遗址地处海州湾。海州湾包括今天江苏省的东北部和山东省的东南部,是一个半开阔的海湾地带。藤花落遗址坐落在南云台山和中云台山之间的冲积平原之上,海拔高度6~7米。20世纪90年代后期以来,南京博物院的考古工作者对该遗址进行了多次发掘,揭露面积逾4000平方米,发现龙山文化的城址、台基、房址、灰坑、水沟、水稻田等大量遗迹[1]。藤花落内城范围内一共发现44座房址,从房屋建筑特点上看,绝大多数采用的是带基槽的木骨泥墙建筑法。房屋按形状可分为圆形、方形、"回"字形、"目"字形、"日"字形、曲尺形等;按功能可分为特殊用途的礼制建筑和日常生活住房;按空间分割则可分为单间、双间、多间、套间等几种[2]。多种形态的房址为观察藤花落社会结构提供了很好的机会。房屋形制与结构的不同,可能具有不同的社会功能,同时亦暗示藤花落这一区域社会内部人与人关系的不同形态。下面对不同形态、功能的房址材料举例介绍[3]。

---

[1] 林留根等:《藤花落遗址聚落考古取得重大收获》,《中国文物报》2000年6月25日。
[2] 南京博物院、连云港市博物馆:《藤花落——连云港市新石器时代遗址考古发掘报告》,科学出版社,2014年,第87页。
[3] 相关考古材料均引自藤花落发掘报告。

F26(图20),处于Ⅱ号台基的中心部位,平面呈回字形,外间面积达100平方米,内间面积达31平方米。特殊的结构说明它特殊的用途,它已不是普通的民居,而是一座与宗教、祭祀或其他大型集会等活动有关的建筑设施[①]。

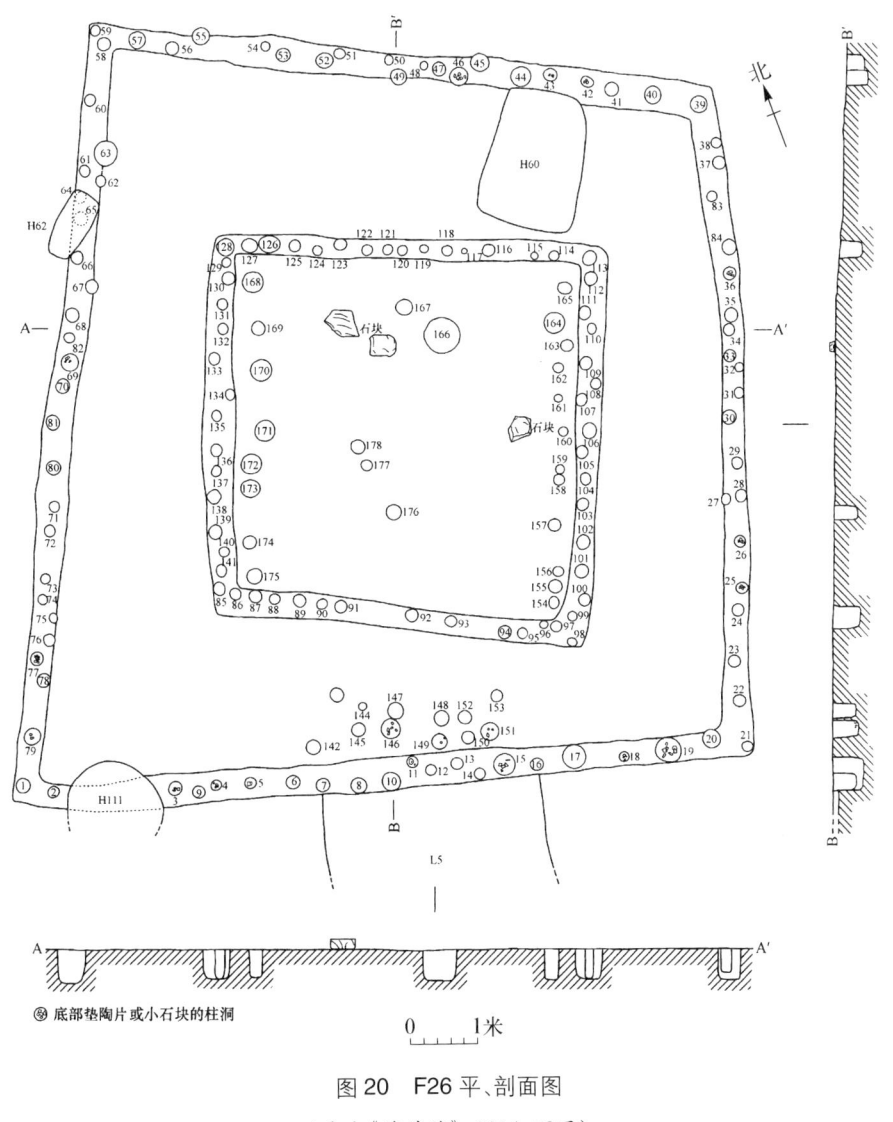

图20 F26平、剖面图
(采自《藤花落》,2014,下同)

---

① 林留根等:《藤花落遗址聚落考古取得重大收获》,《中国文物报》2000年6月25日。

F36(图 21),为一座连续 7 间的大型长排房基址。房址全长 16.75 米,东南部略宽为 3.5 米,西北部略窄为 2.9 米,总面积约 55 平方米。排房大体分为均等的 7 间,各间有隔墙相隔。隔墙与房址的北端相接,与南墙之间均留有 0.2~1.7 米宽的缺口,推测应是各间的通道所在。另在东数第三间房的南基槽外约 0.2 米处,发现有两道黄土细带,宽约 0.07 米,长分别为 0.6、0.78 米,与南基槽平行。黄土细带的中间及南面的东西两头各有一个柱洞,直径约 0.2 米,深约 0.15 米。推测此处是 F36 与外界联系的门道所在。

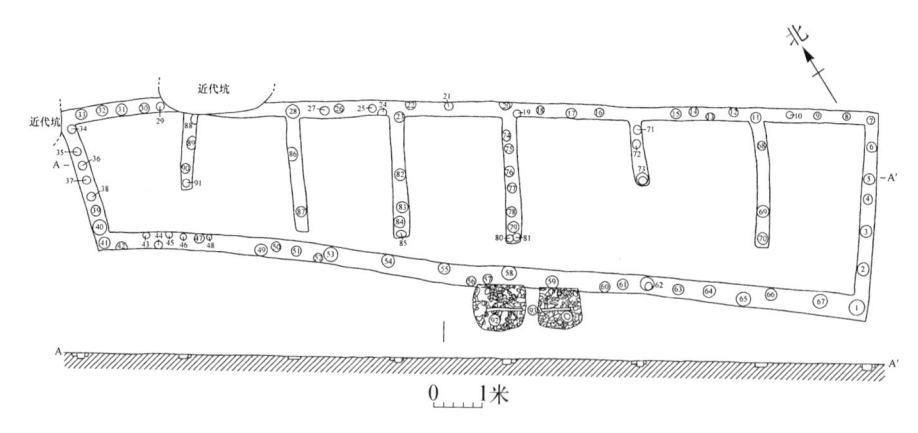

图 21　F36 平、剖面图

F43(图 22),为一座圆形房址。面积约 8 平方米,与 F36 的单间房址面积差不多。门道在房址的西南侧,那里有近 2 米范围内未发现柱洞。发掘者据此推测,该处应是门道所在。房址的中间发现有中心柱洞,口径 0.35 米,深 0.45 米。中心柱洞南面靠近基槽处发现有一座火塘,平面呈椭圆形,浅圜底,长径 0.87 米,短径 0.64 米,深 0.11 米。火塘内发现有成堆的红烧土块及大量细小的炭粒和炭屑,出土有较多的龙山文化中晚期的大陶片,器形有折腹鼎、平底罐、大口罐、器盖等。另外还复原了一件高圈足盘。从火塘内的堆积情况及出土的遗物判断,该火塘应是 F43 的灶。从 F43 的面积、门道、火塘等因素判断,其相当于一个核心家庭居住生活的空间。

F45 和 F7(图 23)属排房建筑。南面一进 F45,由两间房址和门道外的红烧土活动广场组成,东西总长 8.5 米,南北总长 5 米,面积 42.5 平方米。房址现存基槽,槽内共发现有 41 个柱洞,大小基本一致,多数在 0.15~0.25 米之间。房址中间有一

图 22　F43 平、剖面图

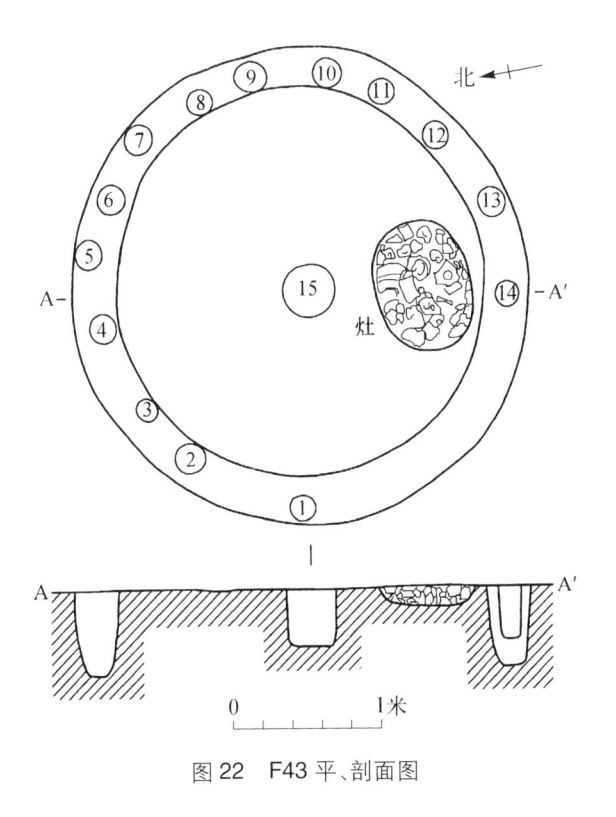

隔墙,隔墙与北基槽相连,距南基槽约 0.55 米,应是过道所在。隔墙把房子分为两间,东间较宽,西边稍窄,内宽分别是 4、3.3 米。门道在东间房的南面中间。在门道的前方有一大片红烧土堆积,与门道相接处稍窄,之后向两侧延伸约 1.6 米,然后再折而向前,并向探方外延伸。此片红烧土堆积颗粒大小均匀,土质较纯净,厚约 0.3 米,平面形状较规则且方向与门道一致,推测应是 F45 前的活动场所。西间内发现一长方形睡炕(即图中 H178),为红烧土堆积,颗粒较为均匀,土质较坚硬,厚约 0.15 米,边缘线与房址的几面墙基本平行,推测为 F45 的睡炕。西间房址内发现有一椭圆形灰坑,坑内发现一具完整的成年猪骨架,猪头方向与门道一致,为西南向。推测该坑应是 F45 的奠基坑(即图中 H179)①。北面一进即 F7,由 4 间房址组成,东西总长 12 米,西侧南北宽 5.2 米,东侧南北宽 4.2 米,面积 56.4 平方米。房址现存基槽,槽内共发现有 64 个柱洞,大小基本一致,多数在 0.15~0.25 米之间。分为 4 间房址,东面 3 间房址宽度相近,在 1.8 米左右,其中东数第三间房址的北部发现有

---

① 南京博物院、连云港市博物馆:《藤花落——连云港市新石器时代遗址考古发掘报告》,第 97 页。

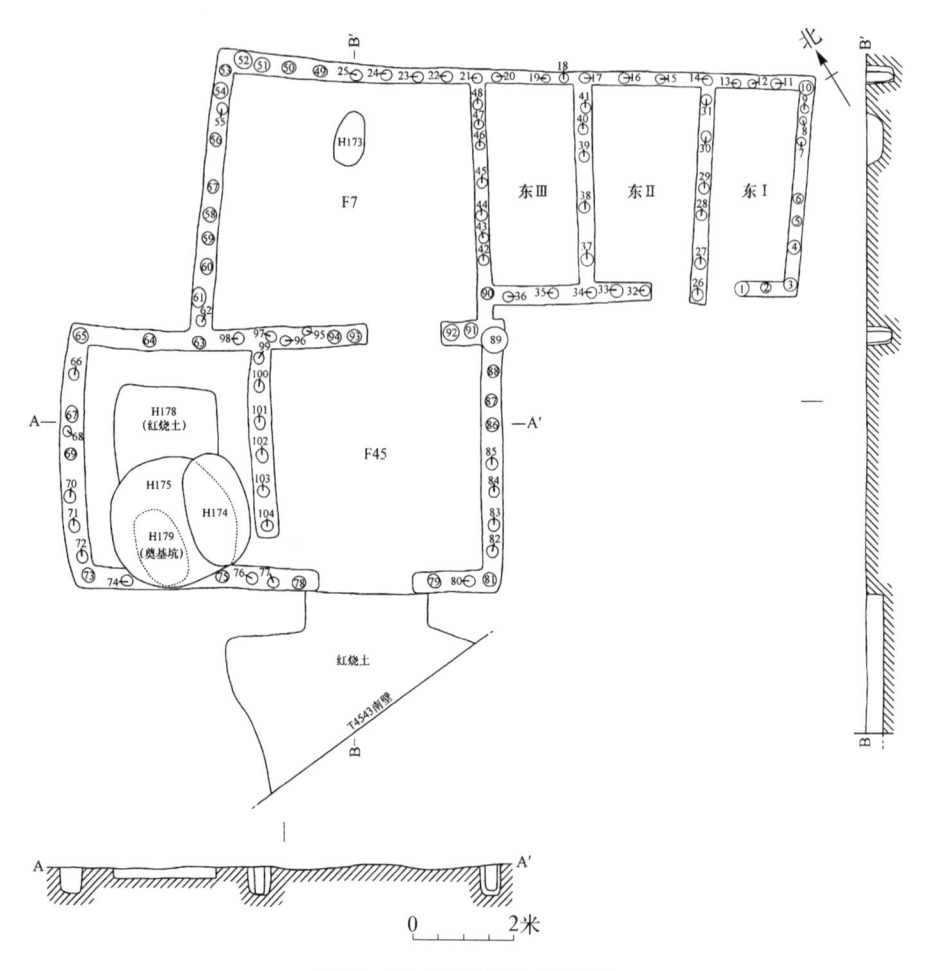

图 23　F7、45 套房平、剖面图

一个直径 0.5 米的火塘。西侧房址较宽,为 4.6~5.2 米,与 F45 的东间房址相连,由东间房址的北面门道进入该房。东面的 3 间小房址当属于附属建筑。

F7、F45 构成一大套房址,功能齐全,南北总长约 10 米,东西总长约 14.3 米,总面积近 100 平方米。房址的睡炕、奠基坑、红烧土活动场所以及附属建筑等情况表明,该房主的身份地位不一般,在藤花落社会应该具有一定地位。

F48(图 24),大型台式建筑,建筑的周围垫有两层较纯净的灰黄土,形成高出周围地面 0.2 米左右的小高台。小高台平面呈"凸"字形,而 F48 就坐落在这一小高台的中间。这应该不是一般民众日常居住的房屋。F48 现存基槽、单间、拐弯处圆角,整个平面呈"回"字形,东西长 6.32 米,南北长 4.75~5 米。房址的四周基槽内未发现有门道的迹象,但在房址的西南正前方,发现有两排柱洞,基本平行,间距约 1.25 米,每排的前几个柱洞相距较近,最后一个柱洞紧靠房址的南侧基槽,与前几个柱洞相距稍远。发掘者推测这两排柱洞可能是该房的木构阶梯遗迹,由阶梯拾级而上,进入房子。

图 24　F48 及红烧土广场

(采自《东南文化》2005.3)

F48 所在的小高台周围分布着大面积的连成片的红烧土堆积,与 F48 一样开口于⑥层下,目前所知其范围达 300 多平方米。它平面上呈圆角方形状,东南至西北方向略长,东北至西南方向略短。此方向与 F48 及小高台的方向基本一致。经解剖得知:红烧土堆积中间厚,边缘薄,系由细碎的烧土颗粒构成,偶含有大块的烧土及窑汗,出土有少量的龙山文化中晚期的陶片。从红烧土堆积的形状、范围、构成以及包含物可以看出,该堆积不是房子的倒塌堆积,而是人工有意铺垫而成,应是以 F48 为中心的大型的活动广场。红烧土堆积的南部及东部发现有 3 处烧土堆。烧土堆的表层为含有较多炭黑的灰土,其下为块状的烧土,中间部分略鼓起,整个坐落在红烧土堆积之上。另外，在红烧土堆积的东部，同层位下发现有一灰坑，编号为H199。该坑内发现有单个少年头骨及一堆陶容器。陶器为厚胎粗砂陶，质地粗疏，较零碎，从器形分析当是釜式缸形器。结合F48、大片红烧土堆积推测，该坑可能是祭祀坑。由此推测，F48当不是一般意义上的居住性房址，而是一处大型祭祀遗存的组成部分，这处祭祀遗存由F48、大型红烧土广场、烧土堆和祭祀坑一起构成。F48当是社会复杂化和等级分化的一种物化形式。

从藤花落排房建筑的特点来看，它与大汶口文化尉迟寺遗址的排房建筑有所不同。尉迟寺的排房体现出一种"既隔且联"的特点，除了个别房址之间的隔墙上开有门道形成套间外，绝大部分排房的房址间的隔墙是闭合的，即隔墙与两边的墙体是连着的。而藤花落遗址的排房与此不同。从上文对F45和F36的介绍中可以看出，它们房址中间的隔墙并不与两侧的基槽完全闭合，F45的隔墙距南基槽约有0.55米的间隙、F36的隔墙也与南墙之间留有0.2~1.7米宽的缺口。发掘者推测，这样的间隙或缺口乃房址间的过道所在。也就是说，这些排房的内部是一个套间结构，在房址之间"联"的程度上，要强过那些隔墙完全闭合的。当然，这种在隔墙上设置门道的排房在尉迟寺也有，但总的来说，这种特点的排房在尉迟寺不多见。另一个特点是，藤花落的排房往往只设一个联系外界的门道。如F45，门道在东间房的南面中间；F7亦是；F36，在东数第三间房的南基槽外，约0.2米处有两道黄土细带，黄土细带的中间及南面的东西两头各有一个柱洞，推测此处是F36与外界联系的门道所在。如果发掘者对考古迹象的判断无误的话，那么这种门道的设置的确很有意思，像F36，连续7间的大型排房，却只有一处与外界联系的门道。这与尉迟寺每个单间房址上皆设一个，甚至两个门道的情形不可同日而语。F36总面积约55平方米，分成7间，每间8平方米不到。参考有关人员对尉迟寺遗址人口的研究，认为10平方米以上的单间房屋居住着3~4人的核心家庭[①]。那么藤花落8平方米不到的单间房屋可居住2~3人。整座排房大概可生活14~21人。在一个55平方米的排房中，居住着14~21人，其局促是可想而知的。当然，这只是根据面积所做的可居住人口的推测，在一个8平方米不到的房间中，完全可能住着1~2人，这样一座排房就是7~14人，相比于前者就宽敞多了。基本上，像藤花落F36这样的排房，认为每间房屋生活着1~3人的核心家庭还是说得过去的。但是有一点必

---

① 中国社会科学院考古研究所、安徽省蒙城县文化局：《蒙城尉迟寺》（第二部），第410页。

须注意,既然 F36 内部房址之间的隔墙上有门道,则如果每间房屋里住的是核心家庭,那么各自的私属化空间,相较于尉迟寺闭合型的隔墙所营造的效果,则明显不如。

总的来说,根据已经发表的信息可初步认为,F36 排房中居住的是一个有着血缘关系的小型家族,这个家族内部的分化度还不是很高,其核心社会单元应是 1~3 人的核心家庭①。附带一说的是,如果 F36 并非用于人员居住,则又另当别论,因为毕竟这个排房只设一个对外联系的门道有些奇怪;再则,亦未见简报报道 F36 有灶址的迹象。

从以上房址的论述中可以看出,藤花落社会结构最基本的单元是核心家庭,数个核心家庭构成家族。这些房址本身分布在内城范围内,因此,在此之上应当还有更高的社会结构。从 F26、F48、F45、F7 也可看出,在藤花落社会,应该存在一个权威阶层,他们的住居形态优于一般民众,房子更大,功能更齐全,附属建筑也多。在重要的时节,权威阶层会组织祭祀、议会等活动,可能就在 F26、F48 这类有特殊意义的建筑中举行。尽管考古材料显示了藤花落社会是一个阶层社会。不过藤花落的发掘者也注意到,藤花落大部分居民之间象征着社会身份的贫富分化却不甚明显,缺乏像陶寺遗址那样拥有大规模公共墓地、墓地分化已很充分的现象②。我在前面论述尉迟寺遗址时也提到相似的现象,我以为这很可能与尉迟寺、藤花落遗址在更大的地理文化空间范围内相对边缘的位置有关。一般来说,在更为中心的遗址中,贫富、阶层的分化会更突出。

唐晓峰曾就新石器时代的若干中心聚落进行排比,得出这样一条发展线路:即原始时代的人文中心是从单个房屋群中的大型房屋,升级到若干房屋群之间的广场(也可以是大型建筑物),再升级到聚落群之中的中央城邑③。与龙山时代众多中心聚落一样,藤花落也呈现了这样的布局。藤花落龙山城址便是高级的住居和聚落形态,城的选址、规划、布局及营建已足够说明当地社会存在一个特定的组织和领导机构。藤花落龙山文化城址(图 25)分为内外两城,基本属同一时期。内城位于外城内南部,由城垣、城外道路、城门和哨所组成。内城平面呈圆角方形,面积

---

① 肯特·弗兰纳利曾认为长方形的房子为整个核心家庭提供了空间。见 Flannery, Kent V. The Origins of the Village as a Settlement Type in Mesoamerica and the Near East, In *Man*, *Settlement and Urbanism*, edited by Peter Ucko, Ruth Tringham, and G.W.Dimbleby, 1972, pp.23~53.
② 南京博物院、连云港市博物馆:《藤花落——连云港市新石器时代遗址考古发掘报告》,第 450 页。
③ 唐晓峰:《从混沌到秩序:中国上古地理思想史论述》,中华书局,2010 年,第 88 页。

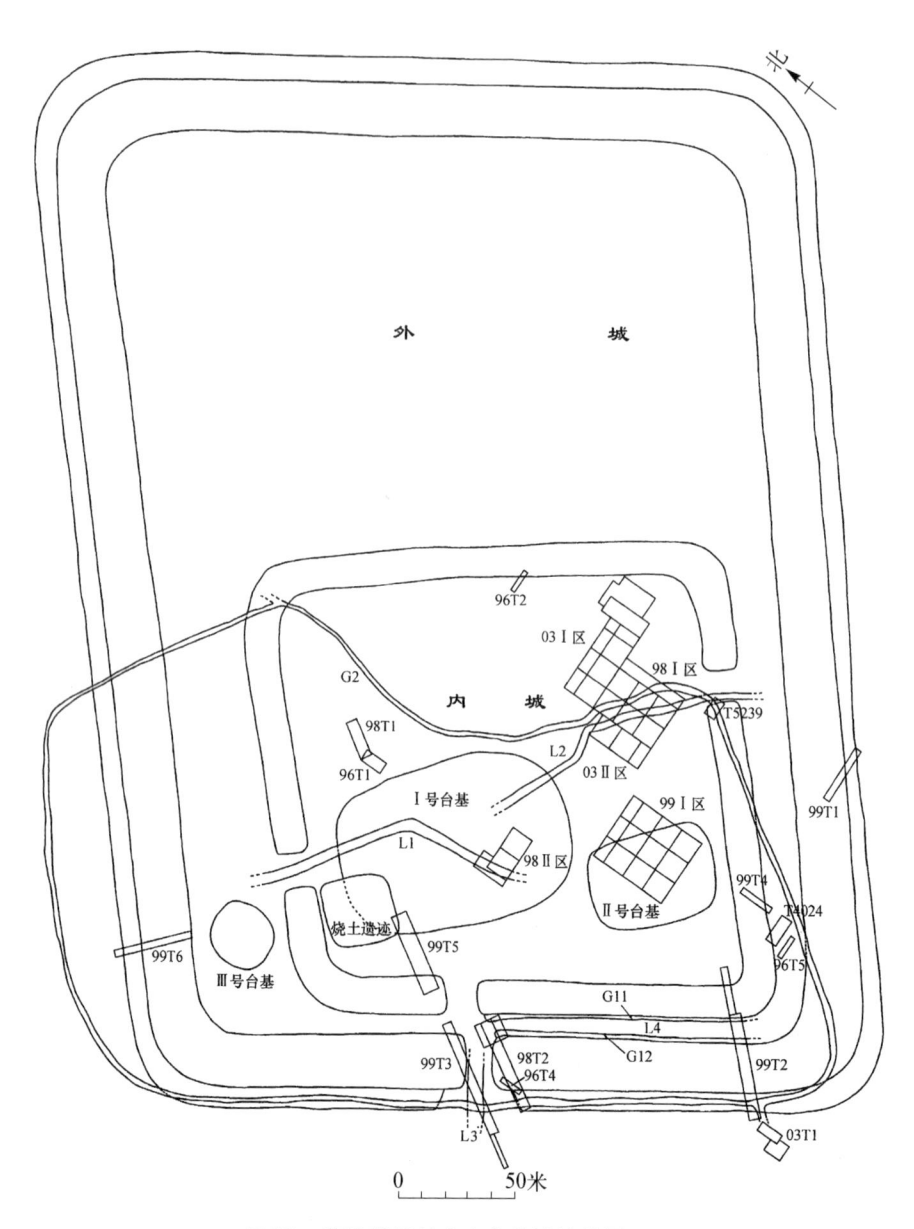

图 25 藤花落遗址龙山文化城址总平面图

较小,约 4 万平方米,城墙系版筑夯打而成,城墙夯土内发现密集的粗木桩,与城墙垂直成排分布;外城平面呈圆角长方形,由城墙、城壕、城门等组成,面积较大,约 14 万平方米,外城采用版筑和堆筑相结合的方法筑成。城墙中间有垄状墙芯,质地紧密,墙芯中部和两侧均有粗壮的木桩用来加固。外城南门与南城墙垂直,基本处于南城墙的中部,稍偏西。城门中间曾挖出一具人骨,当为奠基所置。城门东西两侧城墙版筑土块之下,发现 H146 和 H56 两个奠基坑,各出一成人和儿童骨骸。在近城门的外城墙里侧有 H148,堆积数百层的木炭灰烬,灰烬银白色,可能为一燎祭坑。截至目前,东、西、北门的情况尚不清楚。在 98T2 东部现代沟渠的东剖面上发现内城的南城垣在此中断,形成城墙的缺口,当为内城南门所在,与外城门基本在一条直线上,只稍有错位。城内有三处夯土台基。内城范围内发现Ⅰ号、Ⅱ号两处夯土台基。面积约 7 000 平方米,台基之上发现道路和底部垫有石块的大型柱洞等。Ⅱ号台基位于Ⅰ号台基的东南部,面积约 2 100 平方米。系用纯净的黄土堆筑而成,向北有一平缓的斜坡。Ⅱ号台基之上发现了大型房址等建筑遗迹。Ⅲ号台基处于西部内外城之间,平面为圆形,面积约 600 平方米。城内有道路系统。主要道路为 L1 和 L2。L1 路面较平整,没有凹陷,为多层料礓间隔黄灰沙土筑成铺就,料礓颗粒细小,圆钝无锐棱,不见大的石块。路两边各有一条小型排水沟,斜直壁、平底,由南北折向西北,可能通向西城门外。L2 为东西走向的干道,由两侧的路沟和中间的路芯组成。路芯呈弧凸状堆积,由细腻的灰砂土筑成,较坚硬,分若干细层。路沟呈凹弧形,底部较平,且铺有陶片,呈西北—东南走向,向东南伸过内城的东城墙,其与内城墙的交接处疑为东城门所在;向西北方向延伸至Ⅰ号台基之上,可能由此与 L1 相连。在南部内外城之间发现了道路 L4 以及道路两侧的排水沟 G11、G12、G13。L4 又与外城门的门道 L3 相交接。外城墙的外侧环绕城壕,宽 7.5~8,残深 0.8 米,弧壁、凹圜底。城壕在南城门处被城内道路 L3 隔断,作为出城通道。另外,城外和北部内外城之间有着保存较好的稻作农业生产区。

  这座龙山城址修建于龙山文化早期偏晚阶段,中期后段废弃[①]。由于藤花落滨海,龙山时期曾经有过高海面,所以一般很容易将藤花落城址的废弃与海侵联系起来。不过有研究人员在对藤花落遗址末期地层中有关样品做了分析鉴定后,未发现任何有孔虫等与海相环境有关的证据,这说明藤花落遗址的消亡与海侵无关。

---

① 林留根等:《藤花落遗址聚落考古取得重大收获》,《中国文物报》2000 年 6 月 25 日。

其转而发现,藤花落遗址龙山文化后期存在过河流相水生环境,且从藤花落遗址07LTT1探方龙山文化末期之上出现较高的 Rb、Sr 含量推测,在龙山文化晚期藤花落遗址地区出现了大规模的降水事件,当时该区的环境处于一种过湿的积水或湿地环境,不适合人类居住,藤花落居民遂不得不迁徙它地①。

尽管藤花落城址废弃了,然而它的发现对于探讨中国史前城址的平面布局,以及当时的社会结构有着重要意义。藤花落城址是中国迄今发现的第一座内外城结构的史前城址。它虽然偏居一隅,滨海而建,但却自成中心。农业、家畜、狩猎经济多种经营。在城内,道路、水沟的铺设,夯土台基、房址的营建,水稻田的布置,都经过事先的统筹规划。城的建造上,夯土致密、纯净,夯土中大量的用以加固的木桩,暗示当时当地有着丰富的森林景观,同时亦反映了藤花落社会在人力、物力、总体筹划力上的非同一般。夯土台基、城门下的奠基坑,以及燎祭坑的存在,则说明藤花落社会应该有着程序化的宗教祭祀礼仪性活动,其目的当为祈福禳灾,保佑平安。

总的来说,藤花落城址是当时住居环境发展到较高水平的一个体现,它的建造也反映了当地社会的组织与管理能力不一般。城的拔地而起,宣告了城本身所代表的聚落从其他众多聚落中脱颖而出,形成中心。

从大范围来看,龙山文化时期是城址涌现的时代。

城是聚落发展到一定阶段的产物②。在新石器时代,直观意义上的城,指的是带有垣墙这种防御性设施的聚落。显然,在外部形态上,城是一种更大型、优越、复杂的住居环境,战争时期,城墙可以防御;洪涝季节,城可防灾。城墙还将一群人与其他人隔离开来,形成相对私属化的空间。城的出现,不仅从技术上反映了住居形态的改进;更重要的,它常被作为反映社会形态前进的一个重要指标。城墙分割了城市的功能区与不同身份的居民群体,以达到控制的目的;城市(特别是都城)在空间布局上也基本适应礼制的需要,将礼制的精义通过空间展布的方式表现出来,从而也被赋予了某种"文化权力"③。

苏秉琦在对文明起源的探索中,曾经提出"古文化、古城、古国"的概念。他认

---

① 李兰、朱诚等:《连云港藤花落遗址消亡成因研究》,《科学通报》2008年第53卷增刊 I。
② 严文明:《中国新石器时代聚落形态的考察》,《庆祝苏秉琦考古五十五年论文集》。
③ 鲁西奇:《中国历史的空间结构》,广西师范大学出版社,2014年,第339页。

为古城是指城乡最初分化意义上的城和镇①。邵望平认为,当以私有制为基础的多层次的金字塔式的社会结构占据支配地位时,城市便成为统治权力的中心、社会物质精华的聚敛中心、维护社会新秩序的礼制与宗教中心。龙山时代的城址,其社会功能已不同于原始聚落的寨墙或原始公益建筑,而应是处于城市初现期的、作为统治权力象征的邦国都邑②。张学海认为龙山城址聚落群当是一个龙山古国,在这些城址聚落中,彼此又有等级差别。其中一级龙山城相当于古国的政治中心,具有"都城"性质;二级城的规模要比一级城小得多,尤其是它不是古国主要的政治中心,但又明显高于村落,因而具有"邑城"的性质,应是古国二级行政权力所在。再加上大批一般聚落的存在,当时的社会已形成"都、邑、聚"的等级结构③。联系藤花落的考古发现,我认为龙山文化时期的藤花落应当具备了"邑城"的性质。它与日照地区的城,隔海州湾相望,一南一北,相距不远,两者在当时可能既有合作,亦有竞争。在各自的小区内,这两座城址均为聚落群的中心,调控着当地的资源、人力与贸易。龙山时期的藤花落一带已经是一个较为明显的阶层社会。城内发现有明确的祭祀区,在南城门和南城门口东西两侧城垣夯土中发现的人祭、燎祭和动物祭坑,当属"人牲"和"牺牲"。城址内祭祀区的形成,说明当时氏族公共权力集中,部落贵族通过祭祀活动掌握氏族公共权力,并通过神权进一步强化王权,逐渐成为社会的管理阶层,成为掌握主要公共资源和权力的贵族④。无论如何,藤花落城址及城内的聚落布局反映了该小区社会进程中的一次兴盛。

再看龙山文化时期的皖北,如前所述,皖北龙山文化晚期有王油坊类型龙山文化。该文化类型分布在鲁豫皖交界区。王油坊、尉迟寺、商丘坞墙、鹿邑栾台,平粮台,以及柘城山台寺都发现有排房建筑,以及其他类型,如方形、圆形的房址。尉迟寺龙山时期的排房建筑,基本上延续了大汶口文化的建筑风格,最明显的特征是均为红烧土烧烤建筑,门向西南。但是从现有资料可以看出,到龙山文化时期房屋建筑形式已经发生了较大的变化,看不出大汶口时期的挖槽、立柱、筑墙、抹泥、烧烤的整套工序,仅能看出经过了烧烤,说明整个建筑方法与前期有很大的差异⑤。豫

---

① 苏秉琦:《辽西古文化古城古国——兼谈当前田野考古工作的重点或大课题》,《文物》1986年第8期。
② 白云翔等:《中国文明起源座谈纪要》,《考古》1989年第12期。
③ 张学海:《试论山东地区的龙山文化城》,《文物》1996年第12期。
④ 南京博物院、连云港市博物馆:《藤花落——连云港市新石器时代遗址考古发掘报告》,第450页。
⑤ 参见中国社会科学院考古研究所、安徽省蒙城县文化局:《蒙城尉迟寺》(第二部),第293页。

东地区所见排房建筑亦有地域特点,比如使用白灰面、夯筑技术、错缝垒砌技术筑墙、有些房基下面有埋人现象等等。这个区域的住居形态反映出社会结构最基本的单元也应是核心家庭,但由于资料所限,贫富阶层的分化并没有明显的呈现。

同一时期,与苏北、皖北毗邻的小区则呈现出了较严重的社会分化。鲁东南沿海日照地区可能存在四个聚落等级①。泗水尹家城、兖州西吴寺、临沂大范庄、日照两城镇、尧王城等遗址中的墓葬信息也反映了贫富的分化。不过单就苏皖淮北而言,发现的墓葬材料不多。皖北蒙城尉迟寺前后两个阶段仅发现龙山文化墓葬24座,均属中小型墓葬,绝大部分墓葬无随葬品。在墓葬数量上,尉迟寺龙山时期已远远不及大汶口文化晚期,这可能与当地人口减少有关。尉迟寺龙山文化墓葬一如大汶口文化时期,没有显现出明显的贫富分化,可能仍与这个遗址相对边缘的位置有关。因为边缘地区的社会关系分化一般不如中心地区来得剧烈。或许今天中国的现状可以参考,东部发达地区的贫富分化远较西部地区明显。

第二节 江 淮 地 区

龙山文化时期是一个动荡变化的时代。相较于大汶口文化时期,龙山文化时期各区域文化内部的阶层、贫富之分化不但没有减缓,相反愈演愈烈;区域文化外部各区域之间的接触、碰撞、冲突也越来越频繁。

在经历了大汶口文化时期已经可以看到的文化压势后,进入龙山文化时期,形势更为严峻。无论是江淮东部,还是安徽江淮,都可以看到大量的外来文化特色。

一 江淮东部的"间歇性"遗存

江淮东部,在龙虬庄文化、陆庄一类遗存之后,由于高海面等自然原因,导致当地文化序列出现暂时性的中断。从现有考古学材料来看,再次发现的文化遗存差不多相当于龙山文化晚期。较为典型的遗址有兴化南荡②、高邮周邶墩③。除此之

---

① 方辉、文德安等:《鲁东南沿海地区聚落形态变迁与社会复杂化进程研究》,《东方考古》第 4 集,第 252~287 页。
② 南京博物院考古研究所、扬州博物馆、兴化博物馆:《江苏兴化戴家舍南荡遗址》,《文物》1995 年第 4 期。
③ 南京博物院考古研究所、扬州博物馆、高邮文管会:《江苏高邮周邶墩遗址发掘报告》,《考古学报》1997 年第 4 期。

外,遗址数量屈指可数,生态环境对社会进程的制约由此可见一斑。

南荡遗址位于江苏兴化,地属里下河平原。1992年,兴化市博物馆、南京博物院、扬州市博物馆对南荡遗址进行了考古发掘,发现了灰坑、灰沟、房子等遗迹,陶器、石器、骨器等遗物。从陶器的面貌来看,陶器以夹砂陶为主,泥质陶次之。夹砂和泥质陶中,又均以灰陶为多,次为灰褐陶、黑陶,红陶较少。陶片多为素面,有纹饰的以拍印绳纹为多,可分为粗、中粗和细绳纹;另有少量的弦纹、篮纹、方格纹,还有极少量的梯格纹、网状纹、羽状纹、刻纹等。器种有鼎、甗、鬶、罐、瓮、盆、壶、豆、杯、钵、碗等。经过器物类型学比较,发掘人员发现南荡遗存在里下河地区无渊源可寻,而与豫东王油坊类型龙山文化相似。二者的器类基本一致,同样缺少斝、鬲一类的陶器;常见的陶器有罐形鼎、大袋足甗、直腹或弧腹盆、高柄浅盘豆、高领的瓮和罐、假圈足碗、阔把杯、高流鬶、高流壶等。当然两者之间也存在一定区别,如南荡文化遗存中,陶器纹饰以绳纹为主,而王油坊类型龙山文化则以方格纹为主,至于羽状纹、梯格纹等,不见于王油坊类型龙山文化;王油坊类型龙山文化中常见的大口深腹罐,南荡文化遗存中基本不见;南荡文化遗存中也基本不见蚌器和角器;居住遗迹方面,南荡发现有半地穴干栏式建筑,平面呈不规则椭圆形,而王油坊类型龙山文化的居住遗迹为方形或圆形,多为地面建筑,两者差异较大。总体来看,考古学界普遍认为南荡遗存与王油坊类型龙山文化有密切联系[①]。

周邶墩遗址中出土了三类不同性质的文化遗存。此处先讨论第一类,第一类是王油坊类型龙山文化遗存(图26)。遗迹主要是灰坑,计有6个。遗物主要为陶器,另有少量石器和骨器。陶器可分夹砂陶和泥质陶两类。与南荡近似,夹砂和泥质陶均以灰、黑陶为主,各有少量红陶、白陶、红褐陶。陶器制法以轮制为主,器形规整,厚薄均匀。陶器表面装饰多为素面。纹饰以绳纹为多,其次有弦纹、篮纹、方格纹、梯格纹,另有少量附加堆纹、捺窝纹等。器类主要有鼎、甗、甑、瓮、罐、盒、盘、豆、杯、钵、器盖和纺轮等。周邶墩第一类遗存在陶系、纹饰、器形上与南荡遗存基本一致,也属于王油坊类型龙山文化。

[①] 南京博物院考古研究所、扬州博物馆、兴化博物馆:《江苏兴化戴家舍南荡遗址》,《文物》1995年第4期;张敏、韩明芳:《虞舜南巡狩与勾吴的发端》,《南京大学学报(哲学·人文科学·社会科学版)》1999年第3期;张敏:《南荡遗存的发现及其意义》,《中国社会科学院古代文明研究中心通讯》2002年第4期。后又收入《华夏文明的形成与发展》,大象出版社,2003年,第172~182页。高蒙河:《长江下游考古地理研究》,复旦大学出版社,2005年,第301页。

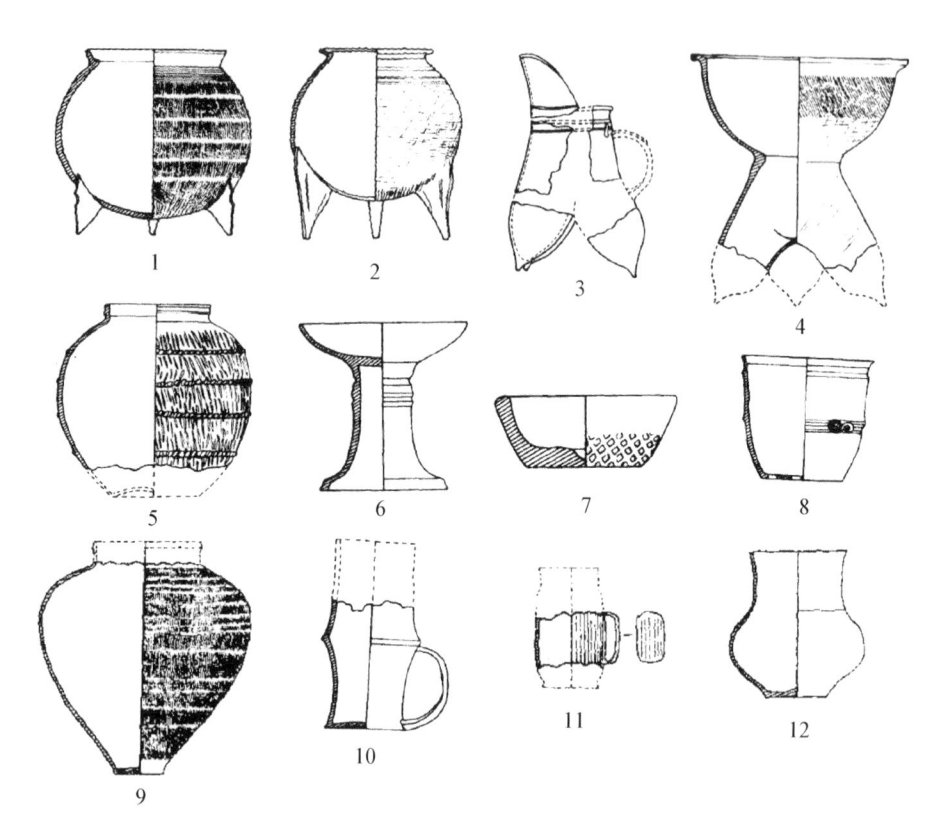

图 26　江淮东部与王油坊类型龙山文化类似的文化遗物

1、2. 罐形鼎　3. 鬲　4. 袋足甗　5. 罐　6. 豆　7. 钵　8. 甑　9. 瓮　10、11. 筒形杯　12. 壶（1~8、10. 周邶墩；9、11、12. 南荡）

王油坊类型龙山文化在南方的发现并非始于江淮东部的南荡和周邶墩，而是首先发现于点将台文化。点将台文化中大致有三组文化遗存：甲组宁镇地区晚期新石器时代文化遗存、乙组王油坊类型龙山文化遗存及丙组岳石文化尹家城类型遗存。甲组遗存发源于本地，乙组与丙组则均属北来文化因素[1]。由于王油坊类型龙山文化的母区在鲁豫皖一带，所以当它在长江南岸宁镇地区被发现时，颇有些不可思议。从理论上讲，在鲁豫皖交界带和宁镇之间，应当还有此类文化遗存的中间点。据张敏说，这正是他们将研究重心转向江淮东部的一个原因[2]。而南荡、周邶墩遗址中王油坊类型龙山文化的发现的确将这一中间环节补上了。

[1]　张敏：《试论点将台文化》，《东南文化》1989 年第 3 期。
[2]　张敏：《南荡遗存的发现及其意义》，《中国社会科学院古代文明研究中心通讯》2002 年第 4 期。

南荡遗存因为在当地无渊源可寻,而与鲁豫皖区的王油坊类型龙山文化相似,故属于移民文化①。这一点与之前存在于江淮东部的龙虬庄文化、陆庄遗存中的良渚文化因素有近似之处,它们在江淮东部也都没有直接来源。王油坊类型龙山文化属于龙山文化晚期阶段,其与良渚文化在时间上有过交错,但总体要晚于良渚文化。前一章提到,在王油坊类型龙山文化来到江淮东部之前,这个小区受良渚文化的影响较重。到了龙山晚期,北方的龙山文化又占据了上风。

当王油坊类型龙山文化移居南荡,江淮东部迎来了新一轮的文化适应时,与它的前任一样,南荡遗存也不具有持续性。从南荡遗址的文化堆积来看,2万多平方米的范围内,浅薄的文化层呈小片零星分布,说明南荡文化遗存在形成过程中不断挪移,且南荡遗址中所有层位皆为同一时期的文化遗存,其延续时间不会很长,故南荡遗址是一处临时性居住遗址。

这一时期,江淮东部的自身特色已基本无存,而尽为外域文化风格。当然这些移民文化离开了文化母区之后,自然也不可能百分之百与母区文化保持一致。如果硬要为江淮东部寻找本土特色的话,我认为移民文化中发生变异的那一部分或许能够算得上。此外,就这个问题我认为有必要多做些思考。江淮东部的史前文化,从龙虬庄文化算起,接着之后有崧泽文化因素、良渚文化因素、王油坊类型龙山文化因素。必须承认,史前文化演变背后的历史原因是非常复杂的。由于缺乏文献记载,要精确的弄清历史真相殊不容易。目前只能说,从崧泽到良渚,文化间有传承;而从良渚到南荡第一类遗存,则差异颇大。单从前后文化面貌比较,彼此间的文化断裂是较为明显的。

通过近些年在江淮及其邻近地区的发掘,像南荡这样的类似于文化驿站性质的遗存还有不少。比如江阴花山遗址,虽然花山遗址已在江南,出了本书讨论的空间范围,但是为了更好地呈现王油坊类型龙山文化南下的趋势,有必要略作论述。

花山遗址位于江苏省江阴市云亭镇花山村。遗址面积约10万平方米,是一处大型遗址②。花山的主要遗迹有12个灰坑和2条灰沟,出土的遗物有石器、陶器和一块青铜炼渣。

---

① 南京博物院考古研究所、扬州博物馆、兴化博物馆:《江苏兴化戴家舍南荡遗址》,《文物》1995年第4期;张敏:《南荡遗存的发现及其意义》,《中国社会科学院古代文明研究中心通讯》2002年第4期;谷建祥、申宪:《王油坊类型龙山文化去向初探》,《南京大学历史系考古专业成立三十周年纪念文集》,天津人民出版社,2002年。
② 江苏花山遗址联合考古队:《江阴花山夏商文化遗址》,《东南文化》2001年第9期。

陶器遗存主要有三类，其中第一类遗存最值得注意，因为它们不是本地传统器形。陶器属夹砂陶系，器形主要有罐形鼎、绳纹和素面甗、鬲。这类器物的数量不多，约占陶片总数的2.41%。通过类型学比较，它们与王油坊类型龙山文化近似，如罐形鼎和河南永城王油坊遗址以及高邮周邶墩遗址出土的罐形鼎形制十分相似。尽管这类遗存在当地所占比例甚少，但它的发现将王油坊类型龙山文化跨区域的传播路线添补得更为完整。

从江阴往东，很快便可抵达国际大都市上海。1999年以来，上海市文物考古工作者对松江广富林遗址进行了发掘，除发现良渚文化遗存之外，还发现了一类新的新石器时代晚期遗存，被称为"广富林遗存"。这类遗存有别于当地的传统文化遗存，却与王油坊类型龙山文化遗存相似(图27)①。

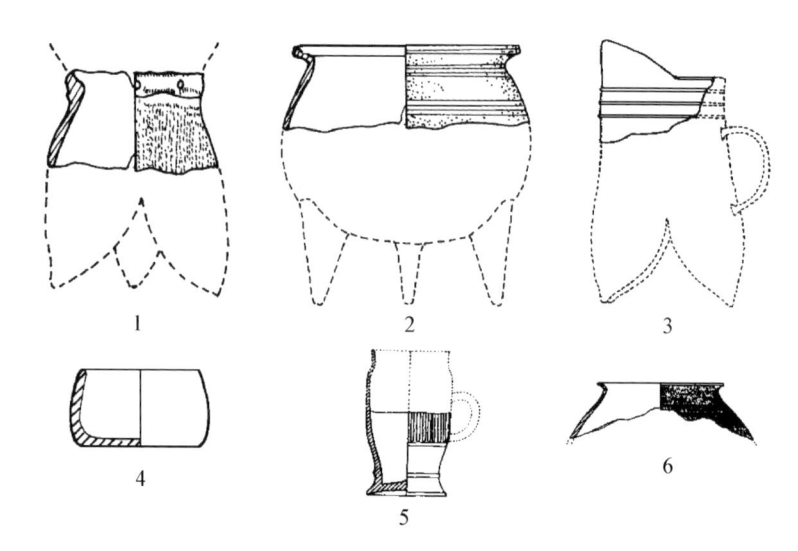

图27 广富林、花山遗存中与王油坊类型龙山文化相似的器物

1. 甗 2. 鼎 3. 鬶 4. 钵 5. 筒形杯 6. 鼎(1、2、4. 花山；3、5、6. 广富林)

广富林遗存的生活遗迹主要是灰坑，坑口形状有圆形、椭圆形、方形和不规则形等。陶器风格鲜明，分夹砂和泥质陶两大类，以夹砂陶为主。夹砂陶有灰、黑、红褐三色系，灰陶数量最多。泥质陶有红、灰和黑三色系，泥质灰陶和黑陶占多数，红陶很少。黑陶中有的经过打磨，但数量极少。这一陶系及陶色的比重与南荡、周邶

---

① 广富林考古队：《广富林遗存的发现与思考》，《中国文物报》2000年9月13日；上海博物馆考古研究部：《上海松江区广富林遗址1999~2000年发掘简报》，《考古》2002年第10期。

墩所见相似。陶器一般为素面,器表有纹饰的仅占总数的三分之一。制法上普遍轮制,弦纹是主要纹饰,另有压印、刻划和堆贴。主要器形有鼎、瓮、鬶、罐、盆、豆、钵、盘、杯等。器类与王油坊类型龙山文化相似。两个文化遗存所见的筒形杯和鬶几乎完全一样,而且王油坊类型有些陶器器形的细部特征都与广富林遗存相同,如陶鼎的三角形侧扁足、口沿面上的凹槽、直领瓮的领内壁呈凹弧状等。

显然,广富林遗存可谓王油坊类型龙山文化往东南方向跨区域迁徙链条上最东的一个环节。松江广富林属于环太湖地区,这个地区大约同时期的母体文化是良渚文化,并且正值良渚文化衰亡之时。王油坊类型龙山文化无疑属于外来的干扰性文化斑块。如果说同时期的江淮东部,在南荡和周邶墩一带,外来的王油坊类型龙山文化并未在当地遇到本土性的文化遗存。那么,当这支外来文化南迁到环太湖地区时,则与当时的本土性文化——良渚文化应当有过直接的接触。在两者的关系上,宋建曾经认为,同王油坊类型关系紧密的广富林遗存的文化侵入和来自南方的几何印纹陶为特征的文化一起加速了已经处在衰败最后阶段的良渚文化的灭亡①。焦天龙也有相似见解。他认为广富林遗存在环太湖地区的出现,不仅仅是单纯的文化渗透,而是较大规模的人口从北方侵入的结果,即在良渚文化的末期,长江三角洲一带曾有大规模的人口从北方侵入。这些新人群所带来的新文化取代了良渚文化,造成了新石器时代晚期长江三角洲社会和文化的重大震荡和变迁②。

将上述南荡、周邶墩、花山及广富林的王油坊类型龙山文化遗存串联起来,我们已经可以清晰地看到一条传播线路。值得一说的是,在这起文化跨区域迁徙的例子中,我们颇能感受到古今之人在历史地理上的继承与因袭。拿江阴来说,今日连接靖江—江阴的"江阴长江大桥"是苏北交通苏南的重要途径之一。之所以在靖江—江阴架设桥梁,当然有地理和水文的因素,而我想这一点并不是今人才意识到的,古人对此也有认识。有学者研究认为,崧泽文化北上,就是从江阴渡江,至海安青墩,再继续北上的③。江阴花山遗址王油坊类型龙山文化遗存的发现,表明史前北来人群渡江之后,江阴是其第一站。今天来自徐海地区、苏北里下河地区的车流,要去太湖流域、上海地区,江阴长江大桥是一条重要的通道。在这纵贯古今的

---

① 宋建:《中国东部地区在文明化进程中的地位》,《东方考古》第 1 集,第 319~328 页。
② 焦天龙:《人口迁徙与长江下游新石器时代晚期文化的变迁——从"广富林遗存"的发现谈起》,中国文物信息网,2005 年 8 月 25 日。
③ 郝明华:《苏皖江北地区的崧泽文化因素》,《东南文化》2001 年第 5 期。

历史地理中,我们深切体会到一份跨越时间而不衰,近乎永恒的"历史的长期合理性"。

江淮东部偏西的滁河流域也能明显看到来自北方龙山文化的影响,例如在朱勤大山遗址发现有蛋壳黑陶、罐式鼎、鬼脸式足等①。江浦的牛头岗遗址也有典型的龙山文化遗存。龙山文化陶器以泥质灰陶和夹砂灰褐陶为主,有少量的泥质黑皮陶和红陶。纹饰主要有多种形式的篮纹、附加堆纹、弦纹、网格纹等,余均为素面。器型主要有鼎、甗、鬶、罐、盆、钵、盘、器盖等,以夹砂灰褐色陶鼎和甗最具特点。圜底鼎,与南荡的有相似之处,可能具有王油坊类型龙山文化特点。鼎足中"鬼脸状"风格的,系山东龙山文化的特点②。

总而言之,龙山文化时期,北方的龙山文化以压倒性的优势影响了江淮地区。王油坊类型龙山文化在江淮东部属于"间歇性"遗存,在当地没有文化源,此后也无继承者。它是江淮东部社会进程中的一个"过客",就像一个文化斑块被镶嵌到了江淮东部的生态环境中,接续了此地的社会进程。

至于江淮东部这一时期的生态环境、生业经济及社会关系,由于材料的阙如,暂不作讨论。如果这一时期江淮东部考古材料的有限在很大程度上是因为当时生态环境的恶劣,致使此时此区人口稀少,文化发展受限,那么这便是这一阶段该区社会进程的特点。至于像中心地区那样是否出现聚落等级与社会关系的分化,受材料所限,暂时尚难多论。

二 安徽江淮间的龙山文化

从目前的资料来看,龙山文化时期安徽江淮间的遗址数量要比江淮东部多,几乎遍布安徽江淮,包括寿县陶家祠堂、彭家郢子、大城子、霍邱花娘娘墩、嘉山泊岗③、滁县朱勤大山④、含山大城墩⑤、含山董城⑥、肥西古埂⑦、寿县斗鸡台、六安西

---

① 尹焕章、袁颖:《江苏仪六地区湖熟文化遗址调查》,《考古》1962年第3期。
② 华国荣、王光明:《南京牛头岗遗址考古发掘的主要收获》,《南京历史文化新探》,南京出版社,2006年。
③ 杨立新:《安徽江淮地区原始文化初探》,《文物研究》第4辑,黄山书社,1988年。
④ 尹焕章、袁颖:《江苏仪六地区湖熟文化遗址调查》,《考古》1962年第3期。
⑤ 安徽省文物考古研究所、含山县文物管理所:《安徽含山大城墩遗址第四次发掘报告》,《考古》1989年第2期。
⑥ 安徽省文物考古研究所:《安徽考古的世纪回顾与思索》,《考古》2002年第2期。
⑦ 安徽省文物考古研究所:《安徽肥西县古埂新石器时代遗址》,《考古》1985年第7期。

古城①、禹会村等等,但经过发掘的典型遗址目前还不多。

进入龙山文化阶段,山东龙山文化和河南龙山文化对安徽江淮产生了更强的文化压力②。江淮北部沿淮一带的遗址,如禹会村、嘉山泊岗等处,均发现有山东龙山文化的典型器——鬼脸式鼎足、蛋壳黑陶杯等。

这一时期总的文化特征是,陶器以灰、黑陶为主,普遍出现轮制。流行篮纹、绳纹、划纹、按窝纹、附加堆纹,还有少量的方格纹。典型陶器有罐形鼎、镂孔豆、平底缸、细长颈红陶鬶、平底小碗、平底钵、子母口小盘、绳纹罐、壶、釜、蛋壳黑陶杯等。陶鼎一般口沿较宽,沿上出现方唇,可以承盖,圆腹近球形,或扁球腹,足多为扁三角形,有的鼎足与腹部相连处捺有一椭圆形浅窝。鼎的纹饰多见篮纹,绳纹少见。鼎足以扁三角形、侧面有几道划纹的和扁长方形面有几条划槽的鼎足最流行。石制生产工具有扁平单孔石铲、石锛、石镞、石镰、石刀等。石制工具的总趋势是制作简单化,显得比较粗糙③。

就江淮间所受北方龙山文化的影响来看,北部沿淮一带所受影响要深于沿江一带。前者陶器以灰陶为主,火候较高,质地坚硬。流行绳纹,篮纹,还有少数的方格纹;篮纹形式较多,有斜篮纹、交叉篮纹、断篮纹等。鼎足以扁长方形面带几条划槽和扁三角形足尖呈凿形的较多见,并伴有鬼脸式鼎足共存。此外还流行圆镂孔豆、假圈足平底小碗。南部沿江一带,陶器以红陶、黑皮陶居多,一般火候不高。流行斜篮纹、划纹,绳纹少见。常见的鼎足有扁三角形和扁凿形,两侧带有划纹,还有丁字形鼎足④。

从北方龙山文化的强势介入江淮可以看出,这一时期江淮地区社会进程的最大特色在于,它是在外力的推动下逐步向前发展的。这种"外力",有的学者认为,表面上看是文化影响,而若结合相关史料,则可能是龙山文化这一动荡时期发生的征战和氏族的迁移活动⑤。为什么到龙山文化时期,江淮受到的外来文化压势较大汶口文化时期更加严重了呢?显然,这与当时整个社会前进的步伐日益加快、文化区之间的接触和碰撞日益剧烈、社会内部的贫富、阶层之分化日益严重有着密不可

---

① 北京大学考古学系商周组、安徽省文物工作队:《安徽省霍邱、六安、寿县考古调查试掘报告》,《考古学研究》(三),科学出版社,1997年。
② 安徽省文物考古研究所:《安徽考古的世纪回顾与思索》,《考古》2002年第2期。
③ 杨立新:《安徽江淮地区原始文化初探》,《文物研究》第4辑。
④ 杨立新:《安徽江淮地区原始文化初探》,《文物研究》第4辑。
⑤ 杨立新:《江淮地区文明化进程的考古学观察》,《文物研究》第15辑,黄山书社,2007年。

分的关系。每一个区域社会,无论内外,都聚积着紧张的力,只有将这种压力适时地排遣,才能促使社会继续向前迈进。在这一时期,必然有各式各样的阵痛,小到个人、家族,大到区域。而这种阵痛又是必不可免的,因为这是抵达新的社会阶段之前必须经历的。在这样的过程中,中原无疑扮演的是崛起者的角色,而海岱、太湖、江汉等区域,则渐有衰落之势。江淮则由于地处中间地带,不幸成为南北双方,尤其是北方所释放的压力的接收者。前文介绍的王油坊类型的迁徙就是一个很好的例子。

三 汇聚：枢纽禹会村

这一时期的江淮,可能还充当了周边区域文化势力会盟之所。强势文化区选择它们力量薄弱的中间地带进行谈判、利益划分。这种历史行为无疑为当地的社会进程添上具有纪念意义的一笔。蚌埠禹会村的考古发现在很大程度上证实了这一点。

蚌埠禹会村的发掘与研究是在文明探源这一课题背景下展开的①。选择禹会村做工作不得不说是受到了文献的影响。《左传·哀公七年》记载"禹合诸侯于涂山,执玉帛者万国"②。涂山在怀远境,离蚌埠不远。今天的蚌埠是淮河第一大港,有京沪、淮南铁路,公路有 104、206 国道,合肥—徐州、界首—蚌埠高速公路皆从此经过。毫无疑问,蚌埠是当代交通上的一个枢纽。它在区域间交流互动过程中扮演的枢纽角色可谓长久不衰。

鉴于蚌埠一带在古史和历史地理上的重要性,中国社会科学院考古研究所决定在此区域选址发掘,以期探明它在早期文明和早期国家形成过程中所起的作用。蚌埠的禹会村因禹王会诸侯于此而得名。一个"会"字,鲜明地反映了这个地点"枢纽"与"融汇"的特性。

经过 2006 年的初步钻探和 2007~2011 年的五次较大规模的发掘,考古人员在禹会遗址发现了大型祭祀台基等遗迹,收获颇丰。

发掘者将已经发掘的范围初步分成了三个区：一区在遗址北部（水塘北面）、二区在遗址中部、三区在河堤之西。

---

① 赵兰会、张振忠、王吉怀：《安徽蚌埠禹会村考古发掘取得重大收获》,《中国文物报》2007 年 7 月 20 日。
② 杨伯峻：《春秋左传注》,中华书局,2009 年,第 1642 页。

一区保存有一处"甲"字形堆筑台基（图28），面积至少约1500平方米。清理和解剖后的迹象表明，当时堆筑的迹象十分明显，从下至上的堆积为灰土夯筑层、纯黄土层、白膏泥土层。夯面不甚平整，呈凸凹不平状，并有大小不等的锅底形坑，坑壁及底部均为铺设的白膏泥层和纯黄土层，应为人类有意识的行为①。

图28　禹会祭祀台基

（采自禹会村发掘报告，2013，下同）

在夯筑面的中部有一处火烧痕迹象，呈圆角长方形状，东西长11.3米，南北宽6.3米，台面整体高于周围的白土平面。从剖面的地层叠压关系看，该处是在白土面之上又铺垫了一层垫土，然后，再在垫土之上进行烧祭活动。从平面看，该迹象基本分为四块，其中东北部和西北部火烧较重，而且是分堆进行烧祭，以至于把地面烧成整体状红面，面积大小不等，有的烧面直径0.5米，有的0.2米或0.1米。同时，白土面上存在同期的圆形圜底坑，以及成排的方坑，方坑底部的一端均有圆形迹象。遗址二区和三区的文化堆积和相关迹象相同。文化堆积曾遭破坏，目前第一层是耕土层，第二层是扰土层，第三、四层为龙山文化层。主要遗迹现象有灰坑、

---

① 王吉怀、赵兰会：《禹会村遗址的发掘收获及学术意义》，《东南文化》2008年第1期。

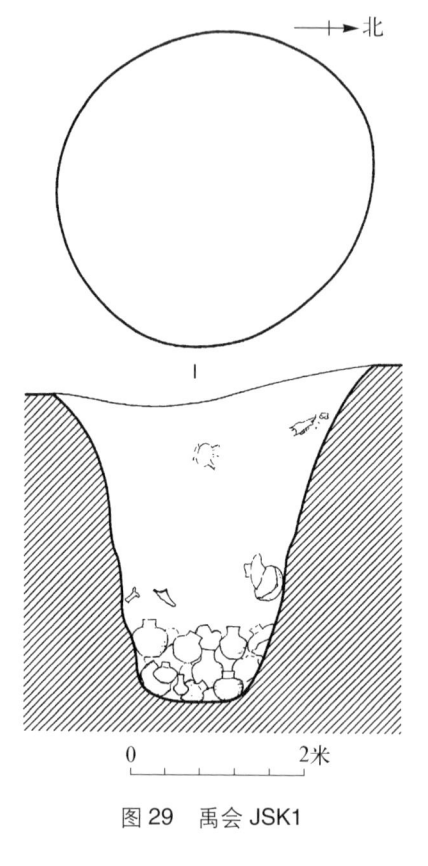

烧坑和祭祀坑等。遗物主要是陶器。二区目前发现了烧坑、圆形遗迹、祭祀坑等迹象。二区到目前为止共发现八座可能是祭祀坑的遗迹①。列举两例。

位于 T2003 中的 JSK1（图 29），平面近似圆形，剖面呈口大底小状。东西长 3.6、南北宽 3.4、深 3.8 米。该坑内填土的上部有 0.5 米厚的深灰色土，其包含物较少。距地表 0.5~0.9 米为黄褐色填土，并夹杂有灰白色土质，为一次性堆积而成。坑内包含物丰富，上部主要包含有残陶片和木炭等，在距坑口 1 米处，可见有较完整的鼎、鬶、罐等器物。同时，包含物中还有大量的被火烧过的兽骨。在距地表 2.5 米处，填土中似白膏泥的土质含量增加，土质稍硬。从 2.5 米以下，出土有较完整的凹底黑陶罐、盆、鬶等。坑内器物上下叠压，偏底部完整者居多，类似于器物储藏坑。

图 29　禹会 JSK1

位于 T2018 中的 JSK2（图 30），呈不规则圆形。坑口距地表 0.9 米，坑口直径南北为 5.4 米，东西 4.2 米，深 1.1 米，呈瓢形圜底状，经过三次烧制、三次堆积而成。坑中出土了鼎、鬶、蛋壳陶器，以及较多的木炭痕迹和被烧过的骨头。坑中器物分两次埋藏，且均置于灰痕之上。故王吉怀初步判断这个烧坑用于一定时期不同阶段的祭祀活动。

三区位于在河堤与淮河之间，文化层仅存底部。现残存的灰坑、居住面和踩踏面是当时人类生活的区域。文化层厚度在 30 厘米左右。三区目前遗迹现象报道不多，陶器仅有朝天流红陶鬶出土。

根据禹会村所见主要迹象，发掘者倾向于认为它们与祭祀有关。如一区的祭祀台基是当时重要而又神秘的场所，是一处非常独立而又呈封闭式的祭祀场地。

---

① 中国社会科学院考古研究所等：《蚌埠禹会村》，科学出版社，2013 年，第 81 页。

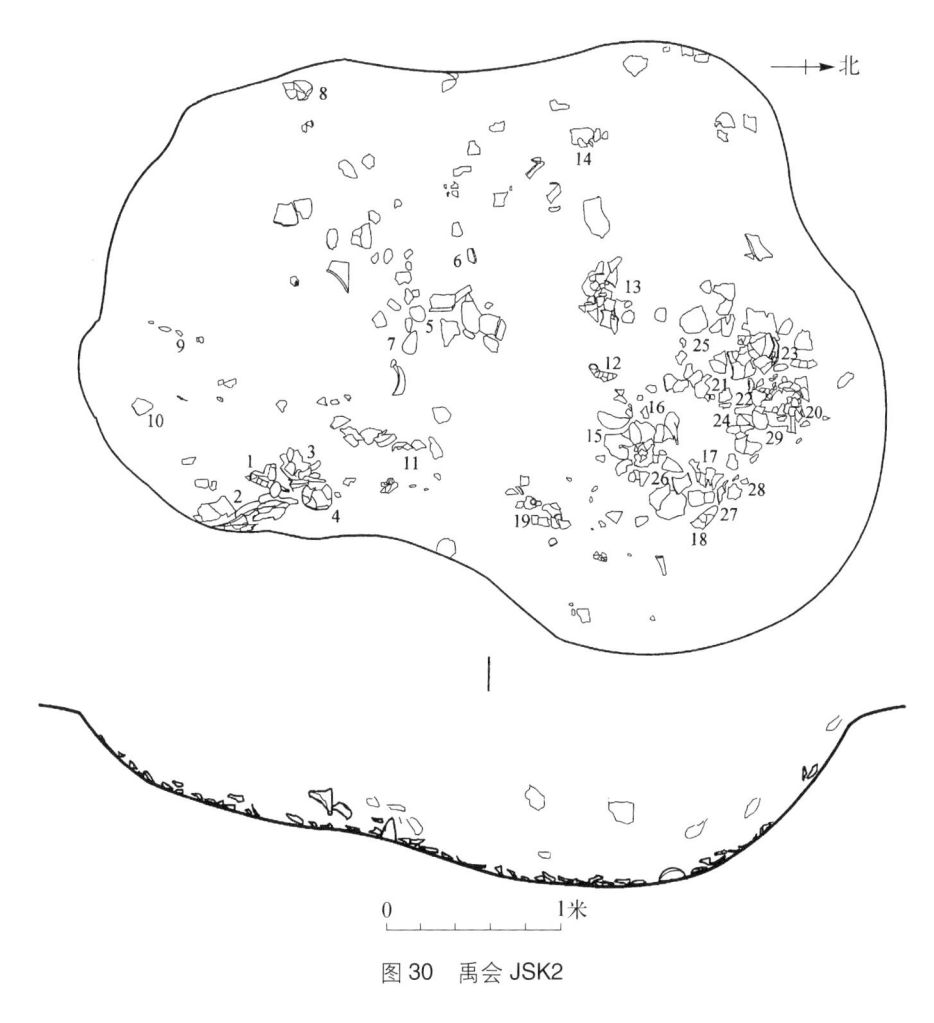

图 30　禹会 JSK2

在活动期间或活动过程中,具有非常严格的进出场途径和严密的礼仪制度,同时也表明了祭祀过程中的宏大场面和繁杂程序①。

发掘者认为,禹会村遗址是一处单一的龙山文化时期遗址。它的绝对年代大致距今 4 500~4 000 年。禹会村遗址陶器以夹砂陶为主。根据对 H1 的陶片统计,陶片分为红陶、灰陶和黑陶三大类,红陶占陶片总数的 62.66%,灰陶占陶片总数的 20.82%,黑陶占陶片总数的 16.52%。红陶又分为夹砂和泥质陶两类;夹砂灰陶占 61.86%,泥质灰陶占 38.14%;夹砂黑陶仅占 1.3%,泥质黑陶却占到 98.7%。陶质普遍松软是禹

---

① 中国社会科学院考古研究所等:《蚌埠禹会村》,第 95 页。

会村遗址出土陶器的显著特点。这种现象可能与当地的土质或地质条件有关①。

禹会村遗址所见陶器器类有鬶、鼎、豆、器盖、罐、假腹簋、盉等（图31），主要出自地层、灰坑，以及上文介绍的祭祀坑、烧坑之中。

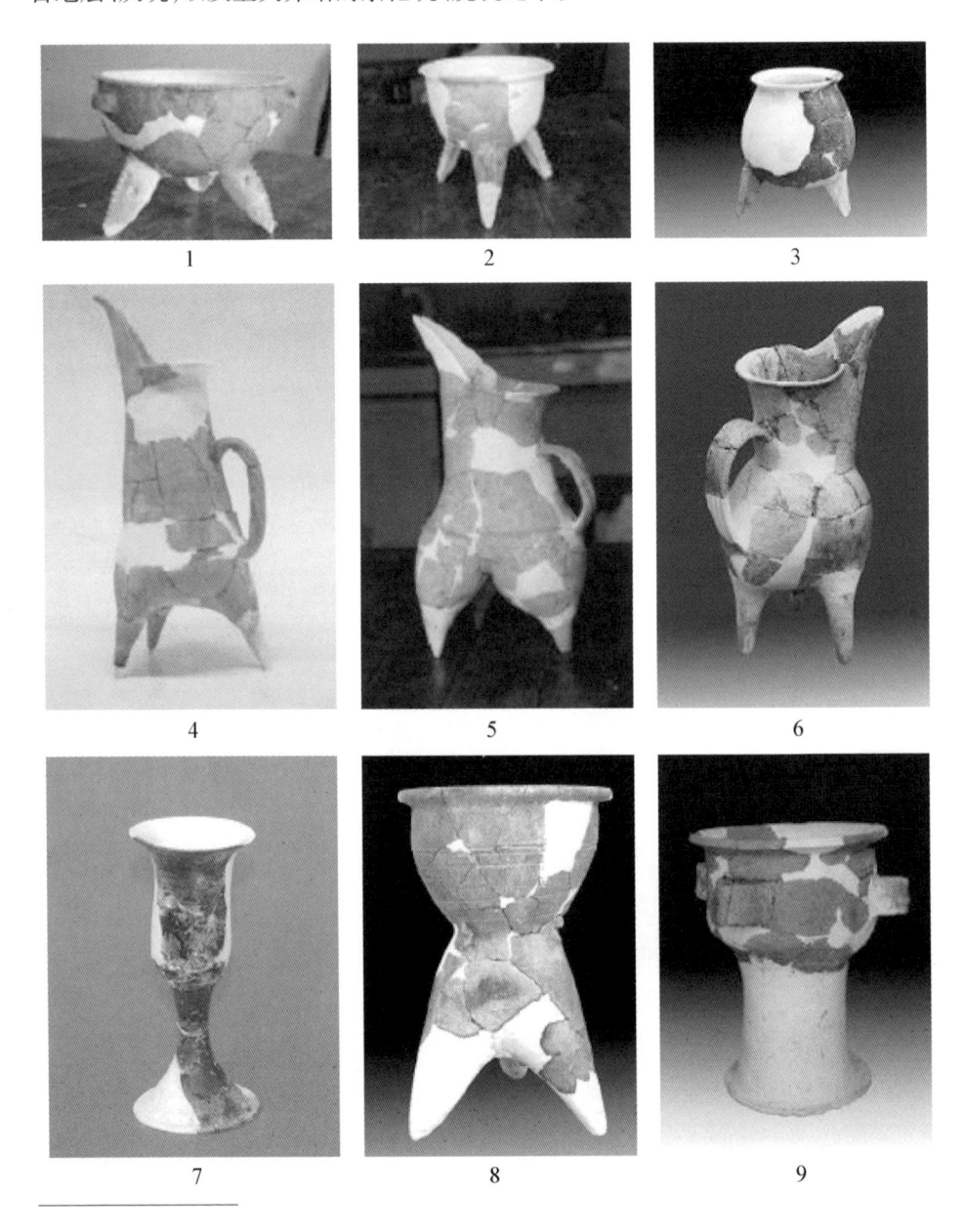

---

① 王吉怀、赵兰会：《禹会村遗址的发掘收获及学术意义》，《东南文化》2008年第1期。

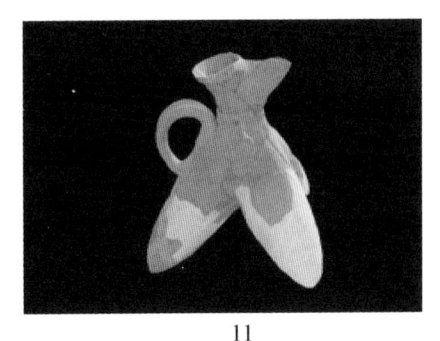

图 31　禹会村出土陶器示例

(据《蚌埠禹会村》,2013)

(1、2. 鼎,龙山文化器物,鬼脸式鼎足,山东龙山文化常见器形;3. 鼎,龙山文化器物,河南龙山文化常见器形;4、5、6. 鬶,山东龙山文化常见器形;7. 蛋壳黑陶杯,山东龙山文化常见器形;8. 甗,山东与河南龙山文化中常见器形;9. 假腹簋,龙山文化器物,禹会村本地器型;10. 禹会村陶塑;11. 细颈袋足鬶,钱山漾阶段文化遗存风格)

通过类型学的比较,发掘者注意到禹会村的文化面貌与山东龙山文化、中原龙山文化、石家河文化、长江三角洲的钱山漾阶段遗存等毗邻区域的文化存在相似之处。譬如数量最多的鬼脸式鼎和足尖带凹槽的侧扁鼎足,前者在山东龙山文化中期阶段很常见[1],后者则多见于王油坊类型龙山文化。有些灰坑底部出土有大量完整器,出土陶器中形体较大的多为制作粗糙的夹砂陶,胎壁较薄,尤其以凹底罐形器居多,直径 30~40 厘米;形体较小的陶器均为制作精良的磨光黑陶,胎壁极薄,类似于龙山文化中的蛋壳陶。出土数量不多的陶鬶在山东龙山文化中也经常可见。值得一说的是禹会出土了一件白陶鬶。白陶鬶无疑属鬶中精品,因为它的选料、烧制都有很高的要求。海岱地区是出土白陶鬶较多的地区,如日照、连云港均出土过白陶鬶。禹会的这件白陶鬶或是区域间馈赠交流所至。另外假腹簋颇具地方特点;一件陶片上呈浅浮雕状的壁虎造型更是别的区域所不见。而红陶盉的细长袋足则具有良渚文化的特点,錾手多接于颈根部与后侧袋足之间。发掘者试图借助不同区域文化元素在禹会村的出现来辅证这种文化的集结可能与"禹会诸侯"事件有关。

由于缺乏直接的文献记载,目前仅依赖考古证据要想确凿指出禹会村是否为"禹会诸侯"之地显然是不可能的。但是,根据相关文献记载以及禹会遗址特殊遗

---

[1] 栾丰实:《海岱龙山文化的分期与类型》,《海岱地区考古研究》,第 239~240 页。

迹的发现,认为禹会村遗址曾经扮演不同文化的融汇之所并不过分。比如,禹会村遗址发现的人工堆筑台基本身就是极重要的证据。发掘者认为,这一夯筑堆积属于槽式堆筑而成。从堆积层次分明的夯筑层和层面上的火烧痕迹来看,该迹象应该与祭祀活动或短期内大型的集会活动有关①。我赞成将这一人工堆筑台迹定性为祭祀或集会时修建的筑坛,至少应该是一处带有纪念性质的台址②。

烧土堆遗迹、圆形白色遗迹,以及多座祭祀坑的遗迹均表明禹会遗址在龙山文化时期曾经举行过纪念性活动。而台式建筑白土面上的成排方坑和圜底坑,让人联想到盟誓仪式中的掘坎。不过据文献记载,盟誓掘坎后往往会杀牲并填埋。禹会这一成排方坑中则并未发现动物骨骸。成排方坑这一迹象殊为奇怪,不是墓葬,不是灰坑,因为其中没有随葬品,而且在坑底的一侧有圆形迹象。就禹会的成排方坑来说,解读它的功能显然有很大的难度。可以确信,它们整齐的排列显然是人为设置的。这就具有了纪念性和象征性。何驽曾推测其可能为参加会盟的"旗"洞,可备一说③。从近年在禹会举行的淮河流域文明研讨会收录的论文来看,考古学、历史学的学者较为普遍地认同禹会发现的人工堆筑台基与祭祀、盟会有关,他们对于将这一遗存与禹合诸侯事件相联系持并不排斥的态度④。

目前可初步认为,禹会村遗址是龙山时期的一处具有枢纽、融汇和纪念性质的遗址,这种特性是它的地理位置本身就决定了的,也是龙山时期文化区与文化区之间的接触、交往、互动到一定程度时的"后天性"选择。这种特性,是江淮地区,特别是蚌埠一带文化、社会进程中一个突出的特点,同时这种特性也在一定程度上影响了这个地区,包括更大空间范围内的社会进程。并且,这种特性作为这个地区的一个地理和文化因子遗传到了以后的历史时期(见下文的讨论)。

禹会村所在的江淮北部,特别是沿淮一带,最可能影响该区社会进程的是水。环境方面的研究表明⑤,禹会村遗址在距今 4 500 年之前,气候较湿润,降水量大,淮

---

① 赵兰会、张振忠、王吉怀:《安徽蚌埠禹会村考古发掘取得重大收获》,《中国文物报》2007 年 7 月 20 日。
② 下文还将讨论营建祭坛时的颜色遗存。
③ 参见何驽:《禹会遗址祭祀礼仪遗存分析与研究》,《蚌埠学院学报》2014 年第 2 期;李伯谦有类似看法。见李伯谦在禹会村遗址与淮河流域文明研讨会上的发言,载中国社会科学院古代文明研究中心等:《禹会村遗址研究——禹会村遗址与淮河流域文明研讨会论文集》,科学出版社,2014 年。
④ 可参见中国社会科学院古代文明研究中心等:《禹会村遗址研究——禹会村遗址与淮河流域文明研讨会论文集》。
⑤ 张广胜等:《安徽蚌埠禹会村遗址 4.5~4.0 kaBP 龙山文化的环境考古》,《地理学报》2009 年第 64 卷第 7 期。

河处于高水位,遗址所在地和周边区域被水淹没,没有人类在此活动。到龙山时期,距今 4 500 至 4 100 年,淮河水位下降,早期大量的河流冲积物肥沃了土壤,龙山文化的农业生产因此得到发展。研究人员通过对禹会村遗址出土物进行浮选,发现了稻谷、小麦和粟等植物种子①。这再一次证明了在北方粟黍旱作农业区和南方稻作农业区之间存在着稻旱混作的过渡区域。不过从禹会村稻、粟、小麦出土比重来看,粟的数量很少,仅 2 粒,占出土农作物总数的 3.6%。这或许说明粟不太适合在禹会村遗址所在的淮河中游流域种植,或者其已被水稻和小麦所取代了②。作为一种优良的旱地粮食作物,小麦早在距今四千年前的龙山文化时期已经由西亚传入中国③。小麦的出现无疑改变了北方旱作农业传统的农作物布局,降低了农作物品种单一可能存在的风险。这既是整个史前中国龙山时期,也是江淮的农业经济结构的一大变化。禹会村一带在龙山文化时期很可能已经有小麦的种植,当然,也不排除小麦是通过贸易交换等方式从其他地区获得的。总体而言,龙山文化时期禹会村一带的农业经济是复合型的,以水稻种植为主,当地的地理环境、气候和水资源也都能满足小麦的生长,小麦在当地的种植成为可能。这种混合农业经济模式为江淮一带史前社会的发展奠定了较为稳定的物质基础。

在整体生态环境处于平衡状态时,生业经济能够得到可持续的发展。反之则不然。从龙山文化的中期到后期(距今 4 100 年前后),淮河流域开始向暖湿的方向发展,淮河及其支流的水位开始上涨,但此时的温暖湿润比距今 4 500 年前后的程度要低,淮河流域水位还不至于构成对先民生活的威胁。禹会村遗址龙山文化得以继续存在和发展。龙山文化的中期到后期(距今 4 100 年前后),气候湿润,降雨量增加,说明当时的气候还没有稳定下来,洪水泛滥,在距今 4 100 年前后达到顶峰。长时间的高水位致使淮河及其支流河道淤塞,水位继续抬高,引发了淮河流域全流域的洪水灾害,禹会村遗址的周围被洪水淹没,龙山文化的农业生产受到影响。这一时期正是传说中的"大禹治水"时期。但从发掘的禹会村遗址龙山文化层没有加积新的文化层,也没有接受自然沉积层,可能与先人选择高的居住地有关。遗址现今仍处于相对较高的位置,可以看出这个时期的洪水还没有对该区龙山文

---

① 尹达:《禹会村遗址浮选结果分析报告》,《蚌埠禹会村》,科学出版社,2013 年,第 250~268 页。
② 尹达:《禹会村遗址浮选结果分析报告》,《蚌埠禹会村》,第 250~268 页。
③ 赵志军:《山东地区龙山时代的农业经济特点和布局》,《列岛初期农耕史の新视点》,日本考古学协会 2007 年度熊本大会研究发表资料集,第 274~282 页。

化产生根本性影响。

距今 4 100 年后的龙山文化晚期,该地区气候逐渐向冷干时期过渡。距今 4 100 年左右的降温事件在世界各地都有表现,是历史时期以来最具影响力的一次小冰期。这次降温事件给中国带来了南涝北旱的大致环境格局。禹会村遗址现在海拔为 32 米,而遗址附近的淮河现在的洪水位也仅大约为海拔 18 米。因此安徽淮河流域在距今 4 100 年气候趋向干旱,使得禹会村遗址逐渐远离水源,农业生产受到制约,食物来源减少,从而使以农业为主的龙山文化发展受到制约,人们被迫迁徙。至距今 4 000 年前后的龙山文化晚期,禹会村遗址基本被遗弃。

小　结

龙山时代,是新石器文化向青铜文化过渡的一个关键时期。考古学界在探索文明或国家的起源时,无一例外地将目光聚焦在这个时期。在这个时期,初始性文字可能已经出现,先民学会用红铜和青铜制作小型工具,遗址大量增长、城址大规模涌现,聚落、墓葬等级分化,经济稳定发展,文化日益繁荣。这一时期可谓社会文明高度发达进步的一个阶段,不同的区域已经诞生了若干古国。鉴于区域发展的不平衡,苏皖两淮地区的古国是较少的。连云港藤花落龙山文化城址所在的区域社会可以算得上一个。藤花落遗址所见微宏观聚落布局及反映的社会发展水平并不落后于同时期其他区域中心,但是在更宏观的方面,两淮地区在龙山文化时期尚未见可观的发展。两淮地区的社会进程无论是在区域,还是时间段上均有明显的不平衡。如龙山早中期,鲁东南沿海地区遗址快速增长,形成了若干大型聚落中心,反观同时期的苏北,却相对萧条。同样的,龙山早中期皖北、豫东、鲁西南的发展也不如鲁东南地区。

在区域互动上,龙山时代的文化互动较之前的大汶口文化时期加剧了,区域内部的社会关系分化也继续加强。这个时代虽然万国林立,但是中原中心的趋势也明显起来了。区域格局中已经隐隐出现中心与边缘的结构,而两淮地区无疑属于边缘的那一部分。和其他区域,如环太湖地区、中原地区相比,龙山文化时期两淮的发展速度不快。凌家滩文化时期,江淮间尚有凌家滩这么一处耀眼的文化中心,虽然文化辐射广度有限,但与同期周边地区比,社会复杂化程度有过之而无不及。

到了龙山文化时期,中原和环太湖地区的社会复杂化程度已经相当高,而江淮的发展则平平。

通过对大汶口文化与龙山文化时期的探讨,我们也可以看到两淮地区的早期社会进程受制于生态环境和毗邻区域的文化压势的影响较大。在生产力还不甚发达的史前社会,文化的进程受到环境变化的诸多限制。这在江淮间,以江淮东部最为典型。我们在前一章已经看到,江淮东部的一支本土性史前文化,即龙虬庄文化因为里下河地区相对恶劣的生态环境而消亡。其中过分潮湿的环境、对海平面变化的过分敏感等,是导致龙虬庄文化最终消亡的主导性因素。到龙山文化时期,江淮东部的王油坊类型龙山文化,在离开了它们的文化母区之后,迁徙到江淮东部,同样没有适应下来。从这一点可以看出,不同文化在类似的自然环境下要想持续性发展,都需要很强的适应能力;同时也再次证明了史前时期江淮东部的生态环境的确不令人乐观,这正如文献中所说的"江南卑湿、丈夫早夭"①。安徽江淮北部一带因为地处淮河中游,可能曾受水患的影响,蚌埠禹会村遗址的环境考古证明了这一点。其次,大汶口文化中期开始即呈现的区域互动加快的趋势在龙山文化时期更为显著。强势文化中心区由于社会关系分化、区域发展等种种因素聚积起来的"压力"以不同的形式(如文化扩张、贸易、人群迁徙)向外释放。这样一来强势区域便会对弱势区域的发展产生影响,这一外因,进而构成了相关区域社会进程中一个非常重要的推动力。这种动态在大汶口文化时期即已存在,龙山文化时期进一步加剧。到下一时期,即相当于考古学上的二里头文化或岳石文化时期,以中原为文化本底区的二里头文化和以海岱为母区的岳石文化对苏皖的淮北、江淮产生交错影响。这是对龙山文化时期外来文化南侵两淮的延续,我们将在下一章中继续探讨。

---

① 司马迁:《史记》,中华书局,1959年,第3268页。

第三章　衰退与低迷：岳石文化时期的两淮

第一节　淮北地区

龙山文化中晚期，一个以中原为中心的历史趋势日渐成形①，而海岱、太湖、江汉等几大区域则相继衰落。到二里头文化时期（在海岱地区而言，则相当于岳石文化时期），二里头文化向外域大幅扩张，分布范围极广。坐落在黄河流域伊洛盆地的二里头文化中心遗址——二里头遗址，可谓"当时中国乃至东亚地区最大的城市聚落"②。多年来的考古发掘，业已揭示出二里头遗址由宫殿区、贵族和平民墓区、居住区以及工艺品作坊组成的复杂空间布局。相形之下，周边区域的其他文化便与二里头文化形成了一种落差。从这一时期开始，已经开始酝酿着日后"华夏"与边缘的两重状态。但是，尽管二里头文化霸权的兴起，打破了龙山时代各地考古学文化系统势均力敌的平衡状态，就二里头文化与东方的关系而言，似仍保持着两强的局面。与二里头文化同时，以海岱地区为母区的岳石文化仍是独当一面的。在这一章中，我以岳石文化为参照系来论述同一时期苏皖两淮的文化格局。

岳石文化在1920~1930年间即已被发现。当时在山东章邱县城子崖和辽东半岛双砣子遗址，都发现过我们今天称之为"岳石文化"的遗物。20世纪50~60年代之交，在江苏赣榆的下庙墩和山东平度的东岳石遗址，分别发掘了比较单纯的岳石文化遗存。由于缺乏可资比较的资料，虽然已发现这批材料具有明显的自身特征，但仍将其归入到龙山文化的范畴之内。70年代以来，首先是泗水尹家城，后来又有牟平照格庄和青州郝家庄遗址的发掘，资料日益丰富，对岳石文化的认识日趋进步。1981年，严文明在讨论龙山文化的去向时，建议了岳石文化的命名③。

---

① 赵辉：《以中原为中心的历史趋势的形成》，《文物》2000年第1期。
② 许宏、刘莉：《关于二里头遗址的省思》，《文物》2008年第1期。
③ 严文明：《龙山文化和龙山时代》，《文物》1981年第6期。

一 岳石文化背景

岳石文化的年代大约相当于二里头文化二期至殷墟早期,其绝对年代约在公元前1800年至前1450年之间①。它的分期目前主要有三期和四期两种方案②。本书依方辉近年的四期说。由于两淮地区岳石文化遗存并不丰富,故分期只是一种背景式参考,不作具体讨论。

与岳石文化大约同时代的考古学文化,在郑洛地区有二里头文化和二里岗文化。如果单从分布地域上看,岳石文化似乎并不逊色于二里头文化。它以海岱区为文化母区,向四邻区域有不同幅度的延伸,东近大海,南达宁镇,西抵鲁西南、豫东,北至辽东。与二里头文化形成"夷夏东西"之势。结合各区域自然地理及考古学文化面貌,考古学界已对岳石文化做出若干类型的划分③。因为本书是专就两淮而论,故此处只重点论述这一区域内的岳石文化,主要涉及尹家城类型、安丘堌堆类型和苏北类型(图32)。

尹家城类型: 尹家城类型主要分布在鲁中南泰沂山地及其附近地区,其北与郝家庄类型相接,南至陇海铁路,西面是安丘堌堆类型,大致以京杭运河为界,东北是照格庄类型,东南是苏北类型。这一类型被发掘的典型遗址有泗水尹家城④、天齐庙⑤、西吴寺⑥等。尹家城类型的房址呈方形或长方形,单间或多间。房基结构分平地立柱和挖基槽两种,房内多铺有纯净黄土,夯硬,还发现在屋外向阳一面铺垫较大面积黄土的情况。灰坑形状有圆形、椭圆形、方形、长方形等多种。灰坑内普遍有白灰面,有些灰坑经过修整。尹家城的有些灰坑内发现有人骨,其中有的还伴有少量陶器和小件器物。生产工具有石器、骨器、蚌器、铜器。石器有石斧、石锛、石镢、石铲、石刀等多种,其中以半月形双孔石刀数量最多。石器上的穿孔以对面

---

① 方辉:《岳石文化的分期与年代》,《考古》1998年第4期。
② 三期说:方辉:《岳石文化的分期、类型及其与周围同时代文化的关系》,1987年山东大学硕士研究生学位论文;栾丰实:《论岳石文化的来源》,《纪念城子崖遗址发掘60周年国际学术讨论会文集》,齐鲁书社,1993年;任相宏:《岳石文化的发现与研究》,《中国考古学会第八次年会论文集》,文物出版社,1996年。四期说:王迅:《试论夏商时期东方地区的考古学文化》,《北京大学学报(哲学社会科学版)》1989年第2期;栾丰实:《岳石文化的分期和类型》,《海岱地区考古研究》,山东大学出版社,1997年,第328页;方辉:《岳石文化的分期与年代》,《考古》1998年第4期等等。
③ 目前大致有三、五、六或七个类型的划分,这些类型之分当然不是学界在同一时间得出的认识,而是随着考古资料不断丰富逐渐细化的。具体可参见《中国考古学·夏商卷》中的概述。中国社会科学院考古研究所:《中国考古学·夏商卷》,中国社会科学出版社,2003年,第447页下注12。
④ 山东大学历史系考古专业教研室:《泗水尹家城》,文物出版社,1990年。
⑤ 国家文物局田野考古领队培训班:《泗水天齐庙遗址发掘的主要收获》,《文物》1994年第12期。
⑥ 国家文物局田野考古领队培训班:《兖州西吴寺》,文物出版社,1990年。

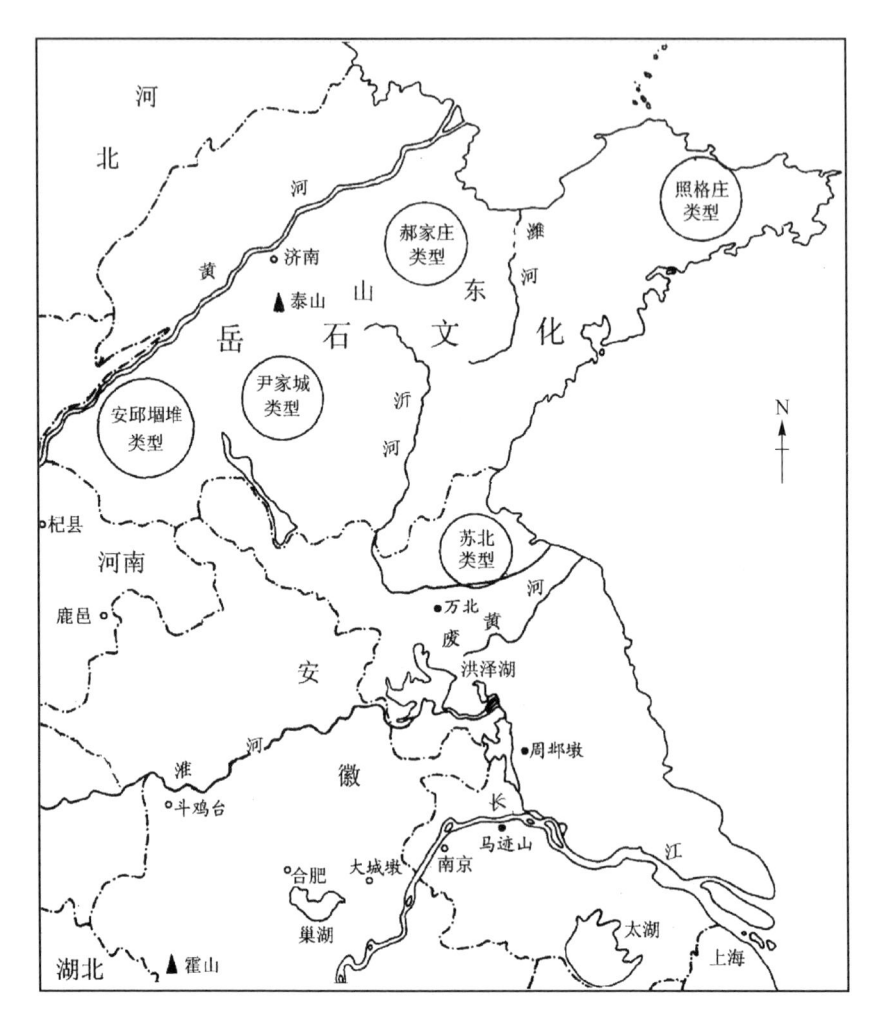

图 32　岳石文化格局图

（据王迅,1994,添绘）

琢钻为主,孔隙较大,不规整。骨器器形有凿、刀、镞、鱼镖、梭、锥、针等,绝大多数经过磨光处理。骨制品还发现有卜骨。蚌器器形有铲、镰、刀、镞、锥和装饰品等。铜器有刀、凿、锥、镞等。陶器分夹砂和泥质两类。夹砂陶多慢轮制作,小型器物则直接手制。泥质陶绝大多数采用快轮制作,陶土经淘洗,质地细腻而干净,造型规整,纹饰较多。陶色以褐色陶为主,灰陶次之,黑陶数量较少,而且逐渐减少。器表多为素面,次为塑、拍、压印、刻划等方法形成的纹饰和彩绘。纹饰种类有附加堆纹、绳纹、方格纹、篮纹、弦纹等。彩绘有朱、白两色,往往两色相间,构成逗点纹、卷云纹、虺龙纹、环带纹等等。陶器种类有陶鼎、甗、深腹罐、舟形器、子母口鼓腹罐、深腹罐、浅腹盘、盒、尊形器、浅盘豆、蘑菇状纽器盖和覆碗形器盖,数量较多,而且多具特色,不见或少见舌形足罐、乳头状足甗、碗形豆等(图33)①。

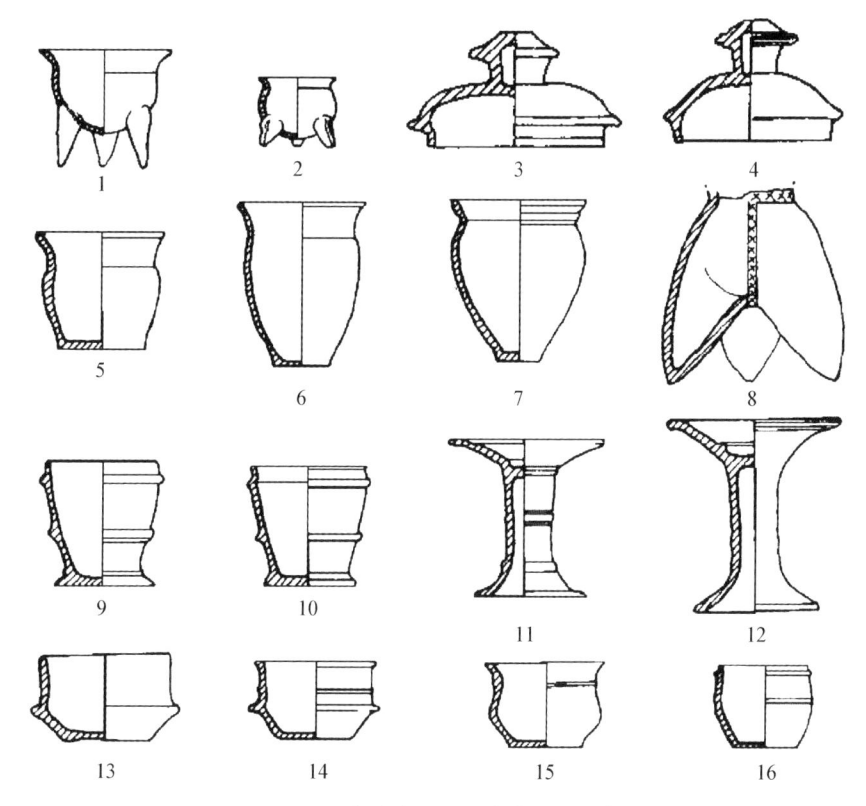

图 33 尹家城类型岳石文化陶器示例

(据栾丰实,1997;方辉,1998)

安丘堌堆类型:安丘堌堆类型主要分布于鲁西南、豫东地区。这一类型已经被发掘的遗址有安丘堌堆②、夏邑清凉山③、鹿邑栾台④、三里堌堆⑤、杞县鹿台岗⑥、柘

---

① 尹家城类型龙山文化陶器将会在下文中与其他地区陶器进行比较。
② 北京大学考古系商周组等:《菏泽安邱堌堆遗址发掘简报》,《文物》1987 年第 11 期。
③ 北京大学考古学系、商丘地区文管会:《河南夏邑县清凉山遗址 1988 年发掘简报》,《考古》1997 年第 11 期;北京大学考古系等:《河南夏邑清凉山遗址发掘报告》,《考古学研究》(四),科学出版社,2000 年。
④ 河南省文物研究所:《河南鹿邑栾台遗址发掘简报》,《华夏考古》1989 年第 1 期。
⑤ 张志清:《夏邑县三里堌堆新石器时代至汉代遗址》,《中国考古学年鉴(1990)》,文物出版社,1991 年。
⑥ 郑州大学文博学院、开封市文物工作队:《豫东杞县发掘报告》,科学出版社,2000 年,第 116~141 页。

城山台寺、商丘潘庙、虞城马庄①等。该类型的房址多为地面起建,有时用红烧土碎块铺垫房基。灰坑有圆形、椭圆形、方形和不规则形等多种。生产工具有石器、蚌器、骨器和铜器。蚌器居多,有蚌铲和蚌刀。石器则有扁薄单面刃石铲,和最典型的半月形双孔石刀。骨器有骨锥。陶器分泥质和夹砂两种,以泥质陶为多,夹砂陶次之。陶色多不纯正,以灰褐陶或红褐陶为主。器表以素面、磨光为大宗,绳纹、篮纹亦有一定比例,还有少量的方格纹、篮纹、附加堆纹、彩绘等。器类以甗、深腹罐、双腹盆、子母口鼓腹罐、浅盘豆、碗形豆、篦状堆纹瓮等为主要器形,不见或少见其他类型常见的圈足尊、舌形足罐、乳头状足甗、舟形器、盒等,而绳纹鬲、瓦足皿、鸡冠耳深腹盆、平底爵、花边圆腹罐等则鲜见或不见于其他类型。

苏北类型:苏北类型,从王迅早年的划分。近年有少许新遗址点的发掘,此处一并纳入,主要有徐州高皇庙②、赣榆下庙墩③、铜山丘湾④、灌云大伊山⑤、沭阳万北⑥、邳州梁王城⑦、连云港藤花落⑧、泗洪后陈⑨等。这些遗址均在苏北地区,分布在陇海铁路线附近。

苏北类型的文化内涵,陶器分夹砂和泥质两种,夹砂陶以褐陶为主,纹饰多为素面。器类有陶甗、尊形器、子母口罐、陶盆、蘑菇形纽器盖、盆等。生产工具目前所见以石器为多,主要是岳石文化最典型的双孔石刀。连云港藤花落遗址近年有少许岳石文化的新发现。考古工作者在藤花落 H81 中发现有岳石文化的炭化稻米。研究者认为这拉近了稻作农业由中国东部沿海传入日本北九州的时间差距。黄淮东部古代文化曾对东邻日本产生过深刻影响。另外,藤花落还发现了岳石文

---

① 张长寿、张光直:《河南商丘地区殷商文明调查发掘初步报告》,《考古》1997 年第 4 期;David J. Cohen, *The Yueshi Culture, The Dongyi, and The Archaeology of Ethnicity in Early Bronze Age China*, Ph.D. Dissertation, Harvard University, 2001.
② 江苏省文物管理委员会:《徐州高皇庙遗址清理报告》,《考古学报》1958 年第 4 期。
③ 南京博物院:《江苏赣榆新石器时代至汉代遗址和墓葬》,《考古》1962 年第 3 期。
④ 南京博物院:《江苏铜山丘湾古遗址的发掘》,《考古》1973 年第 2 期。
⑤ 南京博物院、连云港市博物馆、灌云县博物馆:《江苏灌云大伊山遗址 1986 年的发掘》,《文物》1991 年第 7 期。
⑥ 南京博物院:《江苏沭阳万北遗址新石器时代遗存发掘简报》,《东南文化》1992 年第 1 期。
⑦ 南京博物院等:《梁王城遗址发掘报告(史前卷)》,文物出版社,2013 年。
⑧ 南京博物院、连云港市博物馆:《藤花落——连云港市新石器时代遗址考古发掘报告》,科学出版社,2014 年。
⑨ 中国国家博物馆、南京博物院:《江苏泗洪后陈遗址发掘简报》,《中国国家博物馆馆刊》2015 年第 7 期。

化时期的环壕遗迹①。但是总的来说,苏北类型岳石文化遗存并不丰富。从文化面貌上看,苏北类型的岳石文化与尹家城、照格庄等类型十分相似,年代应大致相当,不过苏北类型岳石文化的下限可能偏晚,因地处边陲,受外来文化影响稍迟之故。在苏北沭阳万北遗址,其第四期为岳石文化遗存,发表的尊形器(H20所出)为子母口内敛,下部内收,突棱圆钝,应是此类器物最晚的形式;浅盘豆(T101所出)豆盘极浅,与尹家城第四组同类器(H8:14)相似;伴出的商式鬲、簋则具有殷墟早期特点,故而该地的岳石文化的下限延至晚商早期②。

自大汶口文化以来,经龙山文化,到岳石文化,尹家城类型所在的鲁中南区汶泗流域一直是考古学文化上的中心区。该区的文化遗存,向来丰富多样,延续时间久,对外的文化影响力也相对较强。无论是大汶口、龙山,还是岳石时期,该区的文化遗存历来是作为同时期整个文化分期的重要依据来对待的,充分显示了这个区域的重要性。安丘堌堆类型地处鲁西南边缘,南与豫东商丘地区接壤,西北部与濮阳地区相望,属于海岱地区和中原的交接区域,可视为景观生态学上的"斑块"地带。故适应这种区域而生的文化,在面貌上,从横纵两方面看,都有它的特殊性。横向看,它的文化内涵可能介于两种本底文化之间,不易归属,又或者自成一派文化系统;纵向看,它可能在前一段时间属于一个文化系统,后一段时间则属于另一种文化系统。前文论述的位于该区的王油坊类型的归属问题即是一个鲜明的例子,有的学者认为它属于海岱龙山文化,有的则主张它为中原龙山文化,还有的认为它是一个独立的文化③。

苏北类型,位居苏北,实际上也处在了一个过渡交接地带。那里属于黄淮海下游冲积平原,由此向北,越过鲁苏边界,可到达鲁中南山地,那里是一个大的文化中心区;同时亦可进入鲁东南沿海低山丘陵地带。考古证据表明,苏北与鲁中南、鲁东南一直保持着文化上的连通性。另一方面,苏北淮海一带因为地近东海,偏安一隅,可能反倒为那里的文化发展提供了一个较为僻静和稳定的环境,同时又不失一定的文化交流,于是培养出一种相对独立的文化性格,其发展也自成体系。大汶口

---

① 南京博物院、连云港市博物馆:《藤花落——连云港市新石器时代遗址考古发掘报告》,科学出版社,2014年,第500页。
② 南京博物院:《江苏沭阳万北遗址新石器时代遗存发掘简报》,《东南文化》1992年第1期;方辉:《岳石文化的分期与年代》,《考古》1998年第4期。
③ 栾丰实:《王油坊类型初论》,《海岱地区考古研究》,第283~300页。

文化在刘林、大墩子、花厅等地都颇显发达,且延续性强,在既属于山东大汶口文化系统的同时,又不失地方特色。但在大汶口晚期、龙山早期,苏北遗址数量萎缩①。大约同一时间,苏鲁交界区的临沂一带却经历了遗址、人口数量的增长。刘莉认为这可能与苏北环境变动而导致的人口北徙有关②。到岳石文化时期,苏北的遗址数量相较龙山时期又有衰落,有学者认为,这很可能与距今3800年前发生的又一次海平面升高有关③。环境变化可能还不止于海侵。研究认为,在距今4000年前后,中国范围内发生了明显的降温事件,众多考古学文化差不多都在这一时间走向衰亡,如龙山、良渚、石家河文化等等④,苏北一带的文化当然也在所难免。不过,这一时期大范围内的文化衰落,除了环境的变动之外,一定还有社会方面的因素。因为我们知道,同一时期的中原见证了二里头文化的崛起。总的来说,苏北地区的考古学文化一直与海岱区保持着联动,但是要讲到文化的"厚度",它是不及鲁中南这样的文化母区的。这一时期的皖北遗址数量较少,文化面貌不太清楚。不过从新石器时代以来的文化格局看,应当也是处在这一时期岳石与二里头文化的影响下,兼有若干地域个性的考古学文化。

二 岳石文化的衰退

岳石文化虽然继承了大汶口、龙山文化的分布地域,但是现有考古证据业已表明,相较于之前的龙山文化,岳石文化发生了多方面的衰退,如遗址数量的萎缩、陶器工艺水准的倒退、礼制品的缺失、对外拓展能力的下降。

我们首先对本文拟定的淮北区域内岳石文化与龙山文化遗址的数量做个对比。在鲁中南区,以枣庄南部地区调查资料为例,属于龙山文化的遗址有18处,属于商文化的遗址有21处,而岳石文化遗址只有3处⑤。在鲁西南、豫东和皖北交会带,龙山文化遗址数总计280处,岳石文化为61处,遗址密度从4.64个/千平方公里跌到1.01个/千平方公里⑥。需要说明的是,这些遗址的数量实际上包括了不同时期,因为除了若干典型遗址有较明确的分期外,不少遗址只是经过调查,尚无法

---

① 吴建民:《苏北史前遗址的分布与海岸线变迁》,《东南文化》1990年第5期。
② 刘莉:《中国新石器时代——迈向早期国家之路》,陈星灿等译,文物出版社,2007年,第178~181页。
③ 吴建民:《苏北史前遗址的分布与海岸线变迁》,《东南文化》1990年第5期。
④ 王巍:《公元前2000年前后我国大范围文化变化原因探讨》,《考古》2004年第1期。
⑤ 枣庄市文物管理站:《枣庄市南部地区考古调查纪要》,《考古》1984年第4期。
⑥ 陈洪波:《鲁豫皖古文化区的聚落分布与环境变迁》,《考古》2007年第2期。

进行分期,所以遗址的总数是跨越了很长时间累积起来的遗址数的总和,而用于比较的遗址总数所经历的时间却又是不平等的,故目前得出的比较结果很难做到科学。对于这种情况,我们旨在求得遗址演变的一个大体趋势。

豫东的龙山文化遗址有151处,其中可辨出早期6处,晚期36处,岳石文化时期遗址28处①。从这个数据分析,龙山文化整体遗址数大大超过岳石文化,但是就晚期的36处而言,实在伯仲之间。如果除去早期6处、晚期36处,剩下109处,因没有分期,说不明确。但不妨设想一下,无论将这109处遗址按什么样的比例分配给龙山早、中、晚三期,龙山晚期至岳石文化过渡之际,遗址的使用率下降总是不争的事实。皖北的情况则更明显,龙山文化时期遗址有49处,初步辨别有早期2处,而岳石文化遗址仅有5处②。

鲁西南的数据统计暗示,龙山晚期才是真正的遗址数量衰落期,而岳石文化不过是紧跟其后的文化低迷期③。据统计,鲁西南龙山文化遗址有80处,可辨出晚期2处,岳石文化28处④。鲁东南沿海地区的遗址数量对比证实了这一推测。据中美联合考古队在鲁东南沿海地区进行的全覆盖式区域系统调查显示,属于龙山晚期的遗址数量只有11处,其中有9处位于两城镇所在的北半部,而岳石文化遗址有18处⑤。遗址数量的大幅度衰减是从龙山晚期开始的。龙山早期时,遗址数有150处,中期时开始下降,有128处,而到晚期时只有11处,已不足早期和中期的十分之一,岳石虽然显示有18处,但是遗址整体稀疏的趋势已然定下。另外,苏北地区遗址数量的变化也很明显,龙山晚期遗址数量有30处,而岳石时期则降至7处⑥。

从原来的相对密集变成了稀疏,很多原先自龙山早期延续到中期一直在使用的遗址可能在这一阶段被废弃,说明人口规模的缩减。但我们也必须考虑一种情形,即在遗址数量减少的同时,是否伴有遗址集聚和等级出现的现象。比如在以伊洛盆地为中心的二里头文化那里,龙山到二里头时期遗址数量锐减,聚落集聚发

---

① 陈洪波:《鲁豫皖古文化区的聚落分布与环境变迁》,《考古》2007年第2期。
② 陈洪波:《鲁豫皖古文化区的聚落分布与环境变迁》,《考古》2007年第2期。
③ David Joel Cohen 也有相似的看法。参见 David J. Cohen, *The Yueshi Culture, The Dongyi, and The Archaeology of Ethnicity in Early Bronze Age China*, Ph.D. Dissertation, Harvard University, 2001 p.351.
④ 陈洪波:《鲁豫皖古文化区的聚落分布与环境变迁》,《考古》2007年第2期。
⑤ 方辉、文德安等:《鲁东南沿海地区聚落形态变迁与社会复杂化进程研究》,《东方考古》第4集,科学出版社,第268页。
⑥ 吴建民:《苏北史前遗址的分布与海岸线变迁》,《东南文化》1990年第5期。该文资料仅统计到1990年。

生,等级开始出现①。现有的考古证据表明,遗址集聚、等级分明这种现象在东方岳石文化社会远没有西方的二里头文化那样鲜明。相反,这种现象在岳石文化之前的龙山时期倒是十分突出,后在岳石文化时期模糊了。究竟是什么原因造成了龙山晚期至岳石文化时期,淮北一带遗址数量发生这么大的变化。一个重要原因可能来自外部环境的变化,目前学术界众多学者认为是距今 4 000~3 500 年前的气温下降事件造成了大范围内的文化衰落,龙山晚期至岳石文化时期的海岱社会亦在其中②。

当然,在这一大的气候环境变化下,可能还有诸多其他因素同样促成了文化的衰退,比如战争③、洪水④等。此外,文化衰退可能还有社会内部因素。从大汶口文化中晚期、龙山时期的聚落等级、墓葬形制、随葬品来看,当时社会贫富差距、阶层分化正日趋明显,乃至尖锐。社会贵族阶层投入大量人力、物力用于非生产性劳动。拿陶制品生产来说,大量精美的蛋壳黑陶杯、陶鬶、觚形杯等非实用性的礼器被批量制造,用于祭祀、宴享等礼仪性活动,随后又作为随葬品埋于墓葬。毋庸置疑,这类礼制品所代表的礼制,在当时的确可以通过规范人与人之间的关系,来维护一个稳定的社会统治秩序。但亦须承认,投资这种礼仪性生产的支出全部依赖社会的剩余产量,当大量的社会能量与资源被投入到这类活动中时,随着社会复杂化的进一步发展,很快就会达到损害其经济基础的临界点。当这种不务实的生产开展到一定程度,必然会走向事情的反面。一旦意想不到的自然灾难和社会危机发生,社会将不堪应付。

龙山文化晚期的衰退是具有空间广阔性的,从中心向边缘蔓延。以海岱地区为中心的岳石文化亦不例外,苏皖地区的淮北、江淮过渡地带在考古学面貌上呈现出相对"黯淡"之势。在制陶技术方面,龙山文化陶器多为轮制,制作规整,而岳石文化陶器则大多手制,制作草率;在陶器种类上,岳石文化相较龙山文化减少了很多。方辉认为,生产技术的落后反映了生产中劳动分工和组织手段的退化,而器物种类的减少则表现了社会生活(物质的和精神的)需求的简单化倾向⑤。器物类型

---

① 刘莉:《中国新石器时代——迈向早期国家之路》,第 216 页。
② 方辉:《岳石文化衰落原因蠡测》,《文史哲》2003 年第 3 期。
③ 张国硕:《岳石文化来源初探》,《郑州大学学报(哲学社会科学版)》1989 年第 1 期。
④ 俞伟超:《龙山文化与良渚文化衰变的奥妙》,《文物天地》1992 年第 3 期;靳松安:《试论山东龙山文化的历史地位及其衰落原因》,《郑州大学学报(哲学社会科学版)》1994 年第 4 期。
⑤ 方辉:《岳石文化衰落原因蠡测》,《文史哲》2003 年第 3 期。

学技术特征的变化可以清楚反映人类行为的变化。变异幅度小通常代表了某文化对环境的高度适应；变异大的时候则表示适应性很低。从岳石文化与龙山文化的差异来看，文化变化得较为明显，两者的比较传达出文化适应过程中不稳定的特征。

在岳石文化中，类似玉这类贵重奢侈的物品很少见。在泗水尹家城，岳石文化时期的玉器仅见1件，当然尹家城遗址龙山时期玉器就不多见，只有3件[①]；在日照两城镇与丹土遗址，龙山时期有很多精美玉器的发现，而岳石时期，遗址已大量减少，遑论玉器的发现。除了玉器之外，龙山文化时期大量的礼制品在岳石文化中也缺失，如高柄杯、蛋壳陶在岳石文化社会中都不见。这或许暗示着岳石文化社会不存在一个高等级的享受阶层，大汶口、龙山时期明显的等级分化现象在岳石文化社会或许有所缓和。当然，由于像玉这样的贵重物品常出自墓葬，而当前岳石文化的墓葬发现极其之少，这就对我们了解岳石文化的社会组织、礼制、远距离物品贸易等问题造成了限制。总体而言，苏皖淮北作为黄淮文化系统的一个扩展地区，岳石文化时期的社会进程已然随着海岱地区整体的低迷而低迷。

在对环太湖地区史前文化演变的研究中，相关学者也注意到类似的现象。新石器时代末期与相当于中原的夏商时期，遗址数量锐减，马桥文化遗址到中晚期才有所增加，早期的遗址数量极少，人口密度很低，中晚期遗址也远不及良渚时期数百处的水平。遗址与遗址之间看不出明显的功能分化，单个遗址内部分化亦不明显。墓葬建筑极其简陋，多分布于遗址区内，普遍为规模极小的竖穴浅坑墓，许多仅容一人而无随葬品，不见良渚文化时期为墓地而专门修筑的大型土台。随葬品不仅不见精美的玉器，而且随葬的陶器与石器亦多为实用型器，制作粗糙，和良渚文化大中型墓葬中的精美陶石器完全不可同日而语。从复杂化的物化形态来看，这一时期的社会复杂化程度不仅不能与良渚文化时期相比，甚至还不及崧泽文化中晚期的水平，而更接近于马家浜文化时期，是一种平等部落社会[②]。

[①] 山东大学历史系考古专业教研室：《泗水尹家城》，第78、190页。
[②] 郑建明：《环境、适应与社会复杂化：环太湖与宁绍地区史前文化演变》，上海世纪出版集团，2008年，第257~258页。

第二节 江淮地区

离开了岳石文化最深厚的母区(如尹家城类型),其周围是那些过渡性的地方类型,比如前述安丘堌堆类型、苏北类型。这些类型在地理上均处在缓冲地带。越过这些缓冲地带,岳石文化仍有影响。但是随着离母区或者子类型区越远,其影响也逐渐衰落。我们首先来关注江淮东部。在岳石文化的母区及与母区相邻的几个区域,岳石文化诸多方面都显示了衰退的迹象。那么在其他地域岳石文化相比于之前的龙山文化有什么样的变化呢?

一 江淮东部的"间歇性"遗存

从岳石文化苏北类型所在的苏北平原向南,越过淮河,便是里下河平原。在新石器和青铜时代,那里的环境并不适宜人类居住,故在此区,遗址的发现相对较少,文化层的缺失也较常见。

就目前材料来看,江淮东部的岳石文化遗存最丰富的一个地点是高邮周邶墩[①]。高邮周邶墩遗址位于江苏省高邮市东南的龙奔乡周邶墩村南,遗址近似正方形,四周环水,面积约1500平方米,原为7至10米高的土墩。在周邶墩遗址,考古学者发现了三类不同性质的文化遗存。第一类是王油坊类型龙山文化遗存;第二类是岳石文化遗存;第三类遗存与宁镇地区西周至春秋时期文化相一致。第一类遗存在上一章我们已经讨论过,此处讨论第二类遗存。

第二类文化遗存的遗迹现象是灰坑,有4个,坑口近似圆形和椭圆形两种,与海岱岳石文化中心区的灰坑类型特征相似。因为发掘面积非常有限,仅134平方米,有无居住遗迹还不清楚。

文化遗存主要来自4个灰坑,地层中也有一些,其中以H10包含物最多,遗存分陶器、石器两种。陶器分夹砂陶和泥质陶两类。夹砂陶较粗糙,火候普遍较高;泥质陶中,灰陶和黑陶陶质细腻,器表多经磨光。这个特征也符合岳石文化的陶器

[①] 南京博物院考古研究所、扬州博物馆、高邮文管会:《江苏高邮周邶墩遗址发掘报告》,《考古学报》1997年第4期。

特征。器类有鬲、罐、盆、尊、器盖、甗、盒、碗、鼎、豆、纺轮、网坠。石器有刀、镞、斧、凿。

经过比较，B型陶鼎、A型甗、大口罐、中口罐、小口罐、高领罐、B型盆、碗、尊、盒、器盖、纺轮、网坠以及石斧、刀、锛、凿等，均与尹家城遗址岳石文化同类器相近（图34），但是未发现尹家城类型较为常见的方孔石镢、椭圆形锥足鼎、盘、舟形器和内壁带凸棱的豆等，也未见彩绘陶[①]。第二类文化遗存相对于里下河地区而言，无

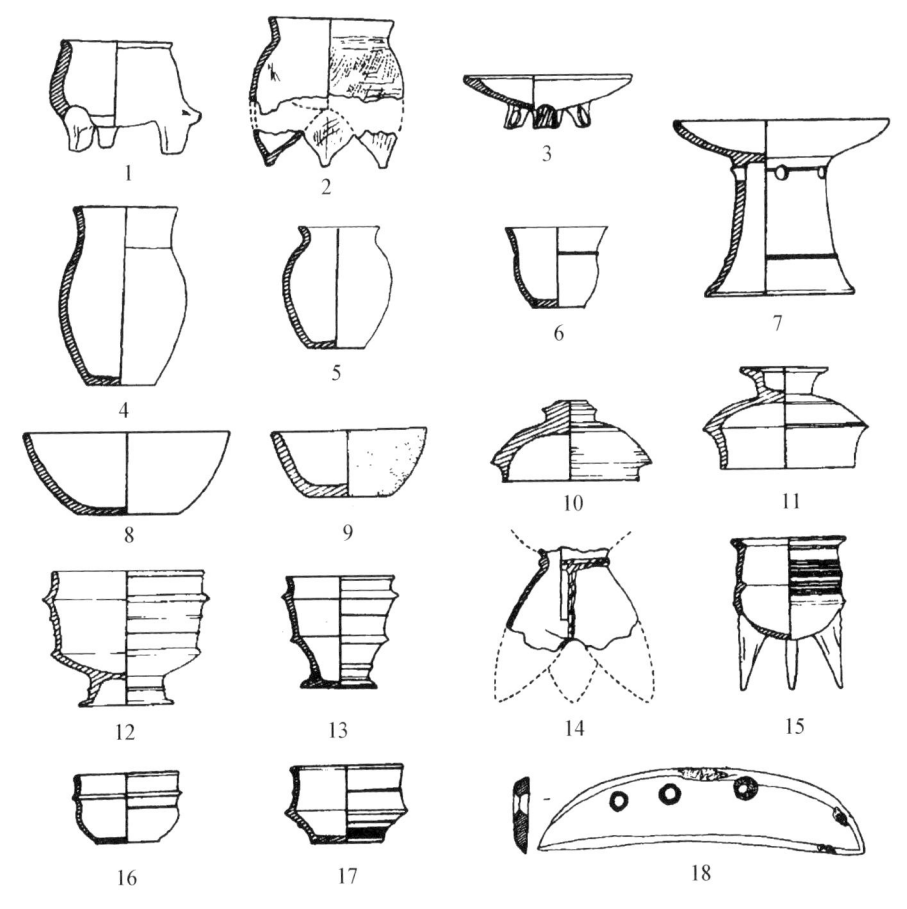

图34 周邶墩遗址中与岳石文化相似的第二类遗存

（采自《考古学报》1997.4）

[①] 南京博物院考古研究所、扬州博物馆、高邮文管会：《江苏高邮周邶墩遗址发掘报告》，《考古学报》1997年第4期。

疑是一种外来文化,因为这类遗存在江淮东部无渊源可寻。之前已经论述过的年代稍早于第二类文化遗存的王油坊类型龙山文化遗存也属于在当地无渊源可寻的一种外来文化,且第一类文化遗存与第二类文化遗存之间也无传承关系。同样,周邶墩发现的第三类遗存与第二类文化遗存之间也无传承关系。很明显这三类遗存虽同处一地,但是彼此之间呈现的是一种"异质性断裂"。对于江淮东部这一南北文化交流的通道而言,无论是王油坊类型龙山文化,还是岳石文化,它们都可比作是来自别的文化本底区的文化因素,在里下河地区集结,形成了镶嵌在里下河地区这样一个多水域分布,属潟湖沼泽本底景观之上的文化斑块。这样的文化斑块能否"存活",取决于它们自身对于外在环境的适应能力。考古证据表明,因为环境相对恶劣,第二类岳石文化遗存对于里下河地区仍然只是一个暂居者。高邮周邶墩出现王油坊类型龙山文化与岳石文化前后两批遗存,显现了高邮这一带在整个江淮东部地理上的枢纽位置。诚如"高邮"之名,公元前 223 年秦王嬴政在此筑高台、置邮亭。

基于目前的材料,可以肯定的是,无论大汶口、龙山,还是岳石文化时期,南北的文化都曾通过江淮向外传播,但不同时期南北的表现各有不同。前述大汶口、龙山时期,来自江南的崧泽、良渚的势力颇为强大,辐射较远。到岳石文化时期,江南考古学文化对江淮东部的影响力减弱。岳石文化,自鲁中南山地尹家城类型出发,经苏北类型,沿着滨海通道自北向南,从赣榆下庙墩、青墩庙、灌云大伊山,到沭阳万北、泗洪后陈,再往南,抵达里下河地区的高邮周邶墩,接着渡江至镇江马迹山①,连成了一条迁徙链条。太湖地区马桥文化中也发现有岳石文化因素。岳石文化南传的这条线,位于江淮东部境内。它的分布模式,与前文分析的王油坊类型龙山文化有相近之处,均是通过一个个遗址点连缀成了一条传播廊道。

某种意义上,王油坊类型龙山文化也好,岳石文化也罢,它们在江淮东部的出现均谈不上是扩张,而是一种文化的撤退。因为江淮东部相对恶劣的生态环境,本土文化难以获得持久性发展。这对于外来文化,如王油坊类型龙山文化与岳石文化的迁徙便构不成阻碍,而当这些外来文化来到江淮东部时,它

---

① 镇江博物馆:《镇江马迹山遗址的发掘》,《文物》1983 年第 11 期;田名利:《试论宁镇地区的岳石文化因素》,《东南文化》1996 年第 1 期。

们需要再次适应当地的生态环境,事实证明,它们均是江淮东部社会进程的参与者。

二 安徽江淮间的文化面貌

岳石文化时期的安徽江淮,一如龙山文化时期,受到来自山东和中原文化的交互影响。这两个文化分别是岳石文化与二里头文化。

先看岳石文化的因素。尊形器分布较普遍,多黑灰色,表面磨光。相当于二里头文化时期的斗鸡台遗址发现不少岳石文化因素。如第二期的一件尊形器(图35,1)[①],直口微侈,尖圆唇,收腹,口下一道凸棱成子母口,下腹亦有一凸棱,夹砂黑灰陶,素面。相当于二里头文化晚期的斗鸡台遗址第三期的一件尊,仅存下部,折腹,平底外突呈假圈足,下腹部有二道凸弦纹。

子母口罐(图35,3),直领直口,圆唇,领上有凸弦纹2道,似子母口,腹圆鼓,泥质黑陶,口径16厘米。罐(图35,5),侈口,圆唇,束颈,颈部一周按窝附加堆纹,圆肩,深腹平底,夹砂灰褐陶,素面,与岳石文化同类陶器形态相似。

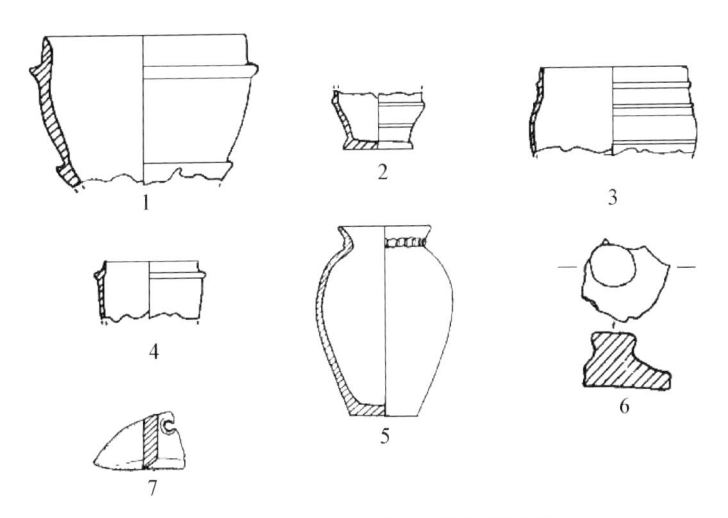

图35 安徽江淮间岳石文化陶器示例

1. 斗鸡台(T1⑤:156) 2. 斗鸡台(T1④:35) 3. 斗鸡台(H2:96) 4. 斗鸡台T1④:38 5. 斗鸡台(T3③:16) 6. 青莲寺(T2⑥:60) 7. 斗鸡台(T1③:31)

[①] 北京大学考古学系商周组、安徽省文物工作队:《安徽省霍邱、六安、寿县考古调查试掘报告》,《考古学研究》(三),科学出版社,1997年。

青莲寺第三期一件器盖(图35,6),平顶圆纽握手,厚胎,红褐色,素面。报告认为这件器盖带有岳石文化的作风。

石器有半月形石刀(图35,7),灰色,通体磨光,弓背,单面直刃,靠弓背处有对钻圆孔1个,残长6.6、残宽4、厚1、孔径0.6厘米。

上面所举的这几件器物均与岳石文化同类器相近。

再如二里头文化因素。斗鸡台遗址第二期中的鸡冠耳盆与二里头二期的同类器物形制相似。侈口,鼓腹,鸡冠耳,厚圆唇,下腹内收,口沿下有弦纹,腹饰中绳纹,口径21厘米。Ca型罐,侈口,卷沿,方唇,唇外饰一周绳切纹。其俗称花边罐,与二里头文化二期的同类器相似①。含山大城墩遗址相当于二里头文化早期略偏晚阶段的第一期中,罐形鼎、盆形鼎、甗等器物与河南偃师二里头一期文化同类器相似②。罐形鼎,敛口,折沿,深腹,底微圜,足残,呈扁三角形,腹部和底部饰篮纹,夹细砂红陶,口径16.5、残高16厘米。盆形鼎,口微侈,短颈,圆折肩,浅腹平底,圆锥形实足,稍外撇,腹饰细绳纹,夹细砂黄褐陶,口径18.2、高13.5厘米。甗,上部残,泥质磨光黑陶,斜壁,座似圆饼,平底,壁和座饰数周凸弦纹。含山大城墩出土的高领瓮③与二里头遗址出土的高领瓮④形似。肥东吴大墩遗址中也出土一些类似于二里头文化器物的陶器。如二期文化的陶甗与二里头二期陶甗形似,三期文化中的圆腹罐与二里头遗址常见的三期文化圆腹罐形制相同,类似器物还见于郑州上街(如T1∶18)等二里头文化遗址中⑤。尤其值得一说的是,肥西大墩子出土的铜铃(图36)⑥与二里头遗址出土的铜铃⑦形制如出一范。大墩子还出土了一件

---

① 中国社会科学院考古研究所二里头队:《1980年秋河南偃师二里头遗址发掘简报》,《考古》1983年第3期,图版贰1、图十一—10。
② 安徽省文物考古研究所:《安徽含山大城墩遗址发掘报告》,《考古学集刊》第6集,中国社会科学出版社,1989年,第98页。
③ 报告中称为"小口罐",见安徽省文物考古研究所:《安徽含山大城墩遗址发掘报告》,《考古学集刊》第6集。杜金鹏称之为"高领瓮",见杜金鹏:《关于夏桀奔南巢的考古学探索及其意义》,《华夏考古》1991年第2期。
④ 中国社会科学院考古研究所二里头工作队库存标本。转引自杜金鹏:《关于夏桀奔南巢的考古学探索及其意义》,《华夏考古》1991年第2期。
⑤ 张敬国、贾庆元:《肥东县古城吴大墩遗址试掘简报》,《文物研究》第1辑,黄山书社,1985年;杜金鹏:《关于夏桀奔南巢的考古学探索及其意义》,《华夏考古》1991年第2期。
⑥ 安徽省博物馆:《遵循毛主席的指示,做好文物博物馆工作》图二,《文物》1978年第8期;大墩子出土的二里头文化铜铃清晰的照片,参见安徽大学等:《安徽江淮地区商周青铜器》,文物出版社,2014年,第12页。
⑦ 中国科学院考古研究所洛阳发掘队:《河南偃师二里头遗址发掘简报》图八∶6,《考古》1965年第5期。

素面斝(图37),风格也与二里头文化遗址中出土的相似。单从大墩子遗址能出土铜铃与素面斝这两件与二里头文化遗址风格近似的铜器便可知该遗址的重要性,它很可能是当时的一个中心性遗址①。

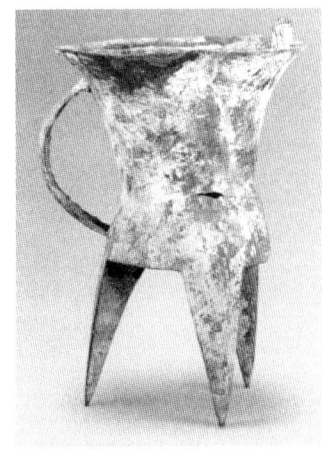

图 36　大墩子铜铃　　图 37　大墩子铜斝

此外,在皖西南薛家岗遗址,二里头文化陶器也有发现,从器物特征观察,其年代约当二里头文化二期晚至三期早之间②。总体来看,二里头文化与岳石文化对江淮地区均有影响,但是在江淮的不同区域,它们影响的幅度各有差别:在江淮东部,几乎不见二里头文化因素,岳石文化因素虽然所见也不多,但高邮周邶墩和镇江马迹山岳石遗存的发现,可证江淮东部是岳石文化南传的最主要通道;而在安徽江淮之间,二里头文化的影响似更胜一筹。

当然,除了二里头文化和岳石文化两支在当时较强势的文化之外,安徽江淮地区也存在本土性文化因素。较具地方特色的文化因素有扁锥足盆形鼎、深腹平底鼎、觚形杯、瓦足平底盘、长颈罐、浅盘高柄豆、卷沿直壁缸、釜等。这一群器物为周围邻近地区所不见或少见③。

---

① 2018年,安徽省考古工作者在肥西三官庙遗址又发现了二里头文化时期遗存,出土遗物有陶器,器型有鼎、豆、罐、盆、鬶、纺轮等。铜器有钺、铃、锛等,器物风格与二里头文化相似。三官庙遗址出土的几件较为完整的铜器,对于探讨二里头时期金属冶炼、铸造等手工业发展格局,以及矿物原料和技术的传播路线等具有重大价值。
② 杜金鹏:《关于夏桀奔南巢的考古学探索及其意义》,《华夏考古》1991年第2期。
③ 宫希成:《夏商时期安徽江淮地区的考古学文化》,《东南文化》1991年第2期。

总的来说,相当于二里头文化或岳石文化时期的安徽江淮间存在地方特色的文化器物是无疑的。自大汶口文化、龙山文化时期以来,中原、海岱地区对于这个小区进行了不间断的影响,直到二里头文化时期仍然有文化上的辐射。因而这个地区的文化产品与中原、海岱相比,总有种"似曾相识"的感觉。我们所称的地方特征往往也是在前一时期来自中原或海岱的器物基础上发生变异、更改而形成的。与江淮东部不同的是,安徽江淮间接受的外来文化,其文化因素散布的范围相对较广,而江淮东部,无论是王油坊类型龙山文化,抑或岳石文化,通常是零星与片状分布,时间上呈现出间歇性的特点。

小 结

约公元前2000年,中原和海岱地区两支分布地域广阔的考古学文化都对苏皖两淮地区发生了较大影响,并借助这片过渡地带,向长江以南进行文化渗透。在文化南传的背后,到底隐藏着怎样的动机呢?

首先看岳石文化,岳石文化的南传,一条是直接从苏北往南,高邮周邶墩的发现,以及江南镇江马迹山的发现已作说明;另一条当是经皖北,向安徽江淮传播。前者是主要途径。周邶墩岳石文化遗存,很可能是人群迁徙所致。自龙山晚期以来,海岱社会已见颓势,又适逢公元前2000年大范围的降温事件,龙山晚期、岳石时期海岱地区的遗址数量大规模缩减。可以估计,在海岱社会内部,当时可能积聚着一股压力,有来自环境的,也有来自社会内部的,为了求生存发展,求社会的整体稳定,这股压力必须得到排遣。这正合迁徙理论中的"推—拉"模式之"推"力。岳石文化当时可能向不同地区发生过迁徙。周邶墩遗存就是其中的一支。它在当地无渊源,亦无同时期别的文化遗存,也没有后续。而且江淮东部里下河地区的环境也从侧面佐证了这类文化遗存的存在并非受资源扩张驱使而留下的,因为江淮东部无山,不能提供奢侈品消费的玉材,亦无矿源的存在。因此,岳石文化往江淮东部的迁徙,一方面是地理邻近之故;另一方面是因为江淮东部土著文化稀缺,不构成人为的阻碍。然而江淮东部当时缺乏土著文化本身已很说明问题,很可能是恶劣的自然环境限制了文化的发展。所以这个"拉"力很快就成了"推"力。南迁的岳石文化在短暂打破了江淮东部的宁静之后,并没有在当地的社会进程中持续下去。不管怎样,从社会进程的角度说,岳石文化南迁仍然可谓江淮东部社会进程中有意义的一桩文化事件。它们与此前的王油坊类型龙山文化,一同组成了江淮东部社会进程中"断裂式"的连接。

二里头文化向江淮传播的性质,不少学者有过思考。因为在古史记载中,夏朝的一头一尾均与安徽江淮发生关联。"头"是《尚书·益稷》中说的禹"娶于涂山"及《左传·哀公七年》载"禹合诸侯于涂山,执玉帛者万国"。"尾"指的是桀奔南巢。故安徽的考古学者在发现了江淮之间有二里头文化因素存在时,都倾向认为这对探讨江淮间人群与夏文化的关系很有帮助①。王迅认为,寿县斗鸡台文化中的二里头文化早期因素,与《史记·夏本纪》中禹"封皋陶之后于英、六"有关;而巢湖一带的二里头文化因素多属晚期,则与"桀之封"有关②。其后,杜金鹏进行了更为系统地论述,指出"安徽江淮地区的类似于二里头文化二、三期遗物的古代遗存,很可能就是桀奔南巢后,夏遗民在这里留下的文化遗存"③。对于安徽江淮的二里头文化因素,我赞成杜的部分看法,即"二里头文化因素虽在总体数量上并不处于主导地位,但也并非星星点点,而是十分醒目地占有相当之比重,这种情况与相邻文化间的一般性交往与影响,已不相适应。尤其是薛家岗 H25 中出土成组的具有明显二里头文化因素的陶器,只有用人群的迁徙来解释才最妥当"④。但是,二里头文化遗存是否与桀奔南巢有关,则最好搁置莫论。

对于安徽江淮地区二里头文化因素的存在,目前可能仅适合于将它置于二里头国家政治网络扩张这一大的历史背景下去理解。从二里头文化开始,龙山时代诸多考古学文化林立的局面便被打破,二里头文化异军突起,一枝独秀。有的学者称二里头文化已经代表了早期国家⑤。许宏形容二里头文化的社会阶段属于"广域王权国家"⑥。它的中心地位已经凸显出来。在二里头国家的政治网络中,中心为了获得重要的战略资源,开始对周边地区展开殖民与领土扩张。这也正与考古上

---

① 张敬国、贾庆元:《肥东县古城吴大墩遗址试掘简报》,《文物研究》第 1 辑。
② 王迅:《试论夏商时期东方地区的考古学文化》,《北京大学学报(哲学社科版)》1989 年第 2 期。
③ 杜金鹏:《关于夏桀奔南巢的考古学探索及其意义》,《华夏考古》1991 年第 2 期。
④ 杜金鹏:《关于夏桀奔南巢的考古学探索及其意义》,《华夏考古》1991 年第 2 期。
⑤ 刘莉、陈星灿:《中国早期国家的形成——从二里头和二里岗时期的中心和边缘之间的关系谈起》,《古代文明》第 1 卷,文物出版社,2002 年。
⑥ 许宏:《略论二里头时代》,《2004 年安阳殷商文明国际学术研讨会论文集》,中国社会科学出版社,2004 年。

所见二里头遗址在第二、三期的扩大相符合①。虽然当前的证据还不支持我们对江淮间二里头文化因素做出具体的解释，但从二里头文化因素较大比重的存在于江淮之间以及一个早期国家的兴起可以推知中原地区政治文化势力对于淮北与江淮地区可能已经有了较明确的经略意识。继此之后，商与西周王朝对于江淮的经略愈发明显。而这种来自中心地区的经略意识及具体的扩张行为，必然会影响甚至干扰了具有边缘和过渡带双重属性的两淮地区的社会进程。

---

① 刘莉、陈星灿：《中国早期国家的形成——从二里头和二里岗时期的中心和边缘之间的关系谈起》，《古代文明》第 1 卷。

第四章　边缘与附属：商代的两淮

岳石文化时期，海岱地区的文化仍然是自成系统的。二里头文化虽然强大，但尚未到侵吞、破坏海岱社会文化独立性的地步。然而，从商代早期偏晚阶段开始，也即考古学上的二里岗文化上层时期，商文化开始了他的东进之旅。曾经独立自主发展的海岱历史文化区，其社会进程遭到了外域势力的干扰。一同被笼罩进商军事势力与文化阴影的也包括了苏皖的两淮地区。

第一节　淮 北 地 区

商文化东进的过程是一场新旧文化景观消长的过程。商文化进入东方地区的文化本底景观中，并随着时间的增长逐渐扩大，而原先以海岱文化区为母区的岳石文化景观则逐渐退却。许多岳石文化遗址点为商文化所占据。

商文化东进的范围主要针对的是海岱地区，同时，海岱及两淮的南缘区域一并受到商文化的影响。如果说海岱地区，尤其是鲁中南区，面对商文化的东进，是第一次体验到大规模外来文化干扰的话，苏皖两省的两淮地区，对于外来文化的干扰，则可谓见怪不怪了。苏皖的淮北部分，如同自然环境领域淮河历史上多次受黄河泛滥的干扰一样，这一带的文化也常常成为以中原或海岱为中心的考古学文化的边缘类型，成为这类文化向外辐射的第一道"接受域"和"过渡域"。江淮部分亦复如是，它受南北两面的文化影响十分明显。

当前的考古材料表明，苏皖淮北地区商时期的聚落遗址数量相当之少。整个夏商周时期，苏皖淮北地区似乎均处于一种文化低迷状态。前举岳石文化时期，皖北地区岳石文化遗址数量仅有 5 处，苏北也仅有 7 处。岳石文化时期的这种低迷状态延续到了商周时期。有学者做过统计，整个夏商周时期，皖北的聚落数量大规模缩减。从聚落的延续性看，淮河北部新石器晚期的 68 个遗址延续到夏商周时期的仅有 22 个,聚落消失率达 67%。该时期新增的聚落也仅有 13 个①。据笔者根据文物地图集的统计,苏北商时期的遗址数量约 81 处②。这些遗址大多只是经过调查,正式发掘的不多。这样一种资料现状,令学界对于这两个小区商周时期文化的探讨极为少见。不可否认,材料充足是任何研究的前提,但是从另一个角度看,材料少,本身就是一个值得探讨的问题,是何原因导致夏商周时期苏皖淮北地区的遗址数量稀少呢? 我以为有两个主要原因:一、与发现有关,以上遗址数据,只是一个大概的数量,实际的遗址数可能不止于此。苏皖淮北地区因地处淮河中下游,属于黄淮平原,因为历史上多次的黄河夺淮,造成了豫东、皖北、苏北一带很多地方黄沙淤积,考古工作不易开展,这无疑对寻找早期文化遗址造成了很大阻碍;二、夏商周时期这一区域遗址数量的稀少,可能有着宏观的原因,因为这一时期遗址数量的下降,并不单是苏皖淮北的现象,而是在很多其他区域一样如此,文化衰变的例子屡见不鲜。研究表明,公元前 2000 年前后大范围内的持续降温事件和异常的洪水事件难辞其咎③。淮北平原除萧县、怀远等少数地区的低缓残丘外,大部分地区海拔高度在 40 米以下,河道宽而浅,使居住在不高的河间平原与河间洼地的古人在大洪水的泛滥中无法生存。苏北滨海的环境,加上处于淮河下游,自然环境的脆弱性,也影响了聚落的发展。这在前章谈及岳石文化时期时,我便已经论及。

尽管商时期苏皖淮北地区典型遗址甚少,但梳理若干资料,仍可观察到该区域与商中心区的关系。1957 年淮河北岸的阜南朱砦区月儿河段发现一批商代青铜器,有龙虎尊一件(图 38)、饕餮纹尊一件、铜斝一对、铜爵一对、铜觚一对。另在新中国成立之前,离这批铜器

图 38　安徽阜南出土商代龙虎尊

---

① 朱光耀等:《安徽省新石器和夏商周时代遗址时空分布与人地关系的初步研究》,《地理科学》2005 年第 25 卷第 3 期。
② 可参见国家文物局:《中国文物地图集——江苏分册》,中国地图出版社,2008 年。
③ 竺可桢:《中国近五千年来气候变迁的初步研究》,《考古学报》1972 年第 1 期;夏正楷、王赞红、赵春青:《我国中原地区 3500a B.P. 前后的异常洪水事件及其气候背景》,《中国科学》D 辑,2003 年,第 882~888 页。

出土点不到 2 米处也发现过一批铜器,计有小铜鬲 12 件、大方鼎 1 件。据推断,这些铜器很可能原属同一座墓葬,因为河道变迁,被水冲没于河心内①。

这批铜器的年代,普遍认为属于商代晚期早段。石志廉认为龙虎尊的年代晚于郑州白家庄,大体与"殷墟文化第一期"相当②。弗吉尼亚·凯恩持相似意见,认为这批青铜器既有安阳早、晚期特征,又含有本地因素③。杨晓能亦将这批铜器归入商代晚期。他还认为,商式青铜器在扩展过程中,形成了至少十二个区域性网络圈,可能代表了商王朝青铜礼器网络体系的十二个"主干交结中心",其中之一便是淮河流域的嘉山—阜南地区④。

近年,阜南县台家寺遗址(紧邻出龙虎尊的润河旧河道)又有新的考古发现。2014~2015 年,安徽省文物考古研究所与武汉大学考古系在台家寺遗址发现商时期大型台基及相关建筑,其中一座房屋(F16)与铸铜手工业有关。台家寺遗址所见台基设置、单体宫殿结构和大型建筑规范均与中原商文化相似,同时亦有淮河流域自身特点。台家寺遗址商时期堆积涵盖年代为二里岗上层一期、白家庄期、花园庄期至殷墟一期⑤。这一带很可能存在政治与文化上与商之关系极为密切的方国。

离阜南东面甚近的颍上县,1972 年以来,也多次发现商代文物。1972 年春,王岗发现两座商代墓葬,出土铜器若干,计有爵 2 件(爵有"月己"铭文)、觯 1 件、矛 1 件、刀 1 件、凿 1 件、斧 1 件。另在王岗附近的赵集,征集到 7 件铜器,据说出土于淮河堤边。计有爵 3 件,两件有铭文,作"酉"与"月己"字样,另有觚 1 件、铃 1 件、车䡇 1 件、弓形器 1 件⑥。这批铜器的形制、花纹与安阳地区同类器相似,年代相当于商代晚期。从铭文分析,"月己"和"酉"当是氏族的徽号。王迅认为,颍上王岗、赵集发现的"月己"铜器,说明商代的当地居民可能与山东的己族夷人有密切关系⑦。陈秉新认为,"月己"是东夷中己族人的一支迁徙到淮河流域,与当地的月族融合后

---

① 葛介屏:《安徽阜南发现殷商时代的青铜器》,《文物》1959 年第 1 期。
② 石志廉:《谈谈龙虎尊的几个问题》,《文物》1972 年第 11 期。
③ Kane, Virginia, *The Dependent Bronze Industries in the South of China Contemporary with the Shang and Western Chou Dynasties*. Archives of Asian Art 28(1974~75),p.80.
④ 杨晓能:《另一种古史:青铜器纹饰、图形文字与图像铭文的解读》,三联书店,2008 年,第 353 页。
⑤ 有关材料参见何晓琳:《安徽阜南台家寺遗址考古收获》,《首届中国考古学大会(2016·郑州)》论文摘要汇编,2016 年 5 月,第 80 页。武汉大学历史学院考古系:《安徽阜南县台家寺遗址发掘简报》,《考古》2018 年第 6 期。
⑥ 阜阳地区博物馆:《安徽颍上王岗、赵集发现商代文物》,《文物》1985 年第 10 期。
⑦ 王迅:《东夷文化与淮夷文化研究》,北京大学出版社,1994 年,第 88 页。

形成的复合族氏名①。而"酉"的字形,则是模仿了商代前期(或更早的夏文化)常见的陶大口尊。邹衡认为酉族应该是居于殷墟的商人(或是夏的遗民)②。这两件爵貌似微不足道,却因为"月己"和"酉"的铭文,透露出了皖北与山东、中原的关系。与史前时期相似,商时期,皖北依旧是中原和山东地区族群南徙的第一道接受域。

迄今为止,苏北商时期最引人注目的发现是铜山丘湾遗址③。它位于徐州市北17公里,于1959年发现并进行了试掘,之后在1960、1965年又做了发掘。丘湾遗址可以说是陇海线上的一个"结点(node)",津浦县与陇海线在此交叉,地理位置十分重要。丘湾遗址的文化序列依次为龙山、商和西周。商时期遗迹发现有房基、柱洞、火塘、窖穴,生产工具有各类石器、蚌器、骨器、铜刀、铜凿件。

丘湾商代文化层出土的遗物,以陶器为大宗,陶质以泥质灰陶为主,夹砂灰陶次之,还有数量很少的泥质红陶、夹砂红陶和泥质黑陶。纹饰以较粗的绳纹占绝大多数,间有细绳纹,素面次之,其他还有弦纹、附加堆纹等。器形以鬲、簋、豆、罐、瓮为主,与中原商代文化遗址完全一致。丘湾商代文化层可分上下两小层,上层的陶鬲、陶簋、陶豆等与安阳商代晚期器形特征接近。下层的陶鬲、陶瓮、陶簋、陶豆等,则与安阳商代早期、郑州商代遗址器形特征相近。

在此之前的大汶口、龙山、岳石文化时期,苏北一带的文化始终与鲁中南区的文化"大同小异",常为鲁中南文化的边缘类型。但是到商代,世异时移,曾经独当一面的海岱文化区,在强劲的商文化面前黯然失色。二里岗上层时期,商文化已经较牢固地占据了津浦线两侧。鲁中南如此,南邻于此的苏北,又岂能独善其身,这里自然也受到商文化的影响,乃至政治干涉。

日用陶器面貌上的一致固然值得注意,但是丘湾商代杀人祭祀遗址的发现,更是从意识形态上宣告该地与商文化传统的紧密联系。遗址中心竖立四块天然大石,周围有二十具青壮年男女人骸,双手反绑,俯身屈膝,当为人牲。此外尚有人头两个,狗骸十二具。人首与狗头都朝向中心大石。有学者认为这应属商代东夷大彭国的社祀用牲遗迹④。人牲/人殉、殉狗,普遍被认为是商人埋葬、祭祀文化中的

---

① 陈秉新、李立芳:《出土夷族史料辑考》,安徽大学出版社,2005年,第101页。
② 邹衡:《论先周文化》,《夏商周考古学论文集》,文物出版社,1980年,第319页。
③ 南京博物院:《江苏铜山丘湾古遗址的发掘》,《考古》1973年第2期。
④ 俞伟超:《铜山丘湾商代社祀遗迹的推定》,《考古》1973年第5期;王宇信、陈绍棣:《关于江苏铜山丘湾商代祭祀遗址》,《文物》1973年第12期。

重要元素。它们不但在商文化中心区经常出现,在外围区域与商人政权有来往的方国中也频繁可见,如青州苏埠屯、滕州前掌大,以及此处介绍的铜山丘湾。三处恰好南北排列,它们很可能是商人东进时,在与商文化的互动过程中吸收了这一习俗。但同时也不排除殉人、殉狗是东夷之域的徐州一带自古即有的习俗。要知道,商王朝以犬为牲的文化现象,并没有河南本土的史前传统,以狗随葬、以犬致祭的遗迹倒是集中发现于大汶口—龙山文化分布的海岱区内①。

同在徐州的高皇庙遗址,中层文化遗存属殷商时期,遗物以石器、骨器、蚌器等生产工具为多,发现有铜器和卜骨、卜甲。陶器以夹砂和灰陶为主,器形有豆、罐、碗、尊、鬲、鼎等②。总体来说,高皇庙材料不多,尚不够条件作深入讨论。

沭阳万北也有商代文化遗存。1992年的简报提到,发现有商代墓葬12座③,但只公布了5座(M1~M5)④。这五座墓的年代从商代晚至西周早,浅穴竖坑,葬式为仰身直肢。另据有关报道,有一座墓葬(M10)还有殉人和狗,殉人置于墓主身侧,狗置于腰坑中⑤。随葬陶器器类有鬲、甗、罐、瓿、簋等。从陶器面貌上看,有与中原相一致的地方,如器表一般饰绳纹;也有地方性特征较强的一面,器表一般饰素面或饰以三角形图案。万北位于古沭河之滨,属淮、沂、沭河交汇的小平原地带,离丘湾遗址不太远,当地的土著可能受到中原商文化的影响。洪泽湖西南岸的泊岗,也曾发现过标准的商代残铜器,如斝、角、罍等⑥。

苏北商文化风格的遗存在各地都有零零星星的发现,不一一列举。从政治地理景观上看,苏皖淮北当属商王国的边缘地带。根据商代晚期卜辞记录,这一带既有侯、伯之封地,又有方国,是两者的交界区域,比如,对商王朝东南向扩张甚为重要的攸(永城南部、安徽宿州北部一带),商晚期征伐频频的人方⑦,对商叛服无常

---

① 高广仁、邵望平:《中国史前时代的龟灵与犬牲》,《中国考古学研究》,科学出版社,1986年,第64~66页。
② 江苏省文物管理委员会:《徐州高皇庙遗址清理报告》,《考古学报》1958年第4期。
③ 南京博物院:《江苏沭阳万北遗址新石器时代遗存发掘简报》,《东南文化》1992年第1期。
④ 谷建祥、尹增淮:《江苏沭阳万北遗址试掘的初步收获》,《东南文化》1988年第2期。
⑤ 南京博物院:《近十年来江苏考古的新成果》,《文物考古工作十年(1979~1989)》,文物出版社,1990年。
⑥ 尹焕章、袁颖:《江苏仪六地区湖熟文化遗址调查》,《考古》1962年第3期。
⑦ 关于人方的地理位置众说纷纭,迄今仍无定论,淮水流域是主流意见之一。如陈梦家云:卜辞所记"正人方"之役至于淮水而伐人方、林方,则此等邦方属淮夷之一。见陈梦家:《殷墟卜辞综述》,中华书局,1988年,第305页。

的大彭国①等等。诸如此类在商卜辞记录中为商人所关心、询问和命令的方国还有很多。商王朝时期,苏皖淮北,以及其北的豫东一带,其"政治边界"的特性已经有所显露。一面是与商王朝相对亲密的侯国,一面则是对之持有敌意的方国,在这个边界地带,政治关系是十分不稳定的。这种"不稳定"到西周时期,进一步"恶化",一个"政治性"和"族群认同"更为清晰和明确的边界将会突显出来,我们将在下一章进行专门讨论。

第二节 江淮地区

从遗址数量上看,江淮之间新石器晚期的53个遗址有32个延续到了夏商周时期,聚落消失率为38%;该时期新增聚落79个②。与同时期皖北的稀疏相比,安徽江淮的情况要好很多。江淮的丘陵地貌使当地所受洪灾较轻。这些地区在灾后热量条件较好,古聚落得以迅速发展③。

安徽江淮地区商时期文化主要集中于三个小区:一、皖西江淮丘陵北部,包括寿县、霍邱、六安等地;二、巢湖流域,包括合肥、巢湖、肥西、含山、肥东等地;三、皖西南地区。我们主要讨论前两个小区。

皖西江淮丘陵北部,属六安地区,北临淮河,南近霍山,海拔多在50米以下,水网丘岗相间分布。这里的古文化遗址多发现于水田间的低丘漫岗,呈台形或堌堆状面貌④。这一小区遗址的发现,以1982年北京大学考古系商周组与安徽省文物工作队进行的考古调查试掘最为丰富⑤。

属于二里岗上层商文化时期的遗存分别有:六安众德寺遗址的第二期,其流行的锥状鬲足、假腹豆、直口缸等具有典型的郑州二里岗上层早商文化作风;寿县斗

---

① 王宇信、陈绍棣:《关于江苏铜山丘湾商代祭祀遗址》,《文物》1973年第12期。
② 朱光耀等:《安徽省新石器和夏商周时代遗址时空分布与人地关系的初步研究》,《地理科学》2005年第25卷第3期。
③ 朱光耀等:《安徽省新石器和夏商周时代遗址时空分布与人地关系的初步研究》,《地理科学》2005年第25卷第3期。
④ 北京大学考古学系商周组、安徽省文物工作队:《安徽省霍邱、六安、寿县考古调查试掘报告》,《考古学研究》(三),科学出版社,1997年。
⑤ 北京大学考古系商周组、安徽省文物工作队:《安徽省霍邱、六安、寿县考古调查试掘报告》,《考古学研究》(三)。

鸡台第四期,其文化面貌基本与以郑州二里岗上层为代表的早商文化接近。

巢湖流域也有二里岗上层文化时期遗存的发现。含山大城墩第二期文化的鬲、罐、大口尊(图39),与郑州二里岗上层同类器相似,年代约相当于二里岗上层。但有的鬲有较长的领部,假腹豆圈足较高,二足器和双耳罍等器物,是中原早商文化所不见的①。此外,从大城墩遗址商周文化层出土的籼稻和粳稻两种炭化稻谷和三角青铜刀还可以看出,当时已经有了比较高的青铜冶炼、制作水平,且熟练掌握了种植两种水稻的技术。

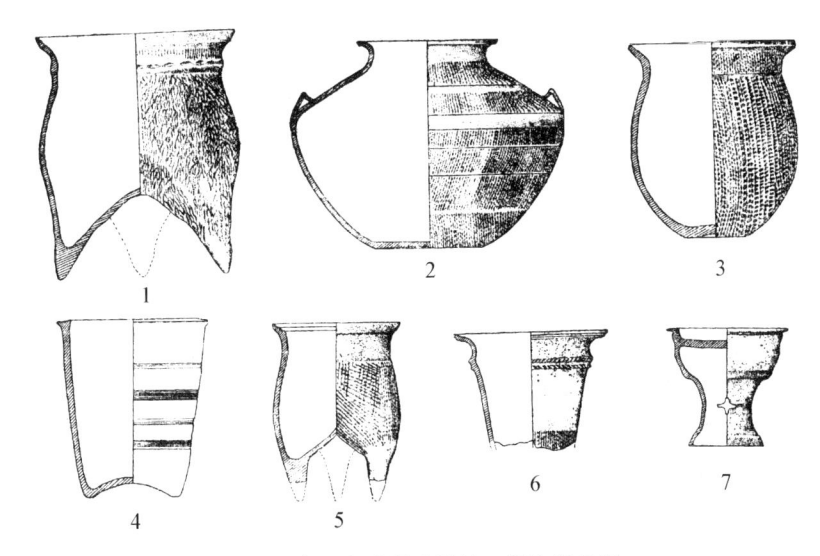

图39 含山大城墩遗址第二期陶器示例

(据《考古学集刊》第6集,1989)
1、5. 鬲(T5:7:1、T1:5:3) 2. 双耳罍(T3:5B:9) 3. 深腹罐
4. 二足器(T3:5B:21) 6. 大口尊(T3:5B:4) 7. 假腹豆(采10)

肥东吴大墩第三期中的鬲、大口尊、罐等器物的特征,与郑州二里岗上层同类器物相似。该期年代约当二里岗上层②。长丰三江坝遗址也有二里岗上层期的陶器③。

此外,1975年试掘的含山孙家岗遗址,商文化遗存亦十分丰富,所出绝大部分器物如陶鬲、陶斝、陶纺轮、骨镞、骨簪及铜镞等,在制作、纹饰与造型等方面,不但

---

① 安徽省文物考古研究所:《安徽含山大城墩遗址发掘报告》,《考古学集刊》第6集,中国社会科学出版社,1989年。
② 张敬国、贾庆元:《肥东县古城吴大墩遗址试掘简报》,《文物研究》第1辑,黄山书社,1985年。
③ 转引自侯卫东:《江淮西部商时期考古学文化研究》,《东南文化》2012年第6期。

与郑州二里岗出土的同类器物相似,而且有些器物几乎是一模一样①。

属于中商文化时期的遗存有含山大城墩第三期,其鬲、豆、瓮、大口尊等器物的特征,更接近殷墟一期的同类器(图 40)②。

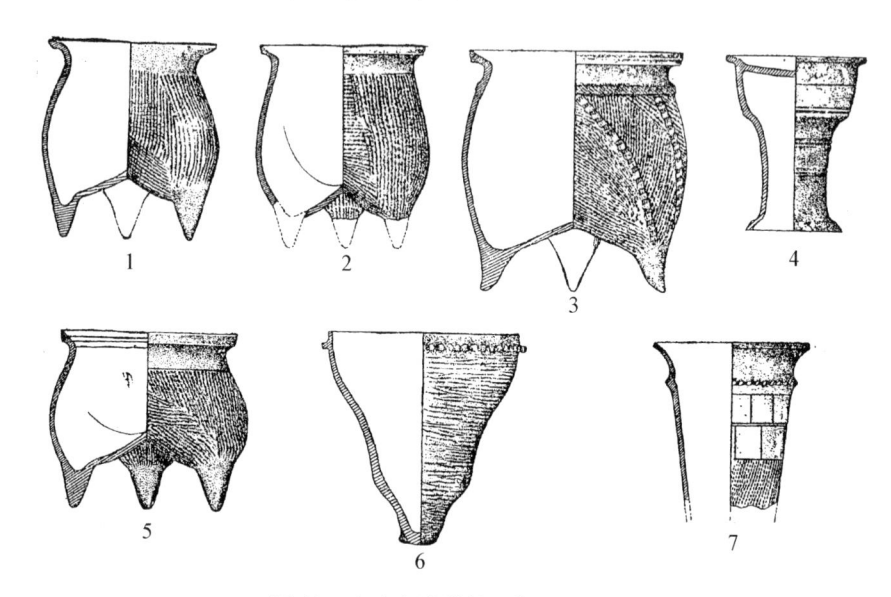

图 40 含山大城墩第三期陶器示例

(据《考古学集刊》第 6 集,1989)

1~3、5. 鬲(T3∶5A∶51、13、52、10) 4. 豆(T3∶5A∶12) 6. 坩埚(采 13)
7. 大口尊(T3∶5A∶3)

绣鞋墩第一期,时代大体相当于殷墟早期,尖锥状鬲足与殷墟二期者相近,假腹豆亦是殷墟一期继续流行的器物③。

晚商阶段的遗址有含山孙家岗,从发现的卜骨来看,其卜法上已是钻、凿、灼三者兼施,应晚于二里岗期,而和郑州人民公园出土的极为相似④。含山大城墩四期的器物与三期相比变化较大,鬲、豆、簋、瓮等与郑州人民公园的同类器相似,年代约相当于商代晚期或可晚至商周之际。众德寺第三期亦属商代,但鬲的空袋足较浅,实足根较矮,有的为截头矮柱状,具有较晚的特征,其绝对年代晚于绣鞋墩第一

---

① 安徽省展览、博物馆:《安徽含山县孙家岗商代遗址调查与试掘》,《考古》1977 年第 3 期。
② 安徽省文物考古研究所:《安徽含山大城墩遗址发掘报告》,《考古学集刊》第 6 集。
③ 北京大学考古学系商周组、安徽省文物工作队:《安徽省霍邱、六安、寿县考古调查试掘报告》,《考古学研究》(三)。
④ 安徽省展览、博物馆:《安徽含山县孙家岗商代遗址调查与试掘》,《考古》1977 年第 3 期。

期,约在殷墟早、晚期之际或略早。

二里岗上层时期,是商文化全面扩张的一个时期。从安徽江淮的材料来看,商文化已经抵达了长江下游。这里的文化特征与商文化中心区十分接近。除了从日用陶器上可见中原商文化对安徽江淮的影响外,礼用性铜器层面也不例外。

1953年,在淮河南面不远的嘉山县(今明光市)泊岗引河出土了四件商代青铜器,计有爵一件、斝一件、瓿一件、罍一件。这四件青铜器都表现出与二里岗期较晚阶段相近的形式和花纹特征[1]。

1984年,有人在含山孙家岗遗址采集到铜爵(图41)和铜戈各1件,铜爵的年代相当于商代早期[2]。1989年,与孙家岗邻近的含山仙踪镇孙戚村的一座墓葬出土了属于商代早期的铜戈(图42)和残铜瓿各1件,两器制作精美,风格独特[3]。从整体风格上看,这几件铜器都明显受到中原商文化的影响。而且,这几件铜器出土所在地,距含山大城墩遗址很近。孙戚村出土青铜器之处恰好在含山大城墩遗址西侧200米处。在几乎是同一个地点观察到平民层面和贵族层面的器物均具有商文化的风格,或许,这一带与商人有着深度的文化和政治接触。肥西县上派镇出土,由肥西县文物管理所收藏的一件商代瓿,圈足内壁有铭文"父丁",其上有族徽(图43)。舒城县古城乡出土,舒城县文物管理所收藏的一件商代爵,有铭文两处,其一位于与鋬相对一侧的立柱外侧,为"父辛"两字,其二位于鋬内侧腹壁上,为"举"字。如此例子[4],尚有较多,不一一赘述。

图41 含山出土商代铜爵

(采自《安徽江淮地区商周青铜器》,2014)

---

[1] 葛治功:《安徽嘉山县泊岗引河出土的四件商代铜器》,《文物》1965年第7期;张光直:《商文明》,辽宁教育出版社,2002年,第288页。
[2] 安徽省展览、博物馆:《安徽含山县孙家岗商代遗址调查与试掘》,《考古》1977年第3期。
[3] 杨德标:《安徽省含山县出土的商周青铜器》,《文物》1992年第5期。
[4] 最近安徽省文物工作者编著的安徽江淮地区商周青铜器收录商代铜器计42件,这些铜器来自安徽省不同的文物部门,都有着鲜明的商文化风格。详细信息,可参见安徽大学、安徽省社会科学院、安徽省文物考古研究所:《安徽江淮地区商周青铜器》,文物出版社,2014年。

图 42　含山出土商代铜戈
（采自《安徽江淮地区商周青铜器》，2014）

图 43　肥西出土商代父丁觚拓片
（采自《安徽江淮地区商周青铜器》，2014）

商时期，安徽江淮地区商文化遗存是比较显著的。商文化对于江淮的影响绝不是零星地交流，而是几乎达到了对土著文化的发展产生干扰和取代的地步。当然，商文化因素绝不是唯一的，作为南北过渡地带，几乎在任何时期，它至少存在三种因素：北来的、本地的和南来的。安徽江淮地区除了商文化因素外，还有岳石文化因素。在之前的二里头文化和岳石文化时期，岳石文化因素对于江淮地区而言，是外来文化；但是到商时期，岳石文化因素已然是一种旧有的和残留的文化景观了。在寿县斗鸡台，第四期的文化面貌基本与以郑州二里岗上层为代表的早商文化接近，但有的因素则与岳石文化相似，如中口罐、碗形豆、半月形石刀[1]。这种情形与海岱地区商文化东进之时庶几相似，在更强势的商文化面前，岳石文化正逐渐褪色。到商文化中晚期，也即王迅所分安徽江淮地区商文化第三、四期时，岳石文化因素则更显微弱[2]。并且这

---

[1] 北京大学考古学系商周组、安徽省文物工作队：《安徽省霍邱、六安、寿县考古调查试掘报告》，《考古学研究》（三），第 293 页。
[2] 王迅：《东夷文化与淮夷文化》，第 57~64 页。

一岳石文化的遗留因素也有地域的局限,即主要存在于皖西江淮丘陵北部地区,巢湖流域少见乃至不见。这也符合前章我们所说的,以海岱区为母体的岳石文化,向苏北、江淮东部的渗透要强于安徽地区,因为在后一区域,还存在中原二里头文化的竞争。巢湖流域对于岳石文化而言,偏西靠南,故影响稍显微弱。

商时期,安徽江淮地区的商文化因素无疑是外来文化,而土著因素,严格来说,可以分为三种:第一种即上述遗留的岳石文化因素,岳石文化因素虽来自海岱地区,但那是商代之前的事,到商时期,它已然是安徽江淮地区的久居者了;第二种是在岳石和二里头文化时期便存在于安徽江淮的文化因素,这一因素的本土性较岳石文化还要强一些,不过这种因素既历经了自身的发展,又在之前受到岳石、二里头文化的影响,所以到了商时期,它与原来的面貌也不完全一致了。有学者将这一土著因素归于之前的斗鸡台文化,如陶器平沿罐、短沿粗陶缸等,这类因素在商文化因素的传入下,呈逐渐衰弱之势①。第三种土著因素可能是商代安徽江淮区新开发出来的,不见于同期其他地区,也不见于之前的文化传统中,如筒形罐、曲壁坩埚等。

在贴近长江的巢湖流域,还存在来自宁镇和皖南地区同期文化因素。比如,一定数量的印纹硬陶,可看出器形的有菱形纹鼓腹罐、云雷纹尊等;陶片纹饰有云雷纹、编织纹、菱形纹、方格纹、回形纹等②。这类因素与巢湖流域发生的交流多于皖西江淮丘陵北部地区③,可能是地理邻近之故。巢湖南有河流与长江相通,沿巢肥通道南下过江的渡口有二:一在马鞍山市南郊之采石矶,一在与裕溪口相对的芜湖④。

总的来说,在这三类因素中,商文化因素是相当显眼的,而土著因素则日见颓势。特别是到商代晚期,总的趋势是外来文化几乎占据了江淮地区,而土著文化更加衰落。首先是商文化势力在这里差不多占了主导地位,其次南方文化的因素此时也进一步增强。也许正是来自南北两方面的压力的增强,才使土著文化逐步地衰落乃至在本地区消亡⑤。

文化交流总依托于一定的政治背景,皖西江淮丘陵北部的商文化因素较为突

---

① 王迅:《东夷文化与淮夷文化》,第63页。
② 宫希成:《夏商时期安徽江淮地区的考古学文化》,《东南文化》1991年第2期。
③ 宫希成:《夏商时期安徽江淮地区的考古学文化》,《东南文化》1991年第2期。
④ 李孝聪:《中国区域历史地理》,北京大学出版社,2004年,第251页。
⑤ 宫希成:《夏商时期安徽江淮地区的考古学文化》,《东南文化》1991年第2期。

出,可能与此处的方国和商王朝关系密切不无关系。以位于今六安一带的"六"国为例。

《史记·夏本纪》云:"帝禹立而举皋陶荐之,且授政焉,而皋陶卒。封皋陶之后于英、六,或在许。"张守节《正义》引《帝王纪》:"皋陶生于曲阜。曲阜偃地,故帝因之而以赐姓曰偃。"①英、六既为皋陶之后,故也姓偃。六之地望,《春秋·文公五年》:"秋,楚人灭六。"杨伯峻注:"六,国名,据《传》文,为皋陶之后。其故城当在今安徽省六安县北。"②

有若干卜辞记录反映了商与六之关系。

"己未卜,囚六? 不囚六?"(《合集》二二二五九,一期)

意为贞问天帝是否会降咎于六③? 六能成为商人占问之对象,二者关系可见一斑。作为商的属国,与其他方国一样,六也需对商承担某些必要的职责,比如进贡人口或物品。因此,商人贞问六,貌似对六关心,实则是为自身利益计。

"戊戌卜,殻贞,祈祀六来鼄"(《合集》九一八五 一期)

意为要不要命祈祭祀六国送来的鼄④。

再如:"戊戌,帚六示屯,岳。"(骨臼刻辞,故宫藏骨一期)陈秉新认为,妇六,可能是六国女子入为商王配偶者⑤。如是,说明六与商存在联姻关系。

还有,"囚六圉?"(《合集》二二三三 一期)意为灾咎会降临六的边陲吗? 也即敌国会不会侵犯六的边境?

六与商的密切关系,已无须多言。前文说道,安徽皖北一带已是商王畿之外的边界地带,那里的政治关系极不稳定。江淮一带与商的关系应作同样的理解。商对六国有物质利益之需求,而六可能也仰仗大邑商的庇护。在商与苏皖商王畿外围地带的方国关系上,与六之亲密是比较突出的。

而且,不仅在商时期如此,在之后的西周时期,北方中心对六的护佑以及六国"投桃报李"式的亲善依旧鲜明,我们将在下文做进一步讨论。

至于巢湖流域,情形相似。根据文献记载,这里的方国,也与商王朝有过交往。《尚书序》有云:"巢伯来朝,芮伯作《旅巢命》。"孔传:"(巢)殷之诸侯,伯爵也,南方

---

① 司马迁:《史记》,中华书局,1959 年,第 83 页。
② 杨伯峻:《春秋左传注》,中华书局,2009 年,第 538 页。
③ 陈秉新、李立芳:《出土夷族史料辑考》,安徽大学出版社,2005 年,第 14 页。
④ 陈秉新、李立芳:《出土夷族史料辑考》,第 15 页。
⑤ 陈秉新、李立芳:《出土夷族史料辑考》,第 15 页。

远国。"孔颖达疏:《仲虺之诰》云:"成汤放桀于南巢,或此巢是也。"《括地志》庐州巢县条下:"庐州巢县有巢湖,即《尚书》成汤伐桀,放于南巢者也。"《春秋·文公十二年》:"楚人围巢。"《书序》云:"巢伯来朝,芮伯作《旅巢命》。"则巢为殷商旧国①。西周时期,周人有对巢用兵和管制的经历。周原出土的周初甲骨文中有"征巢"的记载②。班簋铭文中亦有"秉繁、蜀、巢令"之语。显然,周人涉及南巢事务,意在获得原本属于商对巢的宗主权。顾栋高《春秋大事表》云:"巢,今江南庐州府巢县东北五里有居巢城。"③

再如蚌埠沿淮一带可能还有一个林方。据卜辞记录:"乎取女于林?二告。"(《合集》九七四一正 一期)

陈梦家认为林方在淮水之南,属淮夷之邦,地在今安徽凤阳县,近钟离④。陈秉新、李立芳认为此辞当是贞问叫人到林方去捕取女子好不好。

总而言之,两个地域间政治层面上的连通,势必对文化的交流带来极大的便利。但这并不意味着这种交流是对等的。以海岱地区的独当一面、自成系统尚不能抵挡强劲的商文化,遑论安徽江淮这样一个流动性强、抗干扰能力弱的走廊性地带。商时期商文化因素在江淮间的凸显为江淮地区再次注入一股外来文化。这股文化与旧有的文化因素混合,凝结成一股新的景观,等待着新一轮的文化更替。

再来看江淮东部,在早期中国时期,江淮东部的自然环境相对不适宜人类居住。前文所举新石器时代龙虬庄文化在其第二期后段因 5 500a B.P.前后海平面上涨,文化消亡,人作鸟兽散;兴化南荡龙山文化王油坊类型遗存与高邮周邶墩岳石文化遗存在当地均是短暂停留。这三个案例对江淮东部的生态环境与文化适应、发展之关系做了极好的诠释。江淮东部因为滨海,故有极大的脆弱性,文化的发展易受海水的干扰。全新世以来,江淮东部的生态环境及海岸线多次变迁。到岳石文化时期,该区又有一次较大规模的海侵,处于高温高海面时期⑤。对该时期周邶墩遗址古环境的分析表明,其周围有水域分布⑥,此时的海岸线大致在赣榆→沭阳→泗阳→洪

---

① 杨伯峻:《春秋左传注》,第 585 页。
② 岐山凤雏村窖藏(H11:110),见陕西周原考古队:《陕西岐山凤雏村发现周初甲骨文》,《文物》1979 年第 10 期。
③ 顾栋高:《春秋大事表》,中华书局,1993 年。
④ 陈梦家:《殷墟卜辞综述》,第 307 页。
⑤ 杨怀仁、谢志仁:《中国东部近 20 000 年来的气候波动与海面升降运动》,《海洋与湖沼》1984 年第 1 期。
⑥ 韩辉友、朱诚:《江苏高邮周邶墩遗址孢粉分析》,《考古学报》1997 年第 4 期。

泽→高邮→江都→扬州一线①。之后海平面迅速回落,至3 200a B.P.时岸线恢复至与龙山阶段晚期3 800a B.P 的岸线基本一致,岸线经赣榆九里,绕中云台,过灌云→灌南→阜宁东,接东冈转至泰州→扬州一线②,这也差不多是商代晚期时的苏北海岸线,与遗址的分布大致吻合。

商时期,这里的生态环境并无好转,极大限制了聚落遗址的发展。根据江苏各地文物部门的调查汇总,江淮东部地区的商时期遗址数量仅有10处,且绝大多数未经发掘。毫无疑问,对于江淮东部地区早期文化发展而言,环境的先天不利是其最大的弊病,也是其文明化进程缓慢不容忽视的原因。

江淮东部的商文化,目前值得一说的仅有盐城龙冈的1座商代晚期墓葬③。龙冈商墓是在基建过程中被发现的,未见明显墓圹、人骨、葬具,发掘者根据所出陶器,推断其为一座墓葬。出土器物计18件,陶器17件,石器1件。器物组合主要为鬲、尊、甗、豆、壶、盆、簋、罐等,不见斝、爵、觚等酒器。陶器的组合及造型均具有明显的商代特征,如夹砂陶饰绳纹、盆形尊、簋、假腹豆等口沿下垂,壶圈足上饰一对镂孔等,然除假腹豆、盆形尊等少量陶器外,其他器形与中原商代(二里冈、殷墟)以及山东境内的商代(东夷)陶器均有一定的差异(图44)④。从总体风格来看,其年代可大致定为商代中晚期,约相当于殷墟一期至二期之间。龙冈商墓的发现,填补了江淮东部商文化的空白。商墓中的随葬器物表明,商王朝的文化势力应该已经波及黄海之滨。

来自甲骨文的材料也表明,商代时,江淮东部应该在政治上与大邑商保持联系。该区存在个别小国附属于商。比如今江苏淮阴区西南古淮河与泗水交汇处可能有一个角国。甲骨文材料记载:"丁卯卜:角其夹?庚午卜:角其夹?"(《合集》四六六五 一期)。《说文》:"夹,持也。"陈秉新从夹持引申而有辅佐、亲近、亲附义。"角其夹"是贞问角方会亲附于我吗⑤?又:"甲戌卜,王:余令角妇畄朕事?"(《合集》五四九五 一期)。角妇,当为殷王妃嫔中角方女子。此辞贞问:我叫角

---

① 杨怀仁、谢志仁:《中国东部近20 000年来的气候波动与海面升降运动》,《海洋与湖沼》1984年第1期;吴建民:《苏北史前遗址的分布与海岸线的变迁》,《东南文化》1990年第5期。
② 刘志岩、孙林、高蒙河:《苏北海岸线变迁的考古地理研究》,《南方文物》2006年第3期;贺云翱早先亦有相同认识。见贺云翱:《夏商时代至唐以前江苏海岸线的变迁》,《东南文化》1990年第5期。
③ 韩明芳:《江苏盐城市龙冈商代墓葬》,《考古》2001年第9期。
④ 韩明芳:《江苏盐城市龙冈商代墓葬》,《考古》2001年第9期。
⑤ 陈秉新、李立芳:《出土夷族史料辑考》,第23页。

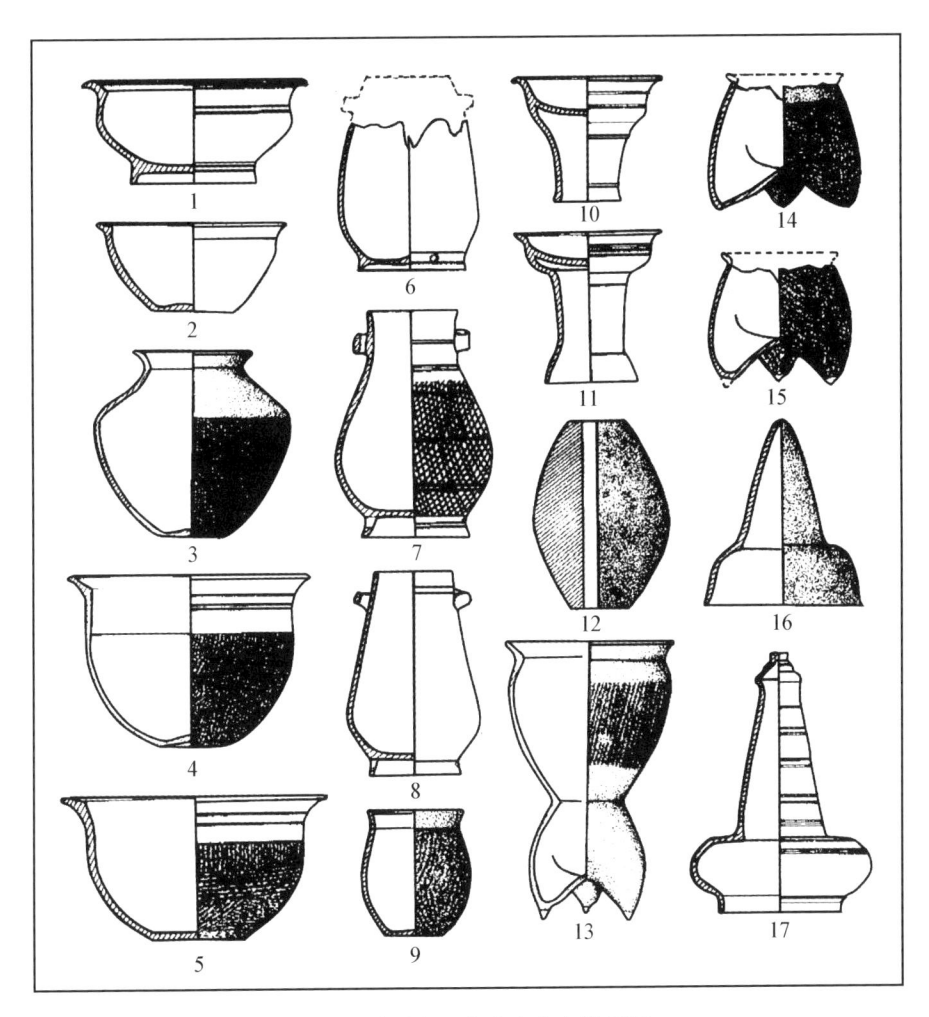

图 44　盐城龙冈商墓出土陶器示例

（采自《考古》2001.9）

1. 簋（YLM：4）　2. 盆（YLM：3）　3. 罍（YLM：16）　4、5. 尊（YLM：1、14）　6～
8. 壶（YLM：5、9、7）　9. 罐（YLM：6）　10、11. 豆（YLM：10、2）　12. 网坠（YLM：11）
13. 甗（YLM：15）　14、15. 鬲（YLM：17、8）　16、17. 盖（YLM：13、12）

妇行朕事好不好[①]？由此可以看到，商代时，江淮东部应该有若干零散的小族，其社会结构目前尚不清楚，但就与商的关系而言，与安徽江淮间的一样，多附属于商。从商王贞卜的用词、语气、内容可知，商对这些小族完全是上对下的态度。两者的

---

① 陈秉新、李立芳：《出土夷族史料辑考》，第 24 页。

政治地理结构是"中心—边缘"的结构。

总体而言,与安徽江淮相比,江淮东部虽同属江淮,但商文化遗存的发现明显不如前者,目前江淮东部的商文化遗存只能用星星点点来形容,毕竟这里已经是离商王畿相对遥远的边缘区域。但它依然能够指示出商文化向东南地区的传播,甚至在宁镇地区也能看到商文化因素。对于任何时期来自海岱或中原的文化而言,向南方拓展,江淮始终都是一个跳板。

小　结

通过本章的探讨我们发现,在商代时,两淮的绝大部分地区都已被商文化网络所覆盖。二里头文化时期,中心霸权便已突显;到商时期,中心的文化影响、政治势力控制范围更趋广大。皖北、苏北两个小区,在地理上恰好属于南北过渡带中的"缓冲地带",无论是史前,还是商,它们始终扮演强势中心区(如海岱/中原)文化向外拓展的一个延伸区。对于商时期的文化影响,乃至政治干涉,相信这两个小区并不会体验到商文化东侵下海岱中心区那样的变化之巨,因为相似的经历在大汶口、龙山、岳石时期都有体现。这个区域所"关心"的只是究竟由来自哪个中心区的文化和势力来影响与干涉,对它们来说,这种频繁受到来自中原或海岱中心区影响的经历,颇有点"城头变幻大王旗"的意味。

作为南北过渡带核心段的江淮,则属于南北文化对流最密集的区域。在这一时期,由于北方商文化的强势,安徽江淮的外来因素仍以商文化为主,来自宁镇、皖南的文化因素仅局限于江北一带,如巢湖流域,及偏东的滁河流域。至于江淮东部,因为生态环境的相对恶劣,成为文化适应、发展的先天障碍。该区遗址数量稀少,文化断层明显。商时期的淮北江淮应该存在若干小国,如六、巢等。它们奉大邑商为宗主国,在政治地理格局中,商代的两淮已经明显沦为边缘和附属。进入西周时期,淮北、江淮所遭遇的文化影响、政治军事之干扰将会更加剧烈,淮北、江淮一带人群的生存状态更为困顿。

第五章　征服与反抗：西周时期的两淮

从西周王朝的建立开始，"华夏"的概念逐渐酝酿。它与四夷，即"蛮""夷""戎""狄"的对立关系也出现了，并一步步得到固化。无论是"华夏"，还是四夷，二元对立式的区分并不表示他们各自的种族成分是纯而单一的。相反，种族间的同化合流无时无刻不在进行着。长久以来，由于"内诸夏外夷狄"这一传统史观的影响，若干处在黄河流域以外的边缘地区以及生活在这些区域的相关族群的历史和文化一直未能得到足够的重视。从20世纪后半叶开始，随着考古学与民族学两个层面对于中华文明与民族"多元一体"格局认识的形成①，"多元"的研究，包括区域历史与文化开始得到更多重视和研究。东夷人群正是这多元中的一元。东夷，包括属于这一大概念下的淮夷，必定在历史的进程中经过多次起承转合，才形成了西周时期较为强盛的东夷集团。不积小流，无以成江河。如果将秦汉大一统比作江河，那么蛮夷戎狄无疑是众多的小流。而且，在传统之四夷中，夷是最早被同化的。

早些时候，若干学者对中国古代民族成份做了多元的划分。20世纪初，蒙文通在其《古史甄微》一书中将中国古代民族分为"江汉民族""河洛民族"及"海岱民族"三族②。差不多与蒙氏三族说同一时间，傅斯年在《夷夏东西说》一文中也对夷的历史做了精细的研究。他认为在三代或三代之前期，大体上有"商、夷所属的东夷"和"夏、周所属的西系"两个系统③。20世纪50年代，徐旭生也提出了相似的划分，他将古代中国分成"苗蛮""华夏""东夷"三大集团④。其间，徐氏还对属于淮夷的徐国的若干历史问题颇费笔墨⑤。

---

① 参见苏秉琦：《中国文明起源新探》，辽宁人民出版社，2009年；费孝通：《中华民族的多元一体格局》，《北京大学学报（哲学社会科学版）》1989年第4期。
② 蒙文通：《古史甄微》，商务印书馆，1933年。
③ 傅斯年：《夷夏东西说》，《庆祝蔡元培先生六十五岁论文集》下册，历史语言研究所集刊外编第一种，1935年。
④ 徐旭生：《中国古史的传说时代》，广西师范大学出版社，2003年，第42~148页。
⑤ 徐旭生：《中国古史的传说时代》，第190~230页。

本章主要讨论的是淮夷。大体言之,淮夷是包容在东夷这个范畴之下的。迄今为止,历史和考古学者已经对淮夷有过大量的研究。他们对淮夷的称名、由来、迁移、地理及与中央王朝的关系做了考订。淮夷的历史发展脉络已经大致清晰,但是相关细节还有待深化。在考古发现上,考古工作者发现了一批被认为与淮夷有关的历史文化遗存,以陶器、青铜器为大宗。

本章拟在前人研究的基础之上,借用人类学中的族群理论,对淮夷族群是如何形成的进行检讨①。此间尤其强调"边界"在族群认同中的作用。与此同时,本章也要论述淮夷的考古学文化,以及历史事件或政治性的变化对文化层面的影响。当然,前面章节探讨的中心问题也要延续,即认为西周王朝对这片区域的经略极大影响了该区的社会进程。

第一节 "淮夷"的族群建构

一 淮夷的由来

一般认为,"夷"是一个带有侮辱、蔑视性的他称。"夷"字的金文外形像是一个跪着的人,显示出某种身份上的低下。金文中显示,夷人常被周人当作奴隶或仆人。在史书中,经常可见"东夷""南夷""西夷"的称谓,均属当时位居中央的王朝施加在边缘人群身上的蔑称。而在商周的历史背景下,夷为东方民族是比较普遍的意见。西周初年,与周公东征平叛有关的金文中有征"东夷"的记载。《礼记·王制》中有云:"东方曰夷。"②故夷在东方,几乎没有什么疑问。至于夷字前面的"淮"则是一个地理上的限定,指的是今天的淮河。《史记·夏本纪》集解引郑玄云:"淮夷,淮水之上夷民也。"③看来,淮夷是居住在淮水流域古代居民的总称。同时值得我们注意的是,在商甲骨文中,"淮夷"被写作"隹夷"。《说文》:"隹,鸟之短尾总名

---

① 利用族群理论研究淮夷族群的,可参见朱继平:《从淮夷族群到编户齐民——周代淮水流域族群冲突的地理学观察》,人民出版社,2011年;差不多同时,笔者也有类似研究,参见徐峰:《边界与族群认同——论淮夷与周人之关系》,《中国人类学评论》第21辑,世界图书出版公司,2012年。该文已经融入本书。
② 《礼记正义》,《十三经注疏》,中华书局,1980年,第1338页。
③ 司马迁:《史记》,中华书局,1959年,第59页。

也。"段注:"短尾名隹,别于长尾名鸟。"①"隹"当是鸟类中的一种,用"隹"来修饰"夷"表明了隹夷与鸟的密切关联。《左传·昭公十七年》曾经记载:"郯子来朝……说少皞氏以鸟名官。"隹夷与郯子恰为亲族关系,俱为少皞氏之后②。隹夷与鸟的关系同时也影响了人们对其起源的看法。有学者曾以为隹夷是鸟夷的一支③,而鸟夷通常被认为是发源于东北,后徙入冀鲁沿海一带④。还有学者因《帝王本纪》"少皞之墟在穷桑",即今曲阜东,而推定隹夷的起源地就在山东地区⑤。这两种观点均提及隹夷与山东的关联。从"隹夷"到"淮夷"的转变,反映了怎样的历史过程呢?

在与夏代有关的史料中,淮夷常出现在进贡和战争的背景中⑥。传为反映夏代史迹的《禹贡》中曾记载了淮夷向中央王朝献贡的史实,"海、岱及淮惟徐州。淮、沂其乂,蒙、羽其艺……淮夷蠙珠暨鱼……浮于淮、泗,达于河。"在这一记载中,淮夷的生活区域被定在了"九州岛"内的"徐州"。关于徐州,《史记》集解曰:"东至海,北至岱,南及淮。"⑦岱是泰山,淮是淮河。徐州的地理范围大致与考古学上确定的海岱区相合⑧。也就是说,淮夷应该生活在今鲁南、苏皖北部这样一个交界区域内。《古本竹书纪年》:"帝相元年,征淮夷。"反映的是夏王朝与淮夷之间的战争,正好与《禹贡》中淮夷称臣献贡的史实相呼应。有研究表明,《古本竹书纪年》中记载的"征淮夷"只是夏代夷夏之争的一部分,当时夷与夏之间的冲突是相当激烈的,曾经

---

① 许慎撰,段玉裁注:《说文解字》,上海古籍出版社,1981年,第141页。
② 《路史·国名纪》引《世本》云淮夷为嬴姓,少皞之后。
③ 童书业:《鸟夷说》,《童书业历史地理论集》,中华书局,2004年;陈梦家:《隹夷考》,《禹贡半月刊》第5卷第10期。
④ 可参见胡渭:《禹贡锥指》,《皇清经解》第8~15册,学海堂,1829年;郭沫若:《中国史稿地图集》(上册),地图出版社,1985年;严文明:《胶东原始文化初论》,《山东史前文化论文集》,齐鲁书社,1986年;邵望平:《〈禹贡〉"九州"的考古学研究》,《考古学文化论集》(二),文物出版社,1989年;此外,王青在严、邵二位的基础上,利用考古发现,更进一步指出鸟夷是直接横渡渤海湾来到唐山地区的。见王青:《〈禹贡〉"鸟夷"的考古学探索》,《北方文物》1995年第4期。傅斯年对此亦有详细论证,见《夷夏东西说》,《庆祝蔡元培先生六十五岁论文集》下册;陈梦家云:"夷民族发源于东北,是为隹夷,沿海南下,止于青州之嵎若莱者为嵎夷、莱夷,止于梁州之和者为和夷。《閟宫》:'至于海邦,淮夷来同。'淮夷固海邦也。"见陈梦家:《隹夷考》,《禹贡半月刊》第5卷第10期。
⑤ 逄振镐:《东夷及其史前文化试论》,《历史研究》1987年第3期;李修松:《先秦史探研》,安徽大学出版社,2006年。
⑥ 不独夏代如此,商、周亦然。
⑦ 司马迁:《史记》,第56页。
⑧ 高广仁、邵望平:《析中国文明主源之一——淮系文化》,《东方考古》第1集,科学出版社,2004年。

发生过"夷翌代夏"的严重事件①。从考古学的视角来看,时间上相当于夏代的二里头文化时期,当时山东地区的考古学文化是岳石文化。关于岳石文化的族属,很多学者赞成是夏代东夷族,理由是:岳石文化的分布范围与之前以太皞、少皞为主的东夷族所属的东方大汶口—龙山文化系统大体一致,器物之间也有渊源关系。与此前的大汶口、龙山文化可被分为多个区域类型一样,岳石文化被划分成"照格庄类型""郝家庄类型""苏北类型""尹家城类型""安丘堌堆类型"五个类型②。考古学文化多个区域类型的划分正好也可对应文献中东夷集团族群的庞杂繁多。极有可能,包容于东夷的淮夷有一个属于自己的文化类型,但似乎还不足以对其进行精确的定位。通过文献史料和考古学证据各自的梳理,有一点非常值得注意,即无论是夷人还是岳石文化,都曾从山东地区向外散布。在岳石文化一章中,我已经谈到岳石文化曾经南迁。在山东的日照地区,原先大汶口文化、龙山文化时期,遗址数量很多,文化很繁荣。但在经过区域系统调查的东港区北半部、五莲东南部和胶南西南部地区,岳石文化遗址的数量不足龙山文化的十分之一。继岳石之后的商代,"两城地区"的遗存也颇少③。而在与岳石文化同期的邻近考古学文化,如斗鸡台文化、湖熟文化、二里头文化、夏家店下层文化等,都不同程度地包含有岳石文化因素。我在前文已经指出,这种现象与人群迁徙有关。特别要指出的是斗鸡台文化,它以安徽江淮地区为中心,其遗存在寿县、霍邱、六安、淮南、肥西、肥东、含山、巢湖、滁州等县市均有广泛的分布。斗鸡台文化主要由三部分因素组成,即来自中原地区的河南龙山文化因素和二里头文化因素、安徽江淮地区的当地因素,以及来自山东、苏北的山东龙山文化因素和岳石文化因素。尤其是在斗鸡台文化二、三期的遗存中,有较多的岳石因素被发现④,很可能,这正是由来自鲁南的人群带来的。它们与来自别处的其他文化因素相互融合,促成了斗鸡台文化。因此,斗鸡台文化被称为夏代的淮夷文化。同样,史料层面也反映出人群迁徙。《史记·夏本纪》中

---

① 对夷夏之争的介绍,可参见傅斯年:《夷夏东西说》,《庆祝蔡元培先生六十五岁论文集》下册。
② 学者们在称呼具体类型时也略有差异,严文明将"苏北类型"称为"土城类型",高广仁称之为"下庙墩类型"。见严文明:《东夷文化的探索》,《文物》1989 年第 9 期;王迅:《东夷文化与淮夷文化研究》,大学出版社,1994 年;高广仁:《岳石文化的社会成就与社会地位》,《海岱区先秦考古论集》,科学出版社,2000 年。
③ 栾丰实:《两城地区考古及其主要收获》,《山东大学学报(哲学社会科学版)》2004 年第 1 期。
④ 王迅:《周代东夷文化与淮夷文化》,第 54~57 页。

说:"帝禹立而举皋陶荐之,且授政焉,而皋陶卒。封皋陶之后于英、六,或在许。"①皋陶生于曲阜,是鲁境之人,英、六既为其后,理当也曾生活在山东。我们知道,英、六是日后西周淮夷集团中的重要成员,他们先于其他淮夷集团成员从鲁迁至江淮的历史事实本身就说明了所谓"淮夷"极可能是在一拨又一拨的人群迁徙中不断充实而成的。

进入商代,仍然有相当数量的东方夷人向淮河流域进行迁徙,"淮夷"的内涵得到进一步扩大。文献中说得最明确的一次是在《后汉书·东夷列传》中:"武乙衰敝,东夷寖盛,遂分迁淮、岱,渐居中土。"②淮是淮河,岱是泰山。夷人发生迁徙的原因应该与夷商之间的斗争有关。从史料来看,商代中央势力与夷人之间的争斗较夏代更为激烈。商汤灭夏,入主中原。传至十一代仲丁,商朝统治出现衰退,混乱不堪。《史记·殷本纪》载:"自仲丁以来……诸侯莫朝。"《后汉书·东夷列传》说:"至于仲丁,蓝夷作寇。"③《竹书纪年》:"仲丁即位,征于蓝夷。"到了商朝晚期,帝乙、帝辛二世,更有大规模征伐淮河两岸人方的战事。显然,在多年的征伐夷人或者遭遇夷人反叛的军事行动中,胜利者的殖民、失败者的流徙在所难免。接纳他们的地区应该很多,淮河流域、江淮地区当是其中之一。

西周早期,周人政权未稳,驻扎在东方的"三监"联合以武庚为首的殷遗民发动反叛。在这场声势浩大的反叛中,淮夷也有参与。但是这里的淮夷却并非总称,而是一支相对单一的人群,并且他们当时生活的区域依然是山东。《周书·大诰》云:"武王崩,三监及淮夷叛。"④《今本竹书纪年》:"二年,奄人、徐人及淮夷入于邶以叛。"《书序》云:"鲁侯伯禽宅曲阜,徐、夷并兴,东郊不开,作《费誓》。"《周书·费誓》记载说:"徂兹淮夷、徐戎并兴。"⑤这几份史料提到了徐和淮夷参与了对周的叛乱,以及对鲁国的骚扰。从史料对徐和淮夷的并列称呼来看,至晚到西周初年,淮夷和徐已经是不同的两支。从"东郊不开"四字来看,周初淮夷和徐当在鲁国的东面,与奄都曲阜相毗邻,故有会殷叛周之举,之后叛乱失败,奄为鲁占,才发生了"徂兹淮夷、徐戎并兴"以至"东郊不开"。《左传·定公四年》中曾谈到伯禽受封于鲁

---

① 司马迁:《史记》,第 83 页。
② 范晔:《后汉书》,中华书局,1965 年,第 2808 页。
③ 范晔:《后汉书》,第 2808 页。
④ 《周书》,《十三经注疏》,中华书局,1980 年,第 197 页。
⑤ 《周书》,《十三经注疏》,第 255 页。

后对待殷遗民的一些政策,也涉及了徐:"周公相王室,以尹天下……分鲁公以……殷民六族:条氏、徐氏、萧氏、索氏、长勺氏、尾勺氏……是使之职事于鲁。"①这条史料反映,周初徐当在鲁国范围之内。而来自《诗经》中的一段记述令我们在探索西周初年徐国、淮夷的地理范围时有了具体依据,《诗经·鲁颂·閟宫》:"奄有龟蒙,遂荒大东,至于海邦。淮夷来同。……保有凫绎,遂荒徐宅,至于海邦。淮夷、蛮、貊,及彼南夷,莫不率从,莫敢不诺……"②龟山在泗水县东北,蒙山在蒙阴县南,凫山在邹县西南,峄山在邹县东南。鲁人经龟、蒙两山可到淮夷,经凫、峄两山可到徐国。据此,顾颉刚认为淮夷偏北,在今诸城、日照一带;徐国偏南,在今兰山、郯城一带③。

通过上面的论述,可以发现商周之际今鲁东南一带生活着淮夷和徐两支人群。因为他们随三监发动叛乱,周公实施东征对其进行讨伐。他们又遭到鲁公伯禽的逼迫,这两支人群逐渐向南迁徙,分散到今淮河下游鲁南、皖东北、苏西北一带。在这里,我们又一次看到作为"总称"的"淮夷"得到充实。徐与淮夷南迁之后,经过一段时间的休养生息,再次纠合淮河下游大小国族,发动了对周人的反叛。

在不同时期的史料中,淮夷很可能不完全是同一支人群。本书介绍涉及夏、商和西周时期淮夷史事材料的目的在于,指出淮夷族群联合体形成的移民情境。

淮夷族群联合体在同时期文献中的明确呈现是在西周的历史背景下。徐和淮夷在西周早期的东方叛乱中,为中坚势力。反叛失败后,原居山东的徐和淮夷南迁,到了苏北一带。对于周人而言,徐和淮夷的南迁好比一股具有阻碍性的势力进入了淮河下游。这直接导致以后周人对淮河中下游以南区域的拓展经营变得更为棘手。所以,周人政权很自然地将淮河中下游,特别是苏皖地区划为敏感地带,生活在其间的人群,拜徐和淮夷所赐,也被周人视为敏感人群。

以上论述包含了周人认同一个混杂庞大的淮夷族群联合体的客观历史情境。除了不同时期来自山东地区的人群的迁徙外,还有很多因素促成了淮夷的族群认同:比如共同的历史记忆和遭遇,这是族群认同的基础要素;共同的文化渊源,包括血统、世系、体质的相似;以及共同的文化,包括相似的语言、宗教、习俗等④。

---

① 杨伯峻:《春秋左传注》,中华书局,2009年,第1536页。
② 《毛诗正义》,《十三经注疏》,中华书局,1980年,第617页。
③ 顾颉刚:《徐和淮夷的迁、留——周公东征史事考征四之五》,《文史》第32辑,中华书局,1990年。
④ 周大鸣:《论族群和族群关系》,《广西民族学院学报(哲学社会科学版)》2001年第2期。

由于先秦时期的史料稀缺,我们不可能全面了解当时人群的族群认同,而只能是有选择性的观察。据史料记载,淮夷的族群认同能够形成,其中一个重要的因素是他们被认为拥有共同的祖源,例如:

作为淮夷之首的徐国,一般认为是嬴姓。《左传·僖公十七年》:"齐侯之夫人三,王姬、徐嬴、蔡姬。"[1]《说文》:"嬴,帝少皞之姓也。"段玉裁注:"按秦、徐、江、黄、郯、莒皆嬴姓也[2]。"西周、春秋时期也有不少嬴姓者所铸铜器[3]。徐属伯益之后,而伯益为皋陶之子[4]。

淮夷也是嬴姓,《路史·国名纪二》云:"淮夷,嬴姓。"

英、六、蓼皆偃姓,传为皋陶之后。《左传·文公五年》中,臧文仲闻六与蓼灭,曰:"皋陶、庭坚不祀忽诸。德之不建,民之无援,哀哉!"《史记·夏本纪》:"帝禹立而举皋陶荐之,且授政焉,而皋陶卒。封皋陶之后于英、六,或在许。"张守节《正义》引《帝王纪》:"皋陶生于曲阜。曲阜偃地,故帝因之而以赐姓曰偃。"[5]

桐、群舒,偃姓,亦皋陶之后,桐被当作淮夷之一,有周厉王时器翏生盨铭文可证:"王征南淮夷,伐角、津,伐桐、遹。"

虽然上述小国属于嬴、偃两姓,但在祖源上,他们是一致的,都与皋陶有关联,再往上溯,可以追到少昊。

以上这些历史信息,我们并未在西周同期史料中见到。对于这类来自晚期的文献记载,王明珂的一段话很有启发性。他说:"当个人或一群人透过族谱、历史或传说,来叙述与他或他们的起源有关的'过去'时,经常其中所反映的并非完全是历史事实。"[6]也就是说,可信与虚构的史事并存。要捕捉史料中有价值的信息,我认为可以从结构的视角入手。从上述史事来看,有两点值得注意:一是史料中反映的血缘关系;二是地缘关系。血缘关系指这些小国大多可以追溯到皋陶;地缘关系是他们均源自山东。假如我们将"皋陶"和"山东"分别放置到古史人物和文化区域体系中去加以比较,我们发现,它们都有着"失落"的一面。皋陶与禹属同时代人,前者是东夷的首领,后者则是夏王朝的奠基者。如史料所载,禹荐皋陶为他的继承

---

[1] 杨伯峻:《春秋左传注》,第373页。
[2] 许慎撰,段玉裁注:《说文解字》,第612页。
[3] 可参见陈秉新、李立芳:《出土夷族史料辑考》,安徽大学出版社,2005年。
[4] 可参见李修松:《徐夷迁徙考》,《历史研究》1996年第4期。
[5] 司马迁:《史记》,第83页。
[6] 王明珂:《华夏边缘——历史记忆与族群认同》,社会科学文献出版社,2006年。

人,可惜皋陶先于禹而亡故。后禹又荐伯益为继承人,又未遂愿。在古史中,有一种说法是,禹的儿子启杀死了益,夺了本应由益继承的位子①。由此推想,皋陶之死殊为可疑,或许亦为权力斗争的落败者。当然,这仅仅是猜测,此类古史问题在事实的层面上是很难弄清的。不过,皋陶充当了"失落"的角色则无疑。而在文化区域体系中的山东呢?前文提到,二里头文化日益崛起之时对应的是岳石文化的衰落。进入商周时期,山东地区的文化更是逐渐丧失了独立稳定发展的地位,来自西部势力的干扰日甚。于是,失落或者退步的结果是,无论从古史,还是从区域考古学文化因素分析,我们均能发现一个共同的现象,即移民。在《史记·夏本纪》的记载中,皋陶卒,禹封其后于英、六。"封"很可能只是"美其名曰",实质是,皋陶是东方之人,在权力斗争落败后,其后人被迫迁徙至英、六;而从考古学文化因素上观察,岳石文化时期,以山东为母区的岳石文化曾向江苏、安徽传播,其间亦伴有移民。到西周初年,山东的徐和淮夷在抗周斗争中落败,被迫向淮域迁移。由此可知,淮河中下游一带在历史上曾多次吸收、接纳来自山东地区的移民。我以为正是在这样一种移民情境中,淮河中下游一带族群逐渐发现、创造和凝聚了他们的历史记忆和认同,西周时期的"淮夷"正是这种族群认同的最终结果。

以上我一方面强调了族群的共同特征,即姓氏和祖源对于他们的族群认同有促进作用;另一方面,我部分回答了这一族群认同是如何产生的,即移民情境为他们寻找、发现,甚至创造祖源,最终凝聚族群认同提供了温床。移民情境、"客观的"族群特征固然为"淮夷"族群认同之形成提供了条件,但我们仍需进一步讨论这一族群认同,以及周人与淮夷之间的族群边界究竟是在什么样的过程中形成的。王明珂曾经指出,人类为了利用或保护环境资源,往往以"结群"的方式来分配、争夺与保护资源领域,这便造成了一种"边界"②。这种观点与西方人类学族群研究中所谓的"工具论"是相一致的。工具论视族群为人们在现实利益考虑下,限定共享资源人群范围的工具,用政治、经济资源和竞争与分配来解释族群的形成、维持和变迁,而且认为族群的认同是多变、可被利用并随变化而定的③。下面,我将从周人与淮夷围绕各类形式的资源发生的纷争冲突这一视角来讨论淮夷的族群建构。

---

① 《古本竹书纪年》:"益干启位,启杀之。"
② 王明珂:《游牧者的抉择:面对汉帝国的北亚游牧部族》,广西师范大学出版社,2008年,第246页。
③ 相关理论的综述,可参见王明珂:《华夏边缘——历史记忆与族群认同》,第19页。

二 生态环境与生业经济

新石器时代以降,两淮地区的生业经济主要是农业。来自蒙城尉迟寺、连云港藤花落、高邮龙虬庄等多处遗址点的考古证据表明,两淮在新石器时代中晚期已经有水稻的种植,农业经济十分成熟。并且因为地处南北自然地理交接带,局部地区的农业还呈现出多样化的特点:稻粟混合经济。除稳定的农业经济外,狩猎与采集活动也十分活跃。在大汶口文化晚期,蒙城尉迟寺一带已经发展出三级聚落。考古工作者在中心遗址尉迟寺发现了带围沟的大型聚居地。聚居地排房建筑气势壮观,手工业发达,人畜兴旺,一幅生机盎然的面貌。

然而至公元前2000年前后,由于中国大范围内的持续降温,以及相当于夏代发生的洪水侵袭[1],苏皖两淮一带的生态环境已不太乐观,渔猎和农业生产变得困难,聚落数量大规模缩减。相关数据表明,淮北新石器晚期的68个遗址延续到夏商周时期的仅有22个,江淮之间新石器晚期的53个遗址有32个延续到了夏商周时期,新石器晚期聚落在夏初分别消失67%和38%。该时期新增的聚落,江淮之间的河谷平原、岗地缓丘和沿江地区有79个,淮河干流以北地区仅有13个[2]。淮北因为海拔偏低,河道宽而浅,居民受水灾的影响更大,农业生产和渔猎都相应变得困难;而同时期的江淮和江南,丘陵地貌使那里受灾较轻,这些地区在灾后因热量条件较好而得到迅速发展[3]。淮北和江淮的环境差距,可能促使了部分居民南迁发展。如前所述,在龙山文化晚期、岳石文化时期,均有人群南徙活动。到西周时期,这种迁徙仍有延续,譬如从"淮夷"到"南淮夷"的称谓转变就是一个很好的说明。

淮夷南徙,除了受周人的逼迫外,江淮间的环境较淮北好也是一个拉力因素。从西周遗址数量来看,安徽淮北地区发现甚少,江淮则显得相对集中。来自滁州何郢、霍邱堰台的植硅体分析表明,西周时期安徽江淮间气候温暖湿润,甚至比现在还要暖和些[4]。

---

[1] 王巍:《公元前2000年前后我国大范围文化变化原因探讨》,《考古》2004年第1期;夏正楷等:《我国中原地区3500a B.P.前后的异常洪水事件及其气候背景》,《中国科学》D辑,2003年,第882~888页。
[2] 朱光耀等:《安徽省新石器和夏商周时代遗址时空分布与人地关系的初步研究》,《地理科学》2005年第25卷第3期。
[3] 朱光耀等:《安徽省新石器和夏商周时代遗址时空分布与人地关系的初步研究》,《地理科学》2005年第25卷第3期。
[4] 吴妍等:《安徽滁州何郢遗址的植硅体分析》,《农业考古》2005年第3期;吴妍等:《安徽霍邱堰台西周遗址的植硅体分析》,《农业考古》2007年第1期。

江淮一带的农民栽培水稻,同时也辅以一定数量小麦的种植①。另外,当地居民的家畜饲养与渔猎经济也颇发达。何郢与霍邱堰台的动物遗骸研究均表明,江淮间动物资源相当丰富,并可分为家养动物和野生动物两类,家养动物包括猪、狗、黄牛和马;野生动物主要是梅花鹿、麋鹿、小型鹿科动物、虎和兔②。在家养动物中,猪的数量最多,在商末周初占全部哺乳动物的43.86%,到西周中期和晚期增加到61%左右③。何郢遗址中高比率猪个体的发现,以及用猪和狗进行祭祀的现象,说明西周时期何郢一带村落中维持着相对稳定的农业经济,在满足正常生活所需的前提下,尚能拨出一定的畜产资源来从事祭祀等精神层面的追求。

而江淮东部,以洪泽湖地区而言,西周时期,此地为淮夷所居,徐国的位置应该也在这片大范围内。淮夷的种植业并不发达,渔猎经济活动是其主要的物质资料来源。《禹贡》中淮夷的特产便是各种鱼类资源。之后两汉时期洪泽湖一带的渔业经济也相当发达。《史记》与《汉书》中的记载均表明洪泽湖地区先秦两汉时期先民的饮食结构是"饭稻羹鱼"④。

根据史书的记载,周人屡屡征伐淮夷的原因之一就是掠夺和压榨他们的经济资源。《禹贡》记载:"海、岱及淮惟徐州……厥贡惟土五色,羽畎夏翟,峄阳孤桐,泗滨浮磬,淮夷蠙珠暨鱼。厥篚玄纤缟,浮于淮泗,达于河。"这里面提到了多种徐州所产的物质资源。

"五色土",即青、赤、白、黄、黑。《孔传》云:"王者封五色土为社,建诸侯则各割其方色土与之,使立社,焘以黄土,苴以白茅。茅取其洁,黄取王者覆四方。"五色土是用于祭仪系统中的一种道具,以表达人类的某种思想或者观念。《禹贡》中说徐州产五色土,当属事实。近年,安徽考古工作者在蚌埠双墩1号大墓中发现了奇特的由五色土构成的类似放射线形状的遗迹⑤。根据墓中铜器的铭文,这座墓的墓主被推定为春秋钟离国国君。钟离国所在地在西周时期属淮夷,而钟离又为嬴姓,故它与徐和淮夷有着密切的渊源。无独有偶,同属安徽江淮的霍山,一个名为戴家

---

① 赵志军:《堰台遗址浮选结果分析报告》,《霍邱堰台——淮河流域周代聚落发掘报告》,科学出版社,2010年,第479~490页。
② 袁靖、宫希成:《安徽滁州何郢遗址出土动物遗骸研究》,《文物》2008年第5期;安徽省文物考古研究所:《霍邱堰台——淮河流域周代聚落发掘报告》,第477~478页。
③ 袁靖、宫希成:《安徽滁州何郢遗址出土动物遗骸研究》,《文物》2008年第5期。
④ 张文华:《先秦至唐宋时期洪泽湖地区渔业史迹钩沉》,《农业考古》2014年第4期。
⑤ 安徽省文物考古研究所等:《安徽蚌埠市双墩一号春秋墓葬》,《考古》2009年第7期。

院的遗址也发现有利用不同颜色的土来进行建构的现象。这一遗迹被判断为西周时期乡村地区用于燔柴或者燎祭的圜丘①。西周时期,霍山境内分布着英、六、群舒等古国,亦属淮夷。

羽畎是羽山之谷;夏翟为五色雉鸟,古人用其羽毛来做旌旄舞饰;桐为落叶乔木,是古人做琴瑟的必需材料;磬是乐器,用石制成;蠙珠,邵望平推测是用厚壳蚌制成的蚌泡、蚌珠之属。邵望平认为徐州"五品"是一组用于制作舞乐礼器的原材料,或者就是舞乐礼器本身②。至于玄纤缟,顾颉刚考证为赤黑色的细缯和白色的绸帛③。

在众多物资中,商周时期最贵重的经济资源是铜矿,铜器铭文中称其为"金"。根据《禹贡》的记载,荆扬二州(相当于今长江中下游的湖北、江西、安徽等省份)铜矿储量丰富。在"国之大事,在祀与戎"的时代,铜在战争(制作铜兵器)和祭祀(制作青铜器皿)中有着重要的地位,所以中原王朝有着强烈的获取铜矿的需求。有研究者指出,早在二里头文化时期,二里头国家便表现出了获取长江流域铜矿资源的冲动。到早商时期,长江中下游地区的考古发现已经反映出了来自早商核心地区的文化和政治势力渗透。早商文化的扩张动力之一就是觊觎长江中下游地区丰富的氧化铜矿,其中盘龙城遗址可能就是把中国南方与中原早商核心地区连接起来的交通枢纽④。和长江中游地区一样,在皖江流域的铜陵一带,铜矿资源也很丰富。不过,目前的考古资料还不足以证明早商时期铜陵的铜矿开采活动。到西周早期,已有证据表明皖南铜陵一带使用硫化铜矿炼铜技术⑤。

周人对于铜料的渴求和获取策略与商人如出一辙。商周王朝均立基于北方,然而铜矿则在长江南岸。两者之间横亘着两淮地区和江汉平原,所以文献中常见征淮夷和伐荆楚的记载。两淮是廊道地带,古往今来乃兵家必争之地。无论"由中原趋江淮而临东南,还是由东南出江淮而图中原",征服江淮都是一项基本的策略⑥。由于两淮为淮夷所占据,周人的南下掠铜之路,以及向长江南岸的势力拓展

---

① 武家璧、朔知:《试论霍山戴家院西周圜丘遗迹》,《东南文化》2008年第3期。
② 邵望平:《〈禹贡〉"九州"的考古学研究》,《考古学文化论集》(二),文物出版社,1989年。
③ 顾颉刚、刘起釪:《尚书校释译论》,中华书局,2005年,第612~613页。
④ 刘莉、陈星灿:《中国早期国家的形成——从二里头和二里岗时期的中心和边缘之间的关系谈起》,《古代文明》第1卷,文物出版社,2002年。
⑤ 杨立新:《皖南古代铜矿的发现及其历史价值》,《东南文化》1991年第2期。
⑥ 参见徐峰:《论西周王朝对安徽江淮的经略》,《南京博物院集刊11——庆祝南京博物院建院七十五周年纪念文集》,文物出版社,2010年。

便受到了阻碍。因此在两淮地区与淮夷相争,在江汉平原与楚人相斗,打通所谓"金道锡行",是西周王朝向东南和南方扩张的关键所在。

三 淮夷兴盛及其与周人的战争

淮夷虽早有渊源,但庞大的淮夷族群联合体是在西周时期形成的。淮夷的兴盛也以西周时期最明显,体现在与周人的关系上,便是双方的战争。周人意图征服淮夷,淮夷则势必反抗。周人与淮夷的战争围绕地盘、资源的竞争展开。在战争过程中,"边界"突显,族群认同进一步巩固。

总的说来,周与淮夷的战争可分成三个阶段:第一阶段是周初东征平叛,此时的淮夷还隶属于东夷范畴;第二阶段是西周中期,即穆王时期;第三阶段是西周晚期,厉宣时期。此处主要简述穆王和厉宣时期。

在穆王时期,以徐为核心的淮夷族群联合体强势反击西周王朝。根据多篇铜器铭文(如彔簋、䚄鼎、彔卣、臤尊、戎方鼎二等)的记载,淮夷兵锋直抵周文化核心区域,威胁到东都洛邑的安全。在这场反叛中,淮夷和周人的边界有较清楚的体现。

根据彔卣铭文记载,王下令戎率师驻扎古师,抵御淮夷。陈秉新认为古在固陵,即今河南太康县南①。接着,根据䚄鼎铭文记载,师雍父(即戎)省道至于胡,道在今河南汝南县②;而胡,则在今安徽阜阳,胡被视为从成周通向淮水流域的必经之地③。古、道、胡的地点转移显示周人的防御要塞已经延伸到皖北境内。师雍父可以前往胡国视察,表明周与胡可能有一种上下级关系,而且在师雍父赴胡之前,已先行派遣下属之一的䚄出使胡国,胡侯还赐给䚄金。周与胡之间能有这样的关系,也让我们联想到属于西周初年的周原甲骨文中曾提到过周伐胡一事④。极可能胡对周臣服就是伐胡的结果。周人伐胡也反映出西周王朝早期周人就有经略淮域之举,旨在打通向南扩张的道路。除了伐胡外,周人还征伐了彔国。事见成王时器大保簋铭文"王伐彔子圣"。彔为古国,与彔卣、彔簋、彔伯戎簋之"彔"相同。穆王时代有件青铜器彔伯戎簋,其铭文中记载了伯戎祖考有劳于周邦,王赏彔伯戎一事。

---

① 陈秉新、李立芳:《出土夷族史料辑考》,安徽大学出版社,2005 年,第 166 页。
② 《汉书·地理志》汝南郡"阳安"县下,应劭曰:"道国也,今道亭是也。"
③ 李学勤:《从新出青铜器看长江下游文化的发展》,《文物》1980 年第 8 期。
④ 陈全方等:《西周甲文注》,学林出版社,2003 年,第 76 页。

郭沫若云:"盖录子圣被成王征服后即臣服于周,有所翼赞也。"金文之"录"国即典籍之"六",在今安徽六安①。关于六国史事及其与商之关系,在前一章已有所叙述,下面还会再谈到。

通过胡、六这些小国的信息可知,周人笼络这些小国,并将这些小国当作自己经略淮域边界地带的前哨。然而根据戒簋的铭文可知,淮夷的势力突破了边界,周人军队追击淮夷来到位于今叶县东的㦰林②。这个地点已经处在周人所设置的防御地带的西北方。淮夷的这场反叛式入侵虽最终失败,但这场反叛也曾让周室震惊,淮夷的实力不容小觑。

为了报复淮夷的反叛,据班簋铭文记载,毛伯奉周穆王之命伐东国痟戎,三年静东国。痟,读为滑或猾,乱也。班簋铭文所记与传统文献所载穆王伐徐戎一事可相印证,有学者认为猾戎当即徐与淮夷之叛周者③。在徐和淮夷被镇压后,《左传·昭公四年》提到穆王会诸侯于涂山。这次涂山会盟很可能是周人战胜淮夷后对于威权和秩序的一次重整和宣示。涂山之盟后,顾颉刚认为,作为势力薄弱的一方,有一部分徐和淮夷南迁江、汉流域④。在同时期的金文中,我们也看到周人的文本开始认同"南淮夷",换言之,至少有部分人群迁到了淮河南面。

进入西周晚期,即厉、宣时期,周与淮夷的关系交恶更甚,战争不断。虢仲盨盖铭:"虢仲以王南征,伐南淮夷。"《后汉书·东夷列传》:"厉王无道,淮夷入寇,王命虢仲征之,不克。"⑤《今本竹书纪年》:"厉王三年,淮夷侵洛,王命虢长公伐之,不克。"可见,厉王时期淮夷的叛乱较穆世有过之而无不及,多次突破边界进入中心地区。相应的,周人也一再进入南淮夷的领地。翏生盨铭载,王征南淮夷,伐角、津,伐桐、遹。翏生从,执讯折首,孚戎器,孚金。角的地望,前文已述及,陈秉新认为在淮阴西南;马承源说在今宿迁西南,津在宝应津湖⑥。这两个位置靠得很近。桐,古国,在安徽桐城西北。由此铭可知,厉王时期,江淮东部及皖中一带很可能已属南淮夷势力范围,周人对江南铜矿的获取无疑变得更为困难。大概就在翏生盨铭记

---

① 郭沫若有云:"录国,殆即《春秋》文五年楚人灭六之六。"见郭沫若:《两周金文辞大系图录考释》,上海书店出版社,1999年。
② 裘锡圭:《论戒簋的两个地名——㦰林和胡》,《古文字论集》,中华书局,1992年,第386~392页。
③ 班簋年代从穆王说,可参见李学勤:《班簋续考》,《古文字研究》第十三辑,中华书局,1986年。
④ 顾颉刚:《徐和淮夷的迁留——周公东征史事考征之四之五》,《文史》1990年总第23期。
⑤ 范晔:《后汉书》,第2808页。
⑥ 马承源:《关于翏生盨和者减钟的几点意见》,《考古》1979年第1期。

载的厉王征南淮夷之后,西周王朝遭遇了一次凌厉的报复性攻击。厉王时器禹鼎记载:"鄂侯驭方率南淮夷、东夷广伐南国、东国,至于历内。"

周宣王时期,淮夷再次遭受周人军队的大规模讨伐。《诗经·常武》记载,宣王派遣南仲与皇父大规模征讨徐方。联系《今本竹书纪年》,这场战争发生在宣王六年(公元前822年),并且应该是以胜利告终,周人重整了秩序。

到宣王十八年(公元前810年),据驹父盨盖铭文显示,南仲命驹父和高父向南淮夷征取服贡。铭中有言"小大邦亡敢不䢍具逆王命",就是说淮夷小大邦没有一个敢不献其服贡的①。周人居高临下的气势可谓溢于言表。在回程的途中,周军在蔡歇脚。蔡是比较靠近淮夷的诸侯国,在周人针对淮夷的事务中,蔡多有配合。驹父盨盖铭乃一例。厉宣时器柞伯鼎铭文亦载,虢仲曾令柞伯率蔡侯左至于昏邑,其地在淮水流域,其间蔡侯属于配合作战②。

根据上述相关铜器铭文的记载,我们也可以大致绘制出西周时期的一条"金道锡行"之路。这条以金锡入贡或交易之路与淮夷无疑是有关的。所谓"克狄淮夷,印燮繁汤,金道锡行,具既卑方"。在这条运输贵重物资,尤其是青铜原料的道路上,有着若干重要的据点。位于今河南新蔡的繁汤就是其中之一③。东周时期的戎生编钟和晋姜鼎铭文显示,繁汤很可能是东周时期长江流域所产铜锭的集散地④。繁汤位于汝河之畔,汝河连接黄河和淮河。周穆王十三年,徐戎正是借助汝、颍二水兵临西周东部中心洛邑。此外,近年在湖北京山苏家垄遗址,考古工作者发现了一处包括墓地、居址和冶炼作坊在内的曾国大型城邑,分布广泛的铜矿炼渣和若干铜锭的发现展示了青铜冶炼、生产、流通诸多环节。苏家垄曾伯桼及夫人墓中出土的青铜铭文的"金道锡行",显示了曾伯桼受命于周王朝,承担着控制、运输、管理南方铜锡资源的职责。

刘莉和陈星灿曾经重建了早期中国时期铜料从长江流域输送到中原的三条路线:东路、中路和西路(图45)⑤。这三条路线上都有河流,实际上它们与当代的南水北调工程东、中、西三线颇有几分重叠。在西周时代的背景下,这三条路线始终

---

① 对驹父盨盖铭文的考释,可参见黄盛璋:《驹父盨盖铭文研究》,《考古与文物》1983年第4期。
② 朱凤瀚:《柞伯鼎与周公南征》,《文物》2006年第5期。
③ 陈公柔:《曾伯簠铭中的"金道锡行"及相关问题》,《中国考古学论丛》,科学出版社,1995年。
④ 陈公柔:《曾伯簠铭中的"金道锡行"及相关问题》,《中国考古学论丛》。
⑤ 刘莉、陈星灿:《中国早期国家的形成——从二里头和二里岗时期的中心和边缘之间的关系谈起》,《古代文明》第1卷,第91~92页。

处在周人和蛮夷的竞争中。西路和中路,大部分在周的南方境内,而周与南方的关系,通常也是紧张的。周昭王曾经南征,丧六师于汉。东路穿过长江、淮河和泗河,经菏泽和洛水、黄河,到达都城。除了这三条外,我在他们的基础上再添绘一条。这条线贯穿安徽江淮,起点是皖江南岸的矿源,沿途经过桐、六、胡、繁汤,最后抵达都城①。

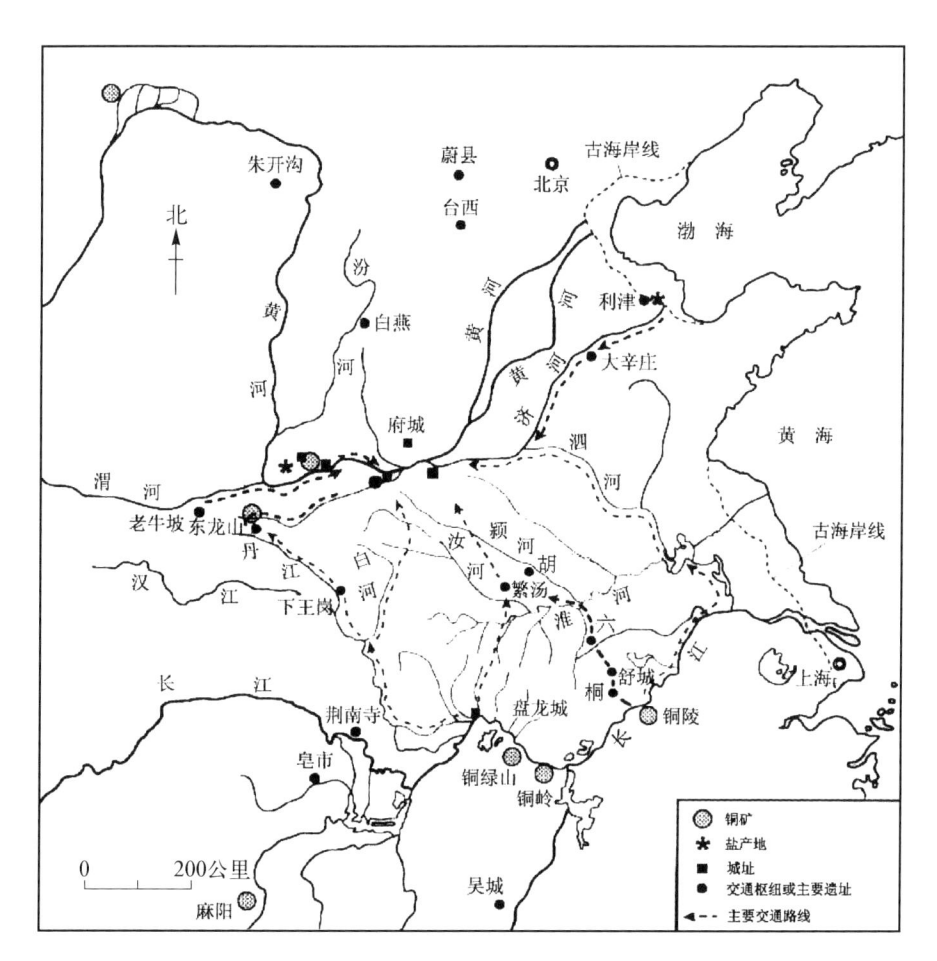

图 45　早期王朝时代的河流水系及重要自然资源分布

(据陈星灿、刘莉,2002,并有添绘)

---

① 易德生在最新的研究中赞同笔者对于江淮间"金道锡行"路线的重建,并补充了若干新的地点。见易德生:《周代南方的"金道锡行"试析——兼论青铜原料集散中心"繁汤"的形成》,《社会科学》2018 年第 1 期。

淮夷与周人的争斗相伴始终，有着多重意义。从经济资源的层面看，双方因铜矿、人口、土地等物资而起冲突；从意识形态上看，周与淮夷的战争是不同族群间的战争，前者对后者压迫，后者相应反抗，是边缘对中心的战争。

从政治组织形态上看，西周的政治统治基础之一是分封制。周人经略两淮，以及其他地区，势必要通过笼络亲周政体来实现统治。在这一过程中，有亲周者，自然也有反周者——淮夷正扮演了这样的角色。在与两淮差不多同一纬度的江汉平原，周人也分封了"汉阳诸姬"。同时他们也遭到了势力强悍的鄂侯、楚蛮的反叛或抵抗。在激烈的对抗中，族群意识很容易觉醒和触发。徐和淮夷面对周人的压迫，不得不以族群联合体的形式来反抗西周王朝。在族群联合体形成的过程中，领袖的个人魅力（charisma）与成就应该也是起了作用的。如徐国历史上有所谓"徐偃王"，其好行仁义，归顺者众。可惜关于他的记载极少，但可以肯定，其人其事当有史影，非空穴来风。

此外，从战争地理上看，周人与淮夷的战争是东西之战。大致来讲，周人居西，夷人在东。傅斯年的名文《夷夏东西说》认为夷在东、夏在西，历述了夷夏之间的战争①。此后，商人与东夷在东西空间下亦有战争。所谓"纣克东夷而殒其身"。周人克商也是东西之战。再后来，秦灭六国，一直到刘项覆秦，均是东西之战。这在一定程度上反映了东西之间的战争也是推动早期中国社会前进的重要动力。周人与淮夷之战又是南北之战，特别是夷人迁居淮河以南之后，因为秦岭—淮河一线是中国的南北分界线。中国历史上的南北分裂频繁地以淮河为界，反映了内地农耕社会内部以长江流域和黄河流域为代表的南北对立。周人与淮夷的对抗接近于此。日后中国历史上的南北对抗都是早期对立的演变，反映了奠基于地理格局上的政治军事同构现象。于是淮河流域，宿命般地成为南北双方拉锯鏖兵的"永恒"战场②。

就整体社会进程而言，根据目前两淮地区的西周考古材料，相较于西周王朝渭河谷地以及东部地方性封国区域，两淮地区属于西周的考古发现并不突出，高等级的聚落遗址、墓葬及贵重器物也发现较少，已有的考古学材料也未见明显的社会分化，很可能西周时期的两淮在社会复杂化进程上节奏平缓。这和淮夷军事上的强

---

① 傅斯年：《夷夏东西说》，《庆祝蔡元培先生六十五岁论文集》下册。
② 胡阿祥、张文华：《淮河》，江苏教育出版社，2010年，第224页。

悍矛盾吗？答案是否定的，军事强弱与经济、文化发展水平并不成正比，尤其是在冷兵器时代。总之，西周时期的淮夷与西周国家相比，其社会结构、经济与文化形态恐还有相当的差距。是故本节所谓"淮夷的兴盛"并不是指其经济、社会与文化水平，而是指淮夷族群联合体在空间地理上的蔓布与敢于跟大邦周对抗的勇气和力量。

四 "族群认同"的不同面相

前文讨论了淮夷族群联合体的形成，既言族群联合体，就可知这一联合体的内部必然是庞杂多元的，对于族群的认同也不可能是同一面相。传统上被归为淮夷的六国可能就是一个异例。六与徐、淮夷可能有着同一祖源。但是族群认同理论认为，同样的历史渊源或近似的文化特质并不一定导致相同的族群认同[1]。因为受利益、奖罚、权力等外在因素的影响，族群认同可以被选择和利用[2]。

六国是皋陶之后，偃姓。地处皖西，是庐州喉舌、淮西要地[3]。这个位置对于中原王朝控制淮域很有帮助。前文已经介绍过，六国臣属于商王朝，商王室在占卜中提到过六，对六颇为关心。商灭亡后，周师也攻伐过六国，对其进行拉拢和安抚。周人控制了六国，便可利用六国重要的地理位置帮助自己征伐淮南之地以及抵御淮夷。上文已述，六国在穆王时期周人与淮夷的战争中，曾参与协防。根据录卣铭文，伯雍父驻守古师时，录是伯雍父的下属，并受到了赏赐，录也表示了自己的感激。录国也是周在江淮的代理者之一。宣王时器仲驹父簋铭文中记载："录旁中（仲）驹父作仲姜簋。"录旁即录方，也即六国。仲驹父，陈秉新认为是驹父盨铭之"驹父"[4]。此驹父正是宣王十八年奉南仲之命前赴南淮夷之地索赋的官员。

由上述可知，六国虽在江淮，与淮夷邻近，但六国却与周王室保持着密切的联系。六国不可能如同其他淮夷人群那样对周表现出激烈的对抗态度。故淮夷的族群认同不可一概而论，而是有着不同的面相。

六国的例子很典型地反映了族群认同有时候很难从族群内部获得统一。同样

---

[1] 周大鸣：《论族群与族群关系》，《广西民族学院学报（哲学社会科学版）》2001年第2期。
[2] 王明珂：《华夏边缘：历史记忆与族群认同》，第18页。
[3] 顾祖禹：《读史方舆纪要》，中华书局，2005年。
[4] 陈秉新、李立芳：《出土夷族史料辑考》，第263页。

是两淮之地,近代以来的"苏北人"也有相似问题。韩起澜(Emily Honig)认为苏北人作为一个族群是可以成立的,这一族群的形成,是在移民的情境中,相对于上海而成立的。在建构苏北人的族群认同时,她偏向于工具论和边界。她发现无法从苏北的内部去界定苏北人。苏北,并不存在一个标准的定义。所谓"苏北人"内部的地域人群均不承认自己是苏北人。只有面对上海这面"镜子"时,他们才遭遇偏见和歧视;只有作为移民,他们才被贴上苏北人的标签[①]。

何以同一片地域在历史上发生过相似的族群建构,这显然与两淮的地理位置有关。它既是过渡带,又是不同历史时期"中心区"的边缘地区。夷人、苏北人和中心区域的人群处在"中心—边缘"的地理结构中。人群在这样的地理结构中频繁流动,很容易产生移民的情境,为族群的建构打下基础。

第二节 西周两淮的考古学文化

以上对于淮夷族群建构的探讨是从族群形成的"工具论"的视角进行的。"工具论"视族群为人们基于现实利益的考虑来限定共享资源人群范围的工具。它用围绕政治、经济资源的竞争与分配来解释族群的形成、维持和变迁,并且主张族群认同不是一成不变的,可被利用并随实际情形的变化而变化[②]。但是与此同时,族群形成的"根基论",仍然不能忽视。所谓"根基论",是指血缘、语言、文化等相同的历史来源或近似的文化特征会产生族群的认同。这一节,我们便是从根基论的角度来谈两淮的考古学文化。

一定的考古学文化总是由一定的族群所创造。当人们试图将考古学文化与某支族群对应时,必定是因为考古学材料进入了文献史学的时空范畴或者与之发生

---

① 苏北人南渡,大抵是因为饥荒、洪涝灾害。在清朝时,苏北难民已被江南视为无序之源,当地官员作出种种努力以遣返难民,但总难以奏效。上海开埠以来,大批苏北人移居上海。这对上海土著以及来自苏州、无锡、宁波相对富裕的移民所代表的上海精英文化构成了一种挑战。于是横亘在两大群体之间的边界彰显出来,且有多个层次:经济生业层面,苏北人的生业被限定了劳工和服务业;住居层面,棚户区构成了上海最不可忽视,也是最难以观瞻的风景线。棚户区主要的住居形态是草棚。韩起澜以草棚为例描绘了当时的市当局与苏北人的一次冲突。在文化层面,苏北地方艰困难地坚持着,苏北人并没有放弃他们在上海的文化。相反,即便是处在边缘的地位,却仍然力图分享与竞争。通过这几个层面的论述,韩起澜认为,苏北人作为移民,已成为族群,显然,这一族群的形成,是在移民的情境中相对于上海而成立的。参见韩起澜著:《苏北人在上海,1850~1980》,卢明华译,上海古籍出版社,2004年。
② 相关理论的综述,可参见王明珂:《华夏边缘——历史记忆与族群认同》,第19页。

了某种联系,否则这个族群就只能是抽象意义的,比如旧石器时代的工具组合,它们理应是某支人群所留,而至于这个人群究竟是谁,我们则无从也没有必要去寻找。进入文献史学范畴的考古学文化则不然,将之与可能有关联的族群对证,是一种更高层次的追求。在中国历史、考古学界,自王国维倡导以地下之新史料参证纸上之史料的"二重证据法"以来,学界无不据以为金科玉律,将考古学文化来对证或追溯文献记载中的族群就是这样的实践。

苏北西周时期的遗址主要集中在邳海地区和洪泽湖沿岸地区①。几乎与商时期一样,相较于其他区域,这里的遗址数量仍然相对较少。更由于大部分西周遗址只是经过调查,真正经过发掘的极少,故目前我们对于这片区域西周时期考古学文化面貌的认识相当受限制。

邳州梁王城遗址是近年在淮海地区发现的比较重要的遗址。梁王城遗址一带属于黄泛区,地表泥沙较厚,一定程度上限制了遗址的寻找和发掘。2004 年以来的发掘属于配合基建的抢救性发掘。现有的发掘表明,梁王城遗址文化层堆积较厚,内涵丰富,自大汶口文化一直延续到六朝时期,文化序列的延续性强。这充分说明,梁王城遗址的使用率极高,很可能扮演着区域中心的角色。

迄今为止,考古工作者在邳州梁王城遗址共计发现西周时期墓葬 71 座,兽坑 12 座,其中马坑 10 个,牛坑、狗坑各 1 个。墓葬均为竖穴土坑墓,墓向以东西向为主,有的可能有葬具,有一定数量的腰坑②。下面我们列举典型的文化因素来呈现此地西周时期的文化面貌,同时观察区域间的文化交流。

M25,竖穴土坑墓。器物组合有鬲 1 件、簋 1 件、罐 1 件。墓底有腰坑,殉一只狗。墓主男性,仰身直肢,面向上,双手相对置于下腹部。器物组合与关中地区西周墓葬相似,但单个器物又有差别。M25 中的鬲为素面,素面鬲是山东地区较典型的本土器物,有着绵延的文化传统③。在邻近的曲阜鲁国故城的甲组墓中也发现有素面鬲,不过器形较小,属明器。梁王城的这件素面鬲(图 46,2)有所不同,领略高,联裆,三足之间的近裆际腹部向里瘪陷,形制上与张家坡墓地的 A 型Ⅲ式鬲近似,

---

① 参见考古调查,南京博物院:《江苏邳海地区考古调查》,《考古》1964 年第 1 期;尹焕章、张正祥:《洪泽湖周围的考古调查》,《考古》1964 年第 5 期。
② 南京博物院等:《江苏邳州梁王城遗址西周墓地发掘简报》,《东南文化》2016 年第 2 期;南京博物院等:《邳州梁王城遗址 2006~2007 年考古发掘收获》,《东南文化》2008 年第 2 期。
③ 可参见王锡平:《试论山东地区的素面陶鬲》,《中国考古学会第九次年会论文集》,文物出版社,1993 年,第 82~92 页。

唯未施纹饰,年代当属西周早期。而簋(图46,1)则与张家坡A型I式簋相似,器身呈敞口厚唇的碗状,下接矮圈足,年代约在西周早期。罐未见发表。M25的年代可初定为西周早期。

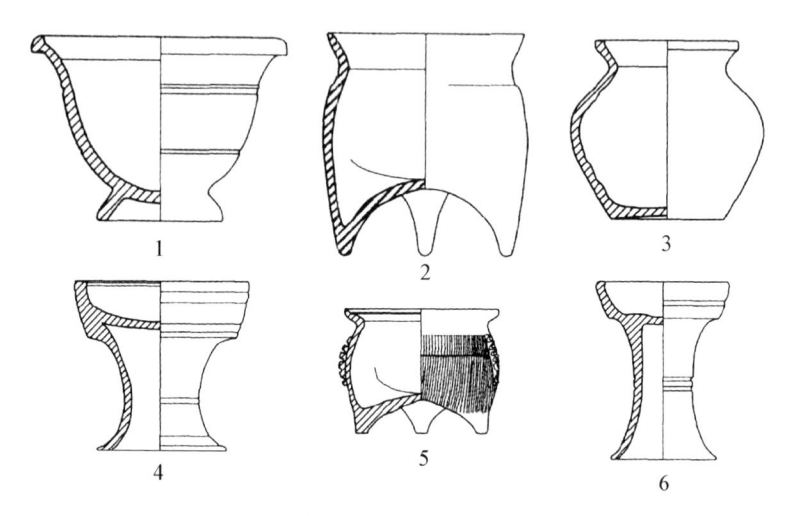

图46 梁王城遗址西周墓葬出土陶器示例
(采自《东南文化》2008.2)
1. 簋(M25∶1) 2. 鬲(M25∶2) 3. 罐(M27∶1) 4、6. 豆(M27∶2、3) 5. 鬲(M27∶4)

M27,墓中无葬具,无腰坑,有熟土二层台。墓主仰身直肢,头向东,面向北。随葬品有水晶饰品、簋、罐各1件,鬲、豆各2件。鬲最具特色处是腹部的齿状扉棱。一般称此种鬲为"仿铜鬲",自西周中期开始流行。这件鬲与张家坡A型Ⅳd式相近①,器身较矮,斜平沿,器裆较低,腹有扉棱,身上饰细绳纹和一道细弦纹,年代当在西周中期。两件豆(图46,4、6)的把部都很高,与张家坡的I式豆最相近②,属西周早期乃至西周中期偏早阶段流行的形式。至于罐(图46,3),圆肩圆腹,与张家坡A型Ⅱb式罐相似,年代应属西周早期。综上,M27的年代为西周中期。

M31,墓主仰身直肢,头向东,面朝南。随葬品有160枚海贝组成的串饰,挂于脖上。陶器7件,陶鬲1件,陶簋、陶豆、陶罐各2件。这些陶器内均发现有兽类小骨骼。经鉴定,有小猪下颌骨、鸡骨和鱼骨头等。160枚海贝一定程度上反映了墓

---

① 中国社会科学院考古研究所:《张家坡西周墓地》,中国大百科全书出版社,1999年,第103页。
② 中国社会科学院考古研究所:《张家坡西周墓地》,第357页。

主或许有一定社会地位①。海贝,包括 M27 中的水晶,当属地方特产。邻近的前掌大墓地中也有海贝,并发现由海贝编缀而成的马勒。簋的器身呈碗状(图 47,1),与张家坡 A 型簋近似,但是圈足粗而高,且下裙外侈,则又更接近 B 型,年代应不晚于西周中期。鬲(图 47,2),折沿,方唇,腹微鼓,饰中偏粗绳纹,裆较高,且裆际腹部瘪陷,就此点而言,似有关中西周早期所谓"瘪裆鬲"的风格。足为深袋足,下收至足端处,呈矮柱状,有人为捏过的迹象。此件鬲与西面霍邱绣鞋墩第三期的 A 型 Ⅱ 式鬲相似,年代属西周中期。故 M31 的年代为西周中期。

图 47 梁王城遗址 M31 出土陶簋与陶鬲

(采自《东南文化》2008.2)

梁王城西周墓地的发现填补了苏北西周考古的空白。有 21 座墓葬出土了典型陶器,随葬品的组合以单鬲或鬲、簋、豆、罐(罍)的组合为主,不见鬲、罐组合或单罐组合,还出土有典型的周式鬲。从陶器风格和葬俗来看,梁王城西周墓地体现出不同文化因素的混合:一种当是来自本土,比如素面鬲、海贝、水晶就是海岱地区的本土因素;一种受周文化风格影响,如绳纹鬲、簋;还有一种则是商文化风格,以腰坑为代表。联系曲阜鲁国故城、前掌大墓地的墓葬中也有大量的腰坑,这可能与二里岗上层以来商文化东进有关。至于墓葬族属,江苏考古工作者认为梁王城的这批西周墓葬应该是殷遗民墓葬,直接来源为殷墟文化②。

---

① 在 2016 年发表的梁王城西周墓地简报中,执笔者描述 M31 中的贝串饰时仅说有数枚小贝壳组成,与 2008 年简报中所称 160 枚海贝相差很大。
② 南京博物院等:《江苏邳州梁王城遗址西周墓地发掘简报》,《东南文化》2016 年第 2 期。

图 48　MK1 坑内随葬马车构件及饰品

西周时期苏北地区应该存在若干方国或区域性中心聚落，梁王城遗址就是一例。另外，根据南京博物院 2015 年对沭阳万北遗址的发掘，在该遗址发现了商周墓葬 5 座、西周车马器坑 1 座（图 48）①。车马器是西周时期高等级贵族才能拥有的，是当时最高级的技术产品之一。沭阳万北遗址有此发现，说明此地可能存在某个小型政体。

苏北西周时期的遗存肯定还有不少有待去发现，因为江苏的考古工作者在早年的调查中就发现有西周遗存，只是尚缺乏典型的发现罢了。例如尹焕章、赵青芳在 20 世纪 60 年代淮阴地区的考古调查中指出："在淮阴地区北部，即宿迁、泗阳、沭阳一带，地势较高，发现的西周遗址是墩形的，而且泗阳、泗洪的洪泽湖与天井湖沿岸，也有大面积西周遗址是在平地上的。无论地形上何种情况，但在出土遗物上是相同的。说明在这一带有着丰富的西周遗存。这些遗存，是以中原殷末周初的同类物特征来衡量的，它们确有西周作风。"②

再看皖北地区。皖北西周时期的遗址，尤其是典型遗址也很少。历年来调查发掘过一些遗址③，如在萧县花甲寺、亳州钓鱼台、灵璧玉石山等遗址发现过西周时期的鬲、豆、罐、甗等陶器，但可用于讨论的典型遗址还很少。

相对于苏皖淮北地区，安徽江淮的西周时期考古工作进行得要稍显充分些，积累的资料也比较丰富④。自 20 世纪 80 年代开始，考古人员对江淮地区的县市进行

---

① 林夏、甘恢元：《江苏沭阳万北遗址》，《大众考古》2016 年第 9 期。
② 尹焕章、赵青芳：《淮阴地区考古调查》，《考古》1963 年第 1 期。
③ 张敬国等：《安徽萧县先秦遗址考古调查》，《文物研究》第 6 辑，黄山书社，1990 年。安徽省文物考古研究所：《安徽泗县新石器时代晚期至商周遗址调查报告》，《东方考古》第 10 集，科学出版社，2013 年，第 419～466 页。
④ 早在 1934 年，前中央研究院史语所王湘、李景聃等人就在寿县一带开展考古调查，发现龙山文化至商周时期古遗址多处。见王湘：《安徽寿县史前遗址调查报告》，《中国考古学报》第二册，商务印书馆，1947 年。

了广泛调查,发现了一大批西周时期文化遗存,比较典型的有肥东吴大墩[①]、含山大城墩[②]、霍邱绣鞋墩、六安众德寺、西古城,以及寿县斗鸡台和青莲寺[③]、六安堰墩[④]等遗址。除此之外,近年安徽省文物考古研究所等单位还调查、发掘了几处新的西周时期遗址,譬如庐江大神墩[⑤]、合肥烟大古堆[⑥]、霍邱堰台[⑦]、滁州何郢[⑧]、肥西塘岗[⑨]等等。一般来说,这些遗址属于台形遗址,即外貌呈台地状,多见于低丘漫岗之上。

这些遗址同处江淮,但又分属不同小区。寿县、霍邱、六安位于皖西江淮丘陵北部[⑩]。肥东吴大墩、含山大城墩等遗址则地处安徽中部,即江淮地区的中间地带,属巢湖流域。巢湖流域算得上是一个文化相对持续和稳定发展的繁盛小区。不同的小区地理环境,为文化上划分成不同的类型埋下了伏笔。这些遗址大多自新石器时代延续而来,跨越了不同的时期,单就西周时期而言,也一般间隔了早、中、晚三期。江淮地区西周时期遗址分成早、中、晚三期几乎是普遍性意见[⑪]。

西周早期,可以绣鞋墩第二期、斗鸡台第五期、含山大城墩第五期、肥东古城吴大墩第四期为典型。生产工具有骨锥、蚌镰、石锛、铜镞、纺轮等。生活用具以陶器为主,陶质分夹砂灰陶、夹砂黑陶、夹砂褐陶、泥质陶。夹砂灰陶数量相对较多,泥质陶较少,泥质陶中较显著的是泥质黑陶,印纹硬陶亦占有一定的比例。器表纹饰以绳纹最多,次为素面,其他还有指窝纹、附加堆纹、旋纹等。制法以轮、模合制为主。主要器形有鬲、罐、甗、豆、瓮、盆等(图49),以鬲和罐为大宗。从器物观察可知,西周早期江淮大地大致存在三种文化风格,一种是土著文化,一种是周文化风

[①] 张敬国、贾庆元:《肥东县古城吴大墩遗址试掘简报》,《文物研究》第1辑,黄山书社,1985年。
[②] 安徽省文物考古研究所:《安徽含山大城墩遗址发掘报告》,《考古学集刊》第6集;《安徽含山大城墩遗址第四次发掘报告》,《考古》1989年第2期。
[③] 北京大学考古学系商周组、安徽省文物工作队:《安徽省霍邱、六安、寿县考古调查试掘报告》,《考古学研究》(三)。
[④] 安徽省文物考古研究所、六安市文物管理所:《安徽六安市堰墩西周遗址发掘简报》,《考古》2002年第2期。
[⑤] 安徽省文物考古研究所、庐江县文物管理所:《庐江大神墩遗址发掘简报》,《江汉考古》2006年第2期。
[⑥] 宫希成:《合肥市烟大古堆遗址》,《中国考古学年鉴(2003)》,文物出版社,2004年。详细材料未刊。
[⑦] 安徽省文物考古研究所:《霍邱堰台——淮河流域周代聚落发掘报告》。
[⑧] 宫希成:《安徽滁州市何郢遗址发掘的主要收获》,《北京大学古代文明研究通讯》2002年第12期。
[⑨] 安徽省文物考古研究所:《安徽肥西塘岗遗址发掘》,《东南文化》2007年第1期。
[⑩] 北京大学考古学系商周组、安徽省文物工作队:《安徽省霍邱、六安、寿县考古调查试掘报告》,《考古学研究》(三),科学出版社,1997年。
[⑪] 可参见张敬国:《略论江淮地区夏商周文化分期及族属》,《文物研究》第3辑,黄山书社,1988年;宫希成:《安徽淮河流域西周时期文化试析》,《东南文化》1999年第5期。

格,还有一种与江南地区文化风格相似。绣鞋墩二期有大口鬲与小口鬲、深盘粗柄豆与浅盘细柄豆共存的现象,颇具地方特色。甗大口、束腰,腰际有一周附加堆纹,上面加按圆指窝纹。周式风格方面,吴大墩、含山大城墩、六安堰墩均发现属西周早期的有着明显西部周文化风格的绳纹鬲。吴大墩的一件(图49,5)与张家坡Ⅱa式M322∶1相似①。这种鬲在西周早期比较典型,侈口,裆际腹部处略瘪陷,袋足较深,足根呈尖锥状。含山大城墩的Ⅱ式鬲与沣西Ⅳ式鬲②的形制如出一辙,侈口,圆唇,鼓腹,袋足,足根亦呈锥状。六安堰墩的B型Ⅰ式鬲则与张家坡Ⅲa相似③。至于第三种江南风格,在六安堰墩、含山大城墩、霍邱堰台等遗址,均有不少原始瓷器和印纹硬陶器的发现。一般认为,它们是来自同时期南方地区的湖熟文化因素。这类因素可能通过江淮这一文化走廊传播到中原、关中地区,比如在张家坡西周墓地中就有不少发现④。相应地,周文化的影响也一度延伸到长江南岸宁镇地区的湖

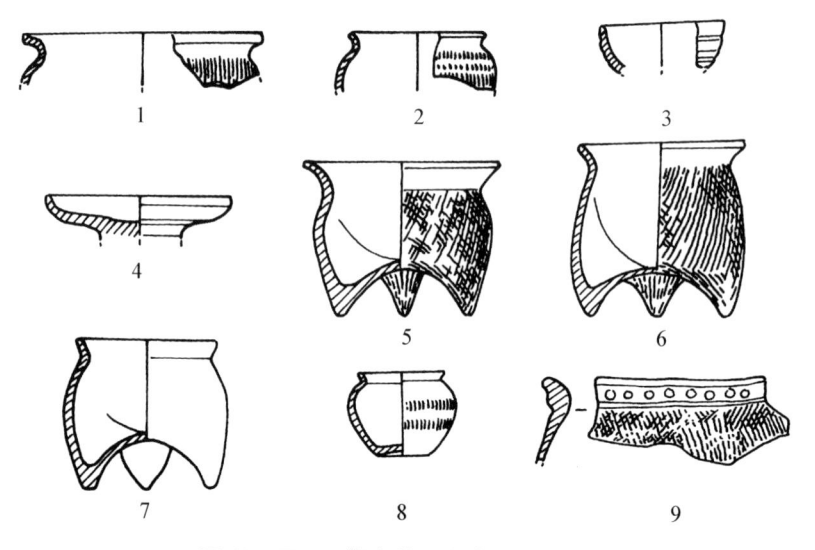

图49 西周早期安徽江淮地区陶器举例

1. 霍邱绣鞋墩T1⑤∶23 2. 绣鞋墩T1⑤∶17 3. 绣鞋墩T1⑤∶105 4. 绣鞋墩T1⑤∶60 5. 吴大墩T1⑥∶64 6. 六安堰墩F3∶3 7. 大城墩T3④∶17 8. 众德寺M1∶62 9. 绣鞋墩T1⑤∶63

---

① 中国社会科学院考古研究所:《张家坡西周墓地》图版63∶2。
② 中国科学院考古研究所:《沣西发掘报告》图版伍拾∶2,文物出版社,1962年。
③ 中国社会科学院考古研究所:《张家坡西周墓地》图版63∶6。
④ 中国社会科学院考古研究所:《张家坡西周墓地》,第129~131页。

熟文化之中①。很明显,江淮地区扮演了文化交流通道的角色。

西周中期,以绣鞋墩三期、西古城四期、众德寺四期、青莲寺四期、肥东古城吴大墩第五期为典型。生产工具有石锛、陶拍、铜镞、陶网坠等。生活用具以陶器为主,陶质以夹砂灰陶为主,纹饰以绳纹最多,其次有弦纹、附加堆纹等。制法多模制,可辨器形有鬲、甗、罐、豆、盆、钵、瓮等,以鬲、罐数量最多。罐侈口折沿,鼓腹,凹圜底;豆盘较浅,圈足稍细;甗束腰,腰部无堆纹,直接加按半月形指甲纹一周。鬲是最富有观察性的器物。西周中期安徽江淮间所发现的陶鬲仍然有着相当的周文化痕迹,若将它们与张家坡墓地的进行对比,区分起来也不容易。但值得注意的是,这一时期鬲的地域个性开始增强,在六安堰墩、众德寺、霍邱堰台、绣鞋墩,含山大城墩,及滁州何郢可以见到一批鬲,其普遍特征是折沿方唇,束颈,肩下腹部外鼓,腹最大径处超出口沿,腹以下逐渐内收,三足略呈内聚之势,足有柱足和锥足两种(图50,1、2)。不管哪一种,着力面都比较小,裆际腹部瘪陷十分明显。与此同时,明显带有周式风格的陶器依旧存在,前文在论述曲阜鲁国故城、梁王城遗址时,曾提及西周中期有一种腹饰扉棱的仿铜陶鬲播及鲁南、苏北地区,霍邱堰台遗址所出器物也见有这种鬲,不过数量不多②。

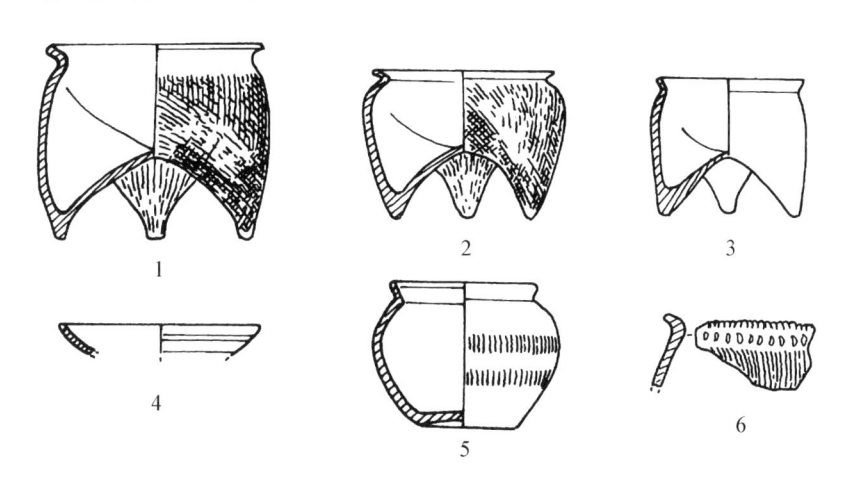

图50 西周中期安徽江淮地区陶器举例

1. 霍邱绣鞋墩 T1④b:100 2. 众德寺 82LZM1:1 3. 大城墩 4. 众德寺 T1⑥:51 5. 众德寺 82LZM1:2 6. 绣鞋墩 T1④a:62

---

① 邹厚本:《略论宁镇地区青铜文化序列》,《东南文化》1990 年第 5 期。
② 蒙安徽省文物考古研究所杨立新所长、王峰先生惠允参观。霍邱堰台遗址的材料已经发表,见安徽省文物考古研究所:《霍邱堰台——淮河流域周代聚落发掘报告》。

西周晚期，以绣鞋墩四期、西古城五期、众德寺五期、青莲寺五期为典型。生产工具有石镞、石刀等。生活用具全是陶器，陶质、纹饰与早期、中期基本相同，仍以夹砂灰陶和绳纹占有较大比例。器类主要有鬲、罐、豆、盆、甗、钵等，以鬲、罐数量最多。罐除凹圜底鼓腹的外，新出现一种平底罐，短折沿，斜肩，下腹壁斜收[①]（图51,7）。豆圈足较细高（图51,8、9），甗腰部无附加堆纹，亦不见半月形指甲纹装饰（图51,6）。从陶鬲特征来看，西周晚期江淮间陶器的地域性愈发凸显。中期所见折沿、方唇、足内聚的鬲到了西周晚期有愈演愈烈之势。霍邱绣鞋墩四期中发现的一件便是典型。此鬲折沿近平，方唇，矮颈，广肩，斜腹，最大径在肩部，深袋足，实足较高，扁平足尖。王迅称这种鬲为"淮式鬲"（图51,2），是在周式鬲的基础上发展起来的[②]。笔者曾至安徽省考古研究所参观霍邱堰台遗址所出器物，亦见有这

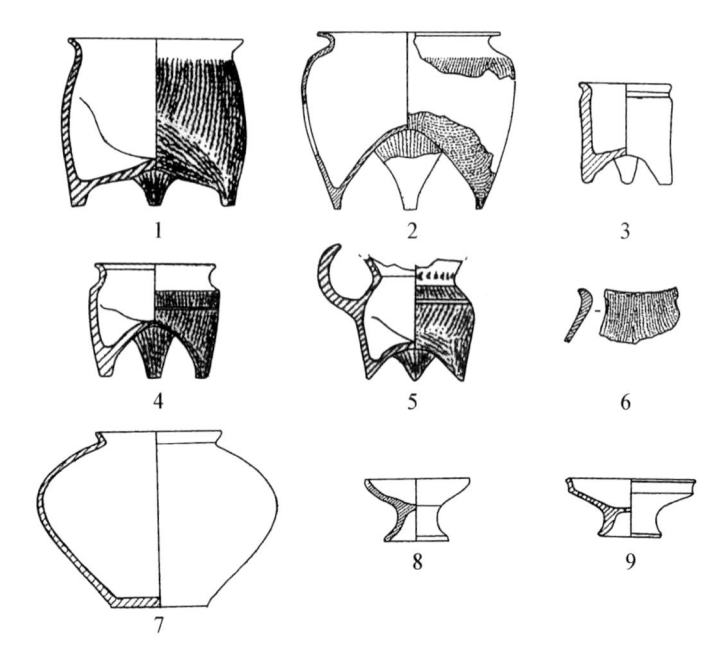

图51　西周晚期安徽江淮地区陶器举例
1. 六安堰墩 F3:11　2. 霍邱绣鞋墩 T1②:9　3. 青莲寺 T2④b:28
4. 六安堰墩 T604⑥:6　5. 六安堰墩 T906⑧:8　6. 绣鞋墩 T1②:70
7. 青莲寺 T2③b:31　8. 绣鞋墩 T1②:1　9. 众德寺 82LZM2:1

[①] 宫希成：《安徽淮河流域西周时期文化试析》，《东南文化》1999年第5期。
[②] 王迅：《东夷文化与淮夷文化研究》，第116页。

种风格的鬲,可知此种鬲到西周晚期在皖西六安地区较为普遍。

来自六安堰墩遗址的陶器信息表明,到西周晚期,江淮间陶器面貌比较多样。考古工作者在堰墩发现一种"折肩鬲"(图51,4),夹砂黑陶,圆唇,内沿稍凹,束颈,折肩,弧裆较高,高柱足,器表饰间断中绳纹①。鬲式盉(图51,5),夹砂黑陶,三袋足较深,腹部宽扁形,把上卷翘起,器身一侧所设流口已残,器表饰中绳纹,腰部按有指窝纹,把为素面。这种鬲式盉形态特殊,地域性强,在庐江大神墩遗址、枞阳汤家墩遗址以及六安、霍邱、安庆等广大皖西南地区普遍存在,是春秋时期群舒文化中典型铜器鬲式盉的雏形。此外,源于山东的素面鬲在早、中期进入江淮后,在当地延续下来,晚期的素面鬲(图51,3),体小胎厚,浅袋足,高实足,制作草率,为冥器②。而来自江南的原始瓷器、印纹硬陶则依旧向江淮间,并通过江淮往更北的地方输出。

综上所述,西周时期安徽江淮的考古学文化反映了来自不同区域的文化影响,以关中为母区的周文化、长江南岸的湖熟文化、山东地区族群迁移而携至的海岱文化、原先在此的土著文化。实际上,当它们汇入江淮这样一个文化通道之后,文化风格势必有所交融。从江淮区域本身来讲,大致又可以分成东西两个文化类型。西可以六安堰墩为典型,陶器以夹砂灰陶为主,拥有折肩鬲、淮式鬲、鬲式盉、宽沿豆、高圈足簋等为代表的一批器物群。东部则以滁州何郢遗址为典型,此小区地近江南,陶器以夹砂红陶为主,其次为泥质黑陶、夹砂灰陶、泥质红陶、泥质灰陶及印纹硬陶,另有少量原始瓷器。典型器有夹砂红陶折沿深腹素面鬲、泥质黑陶折肩素面鬲、泥质黑陶高柄浅盘勾沿豆、夹砂红陶深腹平沿小平底盆、高圈足簋等。以素面陶为主,纹饰以绳纹最多,还有少量弦纹、附加堆纹、按窝纹等。陶器制作普遍较粗糙,造型不太规整,多数陶器表面保留有清晰的刮削痕迹。

除了代表平民文化的日用性陶器外,西周时期江淮间反映上层等级的青铜器发现较少。最近,《安徽江淮地区商周青铜器》这部图录收录了江淮间西周青铜器24件,器类有罍、尊、爵、盉、簋、鬲、甗、钟、鼎③,均有鲜明的西周风格。此外,江淮间当然还有许多小型青铜兵器的发现,如削刀、镞等。总的来说,当前江淮间西周

---

① 安徽省文物考古研究所、六安市文物管理所:《安徽六安市堰墩西周遗址发掘简报》,《考古》2002年第2期。
② 王迅:《东夷文化与淮夷文化研究》,第116页。
③ 安徽大学等:《安徽江淮地区商周青铜器》,文物出版社,2014年。

时期铜器资料积累的现状,与金文中记载的信息有所不合。如前文所述,西周时期周人屡屡征伐江淮的目的之一,就是掠夺资源,其中最重要的正是金,即铜料。在西周晚期铜器翏生盨铭文中曾记载,周师在征伐南淮夷后,俘获了不少吉金,说明当地族群有一定的铜料储蓄。这与江淮与长江南岸铜陵等铜矿产地一江之隔——"近水楼台先得月"应该是分不开的。但这同时也正解释了为何西周时期江淮间青铜文化层面的"贫困",来自北方周人中心势力在政治、军事,以及仪礼规格上的压制,可能是导致这一地区青铜文化发展相对落后的一个重要原因。这一地区青铜文化的发达,还要留待春秋时期,当北方中心力量垮台之后才得以抒发和表达。我们将在下文再行讨论。

西周时期安徽江淮在不可移动物质遗存方面,主要发现有房址、墓葬等。房子多为平地起建,居住面用红烧土铺垫,也有板结坚硬的白土。墙壁多为木骨泥墙。墓葬一般为长方形竖穴土坑墓,葬式多仰身直肢,也见有侧身屈肢葬和俯身葬。迄今为止,较大型墓葬还未发现。考古人员在六安县青山乡金陂塘曾发现一座西周晚期墓,带有墓道,但墓中随葬器仅见陶罐[1]。六安境内还存在西周时期城址。1997年,安徽考古工作者对一座古城址即六安东城进行了解剖,发现城内堆积除含新石器时代晚期堆积外,主要为西周时期,其城垣的构筑年代被定为西周[2]。此外,滁州何郢遗址发现了22座动物坑,里面的骨架保存完好,其中有多例砍头和捆绑埋葬现象,被砍头的动物用石块放在头部,代替头颅埋葬。相关人员认为,这类遗迹是当地居民利用动物祭祀所留[3]。何郢遗址是近年在安徽江淮间发现的最具规模的商周遗址,展现了西周时期乡村一级日常祭祀的行为。

堰台遗址出土的西周墓葬均为竖穴土坑,个别墓葬中有木棺或席苇痕迹,其余未见葬具,随葬品也很少,看不出等级差异。一些墓葬中的人骨架有缺失头颅的现象,有的在颧骨部位发现有铜镞。这无疑反映了当时聚落间争斗的存在,或与其他政治集团,如周人之间的战争行为有关[4]。

根据海岸线的重建研究,西周时期江淮东部的东轮廓线基本确定在东台—泰州—扬州一线[5]。在这片面积不大的区域内,遗址数量十分有限,新石器时代以来

---

[1] 李德文等:《六安县青山乡金陂塘西周晚期墓》,《中国考古学年鉴(1993)》,文物出版社,1995年。
[2] 安徽省文物局:《五十年来安徽省的文物考古工作》,《新中国考古五十年》,文物出版社,1999年。
[3] 袁靖、宫希成:《安徽滁州何郢遗址出土动物遗骸研究》,《文物》2008年第5期。
[4] 安徽省文物考古研究所:《霍邱堰台——淮河流域周代聚落发掘报告》,第403~405页。
[5] 刘志岩、孙林、高蒙河:《苏北海岸线变迁的考古地理研究》,《南方文物》2006年第3期。

便如此,商周时期亦然。根据文物部门统计,江淮东部西周时期遗址不超过20处,主要发现于今仪征、江都、姜堰、宝应等县市,而且以调查居多,真正发掘的很少①。20世纪50年代末,为了弄清湖熟文化的分布范围,以南京博物院为首的文物部门,将目光投向与宁镇山脉地区一江之隔的长江北岸,对今仪征、六合等丘陵地区展开了考古调查,发现了与宁镇地区相似的"台形遗址",证实湖熟文化不以长江为限,而是延伸到了江北地区②。

其后,文物部门正式发掘了几处遗址,其中含有西周时期文化遗存的遗址有:江浦蒋城子③、曹王塍子④、仪征甘草山⑤、神墩⑥,以及近年发掘的姜堰天目山。下面我们对几处遗址的文化面貌作文化因素的分析。首先来看近年发掘的天目山遗址。

1983年,文物工作者在泰县(今姜堰)天目山和单塘河两处遗址发现几何印纹硬陶、铜器、玉器等物质遗存,根据器物特征,大致将其定为商周时期⑦。从2000年开始,文物部门正式对天目山遗址进行规划开发。2000~2002年,由南京博物院主持的考古队对天目山遗址进行了两次发掘,发现了属于西周时期的城址、房址、灰坑、墓葬等,出土了陶器、石器等遗物。

天目山遗址有内外城墙,城外环水。内城城墙保留相对较完整,位于外城内的东北部,以南城墙、西城墙与外城相隔离,内城边长约70米,面积约4 000平方米,未发现城门。外城城墙沿河内侧分布,城址平面略呈椭圆形,东西长170、南北宽160米,面积约25 000平方米,城墙残缺严重,不连续地保留有北侧和西侧的部分城墙,东侧城墙与内城合一⑧。城墙采用大小不等的小板块进行堆筑,未发现夯窝痕迹。城外环水的格局,明显具有南部水网地区古代城市的风格。天目山遗址当属西周时期江淮东部的一处中心性聚落。

从城内出土遗物特征来看,该城的年代主要为西周。陶器是主要的出土物,据

---

① 国家文物局:《中国文物地图集·江苏分册》,中国地图出版社,2008年,第62页。
② 南京博物院:《江苏仪六地区湖熟文化遗址调查》,《考古》1962年第3期。
③ 南京市博物馆、南京大学历史系:《江苏江浦蒋城子遗址》,《东南文化》1990年第1、2期。
④ 南京博物院:《江浦县曹王塍子遗址试掘简报》,《东南文化》第2辑,江苏古籍出版社,1986年。
⑤ 江苏省驻仪征化纤公司文物工作队:《仪征胥浦甘草山遗址的发掘》,《东南文化》第2辑。
⑥ 南京大学考古专业:《仪征神墩遗址发掘有重要发现》,《中国文物报》1996年3月17日。
⑦ 周煜、黄炳煜:《天目山、单塘河古遗址调查简报》,《东南文化》第3辑,江苏古籍出版社,1987年。
⑧ 南京博物院、泰州市博物馆、姜堰市文物管理委员会:《江苏姜堰天目山西周城址发掘报告》,《考古学报》2009年第1期。

考古报告,夹砂陶和泥质陶的比例最大,纹饰以素面为主。这一特征与同时期宁镇地区的陶器面貌相似,如宁镇地区也是素面陶器多见。器型有鬲、甗、罐、瓮、缸、盆、豆、簋、钵等。根据地层关系及器物特征,遗址可分成三期:

第一期含第⑧层及其下压层位,典型器物有 Aa 型 I 式素面豆(图 52,7),高把,有西周早期周文化风格,与张家坡西周早期的豆十分相似。

A 型 I、II 式素面鬲,微侈口,足尖较直,裆侧袋足较平(图 52,1、2、3)。A 型 I、II 式素面鬲在宁镇地区湖熟文化序列中,在相当于商晚期的二期中已可见到[1]。看来,这种素面鬲延滞到西周早期。类似的,报告认为 A、B 型罐(图 52,4、5)有晚商遗风,但其年代已进入西周范畴。Bb 型绳纹盆(图 52,6),斜腹,平底,与含山大城墩第五期 T5④所出盆相似[2],而后者年代为西周早期。此期年代基本属西周早期。

第二期为第⑥、⑦层,典型器物有鬲、豆、盆。属于二期的鬲有 A 型 III 式素面鬲[3]。如图所举第 8 件素面鬲(图 52,8),微侈口,弧腹,足尖较直,裆侧袋足略鼓,从整体上看,上部宽大,愈向下愈窄。

大约同期的还有图中第 10、11 件,这两件鬲与第 8、9 两件同出第⑥层,但器形稍异,认为它们年代相近应无妨。简报将这两件一同定为 A 型 III 式,但我认为它们不应定为同一型式。图中第 11 件鬲的最大特点是:三袋足外撇,呈下蹲之势,遂造成口径小于足径。这种形式的鬲在宁镇湖熟文化序列中第四、五期已可见,刘建国、张敏认为相当于西周前、后期[4]。从地层关系考虑,可将这 4 件鬲的年代定在西周中期。同属中期的素面鬲,还有 C 型(图 52,12、16),虽同为素面鬲,但与 A 型外形差距较大,C 型的形制较小,袋足,裆部近平[5]。

陶盆方面,第一期存在的 Bb 型绳纹盆仍有延续,比如图中第 13 件,黑皮陶,斜腹,平底。从地层上看,这件盆的相对年代要晚于第 6 件。

Ab 型素面豆(图 52,14),敛口,弧腹,黑皮陶,把腰有一道凸棱,与张家坡西周中期同类器相似。C 型罐(图 52,15)黑皮陶,扁弧腹,平底,有地域特色,在宁镇地

---

[1] 可参见刘建国、张敏:《论湖熟文化分期》,《东南文化》1989 年第 1 期。
[2] 安徽省文物考古研究所:《安徽含山大城墩遗址发掘报告》,《考古学集刊》第 6 集图十:25。
[3] 图中第 8 件和第 9 件素面鬲在《考古学报》2009 年第 1 期图一四中为第 4 件和第 6 件,可以清楚看出外形十分相似,而且同出 T4623 第⑥层,但是简报却将它们分成两式,别为两期,不妥。
[4] 刘建国、张敏:《论湖熟文化分期》,《东南文化》1989 年第 1 期。
[5] 笔者在参观滁州何郢西周遗址出土陶器时,曾见有器形与之近似的一件。

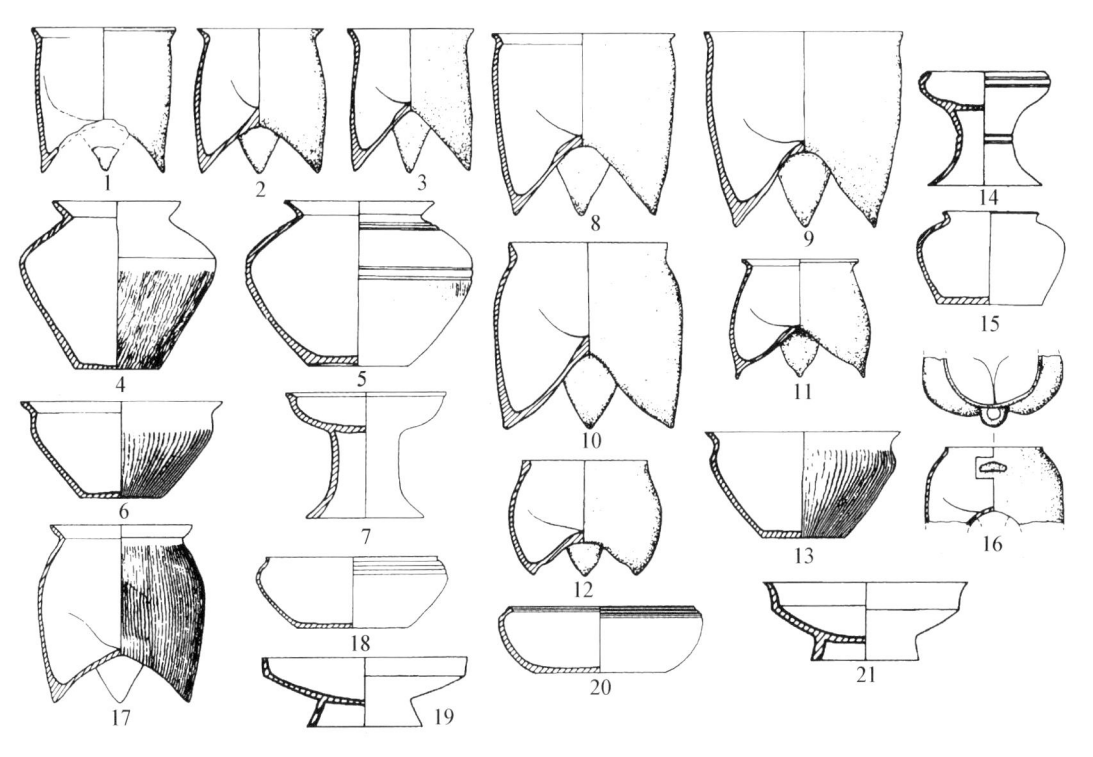

图 52　姜堰天目山遗址西周时期陶器举例

（采自《考古学报》2009.1）

区湖熟文化第五期亦能见到①。

第三期为②A 至第⑤层，B 型绳纹鬲（图 52，17）与大城墩遗址第五期所出同类器很相似②，折沿，矮颈，广肩，斜腹，深袋足，裆际瘪甚，当来自安徽江淮地区，流行于西周中、晚期。西周晚期，前两期多见的绳纹盆数量减少，素面盆则有增多之势（图 52，18、20）。再如 B 型素面豆（图 52，19、21），豆把变矮。在宁镇地区湖熟文化序列中，豆把也呈现初期高，往后则锐减的趋势，有些豆的年代已经进入春秋时期，故第三期还有年代细分的可能。

总的来看，在西周时期，江淮东南缘的天目山遗址的考古学文化与其西、其南的仪六地区和江南的宁镇地区有着持续的文化交流。诸如绳纹鬲、绳纹盆等与仪

---

① 刘建国、张敏：《论湖熟文化分期》，《东南文化》1989 年第 1 期。
② 安徽省文物考古研究所、含山县文物管理所：《安徽含山大城墩遗址第四次发掘报告》图十一：2、3，《考古》1989 年第 2 期。

六地区,及安徽江淮间的含山大城墩、六安堰墩等遗址的同类器相似,说明在西周时期的江淮间,有一个自西向东的文化传播走势。与此同时,来自长江对岸西南面的宁镇地区,也向此间有着文化渗透,素面鬲就是典型。天目山所见 A 型 Ⅰ、Ⅱ、Ⅲ 式素面鬲在以宁镇为母区的湖熟文化体系中是比较常见的。另外像扁弧腹罐、素面豆,在湖熟文化序列中都能够看到。

1982 年,仪征胥浦甘草山遗址的发掘面积为 350 平方米。出土陶器以夹砂红陶数量最多,占 45%,器类有鬲、鼎、罐、盆、钵等。纹饰以素面为主,也有少数饰绳纹。另外,泥质红陶占 27.2%,泥质灰陶占 11.98%,印纹硬陶占 7.3%,黑皮陶占 7.5%。

胥浦甘草山遗址因与宁镇地区隔江相望,文化面貌上有相似之处。同时,来自安徽江淮地区西周时期的文化因素在此也可见到,不过不居主导地位。

江浦蒋城子遗址于 1983 年发掘,位于南京长江北岸,属滁河水系。出土陶器分夹砂陶、泥质陶、硬陶、原始瓷四类。夹砂陶中,红褐陶数量最多;泥质陶中以红色为主,黑陶、灰陶亦有一定比例。器型多样,鬲和甗是主要的炊器,鼎很少见;盛食器中,以盒、簋、豆、钵、罐比较常见,缸、罍、瓿、碗、盅、盘等较少见。纹饰分为刻划、堆贴、拍印三大类。其中,拍印纹饰最复杂,有几十种之多。蒋城子遗址被分成四期,其中一、二两期为西周时期,简报定为西周前期与后期。从文化因素上看,蒋城子与甘草山相似,也大致可分成周文化的影响和江南湖熟文化的影响,但是在比重上又有不同,蒋城子遗址一、二期所见陶器与关中地区如张家坡、普渡村等地出土的同类器相似者众多,似受北方中原文化影响更大些。

同在江浦县的曹王塍子遗址,也是 1983 年发掘的。曹王塍子是一个台形遗址。遗址的第四层为西周文化层。出土器物有鬲、缸、盆、甗、钵等。陶器以夹砂红陶为主,约占 48%,其次为夹砂灰陶,约占 40%,泥质灰陶、泥质红陶和泥质黑陶比例很小,几何印纹陶更是只占 2%。制法以轮制为主,也有部分为手制。纹饰以绳纹为主,约占 55%,素面占 36%,附加堆纹、弦纹和刻划纹比例极小,几何印纹陶纹饰种类也很少。文化因素上,西周层出土的若干罐和鬲与关中张家坡墓地出土同类器相似,这一点与蒋城子很像。鬲多为瘪裆,及绳纹比重大等特点,说明该遗址受中原周文化影响较大。当然在主体上,曹王塍子遗址仍然属于湖熟文化性质,如陶系以夹砂红陶为大宗,器物种类以鬲、罐、盆、甗为主要器形,素面鬲和盆、罐、豆、钵等器的器形风格也与宁镇地区同类器物基本相似。

除了陶器之外,江淮东部还发现了若干青铜器。1930 年破山口发现一座墓葬,出土 12 件青铜器,之后有关人员又在当地征集到一件,计有鼎 1 件,鬲 2 件,甗 1 件,尊 2 件,釜 1 件,瓿 1 件,盉 1 件,盘 3 件,铲 1 件①。张敏认为破山口铜器大多数属于西周晚期②,如四凤盘、素面鼎、饕餮纹甗、素面鬲、素面独耳鬲、凤纹盉;但是也有几件铜器属于春秋早期,如鸟纹尊、龙纹盘。马承源认为:"盘内蟠龙纹为春秋早期的式样,龙首在盘的中心,体躯回旋于周边。此种式样盘的纹饰,同于郏县太仆乡出土的蟠龙纹盘,其周边的鱼纹亦是,而太仆乡出土青铜器群是春秋早期物。"③

从文化因素上看,破山口青铜器既有北方文化因素,亦有当地土著因素。具有中原风格的青铜器可能是从中原辗转来到此地的。而一些具有土著特色的铜器,比如素面鬲,则很明显是仿造西周时期的陶鬲铸造的。关于破山口铜器的政治属性,张敏认为可能是邗国遗存④。

通过上文的论述可知,江苏江淮南端、长江北岸的台形遗址在文化内涵上,并不因长江分割而与南岸宁镇地区有太大的差异,而仍属以宁镇为母区的湖熟文化范围。在这里,我们能够看到陶器以夹砂红陶为主,器类上鬲、罐、盆、豆、钵等组合与宁镇地区相似,存在相当数量的素面鬲。不过在遗址密度上,江北台形遗址的数量不如宁镇地区密集,而且愈北愈稀。除与宁镇地区保持一定的共性外,这个小区内的文化还受到安徽江淮地区的影响,比如在簋、绳纹鬲、罐等器类特征上,它们与安徽江淮含山大城墩、六安堰墩等遗址有着很大的相似度。

从东端的姜堰天目山,到江浦蒋城子、曹王塍子,所受来自安徽江淮地区的文化,以及通过安徽江淮而来的更远的中原、关中地区的周文化之影响,在程度上是不一样的。江浦蒋城子、曹王塍子明显受到更多的来自中原文化的影响,因为江浦是地理上的一个"结点"或"枢纽"。事实上,在宁镇地区的湖熟文化遗址中,周文化因素也多有所见⑤,江浦,无疑是这些北来文化因素南渡的重要站点之一。而仪征甘草山、姜堰天目山,与江浦相比,地理位置又靠东了,特别是姜堰,在西周时期,据海岸线重建,几乎为海隅,周文化对此间的文化影响,虽然有,但已属强弩之末。

---

① 王志敏、韩益文:《介绍江苏仪征过去发现的几件西周青铜器》,《文物参考资料》1956 年第 12 期。
② 张敏:《破山口青铜器三题》,《东南文化》2002 年第 6 期。
③ 马承源:《长江下游土墩墓出土青铜器的研究》,《上海博物馆集刊》第 4 集,上海古籍出版社,1987 年,第 201 页。
④ 张敏:《破山口青铜器三题》,《东南文化》2002 年第 6 期。
⑤ 邹厚本:《略论宁镇地区青铜文化序列》,《东南文化》1990 年第 5 期。

最后,我们还需回到本节的开头,阐述苏皖两淮地区考古学文化的政治和族群背景。要精确地将不同区域的考古学文化与族群对应起来几乎不可能,因为两者分属不同的属性,即便是在考古学文化一个层面,文化也并非有分界的实体。因此,本书只是尽可能地尝试在特定的时空范围内将两者做松散的联结。目前总的看来,苏皖淮北与江淮的考古学文化,可以析出四种风格的考古学文化。第一种,周文化风格;第二种,海岱文化风格;第三种,苏皖土著风格;第四种来自江南,湖熟文化风格。

先说苏皖地区的周文化。从上文论述可知,西周时期的早、中、晚三期,苏皖地区都存在周文化。这些周文化是在什么样的历史背景下,传播到苏皖这一不属于周文化母区的外在区域的呢?拿梁王城的周文化因素来讲,我们认为,梁王城墓葬中所见西周早期的周文化因素,可能是在西周早期周人东征这一背景下传播到该区的。梁王城并非孤例,其地近鲁南,鲁南也有宗周文化因素。梁王城西周早期文化因素中也含有商遗风格,比如腰坑殉狗,而中期的周文化因素,典型的是扉棱鬲。西周中期,山东各地遗址陶器的"周式化"倾向日益明显①。这与西周中期周人对山东地区控制愈加巩固,文化逐渐渗透有关。梁王城所在苏北亦当受此影响。此外,苏北所见西周中期文化因素,还可能与西周中期淮夷与西周的战争有关。

再看江淮地区的周文化。周文化在江淮地区十分明显。根据前文的论述,我们知道,西周对淮夷发动战争,一个重要的目的就是觊觎该区及邻近区域的经济资源,特别是长江南岸的铜矿。在多年的互动中,周文化渗透到此便不足为奇了。除了战争导致文化的交流外,同时还存在和平的途径。江淮西部六安的六国,在政治上亲周,抗周情绪不如徐国那般激烈,势必为文化间的交流提供更为便利与顺畅的环境。

至于海岱文化风格,江淮间所见主要是素面鬲。关于这一点,王迅指出,这些因素可能是商末周初在纣克东夷、周公东征等战争中,部分东夷人被迫南迁带入安徽江淮地区的②。并且这类因素到西周中期有进一步增加的趋势,可能与穆王时期淮夷叛乱失败后进一步南迁所致。

而土著文化风格,则需两说。结合前文有关淮夷族群认同的论证。在同期文献中,"淮夷"称谓到西周中期方在周人的金文中出现。而且在西周早期,以徐为首

---

① 蓝秋霞:《山东地区西周陶器研究》,山东大学硕士学位论文,2004年,第30页。
② 王迅:《东夷文化与淮夷文化研究》,第119页。

的族群势力尚活动于淮北,这一时期,作为族群联合体的"淮夷"还未形成。因此,西周早期的苏皖,特别是江淮间的土著文化因素,不能称作"淮夷文化"。进入西周中晚期,同期文献金文中才出现"南淮夷"。"南淮夷"无疑是个族群联合体,如翏生盨铭文中的"王征南淮夷,伐角、津、伐桐、遹"。桐故地在安徽桐城,从将桐置于南淮夷一称之后可知,西周晚期,江淮间小国已被当作是南淮夷一员。如此,这一时期江淮间的土著文化,可以是"淮夷文化"的一部分。那么,最典型的"淮夷文化"器物是什么呢?受资料所限,目前只能就陶器而言。有"淮式鬲",是在周式鬲的基础上发展起来的,又形成了新的特点;还有"折肩鬲",以及"鬲形盉"等等。

最后讨论湖熟文化风格。因为江淮南部邻江,与湖熟文化的中心区很近,所以在这一带发现湖熟文化风格的陶器是很自然之事。或者可以说,这一带本来就是湖熟文化的一个分布区。

小　结

西周时期,两淮地区的社会组织形态应该是一个分枝性结构。这里的人群组成淮夷族群联合体,以徐为首,与周对抗。淮夷族群联合体的聚落形态可能存在四个级别的聚落等级:方国都城—中心聚落—次级聚落—从属聚落[①]。聚落的规模从面积 2 万平方米左右至数千平方米不等,但是由于考古与文献资料的缺乏,更精细的社会组织信息还不清楚。西周时期的淮夷极有可能还生活在一个非国家的社会状态中。与之相似的是位于西周西北狎狁这样的游牧民族。赵鼎新也认为在这些牧民进入古代中国之前,其社会组织很可能也是非国家的。但是他们很快就从华夏那里学会了组织上的专业技术,建立了国家系统[②]。淮夷也应当是这样的,特

[①] 参见安徽省文物考古研究所:《霍邱堰台——淮河流域周代聚落发掘报告》,第 408 页。从文献记载来看,应该存在四个级别的聚落结构。但是在考古发现方面,方国都城乃至中心聚落发现得均很少,较多的可能是次级聚落。例如袁靖、宫希成对滁州何郢出土动物遗骸的研究中指出,该遗址有多例埋葬狗和猪的现象,但未见埋葬马、牛或羊的实例,可能与何郢遗址属于乡村一级的机构有关。见袁靖、宫希成:《安徽滁州何郢遗址出土动物遗骸研究》,《文物》2008 年第 5 期。又如武家璧、朔知对霍山戴家院圜丘遗迹的研究指出,戴家院圜丘可能属于乡村公社祭祀土谷神以及民间祭祀天神活动的场所。见武家璧、朔知:《试论霍山戴家院西周圜丘遗迹》,《东南文化》2008 年第 3 期。

[②] 参见 Dingxin Zhao, *The Confucian-Legalist State: A New Theory of Chinese History*, Oxford University Press, 2015, p.327.

别是进入东周之后。

　　从区域关系的角度看,在前面数章新石器时代的探讨中,我们已经看到来自海岱与中原地区强势文化对苏皖淮北与江淮地区的影响,以及对当地社会进程的牵引与干扰。而到了西周时期,徐和淮夷迁入苏皖之淮北、江淮,以及周人对该区的觊觎、扩张是新石器时代以来海岱、中原地区向此间的人群迁徙、文化扩张的又一次重复和干扰。这一次堪称自新石器时代以来我们看得最清晰的一次,因为借助金文、传统文献的记载,我们在观察区域间文化特征和互动交流的层次上,可以进一步上升到历史人事的层面。反过来,西周王室受到淮夷的压力也不可小觑,淮夷对周屡屡反叛。西周王朝虽不是亡于淮夷,但的的确确在他们身上耗费了颇多精力。

　　总体而言,周人拓展疆域、寻求经济资源的利益冲动既是其自身发展的动力,又极大影响了其他区域的发展。而西周时期淮夷在苏皖两淮之间的分布,则成为周人拓疆的阻力。此时,淮夷处在廊道之中,清晰体现了廊道两种功能的第二种,即阻隔。这种地理文化布局不仅对于两淮本土族群的发展有着重要影响,同样也在更大层面上牵制了西周国家的发展进程。因此,在周人与淮夷不同层面的碰触和冲突中,双方的隔阂、边界逐渐突显出来,族群的认同一步步形成。周人与淮夷的互动,既是位居中心之地的周人向边缘扩张的过程,又是地处边缘的淮夷通过族群联合体的形式反抗中心,与中心争夺生存空间、物质资源的过程。在这个过程中,我们可以感受到两淮虽然只是一个局部地区,但是在西周时期已经体现出了它在整体格局演变进程中所起的作用。

　　西周时期,周王室对于两淮地区的经略无疑不算成功。前者打压、干扰、制约了后者的社会发展,而后者则阻滞了西周国家政治地理的扩张。迨至春秋时期,两淮地区的社会进程受到更多外域势力的影响,其间这片区域的诸多小国逐步在大国争霸的政治态势下,一一被蚕食、瓜分。从景观生态学的视角来看,这正是外域的力量试图将廊道的阻隔功能转变为连通功能。《左传·哀公九年》记载的"吴城邗,沟通江、淮"[①]就是最佳注脚,尽管这已经是淮夷族群联合体灭亡之后的事了。

[①] 杨伯峻:《春秋左传注》,第 1652 页。

第六章 蚕食：春秋时期的两淮

第一节 残喘：两淮政体的困境

春秋时期的政治，见于鲁国编年体史书《春秋》。鲁国史官左丘明又为之作传，习称《左传》。在这部史书中，史家以鲁国的视野，牵带出当时的政治格局。所以《左传》堪称当时的一部国际关系史。本章的目的，是要承继西周时期周人与两淮地区的互动，继续往下深化。春秋时期，两淮与邻域的互动更为频繁和多面。两淮一带已成为不折不扣的族群走廊。

如前所述，西周时期，周人与苏皖的两淮一带保持着对立冲突的关系。周人对淮夷的压榨太甚，淮夷不得不反抗。在此期间，淮夷的生存和发展空间无疑是非常受限的。西周灭亡之后，曾经备受压迫、仰人鼻息的淮夷并没有"如释重负"，而是又卷入了大国争霸的冲突中。

东周时期，大国争霸是社会进程的重要驱动力之一。夹处其中的小国之存亡，几乎不由自主。淮夷族群联合体是一个分枝性的结构，徐国是他们的领头羊。观察两淮地区春秋时期的政治进程，可从这些淮夷小国的存灭入手。

春秋早期，楚国势力发展很快，锐意北上。楚文王当政期间，楚"县申、息，朝陈、蔡，封畛于汝"[①]，拉开了东进的帷幕。之后，楚成王时期，楚国继续扩张，欲图霸中原。然此时齐桓公霸业正盛，公元前656年，齐领鲁、宋、陈、卫、郑、许、曹等八国之师伐楚，次于陉，双方签订"召陵之盟"。楚国北上受挫，遂避实就虚，兵锋东指，实施了一系列的灭国行动。鲁僖公五年（公元前655年），楚子灭弦，弦子奔黄[②]。僖公十一年（公元前649年），楚人伐黄[③]，次年灭黄。接着，楚成王二十六年（公元

---

① 杨伯峻：《春秋左传注》，中华书局，1990年，第1708页。
② 杨伯峻：《春秋左传注》，第301页。
③ 杨伯峻：《春秋左传注》，第337页。

前646年),灭英。英在江淮,今安徽金寨东南。翌年,便有伐徐之举①。

楚国东进,徐国首当其冲。鲁僖公十五年(公元前645年)春,楚国攻打徐国。因为在僖公三年的时候,徐灭了当时跟随楚国的舒国。楚国认为徐国是在帮诸夏的忙。这一年冬,楚国在娄林(今安徽泗县东北)打败了徐国②。

僖公十七年(公元前643年),齐人为徐伐英氏,以报娄林之役。《史记·楚世家》谓楚成王二十六年,相当于僖公十四年楚灭英。杨伯峻疑虑,既然英已于三年前为楚所灭,齐何以再伐之,他怀疑可能是成王灭英之后又复之③。

为了阻止楚人北进,中原诸侯开始培植吴国,以其牵制楚国。春秋中晚期,强大起来的吴国意欲北上争霸。于是,吴国和楚国在两淮一带相遇,进行了长时间的对抗,夹在两大国之间的小国陷入了困境。

鲁成公七年(公元前584年),吴、楚、徐的三国关系开始出现。此年,"吴始伐楚、伐巢、伐徐,子重奔命。马陵之会,吴入州来,子重自郑奔命。子重、子反于是乎一岁奔七命。蛮夷属于楚者,吴尽取之,是以始大,通吴于上国"④。

鲁昭公四年(公元前538年)夏,"楚子、蔡侯、陈侯、郑伯、许男、徐子、滕子、顿子、胡子、沈子、小邾子、宋世子佐、淮夷会于申"⑤。在这场盟会上,楚子把徐子扣留了,因为徐与吴有姻亲关系,楚对徐国不信任。江苏六合程桥东周三号墓曾出土一件春秋晚期器罗儿匜。根据铜器铭文可知,器主罗儿乃徐子,吴王的外甥⑥。另据丹徒大港北山顶出土的春秋晚期器甚六钟与甚六鼎铭文,徐国曾经"以伐四方,以从攻盧王"⑦。"攻盧"即"攻吴"或"句吴"。

昭公六年(公元前536年),传:"秋九月,大雩,旱也。徐仪楚聘于楚。楚子执之,逃归。惧其叛也,使薳泄伐徐。吴人救之。令尹子荡帅师伐吴,师于豫章,而次于乾豀。吴人败其师于房钟。"⑧乾豀在今安徽亳州东南七十里,与城父村相近。房

---

① 杨伯峻:《春秋左传注》,第349页。
② 杨伯峻:《春秋左传注》,第351页。
③ 杨伯峻:《春秋左传注》,第371页。
④ 杨伯峻:《春秋左传注》,第835页。
⑤ 杨伯峻:《春秋左传注》,第1244页。
⑥ 李学勤:《从新出青铜器看长江下游文化的发展》,《文物》1980年第8期;何琳仪:《程桥三号墓盘匜铭文新考》,《东南文化》2001年第3期;陈秉新、李立芳:《出土夷族史料辑考》,安徽大学出版社,2005年,第317页。
⑦ 江苏省丹徒考古队:《江苏丹徒北山顶春秋墓发掘报告》,《东南文化》1988年第3、4期。
⑧ 杨伯峻:《春秋左传注》,第1279~1280页。

钟即今安徽蒙城县西南。楚师驻扎的位置基本是沿淮一线。

又史籍记载,昭公十二年(公元前530年),经:"楚子伐徐。"传:"楚子狩于州来,次于颍尾,使荡侯、潘子、司马督、嚣尹午、陵尹喜帅师围徐以惧吴。楚子次于乾谿,以为之援。"①

昭公十三年(公元前529年),吴人灭了州来,楚人从徐国撤退,吴军在豫章打败楚军,俘获了他们的五位将领。

昭公十八年(前524年)楚攻取州来。第二年,即昭公十九年(前523年),楚国得以在州来筑城防守。昭公二十三年(前519年),楚国被吴国打败,州来再次易手。又一年,昭公二十四年(前518年),楚国调动"舟师"入侵吴国,想夺回州来,但无功而返,还丢失了两个城邑。可见,吴楚两国在两淮有过拉锯战,个别关键性城邑,如州来更是被反复争夺②。

昭公二十七年(公元前515年),吴国发生内乱,公子掩余和烛庸分别逃奔到两个淮夷国家:徐和钟吾。这二位公子是依靠血腥政变上台的吴王阖闾的政敌,所以,阖闾对徐国与钟吾为他们提供政治避难十分生气。昭公三十年(公元前512年),吴子逼迫徐国和钟吾交出掩余和烛庸。二人逃往楚国。之后,吴国攻徐,徐国这一次终于灭亡。如前所述,徐国多次遭楚所伐,与吴有姻亲关系,但最终却是为吴所灭。

在淮夷族群联合体内,徐国是核心国家,算是在吴楚两大国争霸中残喘时间较长的。在徐国灭亡之前,有更多的小国依次被吴楚翦灭了。像楚成王二十六年,即鲁僖公十四年,英被楚所灭(《史记·楚世家》)。文公五年(公元前622年),"六国人背叛楚国,亲近东夷。秋,楚成大心、仲归帅师灭六"。英、六皆为皋陶之后。"臧文仲闻六与蓼灭,叹曰:'皋陶、庭坚不祀忽诸。德之不建,民之无援,哀哉!'"③

接着,文公十二年(公元前615年),群舒(在今安徽舒城、庐江、桐城一带)叛楚,子孔抓捕了舒子平和宗子,并乘机包围巢地,但是并未灭其国。鲁宣公八年(公元前601年),众舒再叛,群舒中的舒蓼一族为楚人所灭。楚人抵达滑水的转

---

① 杨伯峻:《春秋左传注》,第1338页。
② 州来也是淮夷小国,地在今安徽凤台县,日后成来姬姓蔡国的迁居地。见杨伯峻:《春秋左传注》,第1338页。
③ 杨伯峻:《春秋左传注》,第540页。

折处(在今安徽省无为、巢湖之间),并在此与吴、越盟会而后还。成公十七年(公元前574年),舒庸人趁楚败于鄢陵,引导吴人包围巢,进攻驾地,包围厘地和虺地,依赖吴国而不设防。结果楚国公子槖师袭击舒庸,将之灭亡。顾栋高《春秋大事表》七之四指出,驾与厘皆在今安徽无为市境,虺则在今安徽庐江县境①。襄公二十五年(公元前548年),楚国的蒍子冯,舒鸠终于肯背叛楚国。屈建帅军进攻舒鸠,吴人援救。此战楚战胜了吴,遂包围舒鸠,将之灭亡。至此,群舒被消灭殆尽。

又过了数十年,昭公二十四年(公元前518年),楚国组织水军侵略吴国疆土。结果吴人趁楚边境守军不备,灭巢和钟离而还②。

通过上文的论述可以知道,淮夷族群联合体范畴内的一众小国是在吴国和楚国的争霸夹攻下按时间早晚逐个被消灭的。回想西周时期,王室力量强大,两淮群族面临的是周王室一个整体单元的征伐。东周时期,礼乐征伐自诸侯出,周王室控制力下降。这个时候,两淮的地缘政治危机便全盘暴露出来。两淮地区成为北方国家南下扩张和南方国家北上争霸的重要通道。在这样的政治态势下,两淮间小国的社会进程便不由自主了。不过,这些小国在大国争霸中也曾被动地起过一些作用,即当他们成为大国拉拢的对象时,可以起到左右或平衡大国政策的效果。江淮间的群舒小国,与楚、晋、吴这样的大国相比,还算不上是一个真正意义上的国家。他们零散地分布于江淮,在实力强大的国家间"朝秦暮楚"。群舒虽然以徐国为领头羊,但徐国与群舒也有纷争,这就使得两淮本地缺乏一支强劲的力量统一诸小国,与大国抗衡。例如鲁僖公三年徐人取舒。又如,徐和钟离之间的冲突。蚌埠双墩一号春秋墓中出土了两件带铭铜戈。其一内部末端铭文为"余子白取此之元戈",胡部则为"童丽公柏获徐人"。另一件戈胡部铭为"余王容巨此自作其元戈"③。由此可知,这两件铜戈原本为徐人所有,后来因为徐与钟离发生战争,钟离获胜,钟离公柏获得了铜戈,并在戈胡部加刻铭文,以兹纪念。两淮诸淮夷小国本就夹处在吴楚两大国之间残喘,其内部又不能团结一致,缺乏一支强劲的力量统一诸小国,便只能一步步遭受蚕食。

---

① 顾栋高:《春秋大事表》,吴树平、李解民点校,中华书局,1993年,第850页。
② 近年考古工作者在安徽蚌埠双墩发现一座春秋中晚期圆形墓葬,墓主为钟离国君柏。安徽省文物考古研究所等:《安徽蚌埠市双墩一号春秋墓葬》,《考古》2009年第7期。安徽省文物考古研究所、凤阳县文物管理所:《安徽凤阳卞庄一号春秋墓发掘简报》,《文物》2009年第8期。
③ 孔令远、李艳华、阚绪杭:《徐王容居戈铭文考释》,《文物》2013年第3期。

公元前 512 年在两淮早期社会进程中具有标志性意义。这一年徐国灭亡,宣告了"淮夷"这一族群联合体核心力量的垮台。西周时期,周王室经略江淮,而与淮夷、南淮夷发生持久的战争,但似乎历史时机未到,周王室对江淮的经略是失败的。春秋时期,淮北、江淮间一众小国在吴、楚两支力量的夹攻下,终于抵抗不住,一一被蚕食,成为"蛮、夷、戎、狄"中最早被同化的。一个在两淮地区生存了几百年的本土族群,被外域势力瓦解消灭。自此之后,新的族群与文化又将嫁接到原有的文化层上,继续新的社会进程①。当然,所谓淮夷的灭亡,主要是指淮夷古国上层集团被消灭,当地仍有不少小贵族和众多平民生活。例如,1978 年,考古工作者在江苏省淮阴市城区西南发掘了一座战国土坑木椁墓。墓葬中随葬品丰富,且体现出多元的文化面貌,除青铜器外,尚有原始瓷器、印纹硬陶器。一般而言,考古学界认为原始瓷与印纹硬陶器是南方的文化产品。同时,该墓葬的葬俗也颇有特点,如葬而不坟、墓中有殉人、殉狗腰坑、木质垫板②。此类葬俗与夷人的葬俗十分相似,而在楚墓和吴越地区土墩墓中却不多见,因此,该墓墓主可能是恪守夷人葬俗的淮夷土著首领。也有学者认为墓主是从属于越人的淮夷首领③。不管怎样,高庄战国墓中的随葬品,尤其是青铜器,再次折射了这片区域一以贯之的文化交融的特征,因为它们的风格既受楚文化影响,又带有吴越文化和江淮文化特征④。

两淮早期社会进程在东周晚期迎来了一个阶段性的结尾,即范晔在《后汉书》卷八十五《东夷列传》中为淮夷所总结的:"秦并六国,其淮泗夷皆散为民户。"⑤至此,生活在两淮间百年,伴随着融汇与冲突这样一个双重过程的族群联合体成了秦

---

① 例如战国时期,两淮地区一如既往扮演多个区域势力冲突与碰触的场所。关于这方面的历史叙述,不另起章节,仅在此注中略为说明。到春秋时期,随着淮夷、淮夷被吴国征服,今江苏全境几为吴国所有。所谓"蛮夷属于楚者,吴皆取之"。这时吴国与中原诸国关系密切。春秋以来,楚国势力也不断东渐,楚国都城甚至迁到寿春(今安徽寿县)。而南方的越国,宏观上看,相当于良渚文化的后裔,也曾称霸江淮。越灭吴后,乘灭吴之余威北上中原,占据了淮河下游地区。《史记·勾践世家》载:"句践已平吴,乃以兵北渡淮,与齐、晋诸侯会于徐州。……当是时,越兵横行于江、淮东,诸侯称贺,号称霸主。"见司马迁:《史记》,第 1746 页。
② 淮阴市博物馆:《淮阴高庄战国墓》,《考古学报》1998 年第 2 期。
③ 王厚宇:《试谈淮阴高庄战国墓的时代·国别·族属》,《考古》1991 年第 8 期。高庄战国墓的编著者对此有较详细论述。他们认为徐为吴所灭后,仍有残余势力。如《国语·吴语》载,王孙雒曰:"……宋、齐、徐、夷曰:'吴既败矣!'"此时已是公元前 482 年,距吴灭徐有 30 年了。见淮安市博物馆:《淮阴高庄战国墓》,文物出版社,2009 年,第 86 页。
④ 淮安市博物馆:《淮阴高庄战国墓》,第 81~86 页。王厚宇、刘振永:《试论淮阴高庄战国墓的青铜器》,《淮阴工学院学报》2012 年第 2 期。
⑤ 范晔:《后汉书》,中华书局,1965 年,第 2809 页。

帝国郡县体制下的编户齐民①。

在这一节中,我之所以事无巨细地叙述春秋时期两淮间诸国冲突、斗争的史事,是因为只有频繁地呈现诸小国被灭及夹在大国间苟延残喘的状态,方能体现出这片区域春秋时期社会进程中的复杂性与残酷性。察以往的春秋史研究,史家更多将注意力放在大国争霸上,而对于淮夷诸小国,即便是被无情地虐待,史家也不会以它们作为叙述的中心。此外,由于春秋时期已经有较丰富的史事记载,那么展现新石器时代以来区域之间的冲突,考古学材料便不是承担这一任务的首要材料了。当然,我们仍然需要借助它们来反映这一时期两淮地区的物质文化面貌与社会水平状态。

第二节 物质文化面貌

从考古材料的角度看,苏皖两淮地区春秋时期的材料的确要比西周时期显得丰富。其中当然有考古发现的缘故,但是从发现的角度看,无论是考古的偶然性还是主动性,我想西周和春秋时期是平等的。因此,就同一个两淮而言,春秋时期物质文化较西周时期丰富应当是区域社会进步的一个体现。淮北、江淮地区春秋时期的考古材料主要来自墓葬。下面,我们选择墓葬及墓中出土的青铜器来认识当时的文化面貌、生产技术及宗教信仰等。

一 徐舒等国的青铜器

从考古发现来看,苏皖两淮发现的属春秋时期的青铜器,目前以安徽江淮间较多,发现地点计有肥西小八里、合肥乌龟岗②、舒城凤凰嘴③、舒城五里④、肥西金

---

① 秦并天下,淮泗夷散为民户之后,以刘邦、项羽为中坚的楚国势力推翻了西北的秦。而刘项二人正是来自淮域,反映了淮域对西北中心区势力的一次反叛。这种反叛的结构与西周时期淮夷对周人是一样的。不同的是,这一次是来自淮域的胜利。司马迁对秦末楚汉之际的历史形势有过总结。他说:"初作难,发于陈涉;虐戾灭秦,自项氏;拨乱诛暴,平定海内,卒践帝祚,成于汉家。五年之间,号令三嬗。自生民以来,未始有受命若斯之亟也。"唐人司马贞《史记索隐》解释云:"三嬗,谓陈涉、项氏、汉高祖也。"从军事地理角度看,秦末楚汉之际的战争主要集中于淮域,并且是东西之战。有关秦汉之际淮域军事形势的研究,可参见张文华:《汉唐时期淮河流域历史地理研究》,上海三联书店,2013 年,第 273~316 页。
② 安徽省博物馆:《遵循毛主席的指示做好文物博物馆工作》,《文物》1978 年第 8 期。
③ 安徽省文化局文物工作队:《安徽舒城出土的铜器》,《考古》1964 年第 10 期。
④ 安徽省博物馆:《安徽省博物馆藏青铜器》图 54,上海人民美术出版社,1985 年。

牛①、六安思古潭②、怀宁金拱杨家牌③、庐江岳庙④、舒城河口⑤、六安毛坦厂⑥、寿县魏岗⑦、寿县肖严湖⑧等处。从这些随葬青铜器的墓葬发现地点来看，它们多在文献中记载的群舒和六的地理范围之内。根据铜器形制、纹饰，并与其他地域所出可断代的铜器进行比较，这批铜器的年代相当于春秋时期，且以中晚期为主⑨。通过考古发现与文献的对证，学界一般将这些青铜器归为六和群舒遗存。下面，我们主要就这些铜器的器物组合、器型做简要的论述。

从上述各处地点出土的铜器来看，每处铜器的种类并不一样，有的比较齐全，数量较多；有的则显得比较简单，仅二三件。倘若齐全的话，计有鼎、簠、盉、鬲、盘、尊、盘、匜、盖形器、方簠、勺等。从功能上说，它们分别代表了食器、酒器、水器三类。除此之外，有些墓葬中尚有剑、戈等兵器，以及盖形器、笔架状器、曲尺形器等杂器。在这些器类中，核心器类组合应该是：鼎、簠、盉、盘、匜。

鼎，鼎的种类比较多，依据器物的造型等特征，可分如下几种：

（一）兽首鼎（图53），鼎的整体造型像一只动物，附耳，有盖（有的失盖），蹄足，两足在前，一足在后。腹前饰突眼有角之兽首，貌似羊。腹后有扉棱作尾。

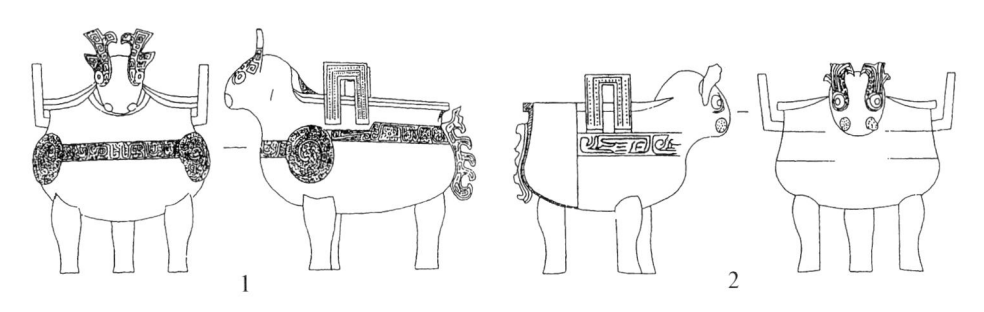

图53 群舒铜器之兽首鼎举例
1. 凤凰嘴 2. 河口

---

① 安徽省文物工作队：《安徽肥西县金牛春秋墓》，《考古》1984年第9期。
② 六安市文物管理所：《安徽六安县发现两件春秋铜鼎》，《文物》1990年第1期。
③ 怀宁县文物管理所：《安徽怀宁县出土春秋青铜器》，《文物》1983年第11期。
④ 马道阔：《安徽省庐江县出土春秋青铜器》，《东南文化》1990年1、2合期。
⑤ 安徽省文物考古研究所、舒城县文物管理所：《安徽舒城县河口春秋墓》，《文物》1990年第6期。
⑥ 《六安出土一批春秋铜器》，《中国文物报》1989年4月14日。
⑦ 转引自李国梁：《群舒故地出土的青铜器》，《文物研究》第6辑，黄山书社，1990年，第162~190页。
⑧ 寿县博物馆：《寿县肖严湖出土春秋铜器》，《文物》1990年第11期。
⑨ 李国梁：《群舒故地出土的青铜器》，《文物研究》第6辑。

(二) 圈钮平盖鼎(图54),又可分几种:

第一种,如河口的2件,大小相同,平顶盖,中央置扁条形环纽,周围分立3个扁曲尺形捉手,附长方形穿耳,耳直。

第二种,如凤凰嘴的2件,是所谓的铉鼎,皆附耳,且耳直,有盖,盖中半环纽,盖周三扁形纽,横穿盖钮以贯鼎耳为一铜铉①。

第三种,如怀宁杨家牌的2件云纹鼎,纹饰、形制相同,失盖,折沿,方形立耳外侈,鼓腹,圜底,蹄足,腹周围分上下饰凸棱各六条,上腹饰凸弦纺两周,间饰主格云纹,下腹饰变体蝉纹,加乳钉纹,犹如蝉眼,耳饰云纹,底部有火烧烟炱。

杨家牌的云纹鼎,与思古潭的比较相似。思古潭的圆腹,圜底,方耳微外侈,置于口缘上,足略成蹄形,平盖,无子母口,上饰一周云纹,中有方形环纽,纽饰点线纹,腹上部饰蟠虺纹、两道凸弦纹和六条扉棱,下部饰蝉纹和六条扉棱。

第四种,小八里的2件铜鼎,圆口,方唇,浅腹,圜底,立耳,平盖,盖上有扁鼻纽,三蹄足,腹饰一周兽首纹,足根部饰兽面纹。

五里的铜鼎与小八里的近似,为圆口,方唇,浅腹,圜底,立耳外侈,平盖,盖上置圆环纽,腹饰一周重环纹。这两对鼎除耳是立耳或立耳外侈和腹部、足根纹饰不同外,其余均相似②。

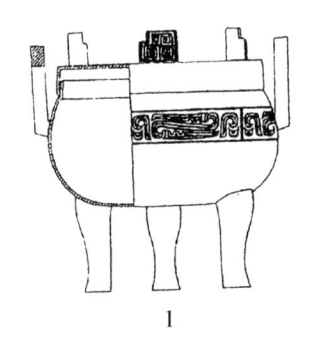

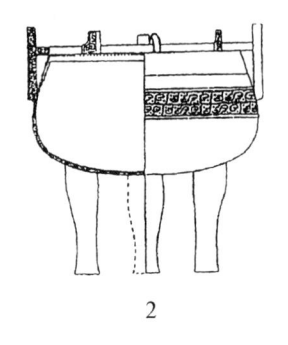

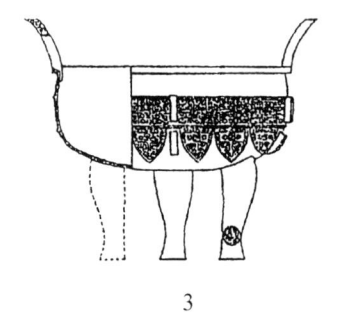

图54 圈钮平盖鼎举例
1. 河口 2. 凤凰嘴 3. 杨家牌

---

① 安徽省文化局文物工作队:《安徽舒城出土的铜器》,《考古》1964年第10期。但是对于"铉鼎"这一称谓,李国梁并不赞同。
② 李国梁:《群舒故地出土的青铜器》,《文物研究》第6辑,第164页。

另外，有些墓葬在配备了兽首鼎、圈钮平盖鼎之后，还加上一件单鼎。比如五里与河口的。除这两个地点外，还有不少地点出土单鼎，不过它们并不出现在兽首鼎、双鼎、单鼎这样的鼎组合中。

在上述几种鼎中，兽首鼎是颇具个性的。它其实是兕觥和匜的结合体，兽首与盖源于兕觥，器形、足及尾部则来自匜[①]。

圈钮平盖鼎往往两个一组，器型、纹饰、大小基本相似，李国梁称之为双鼎[②]。这种形制相若的铜器组合，在考古学上有一个更为常见的术语，即"列鼎"[③]。林沄赞同"列鼎"这一称谓，并认为可以再扩大范围，只要是形制相同的成组铜器，可分别名为"列簋""列盨""列壶""列罍"等。但应强调，这种命名只是对现象的客观描述，应视为现代考古学术语[④]。若器类不局限于鼎的话，那么便可从有的学者称之为"列器"[⑤]。单说考古学上列器现象的出现时间，商代即有[⑥]。随后西周早、中、晚期也都存在，尤其到了晚期，列器在礼制中的地位愈加规范和严格。这种列器现象延续到了春秋时期，而且几乎在不同的区域都能看到，江淮只是其中之一。列器现象的背后，应该是有一定礼仪性的规则在主导着。安徽江淮发现的属于西周时期的铜器并不多，那么这个小区在春秋时期铜器组合上与其他众多区域表现出同样的趋势，可能是因为当该区在物质水平上发展到一定水平，有机会通过器物来表现相关礼仪准则时一样推崇与遵守了当时世界体系内一个共有的周文化传统。而这种文化传统得以在不同的区域出现，应该是在春秋时期区域间的交往和互动日趋频繁，潜移默化中散播出去的。

鬲，侈口，折沿，束颈，斜肩，肩腹交接处折成棱角，袋足，足端尖，素面。目前这种鬲在江淮间发现不是很多。凤凰嘴出土了三件（图55，1）。这种铜鬲，应该是以西周中晚期相似形制，但以陶为材质的鬲为原型的。如前所述，这种陶鬲在六安堰墩、含山大城墩及滁州何郢均有发现，形制特征为折沿方唇，束颈，肩下腹部外鼓，腹最大径处超出口沿，腹以下逐渐内收，三足略呈内聚之势，尤其是与何郢出土的

[①] 毛颖、张敏：《长江下游的徐舒与吴越》，湖北教育出版社，2005年，第34页。
[②] 李国梁：《群舒故地出土的青铜器》，《文物研究》第6辑，第163页。
[③] 郭宝钧：《山彪镇与琉璃阁》，科学出版社，1959年，第11页。
[④] 林沄：《周代用鼎制度商榷》，《史学集刊》1990年第3期。
[⑤] 即"形制相同的成组铜器"。见曹玮：《周原遗址与西周铜器研究》，科学出版社，2004年，第99页。
[⑥] 曹玮：《周原遗址与西周铜器研究》，第99页。

一件素面黑陶的尖锥足鬲①,除了材质不一样外,造型如出一模。显然,这种铜鬲当属模仿西周时期的陶器而创造出来的。

从器形特征上看,簠大致可分两种,一种是圆簠(图55,2),敛口,垂腹,半环耳,矮圈足,覆碗形盖,喇叭形捉手;另一种是方簠(图55,3),盖四角呈乳突翘起,子母口,鼓腹,方圈足。

盉,在安徽江淮间发现较多,计有10处左右②。这种盉的下部均呈鬲形,上部

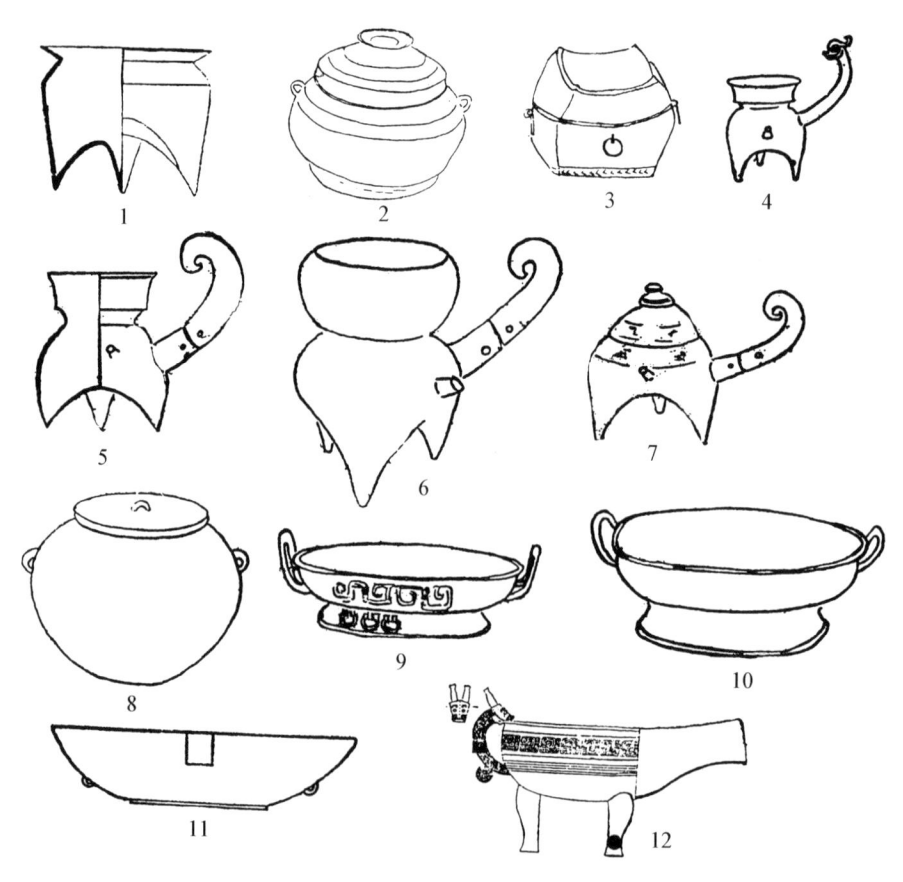

图 55 群舒青铜器举例

(采自李国梁,1990)

1、5、11. 凤凰嘴 2、8. 河口 3、9. 小八里 4. 泥河 6. 五里 7、10. 毛坦厂 12. 杨家牌

---

① 笔者参观何郢西周遗址出土陶器时所见,材料未发表。
② 李国梁:《群舒故地出土的青铜器》,《文物研究》第6辑,第167页。

则呈现出三种形态,一种是侈口盘式(图55,4、5),一种是敛口钵式,还有一种是平口带碗形盖(图55,7)。腹置短流,流根部稍粗,流左侧附錾,錾或为圆筒状,末端为一兽首,作回望状;或为两节式,有钉孔固定可以连接,上节向上渐细,尾部勾卷,似动物尾,有些在端部干脆就以立体的兽首作装饰。侈口盉和敛口钵式盉在安徽江淮间比较常见。同时,在皖南的铜陵谢垅①、信阳平西②、光山宝相寺③等地,发现大体在形制特征上与安徽江淮间相似的盉。当然在具体型式上,还是存在区域特点的。

盘,有两种形式。一式有小八里、毛坦厂出土的各一件,敞口,方唇,浅腹,附耳高出器口,圈足低而外侈,前者有纹饰、有铭,后者朴素无纹,均为西周中期的形制(图55,9、10)④。二式为盘形状,盘直口,浅腹,腹壁圜收,口缘外壁有对称浅浅的方形凹槽,下腹有半环形小鼻纽,平底凸出约2毫米,似假圈足,但整个器形甚矮(图55,11)。

最后再看匜(图55,12)。匜的特色亦如兽首鼎,属于仿动物造型,瓢形兽首錾,深腹,腹下置兽形蹄足,流口似动物的吻部,而兽首錾则像尾。这种匜在春秋诸侯国青铜文化中是比较普遍的。

从上面介绍的青铜器可以看出,春秋时期江淮间群舒青铜器有本地的特色,如铜鬲、鬲形盉,都是模仿西周中晚期本土陶器而制作的。同时这一区域的青铜文化亦不可避免地被卷入了春秋文化大融合的趋势中去。

今江苏江淮南部也发现过春秋时期的青铜器,如在长江以北的六合程桥先后发掘过三座春秋晚期墓葬⑤。其中一号墓出土了青铜鼎、缶、编钟等青铜礼乐器和剑、戈、矛、戟等兵器以及车马器、玉器和铁器,特别是出土了带铭文的臧孙编钟,为江苏东周时期的一个重要考古发现。二号墓在东距一号墓100米的地方被发现,出土了青铜鼎、编钟、编镈等礼乐器和兵器。三号墓也出土了青铜礼器。一号和二号墓中编钟、编镈的形制、花纹,与寿县蔡侯墓出土同类器有相似的风格。三座墓

---

① 张国茂:《安徽铜陵谢垅春秋铜器窖藏清理简报》,《东南文化》1990年第4期。
② 信阳地区文物管理委员会等:《河南信阳平西五号春秋墓发掘简报》,《考古》1989年第1期。
③ 河南信阳地区文管会、光山县文管会:《春秋早期黄君孟夫妇墓发掘报告》,《考古》1984年第4期。
④ 李国梁:《群舒故地出土的青铜器》,《文物研究》第6辑,第168页。
⑤ 江苏省文物管理委员会、南京博物院:《江苏六合程桥东周墓》,《考古》1965年第3期;南京博物院:《江苏六合程桥二号东周墓》,《考古》1974年第2期;南京市博物馆、六合县文教局:《江苏六合程桥东周三号墓》,《东南文化》1991年第1期。

中均出土带铭文的青铜器,其中一号墓的编钟和三号墓的盘上均有铭文"攻敔"二字。"攻敔"即勾吴,亦即吴。说明这些有铭铜器与吴国有关系。再联系六合一带的历史地理,知道六合(古名棠邑)历史上先后归属于楚和吴。《左传》襄公十四年,即公元前 559 年,楚子囊师于棠以伐吴。说明六合曾为楚的势力范围。春秋末,六合又归入吴之版图。由此推测,程桥东周墓为与吴国有关的贵族墓葬。六合地处江北淮南,为屏障长江的前沿,屡为战事必争之地。

江淮间除了发现群舒、吴的青铜器之外,春秋晚期,蔡国曾迁都至州来,即今寿县一带,故在此地也发现了蔡国青铜器。蔡国青铜器出自寿县蔡侯墓[①]。青铜器在随葬品中位居大宗,计 486 件,其中礼器及生活用器 90 余件。蔡器在形制和纹饰上与新郑晚期铜器相似[②]。其与楚器也有近似之处,比如以细密的蟠螭纹装饰器物全身,这在河南淅川下寺春秋楚墓出土器物也可见到。此外,薛国墓葬中所出的个别青铜器也与寿县蔡侯墓中同类器形制相似,如薛国故城 M6 中出土的鼎,鼎盖上有六柱环形握手,上饰兽面纹及雷纹,长方形附耳,三足呈外撇的马蹄形,足根部饰兽面纹;铜豆,素面,高柄,有盖,圆腹,两环形耳相对称[③]。蔡侯墓所出大量青铜器被当作是春秋晚期的标准器。通过蔡器也可发现,当时不同区域各诸侯国之间的青铜文化有着很大的相似性。

苏皖淮北春秋时期最大的国家是徐国。徐国青铜器在淮北本土发现不多,有些是在其他区域,如浙江、江西、山西发现的,有些则是传世品。邳州发现的一批墓葬及青铜器,很可能与徐国有关。下面,我们主要对出土铜器较多的邳州九女墩三号墩和二号墩所出铜器进行介绍。

1993 年,邳州考古人员发掘了三号墩[④],出土青铜器 222 件,计有鼎、鬲、豆、壶、尊、龙首盉、罍、缶、盘、炉盘、编钟、甬钟、镈钟、钮钟、杖饰,及若干兵器及车马具。以下择器介绍。

鼎有 6 件。兽首鼎 1 件、罐形鼎 1 件、汤鼎 1 件、盆形鼎 3 件。三号墩出土的兽首鼎(图 56,1)与群舒故地所见兽首鼎略有差异,前者的底较平缓,三蹄形足较矮小,兽首面部鼻孔偏上。3 件盆形鼎形制、纹饰基本相同,大小依次递减,属于上文

---

① 安徽省文物管理委员会、安徽省博物馆:《寿县蔡侯墓出土遗物》,科学出版社,1956 年。
② 陈梦家:《寿县蔡侯墓铜器》,《考古学报》1956 年第 2 期。
③ 山东省济宁市文物管理局:《薛国故城勘查和墓葬发掘报告》,《考古学报》1991 年第 4 期。
④ 孔令远、陈永清:《江苏邳州市九女墩三号墩的发掘》,《考古》2002 年第 5 期。

所说的"列器"现象。简报中发表的只是一件残器(图 56,2)。简报认为其与洛阳中州路东周第三期墓①、曲阜故城甲组春秋墓 M116:4②、邳州九女墩二号墩所出铜鼎相仿。

鬲,1件,仅存口沿,子母口,束颈。按,束颈是淮北、江淮一带春秋铜鬲较为典型的特征。

豆(图 56,3),5件,大小、形制基本相同,亦可视为"列器"现象。子母口,腹较深,柄细长,喇叭形豆把,豆把中空,圈足下部直折,盖呈覆盖碗状,有圆饼状捉手,通体素面。

壶(图 56,4),1件,方唇,敞口,口沿外撇,颈部较长,鼓腹,束腰,平底,肩部有两蛇形环钮,十个环相连组成提链,盖上亦有两环钮,各套一铜环,与提链套起,提梁呈两蛇曲体拱背之状,盖饰蟠蛇纹,壶颈饰一周交龙纹,腹部饰交织套结成网格状的络纹,将腹部分成三段数小区,各小区内填蟠蛇纹。此壶之形制具有春秋时代特色,尤以山东地区多见;个别细部特征,如提链,则又带地方特色。

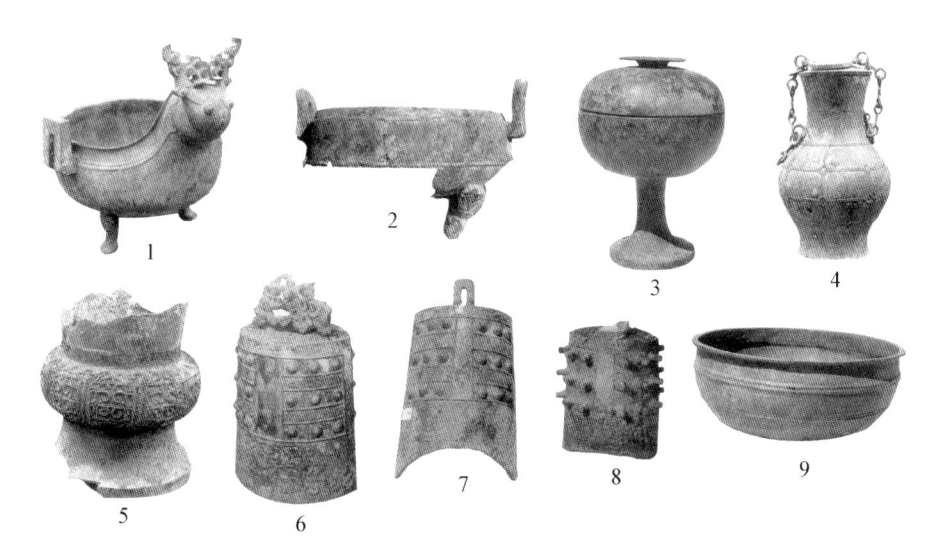

图 56　邳州九女墩三号墩出土铜器

(采自《考古》2002.5)

1. 兽首鼎(M3:41)　2. 盆形鼎(M3:35)　3. 豆(M3:54)　4. 壶(M3:64)　5. 尊(M3:79)　6. 镈钟(M3:5)　7. 钮钟(M3:11)　8. 甬钟(M3:7)　9. 盘(M3:34)

---

① 中国科学院考古研究所:《洛阳中州路》,科学出版社,1959年。
② 山东省文物考古研究所等:《曲阜鲁国故城》,齐鲁书社,1982年。

尊(图 56,5),三段式尊,侈口,高颈,斜肩,扁鼓腹,高圈足外撇,下接高 1 厘米的直裙,颈下端和圈足上端各饰一周细密的锯齿纹和纤细的交连云纹,腹壁上、下以连珠纹为栏,其间满饰双钩变形兽面纹,在扁薄突起的细道之间配以细线纹,并布满极细小的棘刺纹。春秋晚期尊在中原地区已少见,但在南方吴越地区仍盛行。此尊具有鲜明的南方风格,在武进淹城、丹徒磨盘墩、寿县蔡侯墓等处均有发现①。

盘(图 56,9),5 件,大小、形制、纹饰基本相同。口沿方折,颈略收,肩稍斜,弧腹,平底,腹部饰两道绳纹,颈、腹部均饰细密、整齐的蟠蛇纹,腹下部饰两周三角纹,内填蟠蛇纹。此盘形制与绍兴坡塘 306 战国墓出土的鉴(两报告称呼不一样)相似②。绍兴坡塘 306 战国墓因出土徐器备受关注,而三号墩亦与徐人有关。因此两墓能出风格相似之物,合乎情理。

编钟,计 19 件,其中镈钟 6 件(图 56,6)、钮钟 9 件(图 56,7)、甬钟 4 件(图 56,8)。这三类钟的形制、纹饰基本一致,大小依次递减。甬钟、镈钟通体均饰羽翅式兽体卷曲纹。这类纹饰被认为具有明显徐器装饰风格③。另外,钮钟与镈钟的枚皆作螺旋形,与徐器沇儿钟④、俦儿钟⑤的枚造型相同。此螺旋形酷似水生动物螺蛳。铸钟工匠将此化为艺术造型铸于钟上,惟妙惟肖。这一造型在江苏考古学文化中实有渊源,如在龙虬庄文化中,一件四乳陶罐上所谓的"四乳"即为螺蛳造型⑥;龙虬庄另一件罐,则干脆模仿螺蛳造型制作。因此,螺蛳形设计应当也是徐器风格之一。

就形制而言,甬钟与王孙遗者钟相近;镈钟则与俦儿钟、沇儿镈、甚六镈相近;而钮钟与甚六钟、臧孙钟相仿。

综合考虑,这套编钟当为徐人之物,而三号墩的墓主很可能是徐国贵族。关于该墓的形制和葬俗,下文还会讨论。

1995 年,考古人员在邳州戴庄乡发掘了九女墩二号墩,出土铜鼎、缶、兵器、编镈、编钟 43 件⑦。其中编镈、编钟最为重要。

编镈 6 件,编钟 8 件,形制相仿,大小依次递减。长方形环钮,上饰变形龙纹,

---

① 孔令远:《试论邳州九女墩三号墩出土的青铜器》,《考古》2002 年第 5 期。
② 浙江省文物管理委员会等:《绍兴 306 号战国墓发掘简报》图三六、1,《文物》1984 年第 1 期。
③ 孔令远:《试论邳州九女墩三号墩出土的青铜器》,《考古》2002 年第 5 期。
④ 可参见陈佩芬:《夏商周青铜器研究》,上海古籍出版社,2004 年,第 227 页。
⑤ 图可参见《中国青铜器全集》编辑委员会:《中国青铜器全集》东周 5,一六三,文物出版社,1997 年,第 155 页。
⑥ 龙虬庄遗址考古队:《龙虬庄——江淮东部新石器时代遗址发掘报告》彩版四,4,科学出版社,1999 年。
⑦ 南京博物院等:《江苏省邳州市九女墩二号墩发掘简报》,《考古》1999 年第 11 期。

舞、隧、篆部均饰蟠螭纹。

编镈上有铭文："唯王正月初吉庚午，赵巢曰：余攻王之玄孙，余狡子择厥吉金，自乍穌钟，台(以)享台(以)孝于我皇祖，至于子孙，永宝是畲(娱)……"

九女墩二号墩的发掘者，也是铭文的最早释读者从"攻王"二字入手，认为"攻王"是"攻吴王"脱漏了一个"吴"字造成的，故将这批铜器断为吴器①。冯时赞同编镈是吴器，但他不认同"吴"字脱漏的说法，而应当随曾宪通"攻敔之称可急读减音而称'攻'(句)或'吴'"一说②。冯进一步考证器主赵巢为诸樊，而狡则是僚，前者是后者之子③。孔令远则不赞同前二者之说，他首先否认了"攻吴王"漏"吴"之说，此点与冯的意见相同。其次他认为"攻王"不是"攻吴王"，攻是发语词，不可单称。他还引用九女墩四号墩出土的一具铭铜器残片，铭有"工虞"二字，并没有出现漏字或急读减音而省称的现象④。他认为"攻王"正是《礼记·檀公下》中的徐驹王，并从编镈的形制、纹饰特征皆具明显徐器风格来对这一观点进行辅证，认为编镈器主非吴人，而是徐人⑤。

在传统文献中同为嬴姓，与徐国关联密切的钟离国，近年也有考古证据出现。2007年考古人员对凤阳卞庄一号春秋墓做了发掘⑥。出土铜器组合有甗1件、豆1件、兽足盘形器1件、盉1件、簠1件、罍1件，以及乐器。乐器最为重要，有编钟14件，镈钟5件，纽钟9件。形制皆相同，大小依次递减。镈钟形制、纹饰特征与九女墩三号墩镈钟、郊邠镈近似，尤其是镈钟上的交龙纽，如出一范。镈钟上有铭文，正面曰："隹(惟)正月初吉丁亥，余□坙(厥)于之孙童丽公柏之季子康，罤(择)其吉金，自乍(作)穌(和)钟之。"

由铭可知，器主是钟离国人，"童丽"即"钟离"。墓主为钟离公柏之季子康。钟离，嬴姓，与徐同姓，是徐的与国，地理上离徐也很近。故镈钟风格与徐器相似是合乎情理的。

与此同时，与凤阳相邻的蚌埠双墩也发现了钟离国的墓葬。出土青铜器铭中有"钟离"字样。出土青铜器组合与卞庄的相似，有纽钟、鼎、罍、簠、甗、豆、盉、匜、

---

① 谷建祥、魏宜辉：《邳州九女墩所出编镈铭文考辨》，《考古》1999年第11期。
② 曾宪通：《吴王钟铭考释——薛氏〈款识〉商钟四新解》，《古文字研究》第十七辑，中华书局，1989年。
③ 冯时：《赵巢钟铭文考释》，《考古》2000年第6期。
④ 孔令远、李艳华：《也论赵巢编镈的国别》，《南方文物》2000年第2期；孔令远：《徐国的考古发现与研究》，四川大学2002年博士学位论文，第34页。
⑤ 孔令远、李艳华：《也论赵巢编镈的国别》，《南方文物》2000年第2期。
⑥ 安徽省文物考古研究所、凤阳县文物管理所：《安徽凤阳卞庄一号春秋墓发掘简报》，《文物》2009年第8期。

盘等。除青铜器外，双墩墓葬还出土了其他颇显重要的器物，如彩绘陶器、石磬、玉器、金箔饰件、海贝，可见该墓的等级是相当高的。

二 徐舒等国的葬制与葬俗

最近数十年来，考古工作者在两淮地区发现了不少春秋时期的墓葬。从历史文献的记载与考古材料的对证看，这些墓葬大多与徐舒有关。下面我们讨论几座典型的墓葬资料，以反映春秋时期徐舒等国的葬制与葬俗。

1 邳州九女墩二号墩（图57）：

邳州戴庄乡禹王山东北麓及青岗山东北麓有若干土墩墓，近年来考古工作者

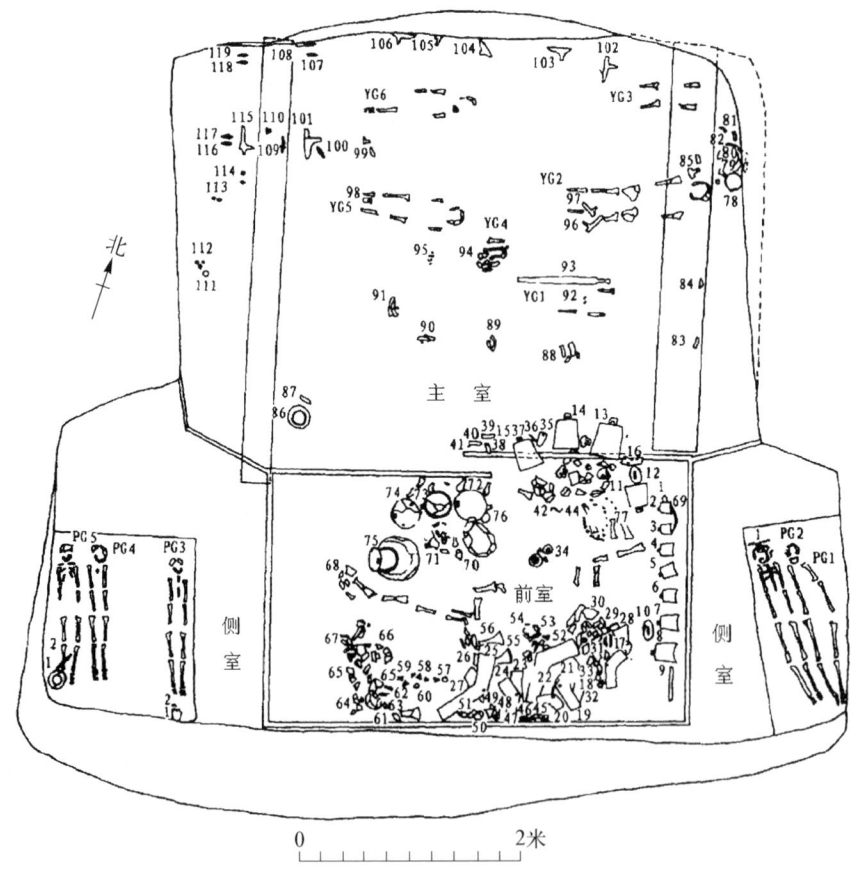

图57 九女墩二号墩墓室平面图

（采自《考古》1999.11）

发掘了数座。二号墩封土呈馒头形,东西长26、南北宽20、高3.2米。填土靠近墓穴部位有大石块。墓葬平面呈T字形,南北长7.3、南侧宽7.3、北侧宽6.9米,深2.6~2.8米。于1.4米深处出现板灰,板灰平面呈凸字形,南侧宽3.6、北侧宽6.9、长6.5米。墓室由南向北分前室、主室,以及前室东、西两侧的侧室。主室内有人骨6具,5具较完整,头向均朝东,为仰身直肢;另一具YG4被扰乱。东、西两侧室各有2具和3具人骨。YG4在主室之中,但被扰乱,可能是墓主,而主室中5具东西朝向的,以及东、西两侧室中的5具人骨,当属殉人。该墓时代为春秋晚期。

2 九女墩三号墩(图58):

封土呈馒头状,发掘前高出地面约3米(1959年文物普查时高出地面约8米),底径约35米。墓室平面略呈方形,东西长9.8~11.6、南北宽9.5、深3.1~3.2米。墓

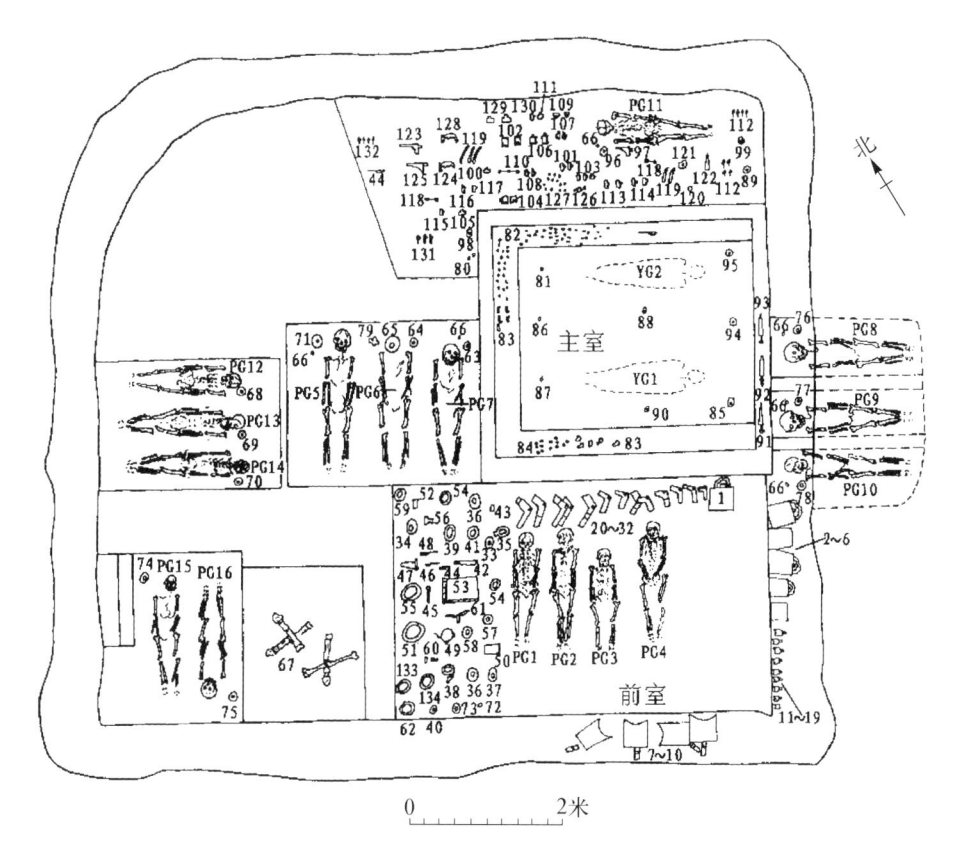

图58 邳州九女墩三号墩墓室平面图

(采自《考古》2002.5)

室分为前室、主室、侧室、兵器车马器坑、陪葬坑及生土祭祀台等部分。墓底四周留有宽 0.6、高 0.8 米的生土二层台。主室内有朽烂的棺木板和板灰痕迹,板灰宽约 4 厘米。除主室外,其他各坑、室均有用席铺地的痕迹。墓室四壁涂有一层红泥浆,光滑油亮,红光耀眼。主室有两具人骨架痕迹(YG1、YG2),仅见白色骨灰。兵器、车马器坑位于主室北部,内有人骨一具,葬式为侧身直肢,面南,头向朝西。东侧室内有人骨三具,头向均朝西,仰身直肢。西侧室内有人骨三具,头向均朝北,仰身直肢。墓室西侧分布南、北两个陪葬坑,北陪葬坑内有人骨三具,头向朝东,仰身直肢。南陪葬坑内有人骨两具,西边一具头向朝北,东边一具头向朝南,仰身直肢。除主室内的人骨外,其余空间内的人骨当来自殉葬者。墓主为徐国贵族,墓葬年代为春秋晚期。

3　九女墩四号墩[①]:

土墩原直径数十米,高近 10 米。农民常年取土于此,遂有破坏。墓葬形制为有斜坡墓道的竖穴土坑墓,墓室平面呈凸字形。该墓被盗,棺椁毁朽不清,仅在椁室中部发现涂有红、黑漆的腐朽木板。椁室与墓坑间以粗沙和青膏泥相间夯实。墓坑及墓道内填土均夯实。墓内发现人骨 2 具。遗物甚少,较完整的仅有铜戈、铜镞各 1 件。

4　九女墩五号墩[②]:

1961 年测量时,土墩高出地面约 8.5 米,墩底部直径 50 米。发掘前,由于修筑公路,土堆已被夷平。该墓为石坑竖穴结构,平面呈凸字形。斜坡墓道西向,长 12、宽 5 米。墓口呈方形,边长 8 米,墓深 6 米。填土中有厚 1.76 米的白膏泥,接着是三层木炭与三层黄沙交叠,厚约 60 厘米。墓底用厚约 30 厘米的细木炭铺平夯实,上加铺 20 厘米厚的黄沙。墓坑周围填充厚约 1.2 米的木炭。墓坑西壁留有向南、向北的台阶,台阶宽 0.5 米,向北四级、向南六级,每级高 0.5 米。西壁上开有高 20、长 30 厘米的壁龛两个。墓底有一长 1.5、宽 1、深 0.3 米的腰坑,里面填满木炭。椁室周围有甲、乙两具人骨,头向均朝向椁室,可能为殉人。该墓年代当属春秋晚期。

5　九女墩六号墩[③]:

原有封土堆高达 10 米,底部东西长 30、南北宽 20 米。此墓为带斜坡墓道的竖

[①] 刘照建、吴公勤:《邳州九女墩四号东周墓》,《中国考古学年鉴(1998)》,文物出版社,2000 年;徐州博物馆、邳州博物馆:《江苏邳州市九女墩春秋墓发掘简报》,《考古》2003 年第 9 期。
[②] 徐州博物馆、邳州博物馆:《江苏邳州市九女墩春秋墓发掘简报》,《考古》2003 年第 9 期。
[③] 徐州博物馆、邳州博物馆:《江苏邳州市九女墩春秋墓发掘简报》,《考古》2003 年第 9 期。

穴土坑墓。墓曾被盗,已受破坏。墓内有二层台。墓壁表面经涂抹,较平滑、规整。墓道及墓坑内填红黏土及沙土,经夯筑。主棺室位于墓坑中部,平面为长方形。椁室周围填一层青膏泥。木椁顶部盖有竹、苇席。墓道两侧,以及椁室的南面、东面南部、东南北部各有一具人骨,应该是殉人。该墓年代当在春秋晚期。

九女墩的几座封土墓相互邻近,由于历年受自然或人为因素的破坏,封土已非原初的面貌。但可以想象,在这些墓葬刚刚修建好的时候,封土是很高大的,堪称一道独特的文化景观。这几座墓存在一些共同特点,如都有殉人。五号墩墓底设有腰坑。腰坑在商人、夷人的葬俗中最为显著。春秋时期大墓在修建时,已采用了防盗、防腐措施,在这几座墩中也有体现:二号墩填土中有积石,三号墩墓室四壁涂有红泥浆,四号墩墓壁为熟土夯筑,五号墩填土中有白膏泥、积沙、积炭,六号墩亦有白膏泥和积沙。四号、五号、六号墩设有斜坡墓道。这五座封土墓的年代大抵为春秋晚期,很可能是徐国贵族墓葬①。

6　凤阳卞庄②:

在与蚌埠相邻的凤阳县,2007年当地农民偶然发现了一座墓葬。该墓墓坑上部已被施工破坏,仅存墓坑底部,而且地表原来是否有封土堆也已不明。据此形制及葬俗,以及同为钟离国墓的双墩有封土,我以为原先存在封土堆的可能性很大。该墓结构为圆形土坑竖穴墓,与双墩的有近似之处。墓内壁涂有白泥层,厚约3厘米。墓底以主墓为中心,四周有规律地排列着陪葬墓。墓主尸骨无存。主墓南侧陪葬墓中原应有两具人骨,因早期被盗而缺少北侧的一具。北部陪葬墓为三人陪葬墓。东部陪葬墓为双人陪葬墓。西部陪葬墓为三人陪葬墓。葬式多为仰身直肢,少数为下肢微屈,头多偏向一侧,上肢或放在胸前,或一直一屈。虽然该墓被盗,但用9人殉葬的规模表明,墓主身份特殊。从出土镈钟铭文可知,墓主为钟离公柏之季子康,而蚌埠双墩发掘了钟离君柏墓,可见两者是父子关系。这座墓的年代为春秋中晚期。

7　舒城九里墩③:

1980年,舒城孔集公社九里墩(据舒城县志记载,此地原名九女墩)大队发现一座春秋晚期墓葬。该墓葬原有高出地面约10米的封土堆,占地面积约6800平

---

① 孔令远:《江苏邳州市九女墩六号墓出土青铜器铭文考》,《考古》2006年第10期。
② 安徽省文物考古研究所、凤阳县文物管理所:《安徽凤阳卞庄一号春秋墓发掘简报》,《文物》2009年第8期。
③ 安徽省文物工作队:《安徽舒城九里墩春秋墓》,《考古学报》1982年第2期。

方米。因多年烧窑取土,清理时封土已被基本夷平。因此该墓当属带封土竖穴土坑墓。墓穴东西长8.6、南北宽4.4米,墓底距地表2.7米。墓坑中未发现板灰痕迹,仅在墓的底部发现用木板南北平铺的一层垫板。垫板已腐朽,依痕迹南北宽3.7、东西长7.65米。板下垫有10厘米厚的白膏泥,棺和随葬品均放置在垫板上。棺置于墓室中部偏东南,尸骨已朽。该墓曾两次被盗,但仍出土大量青铜器,其中一件鼓座最显重要,因其上有铭文:"唯正月初吉庚午余□□于之玄孙□□公□"。关于铭文中的"余"字,有不同意见。简报认为"余"即"舒",那么此墓墓主很可能为舒国贵族。陈秉新认为"余"即"徐",认为该墓是徐国墓,并进而赞同徐、舒同源的观点[①]。此处从陈秉新的意见,并在此基础上,我认为《春秋》僖公三年发生的一件事情也可以得到合理解释。这一年,"徐人取舒"[②]。《左传》中没有作注,杜预曾表示疑问:"徐在下邳,舒在庐江,相去遥远,而越竟(境)灭国,无传无注,不知所以。"从九里墩鼓座铭文的证据来看,倘若群舒一带亦有徐人居住,那么"徐人取舒"便无越境可言,"取"字用得也不见得不恰当了。

8　舒城河口

1988年,舒城河口民工偶然掘出青铜器,且出自同一个墓葬。据当地群众讲,墓葬原有2米高的封土堆,由于历年耕作,已基本夷平。此墓为大型竖穴土坑墓。墓坑呈抹角方形。墓口形状不很规整,南边长6.6、北边长6.75、东边宽5.35、西边宽6.2米,墓口距地表0.25米。墓壁向墓底斜收,四壁不甚光滑。南壁夯筑熟土二层台,填土经夯筑,有葬具。该墓为中型贵族墓葬,年代为春秋早中期。

9　蚌埠双墩[③]

近年淮域东周考古最重要的发现之一便是双墩墓葬的发掘。它呈现了两淮地区一种独特的葬制与葬俗。2006～2008年,安徽省文物考古研究所对蚌埠淮河岸边双墩村两座大型封土墓之一(编号双墩1号墓)做了抢救性发掘。该墓位于一个高出地表的原生台地上,由封土堆、墓坑和墓道三部分组成。封土堆呈馒头形,底径60、高9米,是目前在淮河流域所发现的时代最早的墓葬封土之一(图59)。封

---

① 陈秉新:《舒城鼓座铭文初探》,《江汉考古》1984年第2期。
② 杨伯峻:《春秋左传注》,第284页。
③ 参见阚绪杭等:《春秋钟离国墓的发掘收获》,《东南文化》2009年第1期;安徽省文物考古研究所等:《安徽蚌埠市双墩一号春秋墓葬》,《考古》2009年第7期;安徽省文物考古研究所、蚌埠市博物馆:《安徽蚌埠双墩一号春秋墓发掘简报》,《文物》2010年第3期;安徽省文物考古研究所、蚌埠市博物馆:《春秋钟离君柏墓发掘报告》,《考古学报》2013年第2期。

图 59　M1 墓封土堆

土中没有发现人工夯筑的迹象,其构建方式应为堆筑。该墓的封土以及墓坑内填土与众不同,均为黄、灰(青)、黑、红、白等五色的颗粒状混合土。在封土堆底部发现一层白土垫层,构建于墓口外的生土之上,厚 20~30 厘米左右。此白土垫层的范围与封土堆底部大小基本一致,完整地清理出来后,从高空俯视,平面近似于玉璧形(图 60),即以白土垫层为肉,墓坑为好,

图 60　白土垫层示意图

非常壮观。这种纯白色的土非常细腻,干燥时较坚硬,饱含水分时则质地变软,颜色变成灰白。它的土质不属于白膏泥,初步认为应是沉积淤土渗出的白色泥浆土,其来源尚不清楚。

该墓的墓坑为圆形竖穴土坑,坑口直径 20.2、坑深 7.5 米。墓坑内有生土二层台,台面宽 1.8、距墓口 2 米。墓坑正东面有一条阶梯式短墓道,共分 14 级台阶,全长 6.3、宽 3.2 米。墓坑壁和墓道全部采用白泥抹平装饰,白泥层厚约 3 厘米,可看作墓壁的装饰,显得非常整洁美观而且气势宏大。整个墓坑俨然一座地下宫殿。这座墓葬坑深底大,圆形墓底的直径近 14 米。主棺椁的位置在墓底部居中略偏北,围绕墓主椁室的东、西、北侧各殉葬三人,南侧殉葬一人。与南侧殉人相邻的是

图61 "亚"形墓室埋葬布局

一个大椁室,即南椁室,其内又分成南、北两个椁箱,南箱放置食物(残存猪、牛、羊等骨骼),北箱放置随葬器物。这样,就在圆形墓坑底部形成一个非常规整的正南北东西向的"亚"字形埋葬布局(图61)。

该墓葬的木质葬具已全部腐烂。从残存的痕迹看,墓主为一椁一棺,椁墙板的痕迹约长 3.5、宽 1.6、高 0.9 米,椁室底部有两根方形枕木。主棺仅存底部痕迹,长 2.5、宽 0.9、高 0.5 米。主棺椁内随葬有玉器及铜剑、戈、戟、镞等。殉人均有较窄的木棺,朽痕大约长 1.8、宽 0.3、高 0.3 米,多数随葬有青铜小刀和加工过的陶片,少数还有海贝饰、骨笄等。人骨保存状况较差,多已腐朽较甚。主棺内仅存几颗牙齿,经鉴定年龄在 40 岁左右。10 具殉人的骨骸相对而言较完整,但盆骨都腐朽严重,难以进行性别鉴定;年龄多在 20~30 岁左右,仅南侧的一个殉人为 40 岁左右。墓中出土青铜器众多,其中在 9 件青铜纽钟的钲部、2 件青铜簠的内壁及 1 件青铜戟的戈身上发现"童丽君柏""童丽公柏"等铭文。"童丽"即钟离,国名;柏为人名。可知墓主是一位叫柏的国君。墓葬年代属春秋中晚期。

距墓口 0~0.7 米的填土中,沿墓坑一周有宽约 2 米的深色填土带围绕着中部的"放射线形状"的遗迹现象(图62)。"放射线"遗迹有 20 条,由深浅不同的五色填土构成,从中部向四周辐射。除东南角 4 条线似被扰乱外,其余的都很清晰,并有一定的角度规律,其西南方向正对着涂山和荆山。

距墓口 0.7~1.4 米的填土中,有用填土构筑的"土丘"遗迹,并放置大量的"土偶"(图63)。土丘在沿着墓坑一周宽约 2 米的范围内构筑,共 18 个,馒头形,底径 1.5~3 米。从土丘的剖面上可以清楚地看到,每一个土丘都是由中

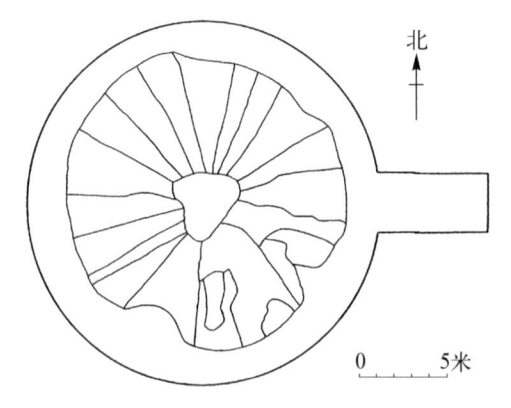

图62 放射线遗迹

心开始、用不同颜色的土一层一层堆筑而成。填土中还放置1000多个泥质"土偶",墓坑周边的"土偶"多呈现为组群状分布,而墓坑中间的"土偶"多为分散状,仅少数较为集中。距墓口1.4~2米的生土二层台内缘上,用3~4层"土偶"垒砌成高34~40厘米左右的"土偶墙","土偶墙"与墓壁之间形成一条环形走廊,并用黄色泥沙封填,其上部平抹白泥层与上下墓壁白泥层连接成整体。特别是墓道两侧土偶墙均有一个方形的转角,转角中间有容人的空间,并且墓道两侧均有台阶通往走廊。

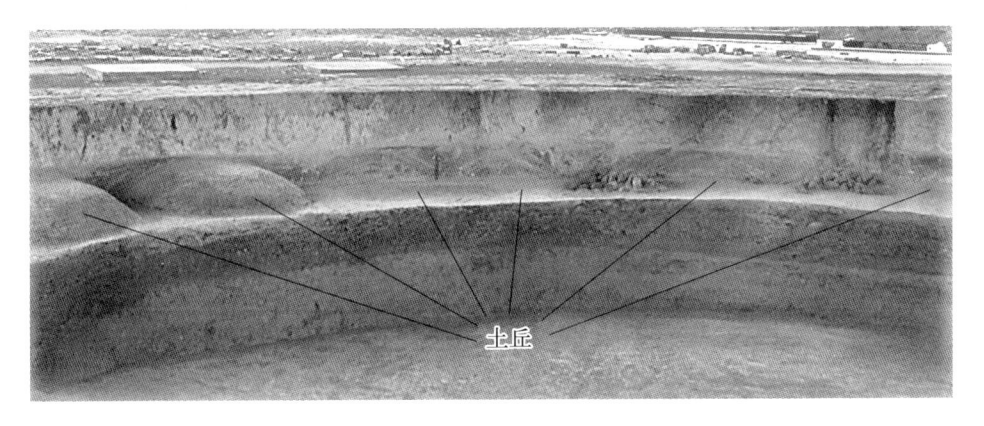

图63 土丘与土偶层遗迹

属于春秋时期两淮地区的墓葬还有一些,不再一一列举,因为上面的几座已颇具代表性。上面论述了春秋时期两淮地区诸侯国的青铜器组合、器型特征以及墓葬葬制与葬俗。

从青铜文化的发展来说,春秋时期已然过了青铜文化的鼎盛期。但是对于两淮间的众小国,特别像徐、群舒而言,它们的青铜文化却恰恰在春秋时期迎来了辉煌。苏皖淮北、江淮间虽然有西周青铜器的发现,但是一方面数量少;另一方面即使有,也多是中原风格的。在论及西周时期的淮夷文化时,上文曾说,西周早期之时,淮夷文化并未体现出独到的文化个性。要到西周晚期方能看到比较典型的淮夷文化器物,如"淮式鬲""折肩鬲""鬲形盉"等。然而这也仅仅是陶器,从目前的考古发现来看,西周时期苏皖淮北、江淮地区发现的铜器数量是比较有限的,尤其与西周王朝中心区相比,差距极大。这无疑可以看作区域社会发展不平衡的一个表现。那么何以如此呢?我想可能存在以下原因:其一,西周时期,分布在两淮的淮夷族群在获得铜矿的地利上不如同期皖南的人群,加之长期与周人的战争,缺乏稳定的社会环境,其青铜工业难以发达是可想而知的。在与周人紧张的政治关系中,这一带的族群也不可能从西周中心势力那里分配到青铜器,至少青铜器流通的管道要大大缩小。其二,西周时期的淮夷族群联合体,特别是屡次反叛的徐国,应该收藏了不少铜矿资源,这从西周金文中记载的周人伐淮夷俘其金即可得知。此金更多的是指铜矿原料,此外,春秋时期徐国的青铜器铭文中,也经常提到徐王取其吉金,即用品质比较好的铜料铸造铜器。对于西周时期生活在淮北及江淮一带的淮夷而言,由于周人的压榨太过苛刻,以铜原料来保存,安全性更好,转移起来也比较方便。反之,如果急于将铜矿原料铸成青铜器,不但体积较大,周人前来讨伐时不易隐藏,自己运输转移时也比较麻烦①。这样一来,考古发现的西周时期两淮一带的铜器数量就会有限。其三,西周时期,江淮一带的族群也可能携带铜器向别的区域(如皖南)迁徙,这也导致了考古学上可以在皖南看到更多的西周铜器,两淮则反之②。

春秋时期,虽然礼崩乐坏、诸侯攻伐,但是文化上却也欣欣向荣。淮夷诸国文化,在青铜器的铸造上也得到了抒发。尽管对于北方诸多姬姓封国来说,青铜礼器早已是他们拥有多年的经济与文化产品,但对淮夷诸小国而言,他们却是在春秋时期才充分享受到这份经济与文化资源的。这既显示了淮北江淮区域发展的落后,同时也反映了该区域在春秋时期的进步。众所周知,青铜器,在文明起源的研究中被当作文明出现的重要指标。文明是一种社会形态,是社会发展到一定阶段的一个状态。那么,两淮间的一众小国,特别是徐和群舒,在青铜文化的发展上,从西周时期的零星到春秋时期的辉煌,无疑也标志着它们社会进程的发展,至少在青铜器制作这方面追上了中原诸国的步伐。不单如此,这些小国青铜器的制作别具一格,体现了高超的工艺和文化水平。拿徐国青铜器来说,徐器铭文就是最佳说明。徐器金文在春秋时期诸国铭文中有着独特的风格,尤其是春秋晚期的徐国金文,以字体秀顾飘逸见长。这既反映出徐国文字的发展在春秋时期取得了巨大进步,同时亦可看出徐国文字的发展必在春秋之前已有长期的酝酿和积累。徐器金文不但在

---

① 铜料是以铜锭的形式出现的。近年随州叶家山西周曾国墓地 M28 中就出土了圆形、长方形两块铜锭。见湖北省博物馆、湖北省文物考古研究所、随州市博物馆:《随州叶家山:西周早期曾国墓地》,文物出版社,2013 年。
② 详细讨论参见徐峰:《江淮与皖南商周青铜器若干问题的思考》,《南京晓庄学院学报》2013 年第 5 期。

字体上独具特色,在遣词造句上还注意韵律的运用。杨树达曾对徐器铭文遣词用韵做评价说:"文辞至简,用韵至精,可知徐之文治殆欲跨越中原诸国之上,宜强邻之楚忌而必灭之为快也。"①此外,我们从九女墩三号墩出土的编钟、石编磬来看,徐人对音乐器具似情有独钟。我们在前章谈及淮夷向中原王朝进贡的清单中,曾有孤桐、浮磬,均为制作舞乐礼器的上佳材料,而徐国所在的邳州一带正盛产此类材料。

就青铜器组合、形制、纹饰等因素来说,春秋时期,我们已经看到了前所未有的同一化趋势,这不是春秋时期的政治分裂可以阻止的,相反在分裂背景下,各区域、各诸侯国之间的互动日趋频繁,正是造成文化融合的主要原因。当然,在区域文化融合下,个性也仍然有所保持。

再说墓葬,春秋时期两淮地区的墓葬有很多区域个性。首先一个便是封土墓的出现。中国古代何时出现封土墓,或曰坟丘是何时起源的? 如果专就封土这种形式,在考古学资料上,江南地区是中国古代较早出现坟丘的一个地区,那里的土墩墓在约当中原夏商之际即已出现,盛行于西周、春秋,并一直延续到战国时期②。同一时期的其他区域,目前时代最早的明确的封土墓出现在商代晚期淮河南岸的罗山天湖③。西周时期,江南土墩墓流行之时,长江以北地区封土墓资料极其缺乏,有待进一步考察。

春秋早期,两淮间已出现封土墓,像舒城河口墓、黄君孟夫妇墓、黄季佗父墓、信阳平西五号墓。它们皆在淮南,同时期淮河以北的中原、海岱地区尚未见有封土墓。

春秋晚期,江淮、淮北间,封土墓开始流行,如在蚌埠双墩、邳州九女墩、固始侯古堆、莒县大沈刘庄、莒南大店。可见,到春秋晚期,一是封土墓的数量在增加;二是分布的范围开始北移。北方中原一带的封土墓大约出现于春秋晚期,战国时期才逐渐流行。因此,如杨楠所说,坟丘较早发生于江南地区,然后出现在豫皖江淮之间,进而扩展到南方其他地区和北方中原一带。就坟丘流行的程度(分布范围及其数量)而言,南方大大高于北方④。因此,两淮间发现的春秋时期的封土墓见证了

---

① 杨树达:《积微居金文说》,中华书局,1997年,第127页。
② 杨楠:《江南土墩遗存研究》,民族出版社,1998年,第150页。
③ 河南省信阳地区文管会、河南省罗山县文化馆:《罗山天湖商周墓地》,《考古学报》1986年第2期。
④ 杨楠:《江南土墩遗存研究》,第152~153页。

淮北、江淮过渡地带在区域互动中所具有的文化连通性及南北葬制的融会交流。

再有,封土墓的形成及流行,自有其社会环境和文化心理等多种原因。但是我们对它的关注,仍主要服务于淮北、江淮地区的社会进程这一主题。

单就带封土的竖穴土坑墓的营建而言,高达数米的封土堆,长达几十米的封土底面直径,营造这样的墓葬,显然需要很多的劳动力和时间。它的形制和营建的难度表明,这样的墓葬绝不是平民百姓能够拥有的,而只能属于高等级的贵族。

其次,除了封土之外,这些墓葬还存在一些其他葬俗特点,包括带墓道、积石、积沙、积炭、白(或青)膏泥、棺椁、殉人、腰坑、殉狗等等。像殉人、腰坑、殉狗、墓道等的设置,在商和西周时期就普遍存在着,而积石、积炭、积沙、使用白或青膏泥,似乎在春秋时期更为流行。很显然,春秋时期埋葬制度中又增添了很多新的元素,这不光是葬俗文化的更新,同时亦折射出春秋时期各诸侯国在经济实力、社会组织、动员能力上都有大的提升。上层贵族们通过修建高大的坟丘来表示尊贵、权力与地位。

我们可以近年发现的蚌埠双墩大墓为例。对于这座墓葬,用"前所未见""匪夷所思"等词汇来形容一点不为过。关于这座墓葬的形制、相关葬俗的文化涵义,我将在下文另行探讨。此处要说明的是,这座墓葬经过了精心构思、设计、准备、修建和装饰。其间的每一个步骤都凝结了巨大的财力和人力。这座墓葬的发掘历时一年多。考古发掘是一项细致、小心翼翼的工作,因此,如果单从发掘的角度来讲,当年营建这座墓葬的"挖"的环节可能用不了这么长的时间,但是如果将各个程序全考虑进去的话,估计也要个一年半载。包括异地选择、采运五种颜色的土,并进行人工混合;填充白色泥浆沉积土,及涂抹墓壁;设计并烧制土偶,并将之按规则排列垒砌;营造放射线现象;此外还包括制作棺椁、随葬铜器,以及安排殉人等等。

蚌埠双墩这座奇特墓葬的发现,堪称一改商周以来苏皖两淮一带考古学遗迹遗物与同时期的中原、关中地区相比相形见绌和黯淡的景象。它向人们昭示苏皖江淮间的文明也是别具一格,可以独放异彩的。双墩墓葬为我们认识春秋时期淮北、江淮间小国的自我文化认同,提供了一个很好的观察点。这些小国身处一个风云变幻的时代,政治、军事上处于弱势地位,在国际上没有或者很少有话语权。但这无碍他们在墓葬形制、葬俗方面表现自己的个性。此外,在淮北、江淮这些小国墓葬中更为普遍的葬俗细节是殉人。当华夏诸国大都早已放弃了殉人的习俗时,徐、莒、钟离、黄等等这些分布在淮河两岸的夷性小国[1]，却依然沿用夷俗夷礼，盛行殉人之风。这是夷人墓葬刻意区别于同期华夏诸国墓葬的一个特点[2]。伊恩·霍德(Ian Hodder)通过研究民族志资料得出结论：相互竞争的群团可以用不同的物质文化强调他们之间的差异性[3]。

小　结

在这一章的探讨中，我们选择了政治和文化两个角度来谈春秋时期两淮诸国的社会进程和区域互动。政治上，我们主要通过梳理文献呈现两淮诸国的命运走向。其间，各诸侯国之间的战争这种极端性的互动，是推动诸国社会进程的核心动力，并且这种动力主要来自外部，吴、楚争霸牵引着中间地带小国的社会进程。

文化上，相较于西周时期的淮北、江淮，一是我们有更多可以观察的材料；二是我们可以较肯定地说，春秋时期淮北、江淮诸国在青铜器铸造、墓葬营建方面体现了较高水平。而政治和文化两方面体现的社会进程又有着密切的关系，即政治的变化决定文化的变化。当淮北、江淮间这些小国一步步被大国蚕食，走向覆灭之日，它们的文化发展自然也会发生波动。

---

[1] 徐在有些史家的叙述中也曾被当作大国。赵鼎新则认为，像陈、曹、徐，史家认为它们是"大国"，主要是因为它们比其他小国更频繁地出现在文本中。在霸主时代，一个霸主经常会动员许多国家开战，这些国家更可能被《左传》记录。因为它们的位置，陈、曹与徐频繁涉及晋—楚竞争，这就让它们更多地出现于经典文本中，并因此误导史家将它们视为大国。参见 Dingxin Zhao, *The Confucian-Legalist State: A New Theory of Chinese History*, Oxford University Press, 2015, p.147, 注 20。
[2] 实际上这种传统有着相当长远的延续，可以视为"淮域"的一种特色。到南北朝时期，淮域仍有用人祭淮渎神的习俗。淮源地处山区，多为蛮族所居，经济文化落后，盛行用人祭淮渎神。相关论述，可参见胡阿祥、张文华：《淮河》，第 96~101 页。
[3] 布鲁斯·崔格尔著：《考古学思想史》，徐坚译，岳麓书社，2008 年，第 293 页。

结　　语

在这项研究中,我志在探讨从史前至春秋时期今苏皖两省两淮地区的社会进程,实现某个区域空间内的"通古今之变"。观察在区域之间的互动从初显到加剧的过程中,在不断"华夏化"与通向帝国的统一进程中,这片属于"南北过渡地带""东方沿海地区"及"夷域"的中间区域究竟经历了什么,有什么样的反应,对于统一进程起着什么样的作用。

本项研究选择大汶口文化时期,即大致距今5 500年前后作为社会进程的起点,这个时间点也是长久以来考古学界热门课题文明化进程的时间起点。首先,我简略介绍了考古学文化背景。两淮地区现有的考古学文化谱系、类型分布可以在一定程度上反映社会进程中文化发展的面貌。距今约7 000~4 000年太湖地区的史前文化谱系是马家浜—崧泽—良渚文化—广富林文化—马桥文化;海岱地区的文化谱系为北辛—大汶口—龙山—岳石文化[①]。而介于两大文化中心区之间的苏皖淮北与江淮在文化发展过程中,从当前的考古学材料来看,经常发生文化中断。该区的文化序列呈现为异质性的文化连接。生态环境的恶劣和时好时坏的变化对两淮社会进程有着不可忽视的影响。

在皖北地区,大汶口文化之前,是小山口一期和石山子一二期文化,大汶口文化早中期,文化遗存不丰富,要到大汶口文化晚期才趋于显著,以大汶口文化晚期的尉迟寺类型为代表,但这支文化在当地未能够延续。接着,迄今为止,当地的龙山文化也只发现了龙山文化晚期的王油坊类型,且其在当地也未有延续性发展。在苏北地区,大汶口文化早期,由于全新世最高海面的到来,遭受海侵袭击,形成广阔的沼泽、湖泊和大河,在这种情况下,出现大面积的遗址空白区。中期由于环境的改善,文化发展有所好转,进入晚期,再次陷入低迷。龙山文化

[①] 另一个呈现出文化连续性发展的区域是中原,并且相较于海岱与环太湖地区,中原地区发展的"可持续性"更强。高江涛认为中原地区的发展是连续的平缓的演进,可称为"螺旋式"发展,从局部细处看,变化发展是缓慢与不明显的,然整体上是向前发展的。参见高江涛:《中原地区文明化进程的考古学研究》,社会科学文献出版社,2009年,第465页。

早期偏晚阶段,苏北连云港地区兴起了一座城址,呈现了短暂的繁荣,但是在中期后段废弃了,未能延续。杨立新曾经指出,淮北地区的史前文化,早期相对稳定,晚期由于大汶口文化及龙山文化的南渐,出现文化动荡和断层,地方特征不甚明显①。

在江淮地区,社会进程断裂得也很明显。从目前的考古资料来看,江淮东部与安徽江淮两个小区的社会进程都缺乏一个稳定的、自主的、可持续的发展程序。借助文化因素分析,我们可以看到,江淮东部史前文化的第一期和第二期,也即龙虬庄文化时期,这个区域文化的自身特性比较浓厚,种植水稻、狩猎、采集,有一群颇具地方特色的陶器,其中水器尤为发达,骨角器最为突出。而进入第三期,也就是相当于海岱地区大汶口文化的中期,前两期所见那种浓厚的地域特色已经减淡,来自太湖地区的崧泽文化晚期和良渚文化早期因素逐渐占据主要地位。江淮东部在出现良渚文化遗存之后,又迎来了一支自鲁豫皖文化母区迁徙而来的王油坊类型龙山文化遗存,它与良渚文化虽然都在江淮东部出现,但显然属于异质性的文化连接。在王油坊类型龙山文化之后,又有来自北方的岳石文化遗存。不同性质的考古学文化因素曾经像斑块一样在不同时期嵌入江淮东部的自然生态景观,但是又没有能够很好地适应下来,说明此间的生态环境很不乐观。如过分水湿的环境,离海太近,对海平面的敏感。江淮东部相对恶劣的生态环境在历史上具有相当的连续性。此区地势卑下、湖沼众多。后世文献对此多有记载。如《宋书》卷九五《索虏传》:"虏以海陵多陂泽,不敢往。"②江淮东部一直到晚近时期,也仍然是频发水旱灾难。原因当然是非常复杂的,但是过渡性的地形、气候、水系造就了江淮地区脆弱的生态环境,自然孕灾概率本身就高③。

---

① 杨立新:《安徽史前考古若干问题的思索》,《道远集——安徽省文物考古研究所五十年文集》,黄山书社,2008年,第37~58页。
② 沈约:《宋书》,中华书局,1974年,第2352页。
③ 前文引述较多的是,学界认为距今4000年左右的环境变化导致很多区域文化的衰亡。这听起来似乎有点环境决定论的意味。但是若我们放permits其他历史时期就会明白,环境的变化对于社会进程的确有很大影响。例如中古史研究者认为,在3至6世纪(曹魏、西晋、五胡十六国、北朝、东晋南朝)中国正史中关于冷冻害和旱灾的记事重复多次出现。妹尾达彦认为气候的寒冷化是3世纪之后中国政治陷入混乱的要因之一。参见妹尾达彦:《中華の分裂と再生》,岩波书店,1999年,第19~21页。再如赵鼎新也曾从长时段的视角审视了游牧者—中国人关系的动力。他对照竺可桢重建的中国过去五千年的气候变化发现,每一个冷期均与游牧民族或牧人作为移民或入侵者的涌入相对应。而且,公元前1000年游牧民族或牧人的大量涌入总是计中国陷入持久的分裂;狎狁与戎的到来导致了西周王朝的崩溃。参见 Dingxin Zhao, *The Confucian-Legalist State: A New Theory of Chinese History*, Oxford University Press, 2015, pp.321~322.

安徽江淮间有着与江淮东部类似的情况。江淮作为北方文化南向迁徙或扩张的廊道性质较为明显。早在大汶口文化早期,那里的若干遗址已经看到有大汶口文化因素,到大汶口文化中、晚期,安徽江淮间愈发受到外域(主要是南北两面)的文化压势。龙山文化时期,北方的龙山文化因素大量涌入江淮。此时,江淮地区的社会进程明显被北方龙山文化所牵引。江淮本地的文化特色很不明显,有些是外来的龙山文化离开文化母区后,在江淮地区发生一定变异构成的本土特色。这个小区史前的生态环境也不令人乐观,由于邻近淮河中游,洪水对该区域的影响不可忽视。蚌埠禹会村遗址的环境考古就表明了这一点。

不难看出,苏皖两淮地区的社会进程经常性断裂与该区域比较恶劣的生态环境是有关联的。与此同时,在当地的文化进程处于空白或者中断后,通常是来自毗邻区域的文化填补了空缺或者接续了当地的文化发展。可见,邻近区域的文化势力经常向两淮渗透。不同区域之间的交流经历了由零星简单向全面复杂转变的过程。在这一过程中,文化间发生了碰触、冲突及融汇,它们无疑影响了两淮地区的社会进程。

距今 5 500 年前后可能是一个较重要的时间节点。在这个时间段,考古资料所显示的诸多区域内部的社会关系开始由相对平等向不平等过渡(当然如前文所述,张家港东山村的材料显示距今 5 800 年已有明显的贫富分化)。其间,我重点讨论了若干区域内部的社会关系。从大汶口文化开始,诸多区域的生业经济呈现为稻粟农业、家畜业与渔猎业的混合经济,随着经济的不断发展,剩余产品出现,私有制开始形成。社会内部的贫富、阶层分化也日趋严重。对应于社会关系分化的,是在距今 5 000 年前后看到了一种平面型社会一般不会出现的需要大量社会动员的大型工程(如城、良渚的水坝、大墓、祭坛)的出现。这些遗存成为反映社会复杂化的重要证据。两淮地区当然也有这类现象,它们所指向的可能是社会结构的重大转变,如古国、酋邦政体的出现,或者已经进入文明阶段。与此同时,随着社会关系的分化,区域社会内部也出现压力的积聚。该社会若要稳定和实现可持续发展,这些生发出来的压力必须得到适时的排遣。我认为社会与人体一样,具备新陈代谢、自我调适的机制。我将大汶口文化中晚期考古学上所见到的大汶口文化的西进、鲁东南地区在大汶口文化晚期的迅速发展,以及皖北尉迟寺文化类型的形成、江淮之间的大汶口文化因素,视为海岱社会内部压力(也可以视为一种动力)的"外泄",具体而言很可能是大汶口文化向外的一种扩张,因为在其内部,贫富、阶层分化得已较严重,如果文化固守在此地,自然与社会资源是难以承受的①。同理,环太湖地区自崧泽文化时期开始就可见社会关系的分化,良渚文化时期更是如此,因而它们向江淮与淮北扩张。大汶口文化、崧泽文化、良渚文化因素在中间区域的出现,不可避免地会对后者的发展产生影响。虽然不同区域的社会进程并非同步,然而,当有些区域的社会关系已经突破平等的边界,向不平等、私有制迈进之时,别的一些区域的发展势必会受到影响,因为区域之间是相互连锁的。两淮就是这类连锁区域的一个中间部分。社会大环境发生变化,小环境必然会受到蝴蝶效应的波及②。不过,我在前文中曾指出,由于区域位置不一,社会关系分化的程度也并不一致。一般而言,中心区域的贫富、阶层分化更为明显,等级的区分度更大、层次更多。而相对边缘区域的社会关系分化整体上可能不如中心区来得剧烈。如前文提及的尉迟寺遗址、蒋庄遗址。从宏观层面上看,整个两淮过渡地带,从新石器至青铜时代,社会关系的分化程度低于中原、环太湖、海岱中心地区。当然,两淮区域内部也有若干中心性遗址(如凌家滩、藤花落)显示出了社会关系分化剧烈的现象。

社会关系的不平等在大汶口文化时期之后的龙山文化时期仍在继续,并且不断地扩大。各大区域中心依旧保持着独立发展的趋势,与对外影响的能力。龙山文化时期,两淮过渡带则持续地受到北方强势中心区域的影响。之后的岳石与二里头文化时期,两淮继续受到强势文化的影响,其中以北方文化的影响较为显著。龙山文化时期两淮的社会进程较明显地体现出是在区域互动的背景下迈进的。

进入商周时期,中心—边缘的政治与文化格局已然成形。强势的商文化开始向外扩张,两淮地区受到商文化的影响,当地的一些小型政权可能奉商王国为宗主国。接着,西周时期,周人与两淮一带的淮夷有反复的争斗,周人对这片区域的经略极大地影响了它的社会进程。进入春秋时期,一直未曾平静的两淮地区陷入更多区域势力(以吴楚二国势力最突出)的纷争之中。两淮间小国一步步被蚕食,在蛮夷戎狄中,夷是最早汇入帝国洪流中去的。

何以苏皖两淮地区的社会进程,体现在文化发展上,难以获得可持续的发展,而体现出一种异质性的文化序列或者文化的中断? 在异质性的文化连接中,何以

---

① 人群的流动也会在这样的社会背景下发生。池子华在研究中国近代流民时指出,流民的流向具有选择性,其一是人口高压区流民流向人口低压区或负压区。这在人口学上,称为"人口压力流动律"。见池子华:《中国近代流民》,社会科学文献出版社,2007年,第97页。
② 在区域互动还不是太频繁剧烈、区域社会关系分化还不是太明显的阶段可谓老子所说的鸡犬之声相闻、老死不相往来的社会,而文明化的进程其实是不"文明"的,而是伴随着血腥、暴力与野蛮。

起先有着较为明显的地方特色,随着时间的推移,这种地方特色又越来越不明显呢? 问题的根本是什么? 要回答这个问题,必须从两淮地区的地理位置来寻求答案。

苏皖的两淮地区是夹在南面的太湖、宁镇地区与北面的中原、海岱地区之间的一个"中间地带"①,也是淮河中下游一线南北伸缩的过渡地带。同时,若从海岱、中原或太湖的视角看,它又是这些区域向外扩展的边缘地带。如《禹贡》曰:"海、岱及淮,惟徐州。"苏皖的淮北部分正是海岱地区的南缘部分。

如果能够从一幅三维的中国地形图上观察,可以格外明显地发现,苏皖淮北与江淮的西部、北部和南部在海拔上均高于它,西面的大别山,东南—西北走向,一般海拔500~800米,山地主要海拔1 500米左右,其斜亘在江淮与江汉之间,令此间交通不再顺畅;北面,从淮北平原往北,地势渐高,是鲁中南山地;往南,长江以南中国南部的地形也多以山地为主,例如宁镇、皖南、江西、福建等地;而东面,则是大海。因此,大约处在中国南北中间位置的两淮,从地形上看,是最为顺畅的南北过渡和廊道地带。身为一个地理的交汇地带,不同文化因素在此交融是理所应当的。

然而,对于中间过渡性地带,人们在讨论它对于文化互动的影响时,往往过分注意了它能促进文化交融的一面,而忽视了过渡带"脆弱"的一面,特别是对它的本地文化所受外域文化的冲击和干扰这一方面未有足够的重视。

在地理上,苏皖两淮地区是自然景观与农业品种渐变地带,属于生态学上的交会带(ecotone)。国际生态学家在1987~1988年对"ecotone"提出新的概念:

> 在生态系统中,凡处于两种或两种以上的物质体系、能量体系、结构体系、功能体系之间所形成的"界面",以及围绕界面向外延伸的"过渡带"的空间域,即称为生态环境脆弱带(ecotone)。界面"脆弱"的基本特征,包括(1) 可被代替的概率大、竞争的程度高②;(2) 可以恢复原状的机会小;(3) 抗干扰的能力弱,对于改变界面状态的外力,只具相对低的阻抗;(4) 界面变化速度快,空间移动能力强;(5) 非线性的集中表达区,非连续性的集中显示区,突变的产

---

① 有学者专对魏晋南北朝时期的"中间地带"(包括了苏皖的淮北和江淮区)进行过研究。参见陈金凤:《魏晋南北朝中间地带研究》,天津古籍出版社,2005年。
② "过渡带"或者"接触带"的空间通常具有高度的可渗透性。林嘉琳对李峰《西周的灭亡》一书做的短评中也提到"接触带"空间的特征。李峰著:《西周的灭亡——中国早期国家的地理与政治危机》(增订版),徐峰译,上海古籍出版社,2016年,第392~393页。

生区,生物多样性的出现区①。

这几项界面"脆弱"的特征在苏皖两淮地区均可以看到。以江淮东部来说,该区由于滨海,对海平面的变化特别敏感。该区别说在史前时期,即便至近代,生态环境也是相当恶劣的。这对于生产力还不发达的史前先民而言,更多时候只能对这种外部环境进行被动的适应,而无能力进行改造。在江淮东部的社会进程中,生态环境总体上的恶劣是该区域文化发展最大的干扰因素。这种干扰对于生存在该区的考古学文化一视同仁,无论是在一定时段内土著性的龙虬庄文化(该文化在当地也无直接来源,故也可能是从外域迁徙而来),还是来自太湖区的良渚文化。虽然在龙虬庄文化第三期之时,良渚文化在江淮东部已经发展出一定的局面,但是目前看来,它们也没能够适应下来。这极好印证了史前江淮东部这片生态界面的脆弱性,活动于此间的文化,中断或者被代替的概率相当之高。苏北地区亦然,文化序列也经常中断,受环境变化影响较大。安徽淮北与江淮地近淮河中游,沼泽与洪水泛滥对此间的文化发展也有影响。

除了生态环境会对该区原始文化的社会进程造成干扰和制约外,由于两淮地区属于中间界面,空间移动能力强,南北两面的强势文化对中间地带的文化发展也造成了干扰。例如,江淮东部原始文化第二期后段出现太湖流域崧泽文化因素,崧泽文化借助江淮东部这一廊道,向北传播,抵至苏北鲁南大汶口文化阵营。到第三期,良渚文化继承了崧泽文化北上的传统,以更具规模之势渡江北上,青墩遗址此时已成为良渚文化分布区。良渚文化还进一步北上,经阜宁东园,深入苏北,其空间移动能力可见一斑。同样的,北面的大汶口文化则往南传播。如此一南一北的文化汇流,突显了江淮地区的廊道特性。江淮地区的文化变迁反映,该区文化抗干扰的能力弱,所以才会频繁的变化。这些曾经在两淮地区短暂停留过的文化遗存之所以被代替的概率很高,与两淮地区是中间界面有关。可见,界面处的空间移动能力是相当强的。景观生态学理论认为廊道大致具有四种功能:(1)生境,某些物种生存与发展的暂息地,这类物种多了,便在形式上构成不同的斑块;(2)传输通

---

① 参见牛文元:《生态环境脆弱带 ECOTONE 的基础判定》,《生态学报》1989 年第 9 卷第 2 期。再以古人对两淮军事地理方面的意见来说明此地的抗干扰能力弱。《金史》记载:"夫藩蓠之固,当守信义,不务此,虽长江之险,亦不可恃,区区两淮之地,何足屏蔽而为国哉!"(元)脱脱等:《金史》,中华书局,1975 年,第 2078 页。

道，如植物传播体、动物以及其他物质随植被或河流廊道在景观中运动；(3) 阻抑和过滤作用，如道路、防风林道及其他植被廊道对能量、物质和生物(个体)流在穿越时的阻截作用；(4) 作为能量、物质和生物的源或汇。

　　这种居处底层的地理结构与功能深深影响了这片区域的社会进程。从两淮地区的文化面貌来看，两淮的确曾经频繁为诸如崧泽文化、良渚文化、王油坊类型龙山文化、岳石文化等外来文化提供了暂息地。这些文化皆在两淮间有过短暂停留，它们以异质性斑块的形式嵌入两淮。从宏观和长程的视角看，它们的存在具有间歇性和分散性特征，属于一种破碎化生境。它们能够在两淮居留，当然是廊道的连通功能起的作用。而当这些文化斑块居留于此间并转化为暂时性的本土文化时，它们又会对外来文化的进入产生阻隔作用。这种"阻隔"的具体表现很可能是文化间，甚至是军事上的冲突。两淮地区的社会进程中有很多这样的例子。例如前文曾经引述过严文明的观点。他认为花厅有殉人大墓的主人是良渚人，良渚文化的一支武装力量北上征伐，打败了花厅居民并实施了占领，战争中一些战士牺牲了，故就地安葬，并随葬以反映本族特色的玉器和陶器等物品，同时将敌方的儿童和妇女作为殉葬品。同样的，最近兴化、东台蒋庄遗址的良渚文化材料显示，良渚人迁徙到蒋庄后，与当地土著部落可能发生过争斗。据考古工作者甘恢元介绍，蒋庄M243 埋葬的 40 多岁的女性缺失右手；M56 的男性墓主约四五十岁，不见头颅；M150 的女性墓主约四五十岁，其顶骨被齐刷刷切断；还有 M158，墓主男性，约四五十岁，骨骼凌乱，葬具是一段粗木掏空的船形棺；棺内另有一具无头女性遗骸。另据朱晓汀对蒋庄遗址人骨的鉴定与统计，15~35 岁的死亡者约占 67%，蒋庄的先民面临着较大的生存压力①。一句话，蒋庄遗址显示了相当暴力迹象的存在②。

　　史前时期文化格局的特征在后面的历史时期也有反映。目前一种新兴的学科景观遗传学从发现空间遗传格局入手，首先发现种群遗传的空间结构特征，然后将其与景观结构、环境因子相联系，进而推测景观环境对种群遗传结构的塑造作用和对种群进化的影响③。两淮过渡带的地理结构对于该区的政治群落的塑造正有着遗传性影响。传统的种群理论是以"均质种群"为对象的，即假定种群生境的空间

---

① 以上信息引自赵晓瑜、王宏伟：《长江以北首次发现良渚文化聚落——234 位"良渚人"骨骼隐藏中华文明基因》，《新华日报》2016 年 3 月 1 日。
② 蒋庄考古材料的最新公布，见甘恢元、林留根等：《江苏兴化、东台市蒋庄遗址良渚文化遗存》，《考古》2016 年第 7 期。
③ 邬建国：《景观生态学——格局、过程、尺度与等级》，高等教育出版社，2009 年，第 40 页。

连续性和质量均匀性,而且所有个体呈随机或均匀分布,个体之间有同样的相互作用的机会。但实际上,绝大多数种群生存在充满斑块性的或破碎化的景观中。为此,美国生态学家 Levins 在 1970 年创造了复合种群(metapopulation)一词,用来表示由经常局部性绝灭,但又重新定居而再生的种群所组成的种群。换言之,复合种群是由空间上彼此隔离,而在功能上又相互联系的两个或两个以上的亚种群(subpopulation)或局部种群(local population)组成的种群斑块系统[①]。

自新石器时代开始,两淮地区的考古学文化在空间上就不是均质性的,时间上也非全然连续性。到青铜时代,例如西周时期,淮夷族群联合体的形成是两淮地区为那些遭受周人讨伐的东夷提供的一个栖息生境。西周早期,本居山东的夷人向南迁徙,落脚苏皖淮北地区。之后由于受到周人征伐,到西周中期,他们又迁至淮南,所以金文中出现"南淮夷"。淮夷族群联合体的形成与移民有密切的联系,而传统的考古学文化与族群的对证研究恰恰假定生存空间的连续性,忽视了族群的游徙性,如此基础上的对证溯源,无异于"刻舟求剑"。淮夷族群联合体的社会组织形态呈现为分枝性结构,由多个"种群"构成,体现出"复合"的特征。这些种群一直延续到春秋时期,在政治生态上表现为小国林立、寡弱分散式的破碎化生境,这种政治景观结构与新石器时代并无本质性的不同。而在社会形态演进上则正好符合苏秉琦所说的"古文化、古城、古国"的发展进程。诸多淮夷小国生存于两淮这一过渡地区,当南面的吴和西面的楚在争霸战争中要从这个中间区域通过时,这些小国无疑扮演了妨碍、阻抑的角色。在这种情况下,吴楚在试图穿越该区的过程中,不得不与此间的政治群落发生冲突,这便是"干扰"的出现。在吴楚势力的冲击干扰下,两淮地区的政治群落受到损伤,结构开始发生变化。景观生态学理论还认为,斑块越小,越易受到外围环境或基底中各种干扰的影响[②]。而且种群会经常局部性绝灭,但又重新定居而再生。春秋时期两淮间的群舒就发生过这种现象,先是被灭,之后有些又得以复国。而且,也是因为这种破碎化生境的存在,这片地域的多元传统与人群的自由迁徙才有可能。

让我们把目光再放长一些,看看这种地理结构与中古时期政体、势力格局相互作用后的情形。魏晋南北朝时期,南方无论是守国还是向北方进攻,江淮必据必

[①] 邬建国:《景观生态学——格局、过程、尺度与等级》,第 49~50 页。
[②] 邬建国:《景观生态学——格局、过程、尺度与等级》,第 35 页。

守;反之,北方欲压迫江南,江淮也是必夺必取。所以在这一时期形成了明显的中间地带。中间地带是南北分裂、割据的产物,而中间地带一旦产生,就反作用于分裂、割据的形势。中间地带的出现、存在与消亡,是南北综合国力相较量的结果①。这个中间地带再次为一些小规模的族群势力提供了栖息生境,同样的,这种生境是零碎分散的。《魏书·蛮传》:"(蛮)在江淮之间,依托险阻,部落滋蔓,布于数州。东连寿春,西通上洛,北接汝颍,往往有焉。其(蛮)于魏氏之时,不甚为患,至晋之末,稍以繁昌,渐为寇暴矣。自刘石乱后,诸蛮无所忌惮,故其族类,渐得北迁。陆浑以南,满于山谷。"②这些蛮的种类繁多,言语不一,与东周时期的政治生态很是相似,属于分枝性结构。最有意思的是,史书中曾经将汉末江淮间的一支人群称为"淮夷"。《后汉书·孝桓帝纪第七》记载:"方今淮夷未殄,军师屡出。"李贤注曰:"本初元年,庐江贼攻盱台,广陵贼张婴等杀江都长。盱台、江都并近淮。故言淮夷。时中郎将滕抚屡击破之,其余众犹未殄也。"③此"淮夷"非彼"淮夷",实指庐江的反叛势力。因其地旧为淮夷分布,故以"淮夷"称之。岂是地理结构的类似,连地理结构导致的相同的政治生态都让人产生了历史的错觉。

南北朝时期,两淮边境地带也曾发展出武装豪族,他们成为南北政权之间不容忽视的缓冲力量,关系南北区域文化、政权的分与合。同时对于这片区域的豪族而言,由于经常遭到军事威胁,边境豪族也很难在这一地区获得持久性地发展④。这种历史现象与西周时期的淮夷、东周时期的群舒的处境颇为相似。

两淮地区新石器与青铜时代文化、政体及族群格局中这种间歇性与破碎化生境的特征其实在很多其他领域都有体现。一个典型的文化现象是方言的分布。方言是文化的活化石。它是地方文化的一种,与物质遗存一样,也具有地域的多样性。将方言分布范围的进退、类型用来观照早期的文化格局,非常有启示。仅以江淮东部来说,汉语方言学界一般认为古吴语曾经北至淮河流域,这个论点得到传世文献和现代方言材料两个方面证据的支持⑤。这与上述史前良渚文化北抵淮河是相一致的。同时,从今天的方言分布来看,江淮东部主要是江淮官话。这类方言是历史上北方人南下带来并在时间中逐渐形成的。吴语的北进与南退,也与史前时

---

① 陈金凤:《魏晋南北朝中间地带研究》,第17页。
② 魏收:《魏书》,中华书局,1974年,第2245~2246页。
③ 范晔:《后汉书》,中华书局,1965年,第288页。
④ 参见韩树峰:《南北朝时期淮汉迤北的边境豪族》,社会科学文献出版社,2003年。
⑤ 可参见李小凡、陈宝贤:《从"港"的词义演变和地域分布看古吴语的北界》,《方言》2002年第3期。

期良渚文化与大汶口文化、龙山文化在两淮间的南北互动十分相似。江淮东部属于南北过渡带,其方言极具复杂性,这同样与史前时期江淮东部存在诸多文化斑块相近。江淮一带为移民及其语言提供了栖息生境。江淮历史上有很多小方言的存在,而目前濒临消失,则又反映了廊道地带文化斑块的多样性与不稳定性①。对方言问题的关照,让我们从其他文化领域获得一种可以比较的经验。就此处的方言问题而言,我们可以看到,方言的差异与移民是有很大关系的。江淮东部方言的多样与频繁的人群及文化互动是脱不了干系的。由此回过头看前文对王油坊类型龙山文化遗存、周邶墩岳石文化遗存的讨论。很难想象在没有区域文化互动的背景下,这些在文化面貌上与此前的文化有显著差别的物质遗存会是土著文化自发产生的变异,故从外来文化移民的角度来对之解释不失为一个好的视角。

两淮社会进程中的遗传性现象也会在一些具体的例子上看到,例如移民。我们知道,王油坊类型龙山文化、周邶墩岳石文化在江淮东部都找不到本土文化源,而是属于北来的移民文化,但是这种文化遗存,又均不是以江淮东部作为最终的落脚点,因为在比江淮东部偏南的南部,在镇江马迹山、江宁点将台、江阴花山、松江广富林都发现了它们的踪迹。同时,这两类遗存在江淮东部又没有后续。因此不能不让人以为,江淮东部不过是它们南徙链条中的一站而已。到了商周时期亦然,由于受到中原王朝势力的逼迫,两淮地区成为移民的廊道,淮夷族群认同的重要历史情境便是"移民"。

西晋永嘉之乱后,曾有大量北民南徙。谭其骧在论述永嘉丧乱之后北民南徙问题之时,有过详细的总结,不妨引之,以与新石器和青铜时代略作对比。

谭氏依据接受移民性质的差异,将所涉区域分成东西两区。谭说:"东区,包括江域下游及淮域。是区以河域下游、山东、河北及河南东部之人为移民主体。"②此东区,与我们讨论的淮北、江淮区域大抵一致。谭又将此东区分为三小区:

> 一、江苏之大江南北,——以山东及本省北部人为移民主体,河北、皖北副之。二、安徽省及河南之淮以南,湖北之东部,江西之北边——以河南及安徽北部人为移民主体,河北、苏北副之。三、山东之河以南,——以河北及本省之

---

① 苏皖两淮地区若干东周墓葬的墓主因属性不明而有争议,随葬器物风格多样也是对廊道地道文化斑块多样性与复杂性的一个直接反映。例如江苏邳州九女墩春秋墓有徐墓、吴墓之争,安徽舒城九里墩春秋墓有舒墓、蔡墓之争,包括邻近的江苏丹徒北山顶春秋墓有吴墓、徐墓之争等等。
② 谭其骧:《晋永嘉丧乱后之民族迁徙》,《燕京学报》1934年第十五期。

河以北人为移民主体。①

谭在文末又总结道：

> 中原人民南迁，其所由之途径，颇多可寻。……时邗沟已凿，穿通江、淮，故沟南端之江都及其对岸之镇江、武进，遂为山东及苏北移民之集合地。淮域诸支流皆东南向，故河南人大都东南迁安徽，不由正南移湖北也。②

不难看出，这一迁徙特点，与我们对新石器和青铜时代本区观察到的迁徙是相似的。谭氏所谓"永嘉丧乱后民族迁徙之大势，为北之东部人徙南之东部。北之西部人徙南之西部"，是对一个特定历史时期民族迁徙做的分析，而我们通过对比之后发现，任何一个时期的民族迁徙，对于接受徙民的那片地域来说，都不过是一次历史的表象。而其本相则是，两淮这片区域，地形是从西北向东南倾斜，如同水往低处流这个道理一样。同时，两淮之西有大别山封锁，东面是茫茫大海。因此，若要谈到迁徙，两淮是最佳的通道。这种特殊的地理情势正是历史上多次民族迁徙能够反映出相似迁徙模式的本相所在。

池子华对中国近代流民的研究也发现，苏、皖淮北流民的空间流向，虽然可以用"饥民四出""散之四方以求食"来描述，但"江南流"是其主流③。而赴江南，必经两淮。

两淮以南之地也曾向中间地带有过移民。来自环太湖地区的崧泽文化、良渚文化因素都在两淮地区有过发现，文化因素的背后少不了移民。东周时期，吴国、越国均曾北上争霸，其间亦有徙民。西汉时期，武帝曾将东瓯、闽越之民徙居江淮间。《史记·东越列传》："建元三年，闽越发兵围东瓯。东瓯食尽，困，且降，乃使人告急天子。……遂发兵浮海救东瓯。未至，闽越引兵而去。东瓯请举国徙中国，乃悉举众来，处江淮之间。"《集解》徐广曰："年表云东瓯王广武侯望，率其众四万余人来降，家庐江郡。"④

同样是来自南方的移民，很少为人注意的是，在明朝初年，曾有两万多粤人迁移

---

① 谭其骧：《晋永嘉丧乱后之民族迁徙》。
② 谭其骧：《晋永嘉丧乱后之民族迁徙》。
③ 池子华：《中国近代流民》，社会科学文献出版社，2007年，第96页。
④ 司马迁：《史记》，第2980页。

到今天的苏皖境内。由于战争和饥荒,凤阳府所剩人口不多,为了建设凤阳府,明朝政府从各地强行迁来很多富户。《明太祖实录》卷一四八记载,洪武十五年(1382年)九月,迁广东番禺、东莞、增城诸县的元将何真属下降民24 400余人到泗州屯垦。卷一百五十六记载洪武十六年又迁广东清远县1 307人到泗州屯垦,合计25 700多人①。

这些南来北往移民的例子表明,在一个宏观的历史背景下,两淮的社会进程体现了一种流动与定居的现象。人来人往,进进出出。居留此间的文化、人群往往呈现为多样性、分散性及间歇性等多种复杂的特性。从宏阔的历史进程看,过渡带,尤其是廊道地区变化速度快,空间移动能力强。各种物质流、物种流和信息流,都以高密度、高流速和少停留的方式从此通过②。这就从根本上决定了这片区域相较于稳定的文化母区,不可能凝聚和沉淀起深厚的文化底蕴。此间的人群与文化很难在一个稳定的、僻静的、可持续的发展程序中经营下去。徐国物质遗存的发现颇能反映这一特征。有关徐国的物质遗存迄今发现不多。而且非常有意思的是,已经发现的属于徐国的遗存很多不是出于徐国所在的苏北。以徐国青铜器为例,很多是在两淮之外的区域发现的,如江西③、浙江④、山西⑤等地。这些青铜器在这些区域被发现,原因可能是多样的:国家与国家之间的礼器馈赠、婚姻嫁娶的媵器,此外也有很多是徐国移民带过去的⑥。也即是说,徐国的物质遗存并没有在徐国的本

---

① 周运中指出,明朝初年的江淮大地,不仅有来自中国岭南、河北各地的移民,还有很多明朝军队收编的蒙古人、高丽人、女真人、色目人,来自中亚、西亚的各种色目人也没有全部变成后世的回族,有很多色目人和其他各族人一样,融合在了江淮汉族之中。见周运中:《六百年前到江淮的广东移民》,《寻根》2013年第1期。
② 当然,反过来,两淮过渡带相当于一个"界面"地区,界面对通过它的能流、物流和信息流具有过滤作用。因此,也有很多因素在此间留下来了。关于"界面"的理论,参见邬建国:《景观生态学——格局、过程、尺度与等级》,第71页。
③ 江西省历史博物馆、靖安县文化馆:《江西靖安出土春秋徐国铜器》,《文物》1980年第8期。
④ 浙江省文物管理委员会等:《绍兴306号战国墓发掘简报》,《文物》1984年第1期;钟遐:《绍兴306号墓小考》,《文物》1984年第1期。
⑤ 山西省文物管理委员会侯马工作站:《山西侯马上马村东周墓葬》,《考古》1963年第5期;张颔、张万钟:《庚儿鼎解》,《考古》1963年第5期。
⑥ 例如江西靖安,除了发现徐国铜器外,2006~2007年,江西省考古研究所偶然发掘了一座奇特的东周时期大型带封土"一墓多棺"竖穴墓葬。墓坑中填有青膏泥,共埋葬47具木棺,其中G47为主棺,其余46座为陪葬棺,这一埋葬习俗令人叹为观止。依据墓中年代特征明确的青瓷器及越式青铜鼎,兼与周边区域同类器物比较,该墓年代相当于春秋中晚期,距今2 500年。由于该墓曾被盗,发掘中没有发现能够自证墓葬身份的铜器铭文这类遗物。不过这座墓葬恰好同1979年出土徐器的地点相近,不禁让人将两者联系起来。发掘者又结合当地徐、舒两种姓氏很多这种现象,大胆假设该墓葬与徐人有关,认为徐国灭亡后,徐遗民奔徙至此。笔者赞同这一观点。参见江西省文物考古研究所:《江西靖安县李洲坳东周墓葬》,《考古》2008年第7期;徐长青:《李洲坳古墓——徐国遗民的最后归处》,《中华遗产》2009年第2期。

地——苏北得到积累与保存。相反，它们很多散布到了两淮以外的区域①。此外，两淮地区目前发现的西周铜器数量并不多，特别是与皖南的相比。我曾经指出，江淮与强势政治中心关系的好坏，会影响到江淮一带居民的迁留。如果强势中心对这个区域的逼迫过于厉害，那么这个区域的人群就会相应地逃离这片区域，在迁移的过程中，当然伴随着物资的流动。作为这种行为的一个直接结果，便是在毗邻区域，通常是南方，如皖南，就会在一定程度上聚积更多的物质遗存。皖南发现相对多的西周铜器，就要考虑到这种因素②。

从上述移民的原因也可以看到，很多移民是被迫而至两淮的。如王油坊类型龙山文化遗存与高邮周邶墩岳石文化遗存、西周时期的淮夷，我并不认为它们的迁徙发生于扩张的背景下，相反它们更像是一种撤退与逃离。王油坊类型龙山文化所在的龙山时代是一个动荡剧变的时代。岳石文化时期相比之前的龙山时代在文化上是一个衰退与低迷的时期。故它们在两淮，甚至环太湖、宁镇地区的出现很可能不是主动的扩张，而是被动的逃离。淮夷族群联合体的形成则明显发生在西周王朝征伐逼迫的情境下。东周时期，江淮之地也常成为诸多小国迁徙的栖息地。例如蔡国南迁，蔡国因不堪楚之欺凌，迁入州来，史称"下蔡"，成为吴的附庸国。公元前490年，蔡随吴军一起和楚激战，一度攻占楚之郢都，几乎灭楚。公元前476年，越灭吴，是时蔡又成为越之附庸，一度恃越而抗楚。

再如瓯越至此，属于避难。明初粤人至此，乃是被迫。两淮地区因此很像是一片收容之地，容纳了复杂多样的人群与文化遗存。两周时期，两淮的这种收容特性尤为明显，如上所论，淮夷就是一批不堪周人压迫迁至淮域而在历史进程中逐渐形成的人群。鲁西奇曾经讨论这类过渡与边界地带，他认为这些地带经常为那些逸出于社会关系之外的流民、亡命徒等"边缘人群"提供了居留空间。这类地区的社

---

① 此处徐国铜器没有在两淮间得到丰富的积累只是两淮地区流动性强的一个例子。从宏观历史进程来看，两淮地区的流动性堪称一种文化现象。西周时期的淮夷游徙性就颇强。近代淮北流民行乞江湖亦与"民性不恋土"的风俗有关。对此池子华有较详细论述，见池子华：《中国近代流民》，社会科学文献出版社，2007年，第78~79页。我认为这是一种非常有趣的文化现象。两淮地区毕竟属于传统的农耕社会，但在这种区域内部，竟也有过无论丰歉，流民流散而出，甚至累月不归之现象，颇有北方游牧民族"逐水草而居"的游徙风格。
② 徐峰：《江淮与皖南商周青铜器若干问题的思考》，《南京晓庄学院学报》2013年第5期。因为受到压迫而出现人群逃离在东周时期是较为普遍的现象。赵鼎新在讨论东周的"国人与野人"时提道："大多数历史学家忽视了国人所具有的一种消极的权力——如果他们受到了欺负，就会出逃。"见 Dingxin Zhao, *The Confucian-Legalist State: A New Theory of Chinese History*, Oxford University Press, 2015, p.71.

会关系网络多凭借武力,或以利相聚,或以义相结,或以血缘、地缘相类,具有强烈的"边缘性"①。这就进一步谈到了过渡边界地带人群与文化的属性,而这一点,同样在两淮的社会进程中具有一种连绵性。两淮,特别是淮北而言,其人群与文化在历史上以"土气强犷"而知名。从西周时期的淮夷,到汉代楚地的民风民性、魏晋南北朝两淮间诸蛮,再到十九世纪苏鲁豫皖交界区域的捻军,以及清季民国时期淮北凶悍的枭匪②,呈现了一以贯之的剽疾激越③。这无疑与这片区域交界、边陲的特征有关,如中心政治权力对此不能充分控制,动乱便极易发生。

将以上诸多事例连贯起来看,恰好印证了廊道地带能为某些物种提供特殊生境或暂息地的理论观点。同时,我想多强调一点的是,良渚文化、王油坊类型龙山文化、岳石文化、淮夷等文化斑块和族群在两淮间的存在,实际上都是从文化母区迁徙至此,两淮作为海岱和太湖两大文化中心区的中间地带,犹如一个夹缝(廊道)。上述文化斑块和族群是间隙出现的。进而,这种"缝隙中的发展(interstitial development)"成为两淮地区社会进程的一个重要动力④。外来文化在介于南北之间的廊道中发展,也在此间灭亡。

我之所以从长时段的视角来考察并总结两淮社会进程中诸多相似的现象,包括文化斑块的多样性与破碎化生境、族群的分枝性结构、文化发展"断裂地连续"模式、移民现象的遗传性、民风民性的强犷等等,是希望以有文献记载的历史时期来观照无文字的史前时期,是想透过长时段的诸多相似的表象,尽可能地去发现历史脉络中的一种"历史的长期合理性"⑤,或者如景观生态学者俞孔坚所称的"并非偶然的同构现象"⑥。在"并非偶然的同构"中,包含了多种反复连续的结构:断裂的

---

① 鲁西奇:《"内地的边缘":传统中国内部的"化外之区"》,《中国历史的空间结构》,广西师范大学出版社,2014年,第244页。
② 对清季民初淮北枭匪的论述,参见马俊亚:《被牺牲的"局部"》,北京大学出版社,2011年,第201~209页。
③ 胡阿祥、张文华基于文献记载纵向论述了很多这方面的例子。见胡阿祥、张文华:《淮河》,第118~138页。池子华亦有相关论述,见池子华:《中国近代流民》,社会科学文献出版社,2007年,第61~65页。
④ "缝隙中的发展"这个概念借用于迈克尔·曼。见 Michael Mann, *The Sources of Social Power: Volume 1, A History of Power from the Beginning to AD 1760*, Cambridge University Press, 1986.
⑤ 由此我们也不免会想到杜牧"丸之走盘"的妙喻:"丸之走盘,横斜圆直,计于临时,不可尽知。其必可知者,是知丸之不能出于盘也。"(杜牧:《樊川文集》卷一〇《注孙子序》,陈允吉点校,上海古籍出版社,2009年)。余英时说这个"盘"是传统的外在间架,"丸"则象征着传统内部的种种发展的动力。两淮早期社会进程中,我们也可以看到这个架构,即"盘"的存在,体现出历史的长期合理性,倘若有一天它出现不合理了,或如余英时所说,便是"丸已出盘"。余氏简短的譬喻式分析,余英时:《朱熹的历史世界:宋代士大夫政治文化的研究》,三联书店,2004年,第7页。
⑥ 俞孔坚:《中国人的理想环境模式及其生态史观》,《北京林业大学学报》1990年第1期。

连续、流动与定居、冲突与融汇。这些结构潜藏在两淮地区的社会进程中,既是社会进程的内容,又是影响社会进程的动力。但是也需提醒的是,这类结构作为历史进程中的一种动力虽然塑造,但是并不决定历史,因为一个社会的结构性环境,虽然有时是持久的,但也会被人类活动所改变①。

与此同时,从新石器至青铜时代,我们还充分见证了两淮地区不断被边缘化的过程。从大汶口文化中晚期开始,两淮相对于海岱中心区而言,是中心外围的边缘区;相对于太湖地区的良渚文化而言,也是边缘区。渗透到两淮之间的南北文化,规模小些,便是文化因素;规模大到一定程度,便凝结成文化斑块或作为南北文化本底的一个文化亚型。随着时间的推移,以中原为中心的历史趋势日渐明显②。两淮,当然也包括其他区域,落入中原中心区域阴影的过程开始加快。这个过程从商时期开始逐渐明显,西周时期加剧。尤其在西周时期,两淮地区处于西周国家的边缘地带,随着王朝国家军事政治势力的进退而发生变动。西周王朝想将两淮纳入封建政治体制,但并未成功。进入东周时期,由于周王室的衰微,实质上已没有一个强大的中心,但是从民族层面上讲,两淮这一"夷域"是最早被融入"华夏"的,而华夏的中心区域也是在中原地区③。

总体来说,苏皖两淮地区的社会进程并非一种一元的标准化过程,而是诸多环境、社会因素及各种互动过程的总和。该区社会进程中曾不断接受来自周边其他发达的古代文明中心的影响。无疑,这对于该区域的发展进程而言,是比较尴尬的,两淮地区在早期中国时期无疑不是当时世界的中心,它处在一个"之间(between)"的位置。尽管这种"之间"的位置也有利于两淮对于不同地理文化形式的吸收和融合,但同时伴随的是,本区自发的主体性文化形态也会随之减弱和消失。两淮地区与王朝中心区或毗邻区域的互动,在时间的推进中,是多个史前文化区域向心、居中式的拓展。而进入王朝国家、帝国时期,是以中原为核心区的汉地社会("华夏文化")与各边疆区的非汉族社会("蛮夷文化")之间互动与整

---

① Dingxin Zhao, *The Confucian-Legalist State: A New Theory of Chinese History*, Oxford University Press, 2015, p.379.
② 赵辉:《以中原为中心的历史趋势的形成》,《文物》2000 年第 1 期。
③ 将两淮地区定性为"边缘"地区当然是一个阶段性的认识。因为两淮在历史上若干时期也曾是核心区。如冀朝鼎认为,在汉代,淮北地区灌溉发达,已取代关中成为中国核心经济区。见冀朝鼎著:《中国历史上的基本经济区与水利事业的发展》,朱诗鳌译,中国社会科学出版社,1981 年,第 78 页。又如唐以前,有"江淮熟,天下足"之谚。当时,淮河流域实际上比长江流域更富裕。参见马俊亚:《区域社会发展与社会冲突比较研究——以江南淮北为中心(1680~1949)》,南京大学出版社,2014 年,第 59 页。

合的历史过程。鲁西奇认为这一研究理路描述了一个"同心圆式"的结构模式。但这种从核心到边缘的同心圆式扩展是粗线条的,在这个体系的内部,到处都是大小不一的"空隙"——即使是在帝国统治的腹心地带,也存在着这样的空隙。他称这种"空隙"为"内地的边缘"[1],而这些空隙随着时间的推移,逐渐被王朝国家填充、抚平。

从新石器中晚期开始,区域之间的互动不断加剧。在相互作用圈不断靠拢的趋势中,我们也能大致看出,中国文化扩张的主导性方向是向着南方的。由于北方地区在生态上与中原的巨大差异,特别是草原地区缺水,使它只能发展畜牧业,而不同于大河流域的大一统农业文化,故中国文化北向的扩展始终是缓慢的。而两淮地区的淮夷正好处在南北地理的中间位置。无论是向心式的(如南方文化北上),还是由中心向外围拓展式(北方文化南下)的,两淮地带的文化与族群均首当其冲。这是"蛮夷戎狄"之"夷"何以首先融入"华夏"的重要原因。

本书的研究,旨在从宏观、整体和长时段的视角探索两淮地区早期的社会进程。虽然看起来加强了对于两淮在区域互动过程中体现的"负面"的一面,却并不意味着我在否定两淮地区社会进程中众多的进步与成就。特别是像皖北蒙城尉迟寺史前聚落遗址、含山凌家滩遗址、连云港藤花落遗址等等(随着考古的发现,将来应该还会有若干这样的遗址),都显示了在中间过渡地带,有些地点,甚而局部地区在社会发展过程中,与毗邻中心地区曾经保持过同步的发展,生业经济发达、文化繁荣、精神文化领域颇有亮眼之色,社会关系随着时代的推进也相应出现了分化,个别社会组织形态已经达到文明水平,政体已然是古国层次。甚至如西周时期的淮夷,也一时兴盛(徐国先君驹王西讨济于河)。然而两淮作为中国境内典型的南北过渡地带,不具备足够大的地理空间,地域的相对狭窄,空间竞争性强,并且空间破碎化生境特征明显,使得此间文化的演进,相比于南北的作为文化本底的太湖、海岱与中原地区[2],难以在广阔的面和持久的度上赢得可

---

[1] 鲁西奇:《"内地的边缘":传统中国内部的"化外之区"》,第 231~265 页。
[2] 尤其像中原地区,龙山文化时期,也有大量外来的文化因素汇入中原地区,但是由于中原有足够的"空间"容量,在文化因素层面,仍然以中原考古学文化为主,其文化属性并未发生根本改变。各地汇入的文化因素,反而被中原兼收并蓄,使得中原地区的实力不断增强,极大地推动了中原文明化进程,是该区进程的根本外在动力之一。相关论述,参见高江涛:《中原地区文明化进程的考古学研究》,社会科学文献出版社,2009 年,第 469~470 页。

观的表现。换句话说，这片区域的"累积性发展"是不足的，并且随着毗邻中心区域强势政治、军事与文化的发展和扩张，此间的文化与人群便经常性地受到干扰与挤压。也因此，这片顾炎武形容的"脊背之地"，难免在社会进程中会承受较多伤痛的历史记忆。

附录一 一水分南北：淮河的早期边界性

我在绪论中指出,两淮地区既有被视为一个整体的理由,又不能将之视为铁板一块。淮北是中原与海岱延展出来的一个边缘带。江淮是廊道地带,又可以是江南太湖区域的一个边缘带。所以两淮地区的地理属性便是边缘叠加过渡性。我认为新石器至青铜时代以来的这个区域,包括与其毗邻区域的社会进程大致是在淮河边界南北的冲突与融汇中进行的。有关淮河作为边界的问题,在商代、西周时期的讨论中,我已有所涉及。在本附录中,我将进一步聚焦淮河的边界性这一主题,利用考古与文献材料讨论淮河的早期文化与族群边界特性,以及随着时间的推移,这种边界性的消隐。

一 早期的文化边界

两淮地区是以淮河作为横轴的南北延伸区、过渡带。在两淮与周邻区域的互动中,有一个明显的事实是,这是一项与淮河有关的文化互动。淮河是这片过渡带中的一条边界。由于本书只讨论苏皖两省的两淮,因此这里只针对淮河中下游一线的早期边界。

淮河与秦岭一线作为中国自然地理的南北分界线是众所周知的。在气温、降水量、植被等方面,淮河虽然难以呈现泾渭分明的南北差异,但是说淮河一带是这些因素渐变的临界地带当是没有问题的。例如1月平均气温为零度的气温等值线沿淮河一带分布;淮河一带还是平均年降水量800毫米的等值线所在的区域;淮河一带又是阔叶林由常绿向落叶转变的临界地带,淮河以南阔叶树不落叶终年常绿,一过淮河阔叶树到秋天就枯黄落叶了。古人很早就有形象的描述来形容淮河的边界特性。如《晏子春秋·杂下之十》中所谓:"橘生淮南则为橘,生淮北则为枳,叶徒相似,其实味不同。所以然者何？水土异也。"[①]除却这些自然生态气候环境方面呈

---

① 《晏子春秋校注》卷六《内篇杂下》"楚王欲辱晏子指盗者为齐人晏子对以橘"章,张纯一:《晏子春秋校注》,梁运华点校,中华书局,2017年,第219页。

现的淮河一带的边界性,在政治与军事领域,古人也曾意识到淮河的分界与边疆特性。在历史上,长、淮经常成为南北政权的分界,同时也各是南、北政权的边界①。可以说,淮河一带作为南北差异的临界地带有着长久的历史传统,并且在很多方面都有反映。现在,我的问题是,考古学是否能够对淮河的边界性有进一步的建设? 20世纪后半叶,特别是改革开放以来,中国考古学获得了长足发展。众多的考古学材料重建、补正了大量不为人知的历史。在淮河的边界性这个问题上,我以为考古学最大的意义是可以从考古材料的角度,将这个现象向上追溯得更早。一般而言,边界用来指国家与国家、地区与地区之间的交界线。由于国家不是从来就有的,因此,对于人类早期社会而言,边界也可指代文化与文化之间的交界。同时,边界也有边境、边疆的意思,指的是国家、地区或文化的边缘地带。

从考古发现来看,自距今7 400~6 200年的北辛文化起,淮河中下游就呈现了它的文化边界性。北辛文化的空间分布以今山东为主体,苏鲁交界地区也属于此文化,江苏淮河故道以北地区均有北辛文化遗址的发现。北辛文化之后,距今约6 100~4 600年,大汶口文化兴起。大汶口与北辛文化有着密切的联系,两者有着一致的分布范围,在若干遗址,如王因、大汶口,均发现北辛文化在下、大汶口文化在上的地层叠压关系。大汶口文化是北辛文化的直接继承者。与北辛文化一样,大汶口文化系统的南缘也是淮河中下游一带。这一点,在第一章关于大汶口文化类型的论述中可以见到。

在不同的历史阶段和地域环境中,大汶口文化曾发展出不同的文化类型。作为大汶口文化的南部边缘,先后存在过刘林类型、花厅类型、尉迟寺类型等。这些大汶口文化地域类型在淮河北岸的存在,为我们发现淮河的文化边界特性提供了依据。当然,此处所谈边界主要是指淮河作为北辛、大汶口文化,甚至可以说是黄淮文化区的南缘边界特性。

刘林、花厅、尉迟寺是大汶口文化体系早、中、晚三个阶段的地域文化类型,且都在淮河北岸②。与这些文化类型大致同时期的淮河以南的文化面貌均不属于大

---

① 对长淮作为南北军事与政治边界性进行思考,历朝历代不乏其人。胡阿祥、张文华曾综述前人的相关思考,他们形容千里淮河为屏蔽东南的水上"长城",诚哉斯言。见胡阿祥、张文华:《淮河》,第224~231页。
② 苏北属于大汶口文化晚期阶段的遗址发现较少,有学者曾将泗洪赵庄的大汶口文化遗存定为"赵庄类型",归于大汶口文化晚期类型。见栾丰实:《大汶口文化的分期和类型》,《海岱地区考古研究》,山东大学出版社,1997年。

汶口文化。在江淮东部,距今 7 000~5 000 年是龙虬庄文化[①];而在安徽江淮间,距今 7 300~6 000 年是双墩一期文化与侯家寨一、二期文化[②],之后则是流行于距今 5 500~5 300 年的凌家滩文化;至于长江以南,则更是不同的考古学文化谱系。由此,我们可以从考古学文化分布看到淮河、长江在新石器时代都呈现出了它们的边界性。

大汶口文化时期,淮河的中下游一带已经比较明确地分割出不同的考古学文化区,客观存在的边界特性显露出来。今苏皖两省境内淮河北岸的若干大汶口文化类型正是以海岱地区为中心的大汶口文化从北向南的变化累积到达的临界地带。尤其是尉迟寺类型和花厅类型,充分见证了生态学上所谓的"边缘效应(edge effect)"。边缘效应是指斑块边缘部分由于受外围影响而表现出与斑块中心部分不同的生态学特征的现象[③]。尉迟寺与花厅遗址所在的边缘环境一方面能提供最丰富的生存所必需的物质、能量。另一方面,它也使他们面临更为严峻的考验,包括更为激烈的竞争和更为频繁的自然灾害(剧烈的物质和能量的运动)。并不是所有人(部落)和动物都能生活在这种边缘地带。我们知道,在史前时期,皖北、苏北的生态环境时好时坏,这可以从这两个小区在不同时期的遗址数量上见到[④]。

大汶口文化之后的龙山文化、岳石文化时期,淮河仍然是黄淮考古学文化的南部边缘。如龙山文化中的尹家城类型、尧王城类型及王油坊类型的南部边界大抵均是淮河[⑤]。淮河与长江之间虽然也有龙山文化因素,但目前考古学界未曾将之归为龙山文化的某个类型,我们只宜将这些龙山文化因素视作文化间的正常交流渗透。龙山文化之后的岳石文化亦复如是,岳石文化的南缘类型包括尹家城类型、安丘堌堆类型、苏北类型。它们同样分布在淮河以北,淮河是岳石文化的南缘。与龙山文化相似的是,岳石文化在江淮间也有文化遗存的遗留,高邮周邶墩的发现即为典型[⑥],当然,它离岳石文化的母区已经较远,只应被视为文化因素的外流。

大体言之,边界不应该仅属于某一个文化。比如说 A 文化圈与 B 文化圈紧邻,

---

① 龙虬庄遗址考古队:《龙虬庄——江淮东部新石器时代遗址发掘报告》,科学出版社,1999 年。
② 安徽省文物考古研究所:《安徽考古的世纪回顾与思索》,《考古》2002 年第 2 期。
③ 邬建国:《景观生态学——格局、过程、尺度与等级》,高等教育出版社,2007 年,第 33 页。
④ 参见陈洪波:《鲁豫皖古文化区的聚落分布与环境变迁》,《考古》2007 年第 2 期。
⑤ 栾丰实:《海岱龙山文化的分期与类型》,《海岱地区考古学研究》。
⑥ 南京博物院考古研究所、扬州博物馆、高邮文管会:《江苏高邮周邶墩遗址发掘报告》,《考古学报》1997 年第 4 期。

那么边界既是 A 文化圈的边界,又是 B 文化圈的边界,同时也是 AB 文化的交界。那么淮河中下游一线是大汶口—龙山—岳石文化系统的南部边界,它又是何种文化的北界呢？根据考古材料,淮河以南、长江以北的江淮地区(特别是江淮东部)在新石器时代的文化序列呈现断裂地连续①。因此,大多数时候,淮河作为江淮本土文化或者以环太湖地区为母体的考古学文化的北界之特性不如它作为黄淮文化的南界来得清晰。不过在良渚文化时期,淮河下游一线作为良渚文化的北界,同时也是良渚文化与大汶口文化的交界特性是比较明朗的。从大汶口文化早期开始,江淮东部原始文化中已经出现了太湖地区崧泽文化因素,在龙虬庄遗址和青墩遗址中均有发现。崧泽文化越江北上,海安青墩在当时很可能是第一站。从青墩继续往北,沿海而行,经盐城、阜宁一带,道路畅通,无大的地形阻碍,越过淮河后,即抵苏北。大汶口文化早期,在刘林、大墩子、万北、新沂小徐庄、王因等苏北鲁南的大汶口文化遗址中,曾经发现过少量的崧泽文化因素;同样的,在崧泽文化遗址中,也见有大汶口文化的因素②。可以认为,淮河对于崧泽文化而言,基本上可算是文化北传的最大值。良渚文化时期,青墩遗址中的第三期(相当于大汶口文化中期)出现了较多良渚文化因素,如陶器中的黑皮陶贯耳壶、敛口钵形豆,石器中的有肩扁平穿孔石斧、有段石锛,以及采集到的琮、璧、瑗、镯、坠等玉器。三期时的青墩很可能已经成为良渚文化分布区③。近年兴化、东台蒋庄—五星遗址中良渚文化中晚期墓地的发现进一步证实了江淮东部曾为良渚文化北上的前沿地带④。再往北,在相当于大汶口文化晚期或良渚文化晚期(上限在距今 5 000 年,下限为距今 4 600 年)的阜宁陆庄遗址⑤,同时存在良渚文化和大汶口文化因素,反映了良渚文化与大汶口文化在中间地带的交接。至于前文已述的新沂花厅遗址则是对淮河下游作为史前南北考古学文化交界的最佳注脚。花厅发现了考古学上著名的"文化两合"现

---

① 龙虬庄遗址考古队:《龙虬庄——江淮东部新石器时代遗址发掘报告》;宋建:《江淮地区早期文明进程的断裂与边缘化》,《文物研究》第 15 辑,黄山书社,2007 年,第 58~62 页。
② 栾丰实:《论大汶口文化和崧泽、良渚文化的关系》,《中国考古学会第九次年会论文集》,文物出版社,1993 年,第 62~81 页;郝明华:《苏皖江北地区的崧泽文化因素》,《东南文化》2001 年第 5 期。
③ 燕生东:《海安青墩遗存再分析——江淮东部地区考古学文化研究之一》,《东南文化》2004 年第 4 期。
④ 林留根、甘恢元、闫龙:《兴化、东台蒋庄—五星遗址发掘》,《江苏考古(2010~2011)》,南京出版社,2013 年,第 25~27 页;甘恢元、林留根等:《江苏兴化、东台市蒋庄遗址良渚文化遗存》,《考古》2016 年第 7 期。
⑤ 南京博物院、盐城市博物馆、阜宁县文化局:《江苏阜宁县东园新石器时代遗址》,《考古》2004 年第 6 期;栾丰实:《论陆庄新石器时代遗存的文化性质和年代》,《考古》2000 年第 2 期。

象①。因为地处边界地带,南北两方的文化交流在此集结,形成了丰富多样的面貌。

近年蚌埠禹会村的发掘也一定程度上补证了淮河的南北交界性。禹会村的文化面貌与中原龙山文化、山东龙山文化、良渚文化、石家河文化等不同区域的文化存在相似之处②。毋庸置疑,这与禹会所在的淮河一带地处南北区域的中间交界地带这一地理因素有关。另外,禹会村遗址发现一处祭祀台基,呈甲字型布局。经解剖,从下至上的堆积为灰土夯筑层、纯黄土层、白膏泥土层。夯面不甚平整,呈凸凹不平状,并有大小不等的锅底形坑,坑壁及底部均为铺设的白膏泥层和纯黄土层,应为人类有意识的行为。在夯筑面中部还有火烧痕迹象。白土面上则存在同期人为的圆形罨底坑,以及成排的方坑,方坑底部的一端均有圆形迹象。发掘者认为这类遗迹的属性是"大型的礼仪性建筑基址"③。我同意这一论断,确定这类迹象背后的建设者是谁或有难度,但认为这些遗迹带有礼仪性与纪念性想必还是合情合理的。为什么要在蚌埠禹会这个地点开展礼仪性或纪念性活动呢?它所在的淮畔处在各方势力的交界位置或许是原因之一,之后历史时期的文献记载中也表明了这一点。

上述北辛、大汶口、龙山、岳石文化的地域类型在淮河北面形成,成为反映淮河中下游边界特性的标志,特别是作为黄淮文化区的南缘而言。与此同时,考古材料也可证明淮河下游同样曾经是南面良渚文化的北缘。随着时间的推进,当我们观照之后的历史时期,会在文献记载中一并发现淮河的边界特性。有关西周时期周人与淮夷的边界,前文已略有论述,此处再作些补充。

二 早期族群与政体边界

我认为文献材料中反映的淮河边界特性是从西周时期变得明确与广泛的④。西周的同期文献即金文,相较商代甲骨文已经有较长的叙事与丰富的内容,涉及政

---

① 高广仁:《花厅墓地"文化两合现象"的分析》,《海岱区先秦考古论集》,科学出版社,2000年。
② 中国社会科学院考古研究所、安徽省蚌埠市博物馆:《蚌埠禹会村》,科学出版社,2013年,第194~202页。
③ 中国社会科学院考古研究所、安徽省蚌埠市博物馆:《蚌埠禹会村》,第412~428页。
④ 当然,在商代晚期甲骨文中,就有了"方"的概念,王爱和认为,"方"是政治地域的概念,它最常被用来形容异族政体,代表了政治上和其他政体的疆域界线。而就文献中这种区域界线的明确与广泛反映,我以为是西周时期。参见王爱和著:《中国古代宇宙观与政治文化》,金蕾、徐峰译,上海古籍出版社,2011年,第47~58页。

治、经济、军事、宗教等多个范畴,为我们论证这一时期淮河的边界性提供了很多信息。西周金文中经常有诸如"南国""东国"的表述,朱凤瀚曾经指出"南国"的范围:东起江苏北部,经今安徽北部、河南东南部(今信阳地区),西抵河南西南部(今南阳地区),西南抵今湖北北部地区,大致即在淮河流域、南阳盆地与汉、淮间平原一带①。在这样的地域范围内,周王室分封了若干或姬姓或异姓的诸侯国,根据传统文献与金文的记载,被纳入周王朝封建体制的诸侯国有很多,例如宋、陈、蔡、胡、鲁、薛、滕等等。另一方面,一支与周人有别的族群相应发展起来,在周人的话语体系中,周人称之为"淮夷"。"淮夷"二字已清楚说明了这是一支活动于淮水的人群,周人在这支人群前冠以"淮"字,意在表明自己与他们的不同②。金文中又有"南淮夷",当指淮河南面的夷人。除了称谓外,淮夷与周人的战争也反映出淮河的边界性。例如禹鼎铭载:"鄂侯驭方率南淮夷、东夷广伐南国、东国,至于历内。"此处的"历内"一词,同样表明了周人与淮夷在地理格局和族群认同上的严格区分,即周人居内,淮夷在外。又如录卣铭云:"淮夷敢伐内国",也表达了相似的意思。在西周时期,今苏皖境内的淮河中下游已经是西周王朝的边缘地带。尽管苏皖两淮一带也受到了西周文化的影响,特别是在陶器的文化面貌上可见一斑,但是在政治体制上,周王朝还未能掌控此域。综合来看,到西周时期,界定淮河边界的依据,不再仅仅是"古文化","古国"的分布与古国的政治取向无疑也是界定边界的标志。

西周灭亡后,政治分裂,群雄逐鹿。在分裂的背景下,淮河作为南北交界的特性也多次得到呈现。"四渎"之一的淮河夹在黄河与长江之间,南北各距黄河与长江的距离差不多。因此,南北政治与文化势力经常会选择势力边境之地或者中间地带进行会盟,这在东周时期非常普遍。《春秋·僖公十六年》:"冬十有二月,公会齐侯、宋公、陈侯、卫侯、郑伯、许男、邢侯、曹伯于淮。"杜注谓淮在临淮郡左右,晋之临淮郡治在今江苏省盱眙县③。又《春秋·成公十五年》:"冬,十有一月,叔孙侨如会晋士燮、

---

① 朱凤瀚:《柞伯鼎与周公南征》,《文物》2006 年第 5 期。
② 前文说道,"淮夷"是一个族群联合体,由很多小国组成。对于周人而言,当他们在自己的文本中记录一支不同于自己的人群时,他们不可能一一介绍,而只能用"淮"所代表的边界来概括一类人。赵鼎新在讨论"国人"与"野人"时曾做了一个类比,与此处周人与淮夷的关系非常类似。他说:"大体上,人们总是对那些被他们视为'先进'的文化了解得更多,而忽视了那些他们视为'落后的'。希腊人视所有操非希腊语的人为野蛮人,这表明了希腊人没有兴趣对那些人进行分类。同样须指出的是,第三世界社会一般更熟悉美国社会,美国人则不熟悉第三世界社会。"见 Dingxin Zhao, *The Confucian-Legalist State: A New Theory of Chinese History*, Oxford University Press, 2015, p.73, 注 143。
③ 杨伯峻:《春秋左传注》,中华书局,2009 年,第 369 页。

齐高无咎、宋华元、卫孙林父、郑公子鳅、邾人会吴于钟离。”此年乃中原诸国始与吴通。钟离，当时属于吴楚边境。根据近年蚌埠双墩、凤阳卞庄春秋大墓及内出铜器铭文“钟离”二字的发现[①]。史料少载的钟离国就在蚌埠一带。又《左传·襄公十年》：“齐高厚相大子光，以先会诸侯于钟离，不敬。”又《左传·襄公三年》：“晋侯使荀会逆吴子于淮上，吴子不至。”杨伯峻注：“淮上，疑今凤台县境，淮水北”[②]。除了会盟，两军交锋也经常在边界地带。如《左传·昭公二十三年》：“吴人伐州来，楚薳越帅师及诸侯之师，奔命救州来。吴人御诸钟离，子瑕卒，楚师熸。”州来、钟离皆吴楚边境，且都在淮畔。另外，根据《左传》的记载，在夏代尚有“禹合诸侯于涂山，执玉帛者万国”以及周穆王时的“涂山之会”。关于“涂山”之地望，历史上有多种观点，不过近年先秦史学界多倾向于蚌埠怀远说[③]。由此可见，濒临淮河的地点作为会盟或战争前哨有着长久的历史传统，在这样的传统中，淮河的边界特性清晰地流露出来。

小结

中国的南北差异是在历史的长河中不断发展和成熟的。考古发现让我们将淮河的边界特性追溯到史前时期。实际上，淮河的边界性是始终存在的，只是随着岁月的前行，那些界定淮河边界性的标志变得不一样了，并且多样化了。在未有人类及其文化之时，淮河边界性的标志当属自然气候、物种植被等因素。进入新石器时代，考古学文化发达，界定淮河边界的标志则多了文化这一层面。到了有文献记载的历史时期，又可从文献中发现政体及具体的历史事件，它们同样可以体现边界。由此可知，淮河的边界性也是“层累地造成的”。这种边界性纵贯新石器与青铜时代，更在后面的历史时期有频繁体现。特别是在国家分裂时期，这种文化和族群的边界特性尤为彰显。例如从东晋开始，昔日淮夷所居的江淮已是华夏的一部分，东晋南朝僻居江南，犹为“中国”；十六国北朝拥居神州，犹为“夷狄”。不变的，是作为边界性的淮河。杨万里《题盱眙军东南第一山》中有句曰：“白沟旧在鸿沟外，易水今移淮水前。”王信《第一首》中有曰：“谁将淮水分南北？直到幽燕始是边！”淮河的地理边界性叠加了文化与族群的边界性，真是令人慨叹！

---

① 安徽省文物考古研究所等：《安徽蚌埠市双墩一号春秋墓葬》，《考古》2009 年第 7 期；安徽省文物考古研究所、凤阳县文物管理所：《安徽凤阳卞庄一号春秋墓发掘简报》，《文物》2009 年第 8 期。

② 杨伯峻：《春秋左传注》，第 928 页。

③ 中国社会科学院考古研究所、安徽省蚌埠市博物馆：《蚌埠禹会村》，第 422 页。

附录二　两淮社会进程中的精神文化

透过考古学材料去探求古人的精神文化在中国考古学界被惯常表达为"透物见人"。这是考古学研究中一个比较高层次的追求。俞伟超曾经表示："从考古发现中去探究古代社会的精神文明，是考古学中最精彩的。"①通过考古学材料去研究古人的精神文化，实际上正是古人所说的由形而下之器求形而上之道的过程。《左传·成公二年》中说："器以藏礼。"杨伯峻解释为："制定各种器物，以示尊卑贵贱，体现当时之礼。"②今天的精神文化考古研究，当然可以比这里的礼广泛得多。何驽最近对精神文化考古的定义是："探索人类社会认知能力的主流成果所形成的文化内涵，主要划分为宇宙观、原始宗教、意识形态、符号系统、原始艺术传统五个领域，更倾向于探索人类社会的精神文化内涵与结构及其与人类社会组织、物质文化之间的互动关系。"③为什么可以通过形而下的物质遗存去发现形而上的精神文化，原因很简单，因为各类考古遗存上凝结着制作它们的古人的思想。器物类似于一种"外在符号贮存"，人的思想、信仰与意图贮存在器物中，但器物并不是简单地存储它们，而是形成信仰并将其转变成现实这一过程中的基本要素④。在这层意义上，器物如同"魄"，而精神文化则是寄居在器物中的"魂"。

在附录二中，我想对两淮地区早期社会进程中的精神文化进行探讨。社会进程的内容当然包括精神文化发展的程度。精神文化是反映社会文明程度的一个重要指标。基于此，中华文明探源工程在前几年已将精神文化考古列为子课题，以期对各地区文明化进程中精神文化的发展成就进行揭示，并且追寻博大精深的中华文明的精神源头。当然，精神文化也是包罗万象的，所涉内容十分广阔。在本部分

---

① 俞伟超：《中国古代文化的离合及其启示》，《民族艺术》2001年第3期。
② 杨伯峻：《春秋左传注》，中华书局，2009年，第788页。
③ 关于"精神文化考古"的定义、理论及内涵，何驽最近有详细的阐发。参见何驽：《怎探古人何所思——精神文化考古理论与实践探索》，科学出版社，2015年，第xvi页。
④ 杰西卡·罗森：《中国的丧葬模式——思想与信仰的知识来源》，《祖先与永恒：杰西卡·罗森中国考古艺术文集》，三联书店，2011年。

中,当然无法面面俱到的探讨。目前两淮地区的早期考古学材料也难以提供全面论述的机会。我将以三个不同时期、两种不同性质的物质遗存,即凌家滩文化时期的一件玉器、龙山文化时期的一件陶器和春秋时期的一座墓葬作为论述对象,透过这些遗存去讨论两淮地区早期先民的宇宙观与宗教观,虽然只是三个个案的研究,但是大抵也能收取"窥一斑而知全豹"之效,一并讨论的还有精神文化中若干传统的连续与演变。

一 藏于器的通天观:尉迟寺遗址的七足镂孔器

考古工作者在安徽蒙城尉迟寺遗址属于新石器时代的龙山文化房基中发掘出七件造型非常神秘奇特的陶器①(图1)。由于这种造型前所未见,他们称之为"七足镂孔器"②。该器物为夹砂红陶,圆唇,长颈,球形腹,腹中部饰三个等距离镂孔,圜底部位附加七个锥形长足,腹部饰竖向细绳纹。由于此器造型罕见奇特,故学界对之的讨论屈指可数。负责尉迟寺遗址发掘的王吉怀最早对此器做过介绍,认为它可能是一种与宗教有关的器物③。卫斯认为此器应称"七族列枪",简称族枪,是

图1 尉迟寺"七足镂孔器"

(采自尉迟寺发掘者王吉怀)

---

① 考古报告中只计入了7件,实际应不止7件,因为有些残器未被计入。
② 中国社会科学院考古研究所、安徽省蒙城县文化局:《蒙城尉迟寺》(第二部),科学出版社,2007年,第272~273页。
③ 张莉、蔡凌凯、王吉怀:《安徽尉迟寺遗址发现造型独特的七足镂孔器》,《中国文物报》2003年12月24日。

一种宗教性法器①。毫无疑问,对这一器物内涵的讨论是有一定难度的。我们如果单独来看这一器物,的确因为信息量有限而难以深论。但若把它放在比较的背景下来观察,则又存在不少令人眼前一亮的相似,进而或许能够帮助我们了解其内涵。

从这件七足镂孔器的外观来看,它的某些器形要素在尉迟寺遗址的日常器物上是经常可见的,比如器的底座和陶豆的很相似;再如腹部的镂孔,在尉迟寺另一件被称作"鸟形神器"的器物上也可见到②。除了尉迟寺遗址的材料外,我们还会联想到若干在形态上与之相似的材料。皖南屯溪周代土墩墓中曾出土过两件五柱器(图2),器上有五根圆柱,横列于长方形的脊基上,距离互等。下为空腔方座,四角刓圆无棱隅,四壁微鼓③。尉迟寺龙山文化的七足镂孔器与屯溪的五柱形器虽不完全相似,但两者都有耸立的柱。若论到实用功能的话,也只有这个柱,或可用来插置物品。虽然两者有相近之处,但对于解读七足镂孔器的内涵,似乎也无能为力,因屯溪的五柱器本身也是诸家著录未曾见,用途不明,实为不知名器。

图2 屯溪铜五柱器
(采自《屯溪土墩墓发掘报告》,2006)

我们还是从尉迟寺一带的文化背景中去发现蛛丝马迹。事实证明,尉迟寺所在的大汶口文化层中的确有则资料对于解读七足镂孔器有帮助。众所周知,大汶口文化的陶刻符号是很有名的。如图3,1大口尊上的这一符号,堪称新石器时代最重要的图符之一,集中分布在鲁东南、皖北一带,是典型的大汶口文化符号。这个符号代表什么,学术界众说纷纭。它由上中下三个部分组成,上部是一个圆,很多学者赞同它代表的是太阳;中间的则有许多不同看法,有云气、火、月牙、鸟等说;下部的被普遍视作"山峰"。最常见的山即图3,1所示。同时还有一个比较特别的山符,如图3,3所示,它在常见的山峰下面多出一个类似台状物的东西。但之所以仍将其视为山符,是因为它也出现在太阳和中间有争议的符号下方,和其余的图符大同小异。而这个山形符恰恰与七足镂孔器有可比之处。山形符的三个柱状形态

---

① 卫斯:《尉迟寺遗址出土"七足镂孔器"的命名及用途》,《中国文物报》2004年12月17日。
② 中国社会科学院考古研究所、安徽省蒙城县文化局:《蒙城尉迟寺》(第二部),第148页。
③ 李国梁:《屯溪土墩墓发掘报告》,安徽人民出版社,2006年,第41页。

相当于七足镂孔器的锥足,腹部的圆孔以及底座也是相像的。将这个山形图符与七足镂孔器比较的优势在于,它们同属大汶口—龙山文化谱系。到目前为止,这个陶器刻符是大汶口文化最主流的精神符号之一。

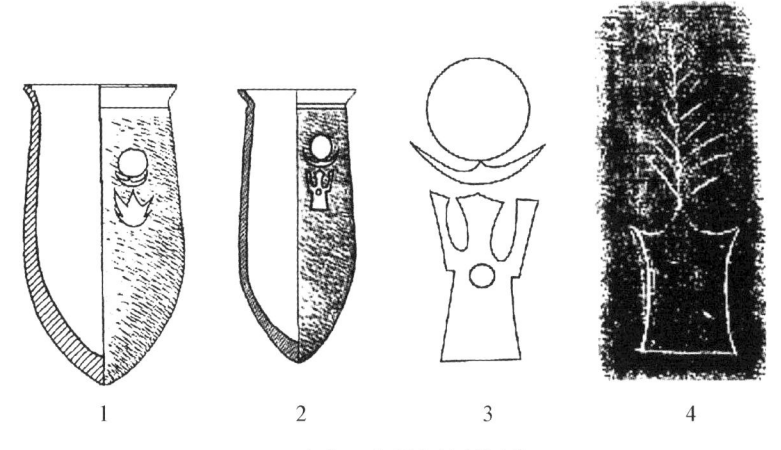

图 3　大汶口陶器上的刻划符号

让我们再来看看其他时空中一些在外观上与七足镂孔器相似的材料,它们对于解读该器的内涵也是一种线索。七足镂孔器的锥足及球腹让我想起近年新疆小河墓地的发现。小河呈现了以墓地、葬俗为载体来表现生死观念的文化景观。它的墓地外观是一座椭圆形的大沙丘,沙丘地表上矗立着百余根胡杨木柱(图4)。如果我们能以三维立体的视觉效果来看小河墓地,便会发现那高耸的胡杨柱在形态上不正与七足镂孔器的锥足类似吗?胡杨柱下面的圆形沙丘不也恰似承载七足的球腹吗?不过是一个宏观,一个微观地体现先民意识形态的道具罢了。小河墓地之圆形沙丘和其上的胡杨木柱正是宇宙山和宇宙树之象征[①]。

还有一个在形态上也相当类似的例子。王明珂在他的《寻羌》一书中曾提到今羌族地区的山神标志:"经常到了一个视野开阔的山脊,便可见到一个乱石砌成的石堆,上面插着一些大小树枝,这是山神的标志,当地称'喇萨'(图5)。"[②]在藏族地区,这种山神标志也频繁可见,即嘛呢堆上插有树枝以象征宇宙树。实际上,这种

[①] 新疆文物考古研究所:《新疆罗布泊小河墓地 2003 年发掘简报》,《文物》2007 年第 10 期;王炳华:《生殖崇拜:早期人类精神文化的核心——新疆罗布淖尔小河五号墓地的灵魂》,《寻根》2004 年第 4 期;徐峰:《死亡与再生:新疆小河墓地葬俗管窥》,《民族艺术》2011 年第 4 期。
[②] 王明珂:《寻羌:羌乡田野杂记》,中华书局,2009 年,第 38~44 页。

图 4　新疆小河墓地胡杨木柱

图 5　羌族的山神标志

（据王明珂，2009）

宇宙树和宇宙山相连的形态在世界各地都有大量存在。像蒙古人的赡部树长在四边形金字塔的宇宙山上；阿巴坎鞑靼人的白桦树长在铁山上；《山海经》中的不死树在昆仑西；青树在方山上等等。

通过跨材料的比较可知，七足镂孔器很可能表达的是一个宇宙山的意象，是尉迟寺先民制作出来借之与神灵和天交流的一个神圣的器物。20世纪著名的宗教史学家伊利亚德曾经说过："通过升天的、登高的以及爬梯的仪式而得到圣化，这是由于它拥有使信仰者登临一个更高天界的权能。"① 而"山"是天人沟通最重要的媒介。山因其最接近于天空，而具有了双重神圣性：一方面它们分享了超越性的空间象征，如"高远""巍然耸立""至高无上"等；另一方面，山是各种气象神显的特定领域②。高山被视为神之居所、天空与大地相遇之处，因而也是"中心点"，是世界轴穿过的地方。正因如此，许多神圣的地方——圣地、神庙、宫殿——都与"高山"有关，它们本身就形成了"中心"，以某种奇妙的方式变成了宇宙之山。中国古代文献《淮南子·地形训》中曾经记载："昆仑之丘，或上倍之，是谓凉风之山，登之而不死……登之乃灵……登之乃神，是谓太帝之居。"③

与此同时，还有一则古文字材料无论从外在形态，抑或内在意象方面，都显示了将七足镂孔器释读为宇宙山以通天的合理性。这则材料是金文中的"皇"字。皇的字形与这件器物在外观上看来十分相似（图6）。"皇"由上至下可分成三部分：上部是三或四短竖、中部是圆形，内有一短划或点、下部为"土"或"王"字。虽然皇字上部只有三或四竖划，但重要的是，这一竖划与锥足是一样的形态。皇字中部的圆及其内的点或短划居然与七足镂孔器的球腹和镂孔也有得一比。至于下部的土或王，则似底座。实际上甲骨文中的"土"字正作 Ω，岂不正像陶器的下部底座一般？

关于"皇"字的内涵，考古学者和古文字学家主要有两种看法，即"冠冕说"和"太阳光芒说"④，而又以前者为盛。杜金鹏曾列举考古材料来阐释"皇"，他赞成考古发现中以羽毛为饰的冠冕在中国古代曾是身份与地位的标志，与古文皇字有比

---

① 米尔恰·伊利亚德著：《神圣的存在：比较宗教的范型》，晏可佳、姚蓓琴译，广西师范大学出版社，2008年，第88~98页。
② 米尔恰·伊利亚德著：《神圣的存在：比较宗教的范型》，第88页。
③ 刘文典：《淮南鸿烈集解》，冯逸、乔华点校，中华书局，2017年，第162页。
④ 吴大澂：《说文古籀补》，中华书局，1988年，第1页；王国维述，刘盼遂记《说文练习笔记》，《古史新证——王国维最后的讲义》，清华大学出版社，1994年，第326页；汪荣宝：《释皇》，国立北京大学《国学季刊》第一卷2号，1923年4月；徐中舒：《土王皇三字之探原》，《中央研究院历史语言研究所集刊》第四本4分册，1934年；李学勤：《论新出大汶口文化陶器符号》，《文物》1987年第12期等等。

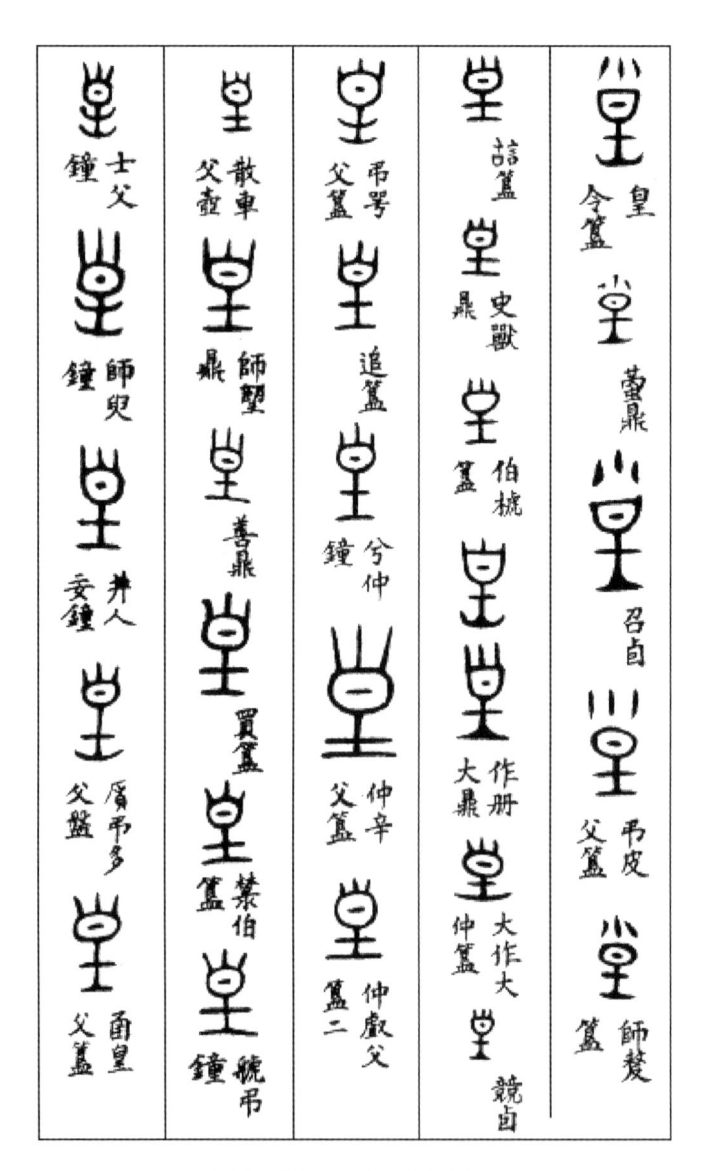

图 6 《金文编》中的"皇"字

较明显的源流关系。他认为考古出土的实物或图像中的羽冠、冠徽与甲骨文和金文皇字的上部貌似义同,冠冕象征着至高无上的地位与权力。皇字之本义,是以鸟羽为饰的皇王冠冕,喻指神界或人间的最高统治者①。

---

① 杜金鹏:《说皇》,《文物》1994 年第 7 期。

表面上看,皇之冠冕说与七足镂孔器乃宇宙山的象征这一观点有差异。但是我们知道,人类文化发展越是处在早期,其内涵越是具有错综复杂的联系。对于那些表面看起来矛盾的观点,不宜作"非此即彼"的取舍,而应透过表象,去发现隐藏的内在关联。

有若干材料表明,山的意象和上述皇字冠冕的内涵实际是存在密切关联的。商周青铜器中普遍存在一种人面冠饰。人首戴着"山"形冠(图7)。冯时认为这种"山"形冠饰象征天盖璇玑,通过这种冠饰或者发型来表达人与天帝的联系[①]。类似的例子还有马王堆汉墓出土的西汉神祇图(图8)。帛画绘有太一及五神。其中画正中有两个戴"山"形冠饰的神人,应该具有巫职的身份[②]。由此我们可以看出冠与山的关联。而冠冕之所以以山的形态出现,表明冠只是形式,实质是要借助此物与神灵沟通。

图7 商周青铜器上的山形冠饰或发型

所以,我们可以将七足镂孔器理解成一件表达先民通天思维的圣器,若一定要追问它具体象征着什么?结合七足镂孔器的文化语境和相关材料的比对,我倾向于它是宇宙山的象征。

蒙城尉迟寺聚落遗址龙山文化层中这件反映通天观念的七足镂孔器的发现,表明尉迟寺先民与其他文化区,如红山、良渚一样,在他们的精神世界中也含有通天地的追求。他们按照宇宙观、神话观为自己建构一个神圣物体与空间来膜拜。

---

① 冯时:《二里头文化"常旟"及相关诸问题》,《考古学集刊》第17集,科学出版社,2010年,第198页。
② 周世荣:《马王堆汉墓的"神祇图"帛画》,《考古》1990年第10期。

图 8 西汉神祇图

二 三位一体：凌家滩玉鹰的文化阐释

众所周知，凌家滩文化的玉器已经达到非常高的水准，品种多样、工艺发达，玉器所透露的礼制昭然可见。在前文中，我已经对安徽含山凌家滩文化从整个面上进行了较为详细的探讨，但是并未对它最著名的玉器做点的聚焦。在本节中，我将对凌家滩遗址出土的一件玉鹰进行分析，透过其形制与纹饰发现它的文化内涵。

1998 年，在凌家滩遗址的发掘中，考古工作者于 M29 发现一件器形独特的玉器。该器（M29∶6）整体是鹰的造型（图 9）①。器宽扁形，表面抛光润亮。鹰身灰白色泛青绿点，头和嘴琢磨而成，眼睛用一对钻的圆孔表示，两翅各雕一猪头似飞翔状。腹部规整刻划一直径 1.8 厘米的圆圈纹，内刻八角星纹。八角星内又刻一直

---

① 安徽省文物考古研究所：《凌家滩——田野考古发掘报告之一》，文物出版社，2006 年，第 248~249 页。

径 0.8 厘米的圆,圆内偏左上又对钻一圆孔。大圆的下部雕刻扇形齿纹作鹰的尾部。鹰两面雕刻纹饰相同。这件玉鹰是一种"三位一体"的设计:整体造型是鹰;鹰的双翅是猪首;鹰腹部是八角星纹。三种不同的元素合于一身,猪首既是它本身,同时又是鹰的一个组成部分,即鹰的双翅。这种"兼体"的艺术设计显得十分和谐①,有别开生面的效果。从考古发现来看,这种兼体的设计在艺术品上经常可见。举一个相似的例子,今菲律宾、东马来西亚、越南中部和南部、柬埔寨、泰国等地有一种双兽头玦饰(图 10)②。其整体造型也似鹰,双翅是一种不知该如何称呼的动物。可见,不同时期、不同地域的艺术设计者对于兼体的设计是稔熟的,且乐于打破常规,利用不同的组合来达到一种,至少在视觉上给人以"丰盈""多样"的效果。这种外在艺术形式的表达,很可能正是文化内涵或心理意蕴的体现。

图 9 凌家滩玉鹰

(采自《凌家滩报告》,2006)

下面我们来谈一谈凌家滩玉鹰的文化内涵。首先是鹰。史前时期存在大量与鸟有关的器物或图像,如环太湖流域的良渚文化,海岱地区的大汶口文化、龙山文化,江淮地区的凌家滩文化,以及江汉地区的石家河文化。说人类对于鸟,尤其是鹰这样的猛禽有一定的崇拜心理并不为过。在种种与鸟有关的神话及图像中,最引人瞩目的是鸟和太阳的关系。若从图像学的角度溯源,早在河姆渡文化时期,我

---

① "兼体"这一称谓借自萧兵。参见萧兵:《良渚文化"神人兽面"的兼体造型和意蕴》,《考古与文物》2003 年第 6 期。
② 双兽头玦饰的年代跨越了公元前 500 年到公元 500 年。见 Hsiao-Chun Hung, et al, *Ancient jades map 3,000 years of prehistoric exchange in Southeast Asia*, PNAS December 11, 2007, vol.104, no.50, 19745~19750.

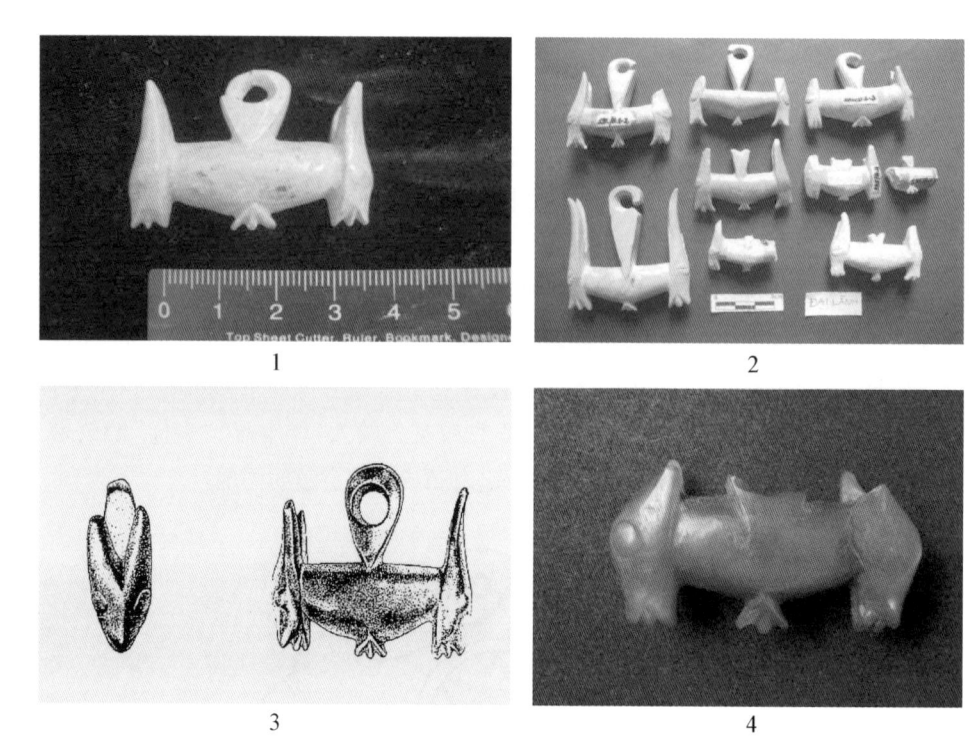

图 10　越南沙莹文化中的双兽头玦饰

（采自 Nguyen Kim Dung，第四届东亚考古学大会，2008）

们就已经见到过"双鸟朝阳图"，双鸟对称，鸟身上的同心圆纹耀着光芒，显然是太阳的象征。鸟与太阳的关联和对应极可能在河姆渡人的心目中已见萌芽[①]。这种对应关系在良渚文化的图像资料中仍然大量可见。比如良渚文化玉器的琮、璜、冠状饰、三叉形饰上均有这类鸟形象。鸟身上也有圆或同心圆纹，均为太阳的象征。除了艺术形象中反映了鸟与太阳的关系外，在后世的历史文献记载中，这种对应关系更加明确。《淮南子·精神篇》："日中有踆乌。""踆乌"即"三足乌"或"金乌"。鸟之所以与太阳相联系，可以归结为一种原始思维。初民看到太阳东升西落，认为是鸟背负着太阳飞行。《大荒东经》云："汤谷上有扶木，一日方至，一日方出，皆载于乌"。既然鸟与太阳有着如此密切的联系，那么鸟具有太阳的属性是完全可以理解的。太阳是万能之源，鸟是太阳的象征，集生殖力、光明、能量于一身。

---

① 蒋乐平：《浙江史前鸟像图符的寓意及流变》，《浙江省文物考古研究所学刊》，长征出版社，1997年。

再来看猪首。猪是新石器时代以来最重要的家畜之一,在先民的经济生活中占据着重要位置。在诸多新石器文化中,发现有葬埋猪,包括猪头、猪颌骨等的现象。这种习俗的分布范围广,延续时间长,大略以山东为中心,北达松辽,南逾长江,东濒大海,西至陕甘[1]。要理解凌家滩玉鹰上的猪首形象,应当置于整个史前猪文化崇拜的背景中。关于史前文化中葬猪的意义,王仁湘曾经指出,葬猪含有宗教的意义,可能是对死者灵魂的一种护卫[2]。凌家滩发现的玉猪对这一观点也可辅证。在凌家滩遗址第五次发掘中,考古工作者在编号 07M23 墓坑填土的上方,发现一件大型玉雕猪形器,长约 72、宽 32 厘米,重达 88 公斤。这是目前我国考古发现的时代最早、形体最大和最重的玉雕猪形器。这么大的一件玉猪,而且是放置在了墓坑填土上方,与凌家滩 87M4 墓口填土上面放置一件巨型石钺颇为相似。论者认为它是用来表明墓主人的地位,是财富和权力的象征,突出表明了墓主人的权力、地位及其信仰[3]。除此之外,我认为这件玉猪还应该起到镇墓、驱邪、护佑的作用。另外,凌家滩遗址更早时候还出土过一件玉猪(87M13∶1),器形与 07M23 的这件非常相似,只是体积要小。这件玉猪为玛瑙质,乳黄色,半透明,表面琢磨光滑。利用玛瑙自然形状稍加琢磨,琢磨出猪嘴、猪头部,眼睛则利用自然孔洞磨光而成,顶部有三个自然孔洞,最大孔与眼孔相通。猪背圆弧肥大。猪尾部有一个浅的自然孔。整体形象栩栩如生。由此可知,猪对于新石器时代的凌家滩先民而言,是非常重要的,不仅在经济生活方面,在精神或宗教生活领域也应具有十分重要的作用。

在凌家滩玉鹰的整体图像中,和鹰、猪不同,八角星纹不是具象的动物,而是一抽象的符号。它有着怎样的文化内涵,学界尚有争议,有太阳说[4]、"巫"字说[5]、四鱼相聚族徽说[6]、花蒂说[7]、织机部件说[8]、龟甲囊绳索捆绑说[9]、九宫说[10]。关于八

---

[1] 王仁湘:《新石器时代葬猪的宗教意义——原始宗教文化遗存探讨札记》,《文物》1981 年第 2 期。
[2] 王仁湘:《新石器时代葬猪的宗教意义——原始宗教文化遗存探讨札记》,《文物》1981 年第 2 期。
[3] 安徽省文物考古研究所:《安徽含山县凌家滩遗址第五次发掘的新发现》,《考古》2008 年第 3 期。
[4] 陈久金、张敬国:《含山出土玉片图形试考》,《文物》1989 年第 4 期;李修松:《试论凌家滩玉龙、玉鹰、玉龟、玉版的文化内涵》,《安徽大学学报》2001 年第 6 期。
[5] 李学勤:《论含山凌家滩玉龟、玉版》,《中国文化》1992 年第 6 期。
[6] 张明华、王惠菊:《太湖地区新石器时代的陶文》,《考古》1990 年第 10 期。
[7] 陆思贤、李迪:《天文考古通论》,紫禁城出版社,2000 年,第 136 页。
[8] 王孖:《八角星纹与史前织机》,《中国文化》1990 年第 2 期。
[9] 王育成:《含山玉龟及玉片八角形来源考》,《文物》1992 年第 4 期。
[10] 冯时:《中国天文考古学》,中国社会科学出版社,2001 年,第 373~394 页。

角星纹,笔者曾有专文讨论①,限于篇幅,此处仅择取主要观点述之。八角星纹的各类观点虽看似歧异,但并非毫无关联,尤其在深层结构上,实有相同之处。四鱼相聚、花蒂等说均属看着相似,论证很不充分。九宫、巫、龟甲囊绳索捆绑三说则尤其值得注意,因为在内涵上,它们有共同点。

龟甲囊绳索捆绑说由王育成提出,他认为史前东方沿海地区的龟甲大多经过整治,有的有穿孔和绳绑的痕迹。他指出,有"×"的方心八角形图案是绑缚后的腹甲图案,无"×"的是未捆扎的(图11)。八角星纹和龟的腹甲有关。王育成在论证之末还援引了始皇陵兵马俑吏俑铠甲上的八角星纹,从象征的角度指出,将八角星纹绘于铠甲之上,取龟甲坚固、龟灵长寿以佑护甲士之意②。

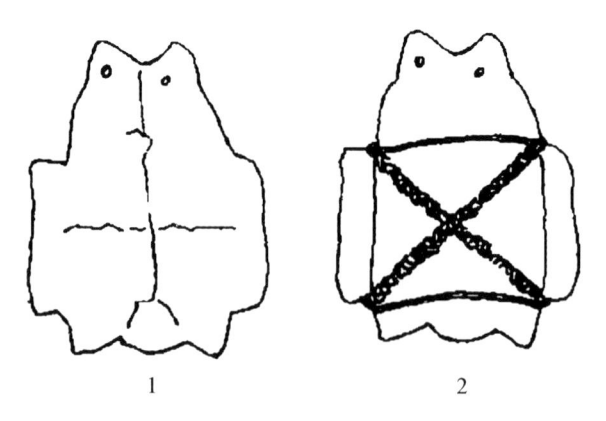

图 11　龟腹甲及其捆扎后的示意图

(采自《文物》1992.4)

李学勤则将八角星纹释读成"巫"字。在甲骨文和金文中,巫字与八角星纹在形态上十分相似,像一个"十"字。而龟腹甲的形状正好也呈一个"十"字,是"地为方"这种信仰的来源③。此外,龟是用于占卜决疑的重要道具。凌家滩遗址出土过玉龟,较多学者认为,它们是用于占卜的④。在与凌家滩文化有过互动的大汶口文

---

① 徐峰:《史前"八角星纹"原型探析》,《文物研究》第 19 辑,科学出版社,2012 年。
② 王育成:《含山玉龟及玉片八角形来源考》,《文物》1992 年第 4 期。
③ 艾兰著:《龟之谜——商代神话、祭祀、艺术与宇宙观研究》(增订版),汪涛译,商务印书馆,2010 年,第 95~132 页。
④ 俞伟超:《含山凌家滩玉器和考古学研究中精神领域的问题》,《文物研究》第 5 辑,黄山书社,1989 年;王育成:《含山玉龟玉片补考》,《文物研究》第 8 辑,黄山书社,1993 年;安徽省文物考古研究所:《安徽含山县凌家滩遗址第五次发掘的新发现》,《考古》2008 年第 3 期。

化中,也发现有穿孔龟甲,龟甲中置有骨锥、骨针或小石子,应当也是占卜之用。进入商周时期,龟卜大盛,商人逢事必卜,龟成了人与天、与神灵、与四方交流的媒介,而主事之人正是通晓天文术数,沟通人神天地的"巫"。巫与龟之关系,由此可见一斑。

至于九宫说,其实与龟也有密切联系。九宫图即洛书。提到洛书,自然会想到"元龟衔符"一类传说,而实际上带八角星纹的含山玉版出土时恰好夹放在玉龟的背腹甲之间。冯时认为,洛书图像与玉龟伴出,使我们相信古人关于洛书为龟书的种种议论并不是毫无根据的。冯时在讨论九宫的过程中,曾经借鉴了藏族流传下来的九宫图来辅助他的论证。但是,他并未提及藏族的九宫图与龟的关联。据西藏的传统说法,在古代象雄以及吐蕃,九宫一般被叫作"sme-ba-dgu",意为"九甲块",据称其来自宇宙的金龟。它除了有指定四面八方的意思外,还蕴涵有把握时间的规范、了解宇宙的结构等意指①。在藏族神话中,宇宙开创之际,还没有天地八方,仅有世间大金龟,于是天神降伯阳(文殊菩萨)等用九刃剑插于背部而出现9个洞(即九宫之格),由此出现9种颜色和9个数字,还有与之相对应的各种神灵(列有各神详细的名称和体貌特征),天神又于其肋部插入智慧之刀,刀把在东,刀尖朝西,由此大金龟头向南而流血,成火;尾向北而流尿,成水;四爪抓地而成天地四种元素(民间说法为四爪抓泥成山),木质刀把向东成木,刀尖向西成金,这样头尾四肢再加上这把智能之刀就构成宇宙的8个方向与宇宙的八卦(图12)②。有学者指出,这一神话与内地古老的大汶口文化和龙山文化都有极深渊源,在春秋战国以后流行的龟占应是其神话的直接参考模式③。的确,藏族神话宇宙开创中那九刃剑插于背部形成9个洞这一细节让人不免想到

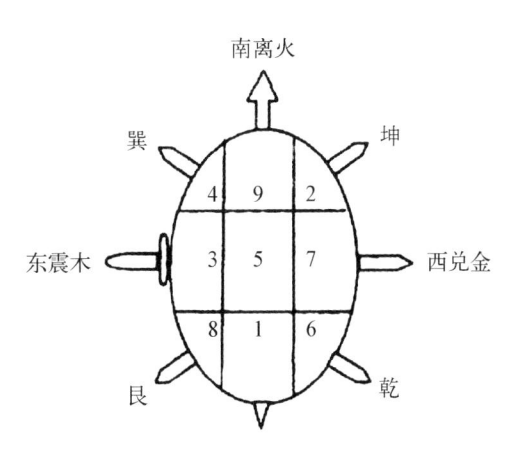

图12 藏族神话中的宇宙生成图
(采自孙林,2007)

---

① 孙林:《唐九宫算、藏族九宫历以及纳西族巴格图的比较研究》,《中国藏学》2007年第2期。
② 孙林等:《藏族乌龟神话及其神秘主义宇宙论散议》,《民族文学研究》1991年第2期。
③ 孙林:《唐九宫算、藏族九宫历以及纳西族巴格图的比较研究》,《中国藏学》2007年第2期。

新石器时代东方沿海地带考古学文化中对龟甲的钻孔。

在西藏民间还流行一种九宫占卜盘(图13),它再现了金龟生成宇宙的神话。如图所见,这一九宫图以龟为背景,充分显示了九宫与龟的密切关系。

无独有偶,并且相比藏族的九宫图年代要早,江苏连云港尹湾汉墓群6号墓中出土有"博局占"木牍,此木牍正面画一龟,左下足下面注字曰"以此右行",上部的9行文字为龟占的解说,文句中明确注出此龟尾向正北,头朝正南,"左胁"东、"右胁"西,四足分别指向四维,其下方的六十甲子呈20角的"复杂亚形",类似龟甲形状,背面为博局占盘(图14)①。无疑,这个式盘也与九宫占有密切关联。

图13 西藏民间占卜图

在对这些看似相异的观点进行比较后,可以看到八角星纹的文化内涵存在多个层次或表象,而它的原型,或者说作为文化内涵基质性的部分,很可能与龟有关。除此之外,还可直接将八角星纹与龟甲的特征进行对比。八角星纹有八个角,但实际指示的只有四方。龟之腹甲亦然,从龟腹甲的盾片或骨板上可以看出,龟腹甲也有八个角,分别是喉盾两片所在两角、甲桥处四角,以及肛盾两片所在两角(图15)。虽然龟腹甲上存在八角,但与八角星纹一样,这八个角实际指向的只有四个方向。从龟腹甲上还可以看出,喉盾与肱盾之间有条沟,此沟称为"喉盾沟";股盾与肛盾之间也有条沟,被称为"股肛沟"。喉盾沟与股肛沟各左右两条,呈相对之势,与八角星纹上的完全一致。这样,八角星纹实际上可以被看作是将龟的喉盾沟与股肛沟之间相连接的区域以相交的方式叠合而成。这也正是二绳相交形成四方。

---

① 滕昭宗:《尹湾汉墓简牍概述》,《文物》1996年第8期。

附录二　两淮社会进程中的精神文化　　281

江苏东海县尹湾 6 号汉墓出土木牍

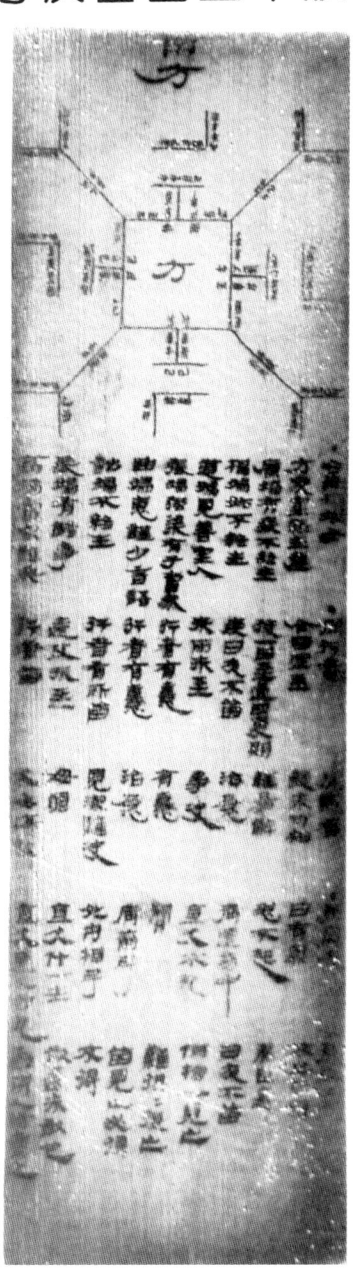

图 14　连云港尹湾汉墓所见龟与博局占之关系

（采自《文物》1996.8）

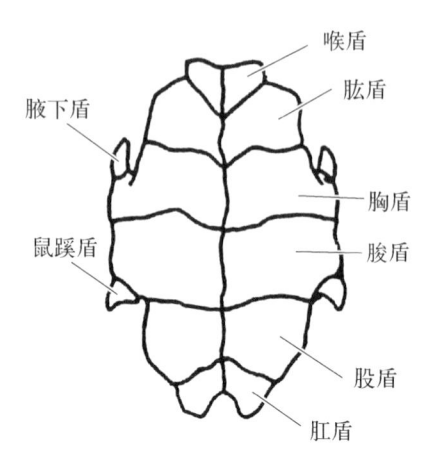

图 15　龟腹甲盾片示意图

在邳州大墩子遗址出土的一件龟腹甲上,上下部有"×"形绳索磨痕,而在腹甲的下端,一侧被磨去一段,但仍可清晰看出一道股肛沟(图16,1)。同是大墩子出土的一件腹甲上则有更清晰的绳索磨痕,其位置恰好也在股肛沟处,磨出了八角星纹的一角(图16,2)[①]。由此可见,八角星纹与龟腹甲在形的层面确有相似之处。至于象征方面,两者无疑都体现了宇宙观"四方—中心"的观念。

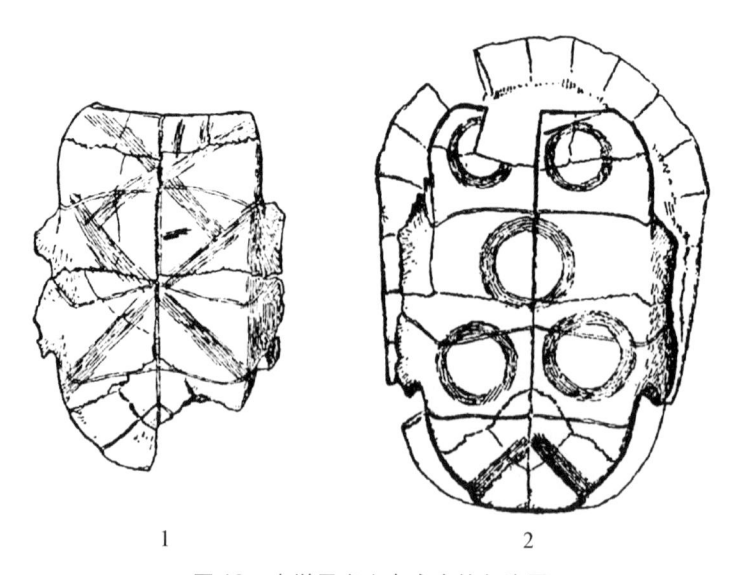

图 16　大墩子出土有磨痕的龟腹甲

---

① 南京博物院:《江苏邳县四户镇大墩子遗址探掘报告》,《考古学报》1964 年第 2 期。

将八角星纹释读为龟之后,我们整体上对玉鹰的结构作一思考。不难发现,如果将八角星纹释读成与龟元素有关,那么构成玉鹰的三个元素便存有共同的属性,它们都是动物。相反,将八角星纹释为太阳、花蒂、织机布件,则与猪、鹰显得不和谐。玉鹰的三种元素:鸟、猪、龟有着较为深厚的史前东方艺术文化传统。鸟,是史前艺术形象中最频繁可见的主题,崇鸟即是崇日,它是能量、光明、生殖力量的象征;猪,是史前社会中与先民最密切的家畜动物,不但在物质上提供肉食资源,在精神、宗教领域还被人类赋予了避邪、护佑这样的文化功能;龟乃灵物,是长寿、不朽的象征,这在中国古代文化中有着绵延的传统。整个中国历史上的大部分时间内,人类对龟这种动物都非常看重。他们希望将龟的灵性传递于己。这种文化传统应当从史前时期就开始了。在玉鹰的整体结构中,鹰能高飞,可能代表的是高的宇宙层;猪是与人类日常生活最为密切的,象征中间宇宙层;而龟则代表下层宇宙,可能与水世界有关。

总体而言,无论是鸟、猪、龟,均有着避邪、护佑、趋吉的功能,故将这三种动物合在一起,创作出这件玉鹰牌饰,可以看出凌家滩先民"集优"的心理,就是将史前东方沿海区最重要的三种动物崇拜,利用兼体的艺术设计,在同一件器物上得到反映,从而起到整合并加强其整体的意义和功能,起到优势最大化的效果。

三 重返混沌:蚌埠双墩钟离国君墓的神话解读

双墩一号墓葬的基本信息已见于前述。本节试对该墓的葬制与葬俗进行分析。发掘期间,及至正式报告发表以来,考古、历史学界以及有关媒体在参观该墓发掘或者讨论会上均对该墓提出了一些看法,其中有些观点为笔者所赞同,然而这些见解毕竟只是偶发议论,未见具体论证。正式形诸文字的,到目前为止,笔者所见仅有两篇。一篇来自冯时,他对钟离国君柏墓含有的上古宇宙观做了详尽的探讨[1];另一篇则发掘了双墩一号墓的文化"潜信息",认为墓葬结构及遗迹现象反映了墓主称霸的野心[2]。对于这两项解读,我既有赞成之处,又有不同的见解。大约而言,我们都赞成这座墓葬呈现了"天圆地方"的古代宇宙观;不同之处,我主要是

---

[1] 冯时:《上古宇宙观的考古学研究——安徽蚌埠双墩春秋钟离君柏墓解读》,《历史语言研究所集刊》第82本第3分,2011年。
[2] 金锐、周群、钱仁发:《蚌埠双墩一号墓的文化"潜信息"》,《文物研究》第19辑,科学出版社,2012年,第22~29页。

从神话的角度来阐释这座墓葬的葬制与葬俗。

(一) 天圆地方

在中国古人的思维中,天似穹庐,地如棋盘,也即是说天像一个圆形的盖子罩在方形的大地上。这种"天圆地方"的宇宙观渊源已久,太多的考古发现可以证实。新石器时代红山文化的圜丘与方丘、良渚文化的玉琮,以及离蚌埠极近,含山凌家滩出土的玉版,都对这种宇宙观做出了物的呈现。双墩一号春秋墓的形制结构再一次重现了这种原始宇宙观。该墓的墓底是一个"亚"型布局。亚形是殷商考古学上极有名的符号。商王的大墓便呈亚形。商代的青铜器上,往往在器座部位也有亚形,很多铜器图铭的外框也是亚形。艾兰(Sarah Allan)认为亚形是"地为方"这种信仰的来源,我认为这种看法是可信的。亚形实际上也是一个"十"字形,当它向四个方向无限延伸时便成为大地。艾兰又在亚形的基础上做了模拟,她说在亚形的四角支上四足(山),便支撑起一个圆形的天[①]。从中我们可以看到方与圆的组合关系。在双墩一号墓的结构中,这样的方与圆的结构非常明显。墓底的亚形象征着地,从图中可以看出,墓底亚形的边缘是一个圆周,墓坑向上延伸,均为圆形,包括墓上的封土,同样如圆盖。所以该墓含有天圆地方这一寓义是无疑的。

(二) 混沌

从更多的墓葬细节来看,天圆地方宇宙观只是墓主意欲表现的局部内容。还有一些相关的信息。古代众多文献记载的神话表明,天地不是从来就有的。

《老子》第二十五章记载:"有物混成,先天地生。寂兮寥兮,独立而不改,周行而不殆,可以为天下母。吾不知其名,强字之曰道。"

创世神话中常将混沌视为先天地而生的一种初始状态。混沌几乎可以说是世界上创世神话中均提到的。何为"混沌"?古今中外,神话思维有太多关于它的比喻和象征,它的特征大体是"无形""连续""黑暗""空虚"。生命自混沌中诞生,混沌是万物之源。

如果仔细观察双墩一号墓葬,它的整体外形属于完全封闭的结构:墓坑形成后,填土,再覆以封土,整体上是连续而严密的。而且这座墓葬最令人惊叹处在于它的墓坑是圆形的(图17),这在过去是没有见到过的,而混沌的意象正是一种"圜道"。

[①] 艾兰著:《龟之谜——商代神话、祭祀、艺术和宇宙观研究》(增订版),第95~132页。

图 17　M1 圆形墓坑鸟瞰

与此同时,该墓还有一个葬俗细节可以支持墓葬整体结构是一个混沌的形态。在前文资料介绍部分曾简约提到,封土堆下墓口外有一层厚厚的白土垫层,这是首次发现具有特殊功能的墓葬建筑结构。白土垫层范围稍小于封土底部,呈圆形,直径约 60、厚 0.2~0.3 厘米。这圈白土垫层和圆形墓坑内的填土在颜色上形成了反差。前者是白色,后者为五花土,由红、黄、灰(青)、白、黑五色颗粒混合而成,并且这五色填土呈现出一种放射线形状,放射线有二十条,从中间向四周辐射。从图中可以看出,尽管填土由五色土构筑,但在整体的呈色上,是黄色的。而且如上所述,墓坑壁和墓道全部采用白泥抹平装饰,白泥层厚约 3 厘米,恰是墓壁的装饰,这样它与墓坑填土一白一黄,鲜明的反差,就很像是蛋清与蛋黄的模拟。"天地混沌如鸡子,盘古生其中。万八千岁,天地开辟。阳清为天,阴浊为地。"(《三五历记》)混沌被喻为"鸡子"或曰"宇宙卵(cosmic egg)"。天地阴阳、万物自其而出。

继续观察这座墓葬中的其他现象,可以进一步帮助我们确认这座墓葬的营建理念与神话中的创世有关。墓坑填土放射线遗迹下面出现第二层遗迹,即土丘与土偶层遗迹。土丘是沿着墓坑壁周边分布的,在墓坑一周宽约 2 米的范围内用五色土堆筑大小土丘十八个。每个呈馒头形,底径 1.5~3 米,彼此相连。从土丘的剖面上可以清楚地看到,每个土丘都是由中心开始用不同颜色的五色土一层层呈弧形堆筑而成。

土偶是一种用生泥制作未经烧制的泥塑,与土丘遗迹同处在一个填土层中,放置一千多个。分布从边缘到中间,甚至于土丘内都有土偶。墓坑周边的土偶多呈组群状态,而墓坑中间的土偶多为分散状态,只有少数地方比较集中。土偶或集中或分散地分布没有什么规律可循,也不是有意识地摆放的,可能是站在墓坑周边向墓坑内倾倒形成的。

土偶墙是墓坑填土中发现的第三层遗迹,叠压在土丘与土偶层下。遗迹层在墓坑中深1.4~2.0,填土厚约0.6米。土偶墙是用土偶一层层上下叠压垒砌的,因其呈墙体形状,故称土偶墙遗迹(图18)。

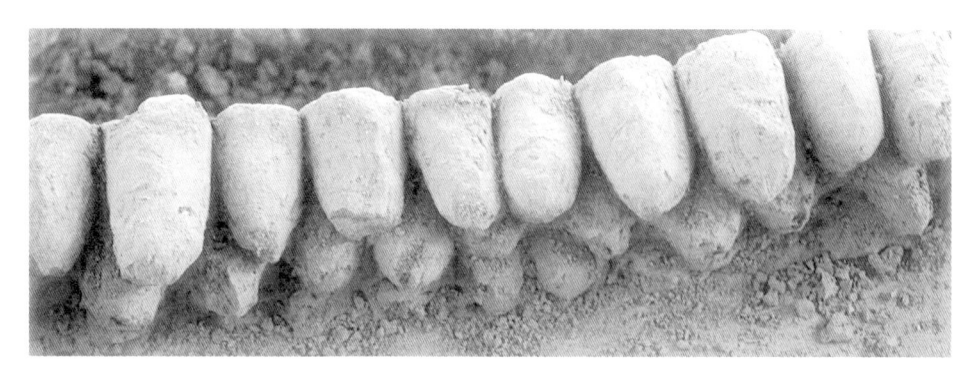

图18　围绕成圆圈的土偶墙(局部)

从土偶出土形状看,几乎每件一个样,土偶的制作可能受到时间的限制,制作人员多,只有数量要求,以致造成土偶形状和质量不规范。土偶还有一个值得注意之处,它们的表面均留有"十"字形或"井"字形索痕,顶部有提系扭结痕(图19)。土偶在形态上大致有圆锥体和方锥体两种。

这些围成一个圆圈的土偶究竟反映了什么呢? 恕我大胆推测,这些土偶或是墓主意在表现的另一个神话,即女娲抟土造人。考古出土遗物与相关神话记载显示了较密切的对应关系。其一,是上文论证的天圆地方宇宙观,以及混沌神话,让我进一步联想到了女娲造人神话,因为这几则神话均是在创世背景中发生的;其二,是一千多个土偶本身,将之与女娲造人联系起来并不唐突,女娲也是造了大量的泥偶。女娲之名,首见于《楚辞·天问》,云:"女娲有体,孰制匠之?"王逸注云:"传言女娲人头蛇身,一日七十化,其体如此,谁所制匠而图之乎?"这"一日七十

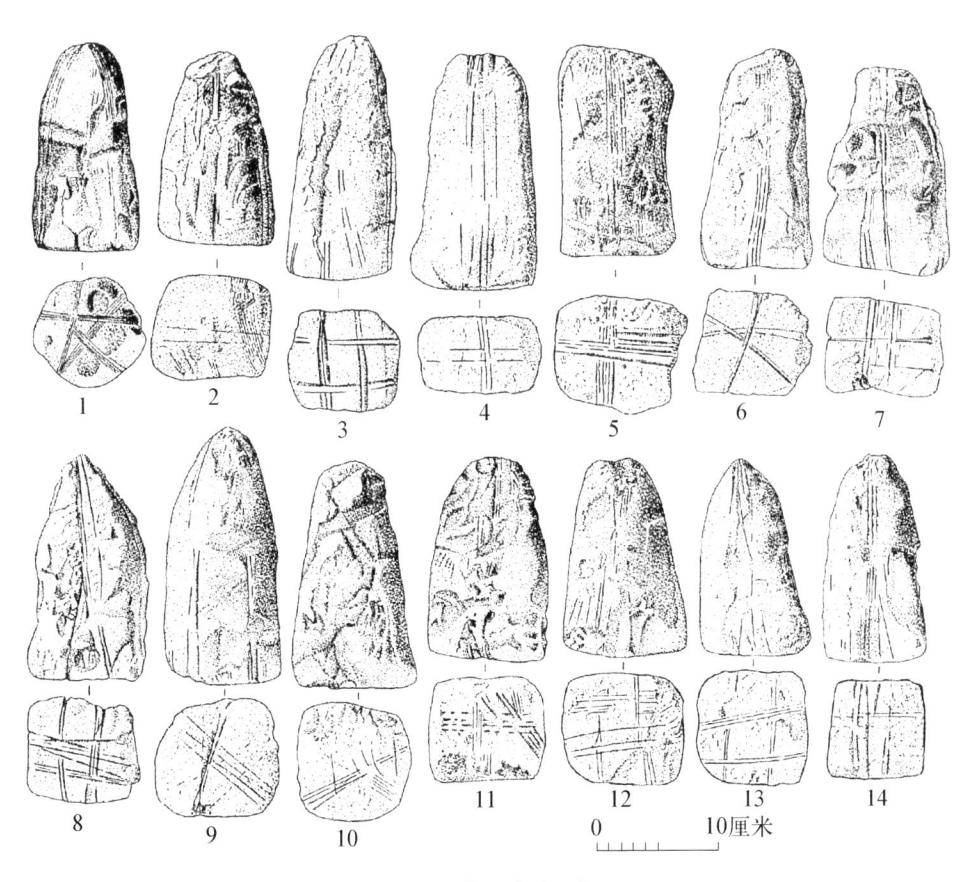

图 19 带索痕的土偶

化"是很含糊的,郭璞说是指一天七十变,但是也有认为是指女娲化万物。《说文》十二:"娲,古之神圣女,化万物者也。"《淮南子·说林》:"黄帝生阴阳,上骈生耳目,桑林生臂手,此女娲所以七十化也。"高诱注云:"黄帝,古天神也,始造人之时,化生阴阳。上骈、桑林皆神名。女娲,王天下者也,七十变造化。"袁珂认为"黄帝生阴阳"疑阴阳即阴阳性器官。"女娲七十化"之"化"当作"化育"解[①]。这是肯定了女娲化育万物,包括造人的神话。那么女娲是如何造人的呢? 东汉应劭《风俗通义》云:"俗说天地开辟,未有人民,女娲抟黄土作人,剧务,力不暇供,乃引绳于泥中,举以为人。故富贵者,黄土人,贫贱凡庸者,絙人也。"这一记载中的细节竟与上

---

① 袁珂:《山海经校注》,上海古籍出版社,1980 年,第 390 页。

述土偶的特点能够对应。女娲抟土造人,并非精雕细刻,由于任务艰巨,她在用黄土泥揉捏一段时间后,便用绳甩泥造人了。而正如上述土偶,质量也是参差不齐的,并且它们的体表有明显的"十"字形草茎索状印痕,顶部均有清晰纠结痕迹。莫非土偶的制作者是要再现女娲引绳于泥的神话?这些土偶的外表看起来正似一种雏形、初生的状态。

(三)补天

除了女娲造人神话与一千多个土偶发生联系外,女娲的另一个功烈也可以在双墩一号墓的葬俗中找到对应物。它同样是发生在创世的背景中。《淮南子·览冥训》:"往古之时,四极废,九州裂,天不兼覆,地不周载,火爁炎而不灭,水浩洋而不息;猛兽食颛民,鸷鸟攫老弱。于是女娲炼五色石以补苍天,断鳌足以立四极,杀黑龙以济冀州,积芦灰以止淫水。"《论衡·谈天》云:"共工与颛顼争为天子,不胜,怒而触不周之山,使天柱折,地维绝。女娲销炼五色石以补苍天。"这些文献虽然是汉代,甚至更晚的,但是这种神话故事、历史记忆必定不是从汉代开始的,而是要早到先秦,可谓东周宇宙神话的残留。

冯时已有论证:"圆璧遗迹象征天,那么在这个象征性的天盖下方就应该布设星象。事实上,钟离君柏墓于象征天盖的圆璧遗迹之下计设有自中央圆形区域向外辐射的二十条宽窄不均的放射遗迹,其性质显然具有星象的象征意义。"①他所谓的星象,正是由五色土建构的放射遗迹来象征的。而我认为这五色土既出现在象征"天"的位置,正可与女娲销炼五色石补天相对应。在四川省中江县传说《女娲圣母补天地》中:"女娲炼了三万六千大青石去把天空中的窟窿镶补好,后者就成了天上的星星。"②混杂的五色土被建构在封土和墓坑中似也与上文所说的整个墓葬是一个"混沌"相应。因为墓葬的整体结构是混沌,天地被包裹其中,混杂的五色土正应了"有物混成"四字。

值得注意的是,若再从蚌埠地域历史和神话的视角略作观察,会发现钟离君柏墓中含有女娲造人和补天神话的观点与之全无违和感。蚌埠怀远有涂山。禹曾大会诸侯于涂山。禹在涂山会盟得到诸侯共举的原因之一很可能在于他与涂山氏的联姻。《尚书·益稷》:"予(禹)创若时,娶于涂山,辛壬癸甲,启呱呱而泣,予弗子,

---

① 冯时:《上古宇宙观的考古学研究——安徽蚌埠双墩春秋钟离君柏墓解读》,《历史语言研究所集刊》第82本第3分。
② 这则材料转引自萧兵:《女娲考》,《楚辞与神话》,江苏古籍出版社,1986年,第331页。

惟荒度土功。"《楚辞·天问》:"禹之力献功,降省下土四方。焉得彼涂山女,而通之于台桑。闵妃匹合,厥身是继。"①《吕氏春秋·音初》:"禹行功见涂山之女,禹未之遇而巡省南土。涂山氏之女乃令其妾候禹于岐山之阳。女乃作歌,歌曰:'候人兮猗!'实始作为南音。"②先秦典籍只言禹与涂山女结合,未言涂山女为何人。汉代文献则涉及了涂山女之名。如《史记·索隐》与《正义》均言涂山女即女娲。尽管先秦典籍中未提到涂山女与女娲的联系,但不代表当时不存在这种历史记忆,随后它被传到了后面的历史时期。如此,我们便在钟离国君柏墓、涂山、女娲之间看到一种虽未必可尽信,但着实又不容忽视的关联。

除了补天神话外,该墓的五色土迹象与五行的起源也有所联系。该墓的封土以及墓坑内填土与众不同,均为黄、灰(青)、黑、红、白等五色的颗粒状混合土。自新石器时代以来,及至商周,先民们已经懂得利用颜色来满足某类精神需求,比如祭祀③。但是像双墩一号墓中五种颜色同时出场的考古现象,在春秋之前是不多见的,尽管这种迹象还不是五色配五方。但必须承认,这种颜色的分类与使用,的确堪称五行宇宙观的一个历史背景。蚌埠双墩1号墓是钟离国君柏墓葬,若以钟离国灭亡的公元前518年(是年,吴灭巢与钟离)为最下限,离传统上将五行宇宙观的形成归于邹衍所生活的战国末期要早很多年。在蚌埠双墩墓中,我们确实看到后来五行的五种颜色元素已经齐备,根据徐复观与李汉三各自对经典文本的研究,他们确认是邹衍将古老的五材概念转变成五行,发展为宇宙能量的运动循环④。可见,在邹衍发明五行宇宙观之前,已经有较长久的历史基础。

(四) 返归混沌、生命之初

从整体上看,蚌埠双墩一号春秋墓葬精彩地再现了永恒回归的神话模式。钟离国君柏亲身实践了这种回归哲学。他置身于象征大地的亚形墓室,仰望即是星空。他回到了混沌的世界和生命的最初,正像一个圜道一样,死不是结束,而是新的开始。钟离国君墓再一次丰富了"永恒回归神话(The Myth of Eternal Return)"这

---

① 洪兴祖撰:《楚辞补注》,白化文等点校,中华书局,1983年,第97页。
② 许维遹:《吕氏春秋集释》,梁运华整理,中华书局,2017年,第140页。
③ 这方面的研究,可参见汪涛著作最近的中译本。汪涛著:《颜色与祭祀——中国古代文化中颜色涵义探幽》,郅晓娜译,上海古籍出版社,2013年;较早的英文版本。见 Wang Tao, *Color Symbolism in Late Shang China*, Ph.D. dissertation, University of London, 1993.
④ 徐复观:《中国人性史论》,东台大学,1963年,第509~587页;李汉三:《先秦两汉阴阳五行学说》,维新书局,1981年,第30~35、51~62页。

方面的素材。伊利亚德对这种永恒回归模式有着广泛而深入地研究。他认为永恒回归是一切宗教、仪式和神话的一个基本的主题和模式①。而在中国,最能反映这种永恒回归主题的,不用说,自然是主张返璞归真的老庄道家哲学。叶舒宪与萧兵曾经指出:"由于宇宙间的一切生命和一切运动都开始于创世神话所讲述(或是象征性表达)的'神圣开端'——也就是《老子》中所说的'古始'或'无极'状态,人类社会便只有通过神话和仪式行为周期性地回归到那个'神圣开端',象征性地重述或重演创世活动——时间和空间的肇始,万物的创生——才能确保世界(包括自然与社会)的延续和有效更新,重新获取生命力和运动的动力。"②

回顾以往若干考古发现,同观蚌埠双墩钟离国君墓中独特的葬制与葬俗,一个重要的地域哲学问题便浮现出来。从新石器时代安徽含山凌家滩举世瞩目的玉版和玉龟的发现,到这座钟离国君墓,再到皖北阜阳双古堆发现的西汉文帝时期的汝阴侯墓及墓中出土的占盘、式盘,以及同一时期连云港尹湾汉墓群6号墓中出土有"博局占"木牍,最后再到刘安及其宾客所作的《淮南子》,同时也包括生于苦县(地在今鹿邑)的老子。一个有关淮域、宇宙观、道家等主题的,富有浓郁、集中,且持久不衰的古代地域文化传统突显出来,而这无疑是一个值得大家关注和探讨的课题。

四 江淮若干文化传统的连续与演变

从史前时期开始,江淮地区的考古学材料就见证了不同文化的交融,江淮极好地起到了文化融汇的作用。除了在同一时期横向区域交流层面江淮地区的文化进程呈现了文化多样、繁复的面貌外;在纵向的文化进程方面,江淮地区的文化进程也颇具复杂性。其一是前面章节中多已论述的,江淮地区处于过渡性地带,南北文化的汇入既造就了文化的多样性,也导致江淮地区文化易受外域强势文化的干扰。外域文化的"来来去去"使得该区的文化发展频繁出现断裂,后来的文化与先前的文化往往不是"同质性"的,而是"异质性"的。其二是宏观上看江淮地区不同时期的文化演进,虽有断裂,但是断裂之中又有明显的连续,我们若是对江淮地区史前与青铜时代的考古学材料仔细观察便不难发现,在若干文化因素上,有着跨越历史而不衰的文化传承。本节即是在对最近江淮地区,尤其是蚌埠、巢湖地区早期考古

---

① Mircea Eliade, *Cosmos and History: The Myth of the Eternal Return*. Harper & Row, 1959.
② 萧兵、叶舒宪:《老子的文化解读——性与神话学之研究》,湖北人民出版社,1993年,第108页。

学材料观察的基础上,阐释若干文化传统的连续性。需特别指出的是,我所观察的考古学材料包括陶器、玉器与附着于上的图符,以及人类建构的建筑遗迹等。这些材料都是有形的物质材料,但是本文的讨论,将是透过这些物的遗存去发现它们背后的精神文化传统。

(一)宇宙观之"空间"观

宇宙观是关乎天、地、人三者关系在时空框架内发展变化的认知与理论解说。人类学家斯坦利·坦比亚(Stanley Tambiah)认为宇宙观是一个"概念和关系的构架,它视天地万物或宇宙为一个有序的系统,根据空间、时间、物质,以及运动来对其描绘,并且囊括了神、人、动物、精灵、魔鬼等事物"①。弗兰纳利(Kent V. Flannery)认为:"宇宙观可以被定义为一种关于宇宙起源、结构、组成、要素、法则,尤其是与此相随的时空变换和因果关系的理论或哲学。"②何驽简洁明了地认为宇宙观是人们对天地人三者关系的理性认知,是人们对客观世界的最基础的认识③。就中国古代宇宙观而言,学术界普遍认为,它是以"关联(correlative)"为特征的。所谓关联,是说在宇宙观这一有序的系统里面,宇宙不同领域之间存在着对应关系,它将人类世界的各种范畴,如人的身体、行为、道德、社会政治秩序和历史变化,与宇宙的各种范畴,包括时间、空间、天体、季节转换,以及自然现象关联起来④。它是一个基于阴阳、四方、五行、八卦等概念进行关联构建的庞大体系,可谓包罗万象。不过其核心,一般认为是"五行"系统。然而关联宇宙观的形成非一朝一夕,而是经过了漫长的过程。历史学者、人类学者对于有文字记载以来的宇宙观已有较多的讨论。但是他们对于宇宙观的起源,特别是最近数十年来新的考古学材料中包含的宇宙观信息还很少注意。单以两淮地区早期考古学材料而言,就有相当多的宇宙观信息。

新石器时代,古人表现原始的宇宙观,是近取诸身,远取诸物,通过各类物质材料来表现其对于宇宙的认识。新石器时代的宇宙观还比较原始,起初的表现主要是天、地两大范畴,其间之精义,当是"空间"的意识。

---

① Tambiah, Stanley J., *Culture, Thought, and Social Action*, Cambridge, Harvard University Press, 1985, p.3.
② Kent V. Flannery, Joyce Marcus, *Cognitive Archaeology*. In *Contemporary Archaeology in Theory: A Reader*. Robert W. Preucel and Ian Hodder ed. Blackwell Publisher Ltd, 1996.
③ 何驽:《怎探古人何所思——精神文化考古理论与实践探索》,科学出版社,2015年,第 xix 页。
④ 王爱和著:《中国古代宇宙观与政治文化》,金蕾、徐峰译,上海古籍出版社,2011年,第2页。

在新石器时代中期,江淮地区距今 7 300~7 100 年左右的蚌埠双墩文化中,发现了大量的刻划符号。这些符号绝大多数是刻划或压划在碗的外底部圈足内①。刻划符号的内容丰富多样,有动植物、渔猎、几何形纹饰等,一些学者认为双墩符号内涵丰富,表形、表意、指示性强,有"物候""天文""渔猎""历法""太阳崇拜"等含义。在这些刻符中,有 31 件十字形符号(图20),均刻划在碗底,有阴文和阳文两种。符号有单线形、重线形和组合形等,刻道一般都比较清晰。十字将圆形分割,反映了先民心目中圆与方及四个象限的空间概念。

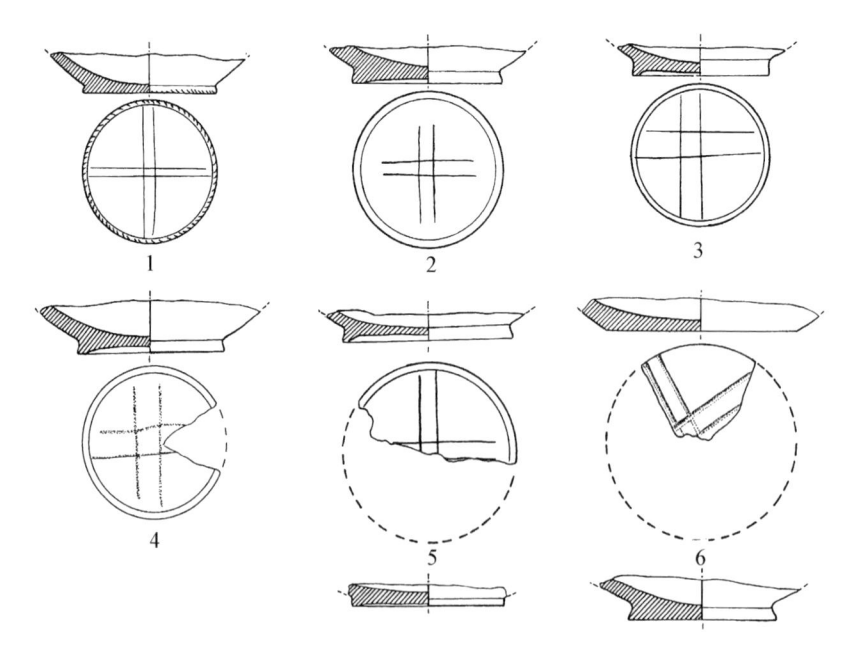

图 20　蚌埠双墩出土十字形刻划符号

(采自《蚌埠双墩——新石器时代遗址发掘报告》,2008)

进入距今 6 000~5 000 年前后,史前东方沿海地区,如海岱、江淮地区、环太湖地区,曾广泛出现一种所谓"八角星纹"。这种纹饰更为明显地呈现了一个四方与中心的概念。作为八角星纹的载体之一,安徽含山凌家滩遗址 1987 年发掘的 M4 中出土的一件玉版尤为珍贵(图21,1)。玉版上除了中间位置的八角星纹已经体现

---

① 安徽省文物考古研究所、蚌埠市博物馆:《蚌埠双墩——新石器时代遗址发掘报告》,科学出版社,2008年,第 183、414 页。

了一重"四方—中心"的空间概念外,从整个玉版的形态来看,八角星纹外面还有一重。玉版的四方形表面刻有两个圆圈,小圈含在大圈内,并处于中心位置。大小圆圈之间有八个箭头,分别指向四个方向以及每两方向之间的四维。象征地的方形和象征天的圆形共存于一个宇宙结构中,并拥有共同的方向和中心。玉版的四周边沿,两短边分别钻 5 个孔,一长边钻 9 个孔,另一长边分别为两头对钻 2 孔(共 4 孔)。这些"数"应该代表了一定的含义,蕴涵一定的理。但对数理具体的解释,比如是否含有时间观念,尚有争议[1]。

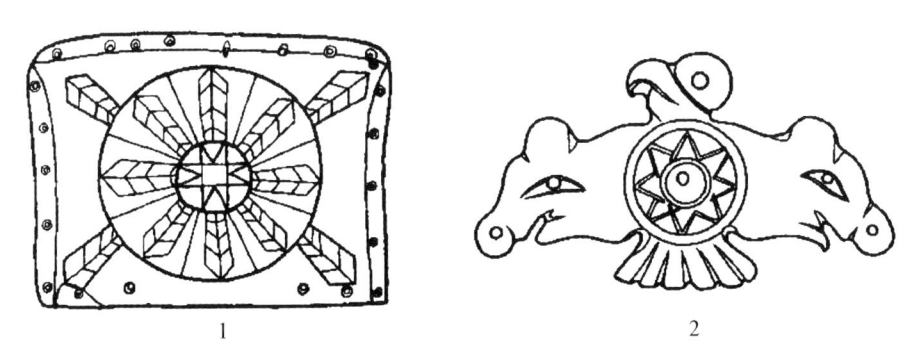

图 21 凌家滩遗址出土玉版与玉鹰

凌家滩遗址出土玉器上呈现的"天圆地方"空间观之后,同样反映了宇宙观的是一处西周时期的遗迹。2006 年,考古工作者在安徽霍山戴家院发现一处用于祭祀燔柴的圜丘遗迹(图 22)。圜丘所在文化层年代为西周中期到春秋早中期。该遗迹位于遗址东部中间部位,平面近圆形。圜丘的南、西南、西面发现了 3 处红烧土堆积,其中两处有少量柱洞,应属简易房屋建筑。它们呈半圆状环绕着祭坛。在这些房屋与祭坛之间的空地上,相对密集地分布着数十块大小不一的石块,用途不明。在已揭露的各时期地层中,只有最早期在祭坛西侧有一弧形排房,其他各期均未发现与祭坛同时期并可作普通居住用的房屋建筑。可以看出晚期地层中的遗迹分布,是以圜丘为中心的,而圜丘的功能主要是用于燔柴祭祀,或称为"燎祭"。因此该遗址与一般生活居住遗址不同,是一处典型的祭祀遗址[2]。相关研究者结合有关文献记载,从"圜丘"和"燎祭"等方面论述了该遗迹的性质和功能,认为可能与

---

[1] 陈久金、张敬国:《含山出土玉片图形试考》,《文物》1989 年第 4 期;饶宗颐:《未有文字以前表示"方位"与"数理关系"的玉版——含山出土玉版小论》,《凌家滩文化研究》,文物出版社,2006 年。
[2] 武家璧、朔知:《试论霍山戴家院西周圜丘遗迹》,《东南文化》2008 年第 3 期。

文献记载中的"冬至奏丘""祭天燔柴"等有关。实地模拟观测表明,该遗迹与冬至祭天迎日以及观象授时等活动有关。由于遗址规模较小,研究者认为其可能属于乡村公社祭祀土谷神以及民间祭祀天神活动的场所①。从这一圆形遗迹特征来看,圜丘当是象天,反映了江淮先民通过建构象天的建筑以与天发生关联。在伊利亚德看来,祭坛,以及在祭坛上发生的仪式都属于宇宙的再创造②。

图 22　霍山戴家院西周圜丘

到了最近的考古发现,即蚌埠双墩墓葬,宇宙观中的"空间"意识就更加丰满了。关于蚌埠双墩,上文我已有详细分析。双墩一号墓的墓葬结构是一个方与圆的结合。墓底的亚形象征着地,而墓底亚形的边缘则是一个圆周,墓坑向上延伸,均为圆形,包括墓上的封土,如同圆盖,所以该墓含有天圆地方的寓义是无疑的。

倘若我们跳出两淮,在更大的时空中进行观察,"四方—中心"的空间意识在新石器时代中晚期是颇具普遍性的。在与两淮毗邻的地区,甚或更远之地的物质遗存上均能见到,比如良渚文化的玉琮,其形制内圆外方;辽宁牛河梁红山文化的二号积石冢主体呈方形,三号积石冢总体布局呈圆形,均是天圆地方的象征。冯时考

---

① 武家璧、朔知:《试论霍山戴家院西周圜丘遗迹》,《东南文化》2008 年第 3 期。
② 这个观点在伊利亚德的《宗教思想史》一书中频繁可见。参见米尔恰·伊利亚德著:《宗教思想史》第 1 卷"从石器时代到厄琉西斯秘仪",晏可佳等译,上海社会科学院出版社,2011 年,第 169、186 页。

证认为,此方丘是迄今所知最早的地坛,而圜丘则是最早的天坛①。

"四方—中心"与天圆地方的宇宙观延续到了青铜时代,两淮地区的霍山圜丘、蚌埠双墩所呈现的已于上述。在王朝中心地区,如商代的"四方—中心"宇宙观是很明显的。王爱和对商代宇宙观已有很系统的研究。她认为在商代,四方是一个把宇宙间所有力量进行分类的结构,各种力量通过四方途径来传达帝的意愿。四方作为一种分类结构,同商的祭祀、政治活动有着直接联系,它是商代祭祀活动的根本结构,而祭祀是与神界沟通的途径②。正是通过其沟通人类与神界的功能,四方作为四个基本方向指向了一个中心。而这个中心,是由商代王族所占据的。商代铜铭与传世文献所显示的商代的宗庙形状、商王墓穴以及青铜族徽共同呈现的亚形结构是商代"四方—中心"宇宙观的符号象征。同样的,周代商而兴之后,周人同样占据了政治与宗教祭祀的中心。

从上文的论述可知,江淮地区的宇宙观之"空间"意识起源很早,自新石器时代至青铜时代是连续存在的,且在时间进程中不断发展,形成天圆地方的概念,不仅在本区域内得到了传承,而且也很可能对其他区域产生了同时或历时性的文化影响。

(二) 宇宙观之颜色的使用

江淮地区新石器至青铜时代的考古学材料中,除了宇宙观之"空间"呈现了同一地域文化传统的连续外,另一个同样有着连续性使用的是颜色。关于颜色的材料也是在最近几年的考古中有了较多的发现。颜色是体现宇宙观的重要角色之一。比如中国关联宇宙观的核心——五行的五种元素:金、木、水、火、土分别与方位、颜色相配,构成西(金/白)、东(木/青)、北(水/玄)、南(火/赤)、中(土/黄)。再如良渚文化玉器的两大核心玉器:璧与琮,在《周礼·春官·大宗伯》中提到以黄琮礼地、青璧礼天,也明显反映了颜色与宇宙观的关系。毋庸置疑,颜色是一种符号。在世界各地的各种社会关系中,颜色无论是作为词汇,还是作为具体事物,都是一种标志:通过这种有意味的形式,个人和团体,物体和环境,有区别地融合在文化秩序中③。颜色反映出一种心情与精神,是人类日常生活中不可或缺的部分。

---

① 冯时:《红山文化三环石坛的天文学研究——兼论中国最早的圜丘与方丘》,《北方文物》1993年第1期。
② 王爱和:《中国古代宇宙观与政治文化》,第55~56页。
③ M. Sahlins, "Colour and Cultures", Simiotica, no.16(1976), p.3.

人类使用颜色可以早到多久？根据考古发现，早在80~90万年前，许多赤铁矿或赭石似乎已被带进南非的遗址。人们在印度南部罕斯奇的阿舍利文化层中发现了一块土黄色的小圆石，呈多面体并带有斜条痕（擦痕），测定年代为20~30万年前，好像是被用来涂抹岩石的蜡笔。尼安德特人时期（约公元前20~前3万年），不仅在文化层中，而且在墓葬里，这样的颜料越来越常见。例如，在法国的岩洞里找到了103块含锰元素的二氧化物（黑色或蓝色），还有3块含铁元素的氧化物（红色），其中67块是圆形的或磨成蜡笔状的，它们可能在某种柔软的表面上使用过。法国穆斯特的一具尼安德特人的骨骸上撒着红色粉末。在著名的圣徒教堂发现的骨骸头部周围、盖夫泽（以色列）的两具骨骸附近和许多其他的骨骸旁边，也发现了红色颜料①。在中国的考古发现中，颜色迹象也比比皆是。颜色在先民物质和精神生活中占有重要地位，它们关联着宇宙与社会秩序。一些学者注意到了这一点，并有相关探讨。邓聪指出，玉器是观察人们使用颜色的重要媒介。在东亚新石器玉器中，黄绿色玉器是墓葬和祭祀遗址中最具代表性的遗物。黄绿色调是生命的比喻，是人类植物宇宙观物化的体现，是人从植物生态摄取生命力量的象征②。汪涛早些时候分析了商代颜色体系的性质，探讨其对后世思想，尤其是"五行说"的影响③。五行是一种互动和变化的宇宙观。五种宇宙能量存在于持续的相互作用中，它们彼此不断相克相生，产生了有规律的循环的序列。五行的起源在中西学术界是一个长期存在争议的问题，有很多学者有过讨论。五行有着怎样的史前与商周背景？近年江淮的一些考古发现，虽不足以解决五行的起源问题，但对此问题提供了新的材料。需要指出的是，任何物质遗存均有颜色，我此处要谈的当然不是泛泛的、天然的颜色分类，而是基于一定的考古学情境观察先民对颜色有选择的特定性使用。

江淮地区薛家岗文化的石刀上曾发现过涂红现象。薛家岗遗址出土过多件带有彩绘图案的多孔石刀。这些图案均围绕刀上钻孔绘制，较易脱落。个体图案呈红色花果形，左右对称，正反皆有。彩绘石刀应不是普通生产工具，甚至可以排除生产工具的可能。彩绘图案具有特殊意义，提升了石刀本身的威严，非平民阶层可拥有④。又如含山凌家滩07M23墓中出土大量玉器，其中有一件墨绿色石英岩玉钺，于众多玉

---

① 保罗·G·巴恩著：《剑桥插图史前艺术史》，郭小凌、叶梅斌译，山东画报出版社，2004年，第84页。
② 邓聪：《兴隆洼文化玉器与植物宇宙观》，《赤峰学院学报（汉文哲学社会科学版）》2008年S1期。
③ 参见汪涛：《颜色与祭祀——中国古代文化中颜色涵义探幽》。
④ 刘文强：《初论史前彩绘石刀的发展》，《文物研究》第19辑。

器中极为亮眼,应有格外的意义。这两个出现在可移动的文物上的颜色案例表明,新石器时代的江淮先民已经注意使用颜色来强化视觉效果,并以此传达特殊信息。

除了可移动的文物外,该地先民更在营建大型建筑工程时使用多种颜色,尤其能体现颜色的特定性使用,以及它所呈现的传统的连续性。

考古工作者在含山凌家滩遗址曾发现大型纪念性建筑,可能是祭坛[①]。祭坛原面积约1 200平方米,大致呈长方形。遭到破坏后,现存约600平方米,平面布局无规则可言,但从建筑特点来看,颇具匠心。它自上而下分三层堆积,最下层为纯净的细腻的黄斑土,中层用灰白色胶泥掺和石块、石英碎块、大粒黄沙和小石子搅拌夯筑,表层用小鹅卵石、小碎石子加黏土即似现在的三合土铺设而成。该遗迹利用不同质地材料分层建筑,可见已脱离原始的简单方法,开创了中国建筑史的先河,奠定了中国土石结合的建筑方式[②]。凌家滩祭坛在建筑中,使用了纯净的黄斑土和灰白色胶泥,说明凌家滩先民对于建筑中颜色的使用已具备选择性并赋予其特定性含义,但同时加入大粒黄沙、石子、鹅卵石,又显然是从建筑的牢固度上考虑的。

到了龙山文化时期,在离含山不远的蚌埠禹会村发现的祭祀遗存中,颜色的特殊性就更加明显了。禹会村遗址北部保存有一处面积约2 000平方米的人工堆筑台迹,呈"甲"字型布局(图23)。清理和解剖后的迹象表明,当时人工堆筑的迹象十分明显,从下至上的堆积为灰土夯筑层,土质坚硬,紧密,具有一定的夯力,自身

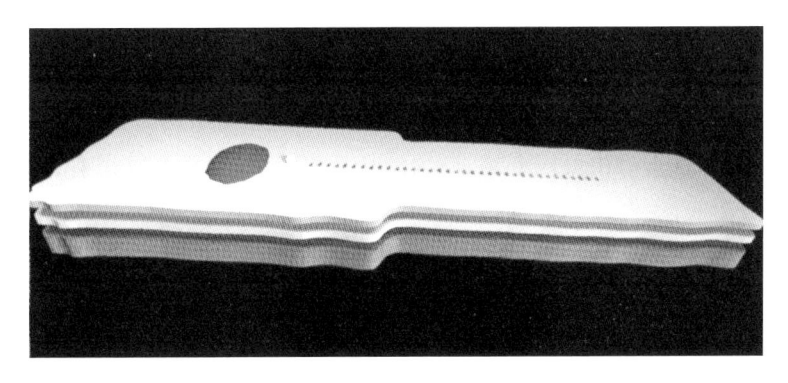

图23　禹会遗址发现大型人工堆筑台基

(采自《蚌埠禹会村》,2013)

[①] 朔知:《凌家滩祭坛遗迹试论》,《凌家滩文化研究》,文物出版社,2006年。
[②] 安徽省文物考古研究所:《凌家滩——田野考古发掘报告之一》,文物出版社,2006年,第271页。

厚度为80厘米。清理时,能看出堆筑时小面积交错叠压的不规则形夯筑面;灰土夯筑层之上为铺设的纯黄土层,略有一定的硬度和密度,一般厚度为0.15~0.2米;黄土之上为铺设的白膏泥土层,土质细腻,厚度为3~30厘米,边缘清楚,形成了一个白色的覆盖面。这一台面上还有凸岭、柱洞、凹槽、烧祭面、方土台、长排柱坑和圆形圜底坑等迹象①。

综合各类遗迹现象来看,发掘者将此遗迹定性为祭祀台基是很有说服力的。三种不同颜色的使用当与祭祀行为有关。从这些土的纯净度可知,应是精心准备且有特定含义的。何驽指出,黄黏土和白膏泥都是在江南多水环境下长期浸泡形成的。选用这两种因水生成的土填筑禹会建筑基础,暗示该基址的祭祀礼仪功能与水有关。他认为禹会祭场举行誓师、告成、封赏祭仪的场所②。禹会祭祀台基建筑过程中颜色的使用体现了新石器时代江淮先民对颜色的分类与选择,这是他们祭祀活动中的一个重要组成部分。还有学者指出,禹会村用"白土"覆盖的土坛,不仅是目前考古学材料所见中国史前第一的白色土坛,也是与史前各地"白土"利用的意义一样,与贵族、礼制有关③。

放眼江淮之外的地区,良渚文化的瑶山、汇观山也是三重色祭坛。方向明指出,环太湖流域的崧泽—良渚文化时期在堆筑土台和墓葬填埋过程中,会有意识地选择质地纯净的黄土。红山文化牛河梁的积石冢及良渚文化海宁皇坟头的叠石圈遗迹中都有特别颜色的采用,当有特别含义④。可见,从新石器时代开始,先民已经在无论是可移动的文物,还是不可移动的遗迹上都选择和使用特定的颜色,并且颜色的分类、选择、象征,以及与其他事物的关联呈现出一个不断演变、日益复杂的过程。到了商代,从卜辞中可以看到,商人的日常生活中,颜色与祭祀有着更为精细与密切的关联⑤。

难能可贵的是,尽管特定颜色的使用在新石器时代多个文化区均有体现,但是像在江淮地区这种颜色在营建中的使用呈现出跨越时代的连续性在其他地区目前

---

① 中国社会科学院考古研究所、安徽省蚌埠市博物馆:《蚌埠禹会村》,科学出版社,2013年,第45~83页。
② 何驽:《禹会遗址祭祀礼仪遗存分析与研究》,《蚌埠学院学报》2014年第3卷第2期。
③ 裴安平:《史前"白土"的利用与禹会村土坛的意义》,《禹会村遗址研究——禹会村遗址与淮河流域文明研讨会论文集》,科学出版社,2014年,第98页。
④ 方向明:《营建中的颜色——从禹会村祭祀台基漫谈史前祭祀遗迹》,《禹会村遗址研究——禹会村遗址与淮河流域文明研讨会论文集》,科学出版社,2014年,第120~133页。
⑤ 相关探讨,见汪涛:《颜色与祭祀——中国古代文化中颜色涵义探幽》,第116~180页。

还不多见。下面,我们继续看青铜时代江淮地区遗迹中的颜色使用。

用不同颜色的土来构建祭祀建筑在西周时期的江淮得到延续。在前文已经提到的霍山戴家院圜丘遗迹,从解剖发掘的情况看,戴家院的圜丘经过了三次大的修建,最早的坛较小,用灰白色土和少量浅红色粉沙土堆筑,台面似圜形,叠压在遗址最早期地层之上;第二次用纯净浅黄色土和浅红色粉沙土相间堆筑;第三次则只用纯净黄色土堆筑,年代已到春秋早期。第三次大修之后,在表面有若干薄层,每一至数层薄黄土之间,夹杂有火烧后残留的炭灰层①。戴家院圜丘也呈现了不同的颜色分类,大致有四种:灰白、浅红、浅黄、纯黄,又可精简成三种:白、红、黄。

到了东周时期,在蚌埠双墩钟离国君墓中,颜色种类更多,有黄、灰(青)、黑、红、白五色,已经是齐全的五色。不过除白色单独存在外,五色主要是以混杂的形态出现的。我在前文已经指出,白土垫层与黄色土的结构很可能是鸡子,即混沌的象征,它包裹了由圆形封土和亚形墓室各自所象征的天与地。五色土所组成的填土还具有星象的象征。可以说,在这座墓葬中,颜色起着极为重要的作用,它们与其他文化元素成为墓葬建造者表现其精神观念的道具,具有符号的意义。在双墩一号墓的迹象中,已经可以看到五种颜色的同时出场,尽管这五种颜色还不是一色配一方,但在颜色的种类上,已经在新石器时代的基础上又有了进步。

江淮地区自新石器时代至春秋时期,祭坛与墓葬中多种颜色土的发现,与传统文献记载的这一地带盛产五色土也相吻合。《禹贡》中记载淮夷曾向西周王朝进贡物资,其中一项正是"五色土"。钟离正属淮夷,地在淮域,双墩一号墓中的五色土迹象说明《禹贡》所记非虚。

(三) 会盟传统

会盟是东周时期国与国之间频繁发生的政治事件,《左传》中记载尤多。江淮地处南北过渡带,不南不北、适中的位置成为南北竞争性势力盟会谈判的最佳之地。根据文献的记载,历史上曾在江淮有过多次会盟,数量一多,就积累起一种连续性传统。

《左传·哀公七年》载:"禹合诸侯于涂山,执玉帛者万国。"②某种意义上,夏代的历史就是从涂山开始的。禹合诸侯于涂山,带着玉帛前去盟会的有万国。这是

---

① 武家璧、朔知:《试论霍山戴家院西周圜丘遗迹》,《东南文化》2008 年第 3 期。
② 杨伯峻:《春秋左传注》,第 1642 页。

一次承认禹的统治权与领导力的大会。禹在涂山会盟得到诸侯共举的部分原因很可能在于他与涂山氏的联姻。同时如上文所述,近年考古工作者在蚌埠禹会村发现了一个大型的祭祀台基。根据它的特征,这一祭祀台基很可能是在盟会的背景下创建的。

西周时期,穆王亦有"涂山之会"。《左传·昭公四年》:"穆有涂山之会"。杨伯峻注曰:"涂山即哀公七年传'禹合诸侯于涂山'之'涂山',在今安徽怀远县东南八里,淮河东岸。"①周穆王在涂山会盟发生在征伐徐方胜利之后②,相当于一场战后协定。

春秋时期,据《春秋·僖公十六年》:"冬十有二月,公会齐侯、宋公、陈侯、卫侯、郑伯、许男、邢侯、曹伯于淮。"杜注谓淮在临淮郡左右,晋之临淮郡治在今江苏省盱眙县③。仍是在盱眙,鲁襄公五年,鲁仲孙蔑、卫孙林父会吴于善道。杨伯峻注,善道,今江苏省盱眙县北④。又《春秋·成公十五年》:"冬,十有一月,叔孙侨如会晋士燮、齐高无咎、宋华元、卫孙林父、郑公子鰌、邾人会吴于钟离。"⑤此年乃中原诸国始与吴通。钟离,时属吴楚边境。据近年蚌埠双墩、凤阳卞庄春秋大墓及内出铜器铭文"钟离"二字的发现,史料少载的钟离国就在蚌埠一带。又《左传·襄公十年》:"齐高厚相大子光,以先会诸侯于钟离,不敬。"⑥又《左传·襄公三年》:"晋侯使荀会逆吴子于淮上,吴子不至。"杨伯峻注:"淮上,疑今凤台县境,淮水北。"⑦

从上面的叙述可知,至少从新石器时代晚期开始,经西周、春秋,约在淮畔有过多次盟会,尤以蚌埠一带为显。为什么频繁在此地相会呢?我认为主要有两个原因:从禹会的地理位置及山川形势来看,此地举行文化、政治性交融是有优势的。它的地理位置南北适中,古代的诸侯国盟会往往选择两国之间的小地方举行盟会。这时候,小地方便充当了不同势力间调和、折中、妥协或者联谊之所。这一点也折射了两淮这种中间地带在更大空间范围内的区域互动中起到了平衡的作用。同时,禹会村遗址所在的淮河下游的涂山(338米)和荆山(258米)夹淮河而相对。涂

---

① 杨伯峻:《春秋左传注》,第1251页。
② 徐旭生:《中国古史的传说时代》,广西师范大学出版社,2003年,第199~203页。
③ 杨伯峻:《春秋左传注》,第369页。
④ 杨伯峻:《春秋左传注》,第941页。
⑤ 杨伯峻:《春秋左传注》,第872页。
⑥ 杨伯峻:《春秋左传注》,第974页。
⑦ 杨伯峻:《春秋左传注》,第928页。

山旁有荆山,临淮河。这样的位置适合盟会。春秋时期诸国间的盟誓大多是在各国边境的丘陵或水岸泽边,如桃丘、谷丘、葵丘、清丘、召陵、曲池、鸡泽、澶渊等地方举行的①。吕静引高木智见的话说,选择这类地点进行盟誓是因为那里虽然人迹罕至,却被认为是神灵降临、人与神交通最容易的地方②。也就是说,涂山一带有它特有的灵性。这种特性在历史时期人们的心目中仍然存延。胡阿祥曾引南宋祝穆《方舆胜览》卷四十八"断梅谷"进行了一番分析:周世宗征淮,以荆、涂二山乃濠州之朝冈,有王者气,命断之。有梅族居此,因曰断梅山。胡阿祥认为,"断梅谷"的由来,一是因荆、涂二山王气太重,周世宗曾命人"断"山败"气",二是因这里为梅氏家族聚居之地。周世宗这样做隐藏着丰富的政治军事意义。荆、涂二山有王气,表明这一带有存在割据政权的条件,而这种条件,很大程度上就是长淮之险荆山峡的独特"地利"。周世宗"断山"的真实理由,是要防范地方势力借重形胜之地而崛起,这可说是对荆山峡重要军事地理价值最为深刻的认识和最高的评价③。

频繁在蚌埠一带会盟也反映了蚌埠地区在地方性小政体实体互动中的连续性。正如谢维扬所指出的:"早期对国家制度形成有特殊作用的超强政治实体是在对其他地方性小政治实体的控制和组合上有表现的。"④禹合诸侯于涂山、穆王有涂山之会皆可作如是观。

通过上文的探讨,尽管两淮地区早期社会进程中文化与文化的连接经常出现断裂,或者之间有空白,但是若干精神文化传统却不因社会进程中异质性的文化连接而有鸿沟,相反它们有着一以贯之的文化传统,可谓"形散而神不散"。

小结

在本附录中,我分别讨论了龙山文化时期的七足镂孔器、凌家滩文化的玉鹰、蚌埠双墩墓葬以及江淮地区若干精神文化传统的传承与演变等问题。七足镂孔器来自淮北,玉器和墓葬来自江淮。这几个主题的讨论均属于精神文化领域考古,旨在达到两个目的。

第一,用具体的实例来呈现两淮早期社会进程中的精神文化。通过上述内容

---

① 吕静:《春秋时期盟誓研究——神灵崇拜下的社会秩序再构建》,上海古籍出版社,2007年,第171页。
② 高木智见:《春秋时代の结盟习俗について》,《史林》六十八卷六号,1985年,第58页。
③ 胡阿祥、张文华:《淮河》,第21页。
④ 谢维扬:《禹会涂山之意义——中国早期国家形成过程的特点》,《禹会村遗址研究——禹会村遗址与淮河流域文明研讨会论文集》,科学出版社,2014年,第244页。

可以看到,两淮先民已经形成了较为成熟的宇宙观,包括四方—中心的空间观念、颜色的象征与使用、动物与原始宗教的关系,宇宙的分层及沟通天人的工具等等。这些精神文化因素的出现已经透露出文明的火花,是精神文明的重要组成部分。这类遗存都是高等级的贵族所拥有的。以七足镂孔器来说,我论证其为一件表达先民通天思维的圣器,并且指出它的造型与"皇"字的相似。尉迟寺的贵族制作这件礼仪场合使用的器物,很可能是他们借助这类被赋予意义的符号性产物来与神灵交流,垄断通天的权力,进而转换为世俗的权力,以帮助自己的统治。玉鹰的意义也是一样。双墩墓葬的规模不仅展示了钟离国的组织和协调能力。它的葬制与葬俗也反映了墓主独特的宇宙观与身份认同。这种葬制与葬俗的罕见强调了这种意识形态的独有性。

总而言之,通过这三个案例介绍,我呈现了两淮地区部分史前和东周时期精神文化的面貌(虽然还有相当的遗存可以讨论),由于篇幅的原因,笔者不可能对所有遗存所反映的精神文化进行探讨。

与此同时,我也通过讨论精神文化来呼应本书的主题,即两淮地区因为处于中间过渡地带,空间的狭窄和竞争性强,以及社会进程缺乏可持续性的特征,导致这个地区的"累积性发展(cumulative development)"不足。所以我们可以看到,两淮地区的很多精神文化因素往往属于零星发现,七足镂孔器、三位一体的玉鹰、玉版等等,无不如此,这就表明了两淮的精神文化发展过程中有很多闪耀的火花,但是还没有发展到量变引起质变的地步,容易昙花一现。这一点,我们只需将江淮的凌家滩文化与环太湖地区的良渚文化做个简单对比便一目了然。在各自所处的历史时期,凌家滩文化的空间广度远不能与良渚文化相比。在玉器方面,两者有着相同的玉器手工业特征,玉器体现出的精神领域因素也有很多相似。但是,凌家滩文化缺乏在空间与时间两个角度都产生重要影响力的文化因素;良渚文化则不同,其最具盛名的"神人兽面纹",几乎在不同种类的玉器上均可见到,不独玉器,在象牙器、陶器上也有神人兽面纹,并且这种纹饰在设计上的安排呈现高度一致。透过这种文化现象,我们看到的是整个环太湖地区良渚文化蔓布的文化权力与宗教信仰,很可能意味着良渚文化已经形成较为统一的权力与高度一致的宗教信仰体系。又如祭坛,如前文所述,祭坛也可谓社会复杂化的表现因素之一。因为祭坛属于纪念性建筑,修建此类建筑通常需要投入大量人力与各类资源,需要领导、规划、合作与调遣。故它只能在具有一定人口规模、出现某种等级和权威的社会出现,它属于社会权力的一种表现形式。凌家滩文化目前发现的祭坛只有 1 座,而环太湖地区的良渚文化却有很多座祭坛的发现,诸如余杭瑶山、汇观山、卢村,海宁大坟墩,武进寺墩,昆山赵陵山,无锡邱承墩,青浦福泉山,海宁达泽庙等等。

第二,两淮社会进程体现出一种"断裂的连续"模式,有些区域的若干考古学文化不属于同一文化谱系,但值得注意的是,宇宙观、宗教观等精神文化层面却呈现出相当多一以贯之的传统,并且这种特征在历史时期也有延续。

附录三 从膨胀到萎缩:"青莲岗文化"研究的回顾与思考

在中国考古学的发展历程中,众多考古学文化被发现与命名,逐渐为学界知晓,有的深为人们所熟悉,如良渚文化、龙山文化;而有的则在岁月中逐渐黯淡,甚至消隐。本附录讨论的"青莲岗文化",就是一个曾频繁见诸史前考古报告与研究论文的重要考古学专业词汇,但是近些年来,青莲岗文化一词变得甚少出现或者干脆消失于考古学者的视野。本附录对青莲岗文化经历的"从膨胀到萎缩"的过程进行了呈现,并通过对青莲岗文化研究的回顾从一个侧面佐证江淮地区"过渡带"的特征。

一

青莲岗遗址是 1951 年考古人员在江苏淮安首次发现的,但是并未对之进行正式发掘,只是前后做了四次调查,采集了包括石器、陶片、兽骨在内的标本共计 338 件①。考古人员对这次采集所获陶器及石器当时有一个感性的认识,即认为它们与苏北和江南地区的新石器时代文化有些近似。

1956 年,南京博物院考古人员在对北阴阳营遗址的发掘中,注意到北阴阳营早期堆积中出土的遗物(他们特别提到磨光石器和彩色陶器),与淮安青莲岗遗址所出相同,而且当时在吴县唯亭夷陵乡也有同样的发现②。在当年的全国考古工作会议上,北阴阳营的发掘者赵青芳提出了"青莲岗文化"的命名。该名正式发表则是在 1958 年北阴阳营的发掘简报中,文中建议暂时采用"青莲岗文化"一名③。需要指出的,青莲岗和北阴阳营报告的执笔者均是赵青芳。

1959 年,夏鼐发表了中国考古学史上一篇非常重要的文章:《关于考古学上文

---

① 华东文物工作队:《淮安县青莲岗新石器时代遗址调查报告》,《考古学报》第九册,1955 年。
② 南京博物院:《南京市北阴阳营第一、二次的发掘》,《考古学报》1958 年第 1 期。
③ 南京博物院:《南京市北阴阳营第一、二次的发掘》,《考古学报》1958 年第 1 期。

化的定名问题》①。他在此文中就考古学文化的定名提出三个条件：(一) 一个"文化"必须有一群的特征；(二) 共同伴出的这一群类型，最好是发现不止一处；(三) 我们必须对于这一文化的内容有相当充分的知识。现在回过头来看青莲岗文化的定名，若严格按照夏鼐文中的标准，青莲岗文化一名是难以成立的。尽管它是第一次发现的遗址，但是由于它未经正式发掘，学界对文化层位、文化内涵的认识还不充分。它的命名颇如夏鼐文中所言："于是对于在某一地区所发现的遗物或碰到某一类陶系的陶片，便匆遽地以为它便是属于某一种文化。"②

如果说在 1958 年发表于《考古学报》的北阴阳营简报中，赵青芳只是建议暂时采用青莲岗文化一名的话。到 1959 年时，青莲岗文化在一些文章中已经被采用。蒋赞初认为青莲岗文化显然是在龙山文化强烈影响之下的一种江苏的土著文化，但是在陶器的装饰作风上可能也受到仰韶文化的一定程度的影响。他说，若从广泛意义上来理解的话，或者也可称其为"江苏龙山文化"③。安志敏在同年发表的文章中也提及青莲岗文化，不过他在前面冠以"所谓"二字，似是对这一文化的命名有留待观察之意④。

1961 年，青莲岗文化研究有了第一次较大的改变。它的名称得以巩固性地使用，而且一些考古学者开始为它划分文化范围。曾昭燏和尹焕章二位先生基于文化因素的相似性，将青莲岗文化的分布范围定为：以江苏为中心，北到与山东接壤处，南达太湖南岸，东到淀山湖以东，西到安徽南部⑤。以今日之后见之明，固然可以说这个文化范围铺得着实大了。可若是考虑到时代与资料等因素的限制，我们更应表一份了解之同情，置身于当时的考古学背景去体会曾尹二位何以如此划分？在 20 世纪五六十年代，苏皖等地的考古发掘并不很多，青莲岗遗址是这片区域在建国后最早被发现的史前遗址。当曾尹对苏北、苏南及邻近区域遗址的文化因素进行观察后，他们认为各个遗址或许多遗址存在许多共有的文化特点。与此同时，他们也意识到不同地区的遗址也有其显著的地方特征，即便在同一地区内的遗址也往往有其个性特点。而在此基础上，他们选择以青莲岗遗址来统领一个较大区

---

① 夏鼐：《关于考古学上文化的定名问题》，《考古》1959 年第 4 期。
② 夏鼐：《关于考古学上文化学定名问题》，《考古》1959 年第 4 期。
③ 蒋赞初的这一论点显然受到了"泛龙山文化"观点的影响，这在当时是非常流行的。参见蒋赞初：《关于江苏的原始文化遗址》，《考古学报》1959 年第 4 期。
④ 安志敏：《试论黄河流域新石器时代文化》，《考古》1959 年第 10 期。
⑤ 曾昭燏、尹焕章：《江苏古代历史上的两个问题》，《江海学刊》1961 年第 12 期。

域的文化,则明显是区域文化的共性压倒了个性。这种划分与新石器时代文化中的"泛龙山文化"属于同一个性质[1]。那么问题在于,他们为何要给这片区域冠以青莲岗文化之名? 20 世纪 90 年代,在江淮地区古文化遗址座谈会上,邵望平谈道:"青莲岗文化的提出,对于打破黄河、长江中下游只有仰韶、龙山这样一种学术格局来说,无疑具有学术生长点的意义。"[2]这是见道之论。

在划定了青莲岗文化的范围后,尹焕章在之后的考古实践中进一步完善了这一认识。他在 1962 年讨论太湖地区新石器时代文化的文中认为,青莲岗文化普遍存在于太湖水系地区,是当地最早的原始文化遗存,早于良渚和湖熟文化。他承认青莲岗文化虽在苏北和苏南有共同性,惟在太湖地区却有着它的地方特点[3]。差不多同一时期,在 1960 年,南京博物院为了进一步了解江苏境内原始文化的分布情况,对太湖、苏北等地做了考古调查,认为苏北的原始文化存在青莲岗、刘林、龙山三支。三者的关系是,龙山晚于青莲岗,刘林则介乎二者之间[4]。在青莲岗与龙山的相对年代关系上,这是一个变化,因为在 1955 年发表的青莲岗遗址调查报告中,青莲岗文化被认为晚于龙山文化。接着在 1964 年发表的一篇文章中,青莲岗文化早于龙山文化的认识得以延续[5]。

从 1951 年青莲岗遗址被发现,到整个五六十年代,对于青莲岗文化的探讨主要出现在考古调查与发掘报告中,唯一算得上专论的只有《江苏古代历史上的两个问题》一文。相关的研究者也主要是南京博物院的考古学者。这一时期姑且可以称为青莲岗文化研究的第一阶段,也是该文化从发现到范围逐步扩大的阶段。

二

在第一阶段对青莲岗文化的研究中,无论考古报告或论述性文字,尹焕章都是探讨青莲岗文化最勤奋努力的考古学者,所以日后张敏称尹对青莲岗文化的论述为"尹氏青莲岗文化",且排在第一位[6]。与此同时,尹焕章的同事曾昭燏和赵青芳

---

[1] 安志敏:《试论黄河流域新石器时代文化》,《考古》1959 年第 10 期。
[2] 邵望平语。参见黄景略、张忠培等:《淮河下游新石器时代的绚丽画卷——龙虬庄遗址与江淮地区古文化学术座谈会专家发言纪要》,《东南文化》1999 年第 3 期。
[3] 尹焕章、张正祥:《对江苏太湖地区新石器文化的一些认识》,《考古》1962 年第 3 期。
[4] 尹焕章、赵青芳:《淮阴地区考古调查》,《考古》1963 年第 1 期。
[5] 尹焕章、张正祥:《洪泽湖周围的考古调查》,《考古》1964 年第 5 期。
[6] 张敏:《从青莲岗文化的命名谈淮河流域与长江流域原始文化的相互关系》,《郑州大学学报(哲学社会科学版)》2005 年第 2 期。

在这一阶段对于青莲岗文化也有少量的论述①。由于众所周知的原因,曾昭燏和尹焕章两先生相继在20世纪60年代不幸逝世。这对于当时的考古学发展无疑是一种损失,青莲岗文化第一阶段的探讨也随之告终。

时间进入到1973年,吴山菁发表了《略论青莲岗文化》一文②,这是一篇较早专论青莲岗文化的论文,颇具转折意义。在这篇文章中,吴将青莲岗文化分为江北和江南两个类型,江北类型分为青莲岗期、刘林期、花厅期和大汶口晚期;江南类型分为马家浜期、北阴阳营期、崧泽期,其后是良渚文化③。之所以云其有转折意义,体现在两个方面:其一是因为吴文将此前尹焕章、曾昭燏研究青莲岗文化时提到的区域文化的差异具体落实了,即分成了江南和江北类型,由青莲岗文化统合。不过在张敏看来,吴文是怀着"尊重老一辈考古工作者的感情",对曾—尹氏青莲岗文化进行的诠释④。其二,吴文将青莲岗文化分为江北和江南两种类型实际上已经是对曾尹先前提出的青莲岗文化范围的一次解构。在吴文中,还有一段话值得注意。他说:"古代文化的某一共同体,称为不同的文化或同一文化的不同类型,并没有一个什么统一的标准。"他认为将青莲岗文化划分为南北两个类型是暂时的,将来可能会将它们定为不同的文化。吴的这一看法不久便有了回应。

1977年,朱江撰文与吴山菁商榷。他针对吴文"古代文化的某一共同体……并没有统一标准"的说法,指出若无标准,岂能分类和分期,青莲岗文化何以存在? 他指出,青莲岗遗址本身既不典型,文化面貌又与其他被称为青莲岗文化的遗存有着显著差异,那么以它作文化命名,并用来代表那些分布相当广泛而文化面貌显著不同的许多遗存,是不够妥当的⑤。这篇文章是青莲岗文化被发现、命名以来第一篇质疑该文化名称与内涵的论文。

---

① 曾昭燏、尹焕章、赵青芳三位先生在解放前均曾就职于国立中央博物院筹备处,解放后为南京博物院工作人员,是中国最早的一批考古学和博物馆学工作者。关于他们更详细的生平和成就。可参见南京博物院主编的学人丛书:《曾昭燏文集》(2009年)、《尹焕章文集》(2009年)、《赵青芳文集》(2012年),均由文物出版社出版。
② 近读张敏文,得知"吴山菁"是纪仲庆所用的笔名。见张敏:《青莲岗文化的回顾与反思——兼论考古学文化区与民族文化区的相互关系》,《东方考古》第8集,科学出版社,2011年。纪仲庆在论述青莲岗文化中多次署名不一,论述内容也不一致,反映了他对青莲岗文化认识的不断变化。
③ 吴山菁:《略论青莲岗文化》,《文物》1973年第6期。
④ 张敏:《从青莲岗文化的命名谈淮河流域与长江流域原始文化的相互关系》,《郑州大学学报(哲学社会科学版)》2005年第2期。
⑤ 朱江:《关于"青莲岗遗址"和"青莲岗文化"问题》,《考古》1977年第3期。

同年,在 1977 年长江下游新石器时代文化考古学术讨论会上①,关于青莲岗文化,仍表现出两派意见。一种意见主张,南北二区(指青莲岗文化的江北、江南两个类型)的共同因素并不是文化内涵的基本成分,而只是局部的次要的因素。这些共同因素是文化上互相交流、互相影响的结果②。它们主要的器物组合和形制,有着很大差异。因此,南北不属于一个文化系统。这种意见进一步主张,苏北鲁南早于典型龙山文化的新石器时代遗存,可统一命名为大汶口文化。与此同时,对于长江南岸的早期新石器时代遗存,有的学者建议改用马家浜文化或者草鞋山文化的命名。这种意见一出,我们隐约看到一种趋势,即青莲岗文化的学术空间将会遭到南北两面文化系统的"挤压"与"分解",抑或说南北两面文化要脱掉青莲岗这顶帽子。当然,维护青莲岗文化两个类型的意见也存在,这类意见主张将前期(即早于龙山和良渚文化的早期新石器时代文化遗存)定名为江北青莲岗文化,后期可定名为大汶口文化。

这次会议之后,到 1978 年,会上的一些意见开始正式发表。一篇署名为"南京博物院"(实际作者是纪仲庆)的文章③,继续捍卫青莲岗文化的统一性。该文建议要多注意青莲岗文化江南、江北文化遗存中具有共同特征的一面,这些共同特征是它们属于同一文化系统的重要标志。不过值得注意的是,这篇文章中的青莲岗文化内涵较早前出现了变化。江北类型被分为大墩子、刘林、二涧村、大汶口、东海峪、西夏侯六期,前四期属青莲岗文化,后两期属大汶口文化;而江南的青莲岗文化不再分期,而是分为马家浜、北阴阳营、崧泽、张陵山四个类型。原先的江南类型,被分割为四个类型。青莲岗文化的整体性正在削弱。而同一期发表的一篇文章中,则将太湖流域的原始序列定为马家浜文化—崧泽文化—良渚文化④。

这一时期对青莲岗文化存有异议的文章还有很多。比较典型的观点,例如,夏鼐在发表于 1977 年的文章中指出:

---

① 《长江下游新石器时代文化学术讨论会纪要》,《文物》1978 年第 3 期。
② 吴绵吉即持这一观点。参见吴绵吉:《"青莲岗文化"长江南北之间的文化关系》,《厦门大学学报(哲学社会科学版)》1978 年第 2、3 期。
③ 南京博物院:《长江下游新石器时代文化若干问题的探析》,《文物》1978 年第 4 期。实际作者应该是纪仲庆先生。因为在纪仲庆、车广锦:《苏北淮海地区新石器文化的再认识》一文的注中,《长江下游新石器时代文化若干问题的探析》一文的作者名不是"南京博物院",而换成了"纪仲庆"。因为他们都是南京博物院工作人员,所以对实际执笔者是清楚的。明晰此点较重要,因为我们可以了解到具体作者观点的变化。
④ 牟永抗、魏正瑾:《马家浜文化和良渚文化——太湖流域原始文化的分期》,《文物》1978 年第 4 期。

> 从前多将这种文化(指邱城下层)和大汶口文化合称为"青莲岗文化",或分称为"江南类型"和"江北类型"的青莲岗文化。实则二者虽也有相同点,但就整个文化面貌而论,是两种不同的文化。我以为还是以分别定名较为妥当。为了避免混淆,"青莲岗文化"这一名辞,似可避免不用。我建议把二者分别叫作"大汶口文化"(包括刘林、花厅村、大汶口、青莲岗等)和"马家浜文化"(包括马家浜和崧泽,但南京北阴阳营下层墓葬,似乎代表另一种文化)。①

这段话中最可注意的,是夏鼐建议青莲岗文化这一名词可以不用。鉴于夏鼐在中国考古学上的重要学术地位,他的观点显然具有重要影响力。1980 年,严文明撰文认为,青莲岗文化与大汶口文化属于一个系统,前者年代上早于后者,分布范围主要在苏北鲁南,而苏南浙北则属于不同系统的文化。他认为把青莲岗文化的范围扩大到囊括两地而仅仅区别为江南江北两个类型的作法显得不够也不大恰当②。

1985 年,马洪路的文章也认为青莲岗文化与大汶口文化是时间先后而有一定承袭关系的处于两个不同发展阶段的文化,分布范围在苏北鲁南的汶、泗、沂、沭诸河流两岸至淮河下游北岸③。

可以看到,随着讨论的深入,原先被归入青莲岗文化的江南类型,正逐渐从青莲岗文化的体系中脱离出来。这种意见不单在非南京博物院的学者那里可以看到,即便是在长期以来力撑青莲岗文化统一性的南京博物院研究人员那里,也开始出现。

在 1989 年纪仲庆、车广锦合著的一篇论文中,青莲岗文化中的江南类型已被放弃,而江北类型则被分为青莲岗文化、刘林文化和大汶口文化④。我们可以同 1978 年发表的,署名为"南京博物院"的文章内容进行对比。如上所述,当时,江南类型虽被分成四个类型,但仍被归入青莲岗文化,而到了 1989 年,则干脆将江南类型舍弃了。这无疑是大势所趋。1989 年,长江南岸的太湖和杭州湾周围,马家浜文化—崧泽文化—良渚文化这一新石器时代文化发展序列已经明晰,此时再将青莲岗文化的帽子扣在这个系统之上,恐怕让人难以接受。

---

① 夏鼐:《碳-14 测定年代和中国史前考古学》,《考古》1977 年第 4 期。
② 严文明:《论青莲岗文化和大汶口文化的关系》,《文物集刊》(1),文物出版社,1980 年。
③ 马洪路:《试论青莲岗文化》,《考古学集刊》第 4 集,中国社会科学出版社,1984 年。
④ 纪仲庆、车广锦:《苏北淮海地区新石器文化的再认识》,《考古学文化论集(二)》,文物出版社,1989 年。

1962、1964 年,考古人员曾对兖州西桑园、滕县北辛遗址进行调查,发现一类遗存,认为其与大汶口文化有一定区别,并初步以西桑园类型、北辛类型命名①。之后,在 1978~1979 年,社科院考古所山东队和滕县博物馆对北辛遗址进行了两次发掘②,对它的文化面貌和内涵有了进一步认识,认为以北辛遗址为代表的同类遗存是早于大汶口文化的一个新的考古学文化,并与大汶口文化有着一定的渊源关系。从而,北辛文化的命名被正式提出并得以确立。

实际上,与北辛文化相似的遗存,早在 20 世纪 50 年代末的江苏连云港二涧村就出土过同类遗物③。而在当时以及之后很长一段时间内,这类遗物被归入青莲岗文化。当北辛文化作为早于大汶口文化的一个考古学文化被逐渐接受之后,不可避免地,便与青莲岗文化发生了冲突。因为到 80 年代,学界已逐渐接受青莲岗文化也是早于大汶口文化的。面对北辛文化,青莲岗文化原先在鲁南苏北占据的空间最终在考古学者那里逐渐退缩,一些起初归属青莲岗文化的遗存,开始转到北辛文化的名下。如此,青莲岗文化(如果这种文化的存在确实合理的话)仅局限在了淮河下游一带,北不过邳州,至南不过长江。这种状况,与青莲岗文化最初分布范围的那种广阔实在大相径庭。

整个七八十年代,我们可以称之为青莲岗文化研究的第二阶段。无论是相较第一阶段,还是之后的阶段,这一时期都是该文化被讨论得最为热烈的时期。其间,除了南京博物院的考古人员外,也有更多其他单位的学者参与进来,而这两者对于青莲岗文化的意见也恰好呈现相反的态势。南京博物院的学者多主张青莲岗文化的合理和统一,而外单位的学者则对之质疑。其整体趋势是,青莲岗文化的范围在第一阶段膨胀后,在第二阶段遭受南北两大强势文化空间的挤压,整体性逐渐削减、分布范围日益萎缩。

三

进入 90 年代,在青莲岗文化南北的文化序列都已经明确的情况下,南京博物院的一些学者另辟蹊径,为青莲岗文化开拓新的空间,认为"青莲岗文化的分布范

---

① 中国科学院考古研究所山东工作队:《山东泗水、兖州考古调查简报》,《考古》1965 年第 1 期;中国社会科学院考古研究所山东队、滕县博物馆:《山东滕县古遗址调查简报》,《考古》1980 年第 1 期。
② 中国社会科学院考古研究所山东队、滕县博物馆:《山东滕县北辛遗址发掘报告》,《考古学报》1984 年第 2 期。
③ 江苏省文物工作队:《江苏连云港市二涧村遗址第二次发掘》,《考古》1962 年第 3 期。

围以淮河为中轴,西到皖、豫、鲁三省交界处,北以泰沂山脉为界,东至大海,其南沿的东部为江苏的江淮地区,西部包括安徽的江淮地区和与其一衣带水的皖南及宁镇山脉",并将青莲岗文化分为三个类型,即侯家寨类型、双墩类型和青莲岗类型;青莲岗文化的年代定为距今 7 000~6 000 年[①]。但是,这种观点并未被学界所接受。而且从日后来看,安徽的考古学者也对侯家寨、双墩作了文化命名。

徐基一方面肯定青莲岗文化的命名打破了山东龙山文化一统苏鲁二省区史前考古二十多年的沉寂,在考古学界和历史学界产生了较大的反响,另一方面又指出青莲岗文化的情况之所以复杂,根子出在对青莲岗一类典型遗址缺乏科学的发掘和全面的认识上[②]。

肖燕则认为青莲岗文化不同于鲁南的北辛文化和皖东的侯家寨文化。她提出青莲岗文化是来自苏南马家浜文化的一支[③]。

20世纪90年代有关青莲岗文化的讨论总体而言不如第二阶段热烈,意见大致也可分成两类。如上所述,南京博物院的部分学者继续将青莲岗文化设定在一个较大的范围内,其他学者则强调青莲岗文化与鲁南、苏南文化系统的区别。这一阶段的讨论不够热烈,还有一个重要原因,即青莲岗遗址文化内涵本身的不充分,即便有再多地讨论也无从触及实质。当务之急,还是要向发掘方面走。90年代初,南京博物院的考古工作者意识到了这一问题,在江淮东部地区进行了一系列考古工作,包括考古调查、梳理以往的资料和考古发掘,基本掌握了江淮东部新石器时代遗址的分布规律。张敏领队发掘了高邮龙虬庄遗址,发现了房屋、墓葬、灰坑等遗迹,以及陶器、骨角器、石器等文化遗物。这些文化面貌独特、特征稳定的一组器物为龙虬庄文化的确立奠定了基础。在江淮地区古文化学术座谈会上,高广仁等曾表示龙虬庄遗存可以成为江淮地区东部史前文化的代表,赞成"龙虬庄文化"一名。龙虬庄遗址的发掘被认为解决了江淮东部的文化序列和性质,填补了文化空白[④]。相应地,青莲岗文化日益式微。作为龙虬庄文化的提出者,张敏关于青莲岗文化的论述非常有代表性。他早先时候对青莲岗文化进行了反思,认为青莲岗文化的命

---

① 邹厚本、谷建祥:《青莲岗文化的再研究》,《东南文化》1992年第1期。
② 徐基:《试说青莲岗文化与北辛—大汶口文化的关系》,《山东大学学报(哲学社会科学版)》1991年第1期。
③ 肖燕:《苏北淮海地区青莲岗文化新论》,《华夏考古》1998年第1期。
④ 黄景略、张忠培等:《淮河下游新石器时代的绚丽画卷——龙虬庄遗址与江淮地区古文化学术座谈会专家发言纪要》,《东南文化》1999年第3期。

名先天不足,后天的讨论又很混乱,名称应被扬弃①。基本上,他对青莲岗文化持否定态度。而在他最近的一篇文章中,他对当年青莲岗文化的论述者却区分对待,即对于曾昭燏和尹焕章关于青莲岗文化的观点持褒奖态度,对纪仲庆的论述则有所批评②。他认为曾、尹提出的青莲岗文化无可厚非,从纪仲庆的青莲岗文化论述开始陷入混乱,认为后者混淆了"广义考古学文化"与"考古学文化"的区别。他认为提广义的青莲岗文化无可厚非,并且将之与东夷民族文化区对等起来。坦白说,他最近的这一意见与他早先时候否定青莲岗文化这一名称是相违的,而考古学文化与族群的对应问题是考古学界颇有争议的问题,无论东夷,还是淮夷都是后起的族名,且这些东方人群处在频繁地流动之中,将史前的考古学文化与之对应,并没有从族群流动发展的眼光来看问题,也没有注意族群的认同。

四

青莲岗文化虽然备受争议,但通过学术史的梳理与分析,对于江淮东部史前文化及其与周边区域的互动有很多地方值得思考。

从最初青莲岗文化的分布范围"以江苏为中心,北到与山东接壤处,南达太湖南岸,东到淀山湖以东,西到安徽南部",到江南、江北类型的形成。我们不难感到维护青莲岗文化体系的学者有将江淮一带"预想"为文化中心之嫌,但是这种观念却并未建立在充分的考古学证据的基础上。在三十多年的讨论中,江淮东部几乎未有考古发掘,学界对于青莲岗文化内涵的讨论,主要是利用江南和淮北不同地区不同时代的遗址进行的。而从地理的角度来看,江淮东部是淮北和江南的过渡地带,也是中国东部沿海地带的中间地段。倘若意识不到江淮东部的特殊位置,那么很可能在这个小区的文化定位上走入误区。前文列举署名"南京博物院"的那篇文章中的一个观点即是典型:

> 无论是北方还是南方的早期遗存,在文化面貌方面都具有和青莲岗遗址的遗存相同或相似之处。而一个文化又往往是根据表征的相同来确定的,因

---

① 张敏:《从青莲岗文化的命名谈淮河流域与长江流域原始文化的相互关系》,《郑州大学学报(哲学社会科学版)》2005年第2期。
② 张敏:《青莲岗文化的回顾与反思——兼论考古学文化区与民族文化区的相互关系》,《东方考古》第8集,科学出版社,2011年。

此,它们应属于同一考古文化共同体——青莲岗文化。而在文化面貌上存在的某些差异,应该是由于地域分布不同所形成的地域性差异。①

对于这一认识,我们只需举一个反例。照这种观点所言,青莲岗遗址的遗存与南北两面都有相似之处,所以三者属于同一考古文化共同体——青莲岗文化。那么子女总是兼有父与母的基因,我们是否可以说父与母是子女的两个类型呢?这种观点恰恰因为忽视了江淮东部的特殊地理,错把过渡地带当作了中心。青莲岗遗址的遗存与南北两面文化均有相似之处,很可能是南北两面文化向中间汇流混合而成的,南、北两面的文化区域才是真正的母区,而江淮东部只是一个界于南北之间的一个文化亚区,一个走廊地带。

回溯青莲岗文化的相关研究,我们可以发现,从始至终,青莲岗文化都未能坚强的立住。它的提出有时代的局限性和资料的不足性。而南京博物院几代考古人员为之辛勤地奉献、付出、执着、追求,以及对于老辈学者业绩的尊重也着实令人感动。最令人感到有趣处,在于青莲岗文化的发现、命名到终结,很有"解铃还须系铃人"之感。它最初由南京博物院考古人员发现,继而命名、扩大、引来争议,最终还是由他们自己找到新的遗址点去解决江淮东部的文化面貌和序列问题。

---

① 南京博物院:《长江下游新石器时代文化若干问题的探析》,《文物》1978年第4期。

参 考 文 献

(根据首字拼音和发表时间联合排序)

古 代 文 献

班固:《汉书》,中华书局,1962 年。

杜牧:《樊川文集》,陈允吉校点,上海古籍出版社,2009 年。

范晔:《后汉书》,中华书局,1965 年。

《尔雅正义》,《十三经注疏》,中华书局,1980 年。

洪兴祖撰:《楚辞补注》,白化文等点校,中华书局,1983 年。

《礼记正义》,《十三经注疏》,中华书局,1980 年。

刘文典:《淮南鸿烈集解》,冯逸、乔华点校,中华书局,2017 年。

《尚书正义》,《十三经注疏》,中华书局,1980 年。

《毛诗正义》,《十三经注疏》,中华书局,1980 年。

司马迁:《史记》,中华书局,1959 年。

脱脱等:《金史》,中华书局,1975 年。

魏收:《魏书》,中华书局,1974 年。

许维遹:《吕氏春秋集释》,梁运华整理,中华书局,2017 年。

杨伯峻:《春秋左传注》,中华书局,2009 年。

袁珂:《山海经校注》,上海古籍出版社,1980 年。

《竹书纪年》,四部丛刊本,商务印书馆,1920 年。

张纯一:《晏子春秋校注》,梁运华点校,中华书局,2017 年。

考 古 报 告

A

安徽省文物管理委员会、安徽省博物馆:《寿县蔡侯墓出土遗物》,科学出版社,1956 年。

安徽省文化局文物工作队:《安徽舒城出土的铜器》,《考古》1964年第10期。

安徽省文物考古研究所:《安徽肖县花家寺新石器时代遗址》,《考古》1966年第2期。

安徽省展览、博物馆:《安徽含山县孙家岗商代遗址调查与试掘》,《考古》1977年第3期。

安徽省博物馆:《遵循毛主席的指示做好文物博物馆工作》,《文物》1978年第8期。

安徽省文物工作队:《安徽舒城九里墩春秋墓》,《考古学报》1982年第2期。

安徽省文物工作队:《潜山薛家岗新石器时代遗址》,《考古学报》1982年第3期。

安徽省文物工作队:《安徽肥西县金牛春秋墓》,《考古》1984年第9期。

安徽省文物考古研究所:《安徽肥西县古埂新石器时代遗址》,《考古》1985年第7期。

安徽省博物馆:《安徽省博物馆藏青铜器》,上海人民美术出版社,1985年。

安徽省文物考古研究所、含山县文物管理所:《安徽含山大城墩遗址第四次发掘报告》,《考古》1989年第2期。

安徽省文物考古研究所:《安徽含山大城墩遗址发掘报告》,《考古学集刊》第6集,中国社会科学出版社,1989年。

安徽省文物考古研究所、舒城县文物管理所:《安徽舒城县河口春秋墓》,《文物》1990年第6期。

安徽省文物考古研究所、六安市文物管理所:《安徽六安市堰墩西周遗址发掘简报》,《考古》2002年第2期。

安徽省文物考古研究所、宿州市文物管理所:《宿州王楼遗址发掘报告》,《东南文化》2006年第1期。

安徽省文物考古研究所、庐江县文物管理所:《庐江大神墩遗址发掘简报》,《江汉考古》2006年第2期。

安徽省文物考古研究所:《凌家滩——田野考古发掘报告之一》,文物出版社,2006年。

安徽省文物考古研究所:《安徽肥西塘岗遗址发掘》,《东南文化》2007年第1期。

安徽省文物考古研究所:《安徽含山凌家滩遗址第五次发掘的新发现》,《考古》2008年第3期。

安徽省文物考古研究所、蚌埠市博物馆:《蚌埠双墩:新石器时代遗址发掘报告》,

科学出版社,2008年。

安徽省文物考古研究所等:《安徽蚌埠市双墩一号春秋墓葬》,《考古》2009年第7期。

安徽省文物考古研究所、凤阳县文物管理所:《安徽凤阳卞庄一号春秋墓发掘简报》,《文物》2009年第8期。

安徽省文物考古研究所:《安徽省固镇垓下遗址发掘的主要收获》,《中国社会科学院古代文明研究中心通讯》2010年第19期。

安徽省文物考古研究所、固镇县文物管理所:《安徽固镇县垓下遗址发掘的新进展》,《东方考古》第7集,科学出版社,2010年。

安徽省文物考古研究所:《霍邱堰台——淮河流域周代聚落发掘报告》,科学出版社,2010年。

安徽省文物考古研究所:《2013~2014年度凌家滩考古工作汇报》,《中华文明探源及其相关文物保护技术研究》工作简报,2014年第15期。

安徽大学等:《安徽江淮地区商周青铜器》,文物出版社,2014年。

安徽省文物考古研究所、含山县文物局:《安徽含山县韦岗遗址新石器时代遗存发掘简报》,《考古》2015年第3期。

B

北京大学考古实习队、烟台地区文管会、长岛县博物馆:《山东长岛北庄遗址发掘简报》,《考古》1987年第5期。

北京大学考古系商周组等:《菏泽安邱堌堆遗址发掘简报》,《文物》1987年第11期。

北京大学考古学系、商丘地区文管会:《河南夏邑县清凉山遗址1988年发掘简报》,《考古》1997年第11期。

北京大学考古学系、南阳地区文物研究所:《河南邓州市八里岗遗址1992年的发掘与收获》,《考古》1997年第12期。

北京大学考古学系商周组、安徽省文物工作队:《安徽省霍邱、六安、寿县考古调查试掘报告》,《考古学研究》(三),科学出版社,1997年。

北京大学考古实习队、河南省南阳市文物研究所:《河南邓州八里岗遗址发掘简报》,《文物》1998年第9期。

北京大学考古文博院、南阳地区文物研究所：《河南邓州八里岗遗址 1998 年度发掘简报》，《文物》2000 年第 11 期。

北京大学考古系等：《河南夏邑清凉山遗址发掘报告》，《考古学研究》（四），科学出版社，2000 年。

C

蔡凤书：《济南大辛庄商代遗址的调查》，《考古》1973 年第 5 期。

昌潍地区文物管理组、诸城县博物馆：《山东诸城呈子遗址发掘报告》，《考古学报》1980 年第 3 期。

曹桂岑：《郸城段寨遗址试掘》，《中原文物》1981 年第 3 期。

蔡全法等：《河南省新密市发现龙山时代重要城址》，《中原文物》2000 年第 5 期。

F

傅斯年、李济等：《城子崖——山东历城县龙山镇之黑陶文化遗址》，科学印刷公司，1934 年。

方燕明：《河南登封王城岗发现龙山晚期大型城址》，《中国文物报》2005 年 1 月 28 日。

G

固始侯古堆一号墓发掘组：《河南固始侯古堆一号墓发掘简报》，《文物》1981 年第 1 期。

国家文物局考古领队培训班：《兖州西吴寺》，文物出版社，1990 年。

国家文物局考古领队培训班：《山东济宁凤凰台遗址发掘简报》，《文物》1991 年第 2 期。

国家文物局考古领队培训班：《山东济宁潘庙遗址发掘简报》，《文物》1991 年第 2 期。

国家文物局考古领队培训班：《山东邹县南关遗址发掘简报》，《文物》1991 年第 2 期。

国家文物局考古领队培训班：《山东济宁程子崖遗址发掘简报》，《文物》1991 年第 7 期。

谷建祥：《高淳县朝墩头新石器时代至周代遗址》，《中国考古学年鉴（1990）》，文物出版社，1991年。

国家文物局田野考古领队培训班：《泗水天齐庙遗址发掘的主要收获》，《文物》1994年第12期。

光明等：《桓台史家遗址发掘获重大考古成果》，《中国文物报》1997年5月18日。

国家文物局考古领队培训班：《兖州六里井》，科学出版社，1999年。

广富林考古队：《广富林遗存的发现与思考》，《中国文物报》2000年9月13日。

宫希成：《合肥市烟大古堆遗址》，《中国考古学年鉴（2003）》，文物出版社，2004年。

国家文物局：《中国文物地图集——山东分册》，中国地图出版社，2007年。

国家文物局：《中国文物地图集——江苏分册》，中国地图出版社，2008年。

甘恢元、林留根等：《江苏兴化、东台市蒋庄遗址良渚文化遗存》，《考古》2016年第7期。

H

华东文物工作队：《淮安县青莲岗新石器时代遗址调查报告》，《考古学报》第九册，1955年。

菏泽地区文物工作队：《山东曹县莘冢集遗址试掘简报》，《考古》1980年第5期。

湖北省博物馆等：《湖北黄陂鲁台山西周遗址与墓葬》，《江汉考古》1982年第2期。

河南省文物研究所等：《河南淮阳平粮台龙山文化城址试掘简报》，《文物》1983年第3期。

怀宁县文物管理所：《安徽怀宁县出土春秋青铜器》，《文物》1983年第11期。

河南信阳地区文管会、光山县文管会：《春秋早期黄君孟夫妇墓发掘报告》，《考古》1984年第4期。

河南省信阳地区文管会、河南省罗山县文化馆：《罗山天湖商周墓地》，《考古学报》1986年第2期。

河南省文物研究所：《河南鹿邑栾台遗址发掘简报》，《华夏考古》1989年第1期。

河南省文物研究所、长江流域规划办公室考古队河南分队：《淅川下王岗》，文物出版社，1989年。

河南省文物研究所等：《郾城郝家台遗址的发掘》，《华夏考古》1992年第3期。

河南省文物研究所等:《登封王城岗与阳城》,文物出版社,1992年。

淮阴市博物馆:《淮阴高庄战国墓》,《考古学报》1998年第2期。

河南省文物考古研究所:《三门峡虢国墓》,文物出版社,1999年。

河南省文物考古研究所:《河南辉县市孟庄龙山文化遗址发掘简报》,《考古》2000年第3期。

河南省文物考古研究所、周口市文化局:《鹿邑太清宫长子口墓》,中州古籍出版社,2000年。

韩明芳:《江苏盐城市龙冈商代墓葬》,《考古》2001年第9期。

河南省文物考古研究所等:《河南新密市古城寨龙山文化城址发掘简报》,《华夏考古》2002年第2期。

华国荣、王光明:《南京牛头岗遗址考古发掘的主要收获》,《南京历史文化新探》,南京出版社,2006年。

淮安市博物馆:《淮阴高庄战国墓》,文物出版社,2009年。

湖北省博物馆、湖北省文物考古研究所、随州市博物馆:《随州叶家山:西周早期曾国墓地》,文物出版社,2013年。

J

江苏省文物管理委员会:《徐州高皇庙遗址清理报告》,《考古学报》1958年第4期。

江苏省文物工作队:《江苏邳县刘林新石器时代遗址的第一次发掘》,《考古学报》1962年第1期。

江苏省文物工作队:《江苏连云港市二涧村遗址第二次发掘》,《考古》1962年第3期。

江苏省文物管理委员会、南京博物院:《江苏六合程桥东周墓》,《考古》1965年第3期。

江西省历史博物馆、靖安县文化馆:《江西靖安出土春秋徐国铜器》,《文物》1980年第8期。

济宁地区行署文化局文物普查队:《山东济宁县古遗址》,《考古》1983年第6期。

江苏省驻仪征化纤公司文物工作队:《仪征胥浦甘草山遗址的发掘》,《东南文化》第二辑,江苏古籍出版社,1987年。

济宁市文物管理局:《薛国故城勘查和墓葬发掘报告》,《考古学报》1991年第4期。

济宁市博物馆:《山东济宁市南赵庄商代遗址调查》,《考古》1993年第11期。

济南市文化局文物处、章丘县博物馆:《山东章丘马彭北遗址调查简报》,《考古》1995年第4期。

济宁市博物馆:《山东微山县古遗址调查》,《考古》1995年第4期。

江苏省赵陵山考古队:《江苏昆山赵陵山遗址第一、二次发掘简报》,《东方文明之光——良渚文化发现60周年纪念文集》,海南国际新闻出版中心,1996年。

冀介仁:《滕州市薛国故城龙山文化及商周城址》,《中国考古学年鉴(1995)》,文物出版社,1997年。

莒县博物馆:《山东莒县大沈刘庄春秋墓》,《考古》1999年第1期。

江苏花山遗址联合考古队:《江阴花山夏商文化遗址》,《东南文化》2001年第9期。

江西省文物考古研究所:《江西靖安县李洲坳东周墓葬》,《考古》2008年第7期。

K

阚绪杭:《定远县侯家寨新石器时代遗址发掘简报》,《文物研究》第5辑,黄山书社,1989年。

孔令远、陈永清:《江苏邳州市九女墩三号墩的发掘》,《考古》2002年第5期。

阚绪杭、周群:《宿州市骑路埇堆新石器时代遗址和墓葬》,《中国考古学年鉴(2001)》,文物出版社,2002年。

L

李景聃:《豫东商邱永城调查及造律台黑孤堆曹桥三处小发掘》,《中国考古学报》第二册,1947年。

刘敦愿:《日照两城镇龙山文化遗址调查》,《考古学报》1958年第1期。

临沂文物收集组:《山东苍山县出土青铜器》,《文物》1965年第7期。

刘敦愿:《记两城镇遗址发现的两件石器》,《考古》1972年第4期。

临沂文物组:《山东临沂大范庄新石器时代墓葬的发掘》,《考古》1975年第1期。

临沂地区文物管理委员会、日照县图书馆:《日照尧王城龙山文化遗址试掘简报》,《史前研究》1985年第4期。

辽宁省文物考古研究所:《辽宁牛河梁红山文化"女神庙"与积石冢群发掘简报》,《文物》1986年第8期。

刘敦愿：《有关日照两城镇玉坑玉器的资料》，《考古》1988年第2期。

六安市文物管理所：《安徽六安县发现两件春秋铜鼎》，《文物》1990年第1期。

临沂市博物馆：《山东临沂新石器时代遗址调查简报》，《考古》1992年第10期。

李德文等：《六安县青山乡金陂塘西周晚期墓》，《中国考古学年鉴（1993）》，文物出版社，1995年。

李开岭：《山东禹城、齐河县古遗址调查简报》，《考古》1996年第4期。

罗勋章：《五莲县丹土村新石器时代遗址》，《中国考古学年鉴（1996）》，文物出版社，1998年。

刘延常：《五莲县丹土新石器时代遗址》，《中国考古学年鉴（1997）》，文物出版社，1999年。

龙虬庄遗址考古队：《龙虬庄——江淮东部新石器时代遗址发掘报告》，科学出版社，1999年。

林留根等：《藤花落遗址聚落考古取得重大收获》，《中国文物报》2000年6月25日。

刘照建、吴公勤：《邳州九女墩四号东周墓》，《中国考古学年鉴（1998）》，文物出版社，2000年。

刘延常、王学良：《五莲县丹土大汶口文化、龙山文化城址和东周时期墓葬》，《中国考古学年鉴（2001）》，文物出版社，2002年。

李国梁：《屯溪土墩墓发掘报告》，安徽人民出版社，2006年。

林留根、甘恢元、闫龙：《兴化、东台蒋庄—五星遗址发掘》，《江苏考古（2010～2011）》，南京出版社，2013年。

M

马起来：《六安出土一批春秋铜器》，《中国文物报》1989年4月14日。

马玺伦、孔凡刚：《山东沂水发现商代青铜器》，《文物》1989年第11期。

马道阔：《安徽省庐江县出土春秋青铜器》，《东南文化》1990年1、2合期。

武汉大学历史学院考古系：《安徽阜南县台家寺遗址发掘简报》，《考古》2018年第6期。

N

南京博物院新沂工作组：《新沂花厅村新石器时代遗址概况》，《文物参考资料》1956年第7期。

南京博物院:《南京市北阴阳营第一、二次的发掘》,《考古学报》1958年第1期。
南京博物院:《江苏赣榆新石器时代至汉代遗址和墓葬》,《考古》1962年第3期。
南京博物院:《江苏仪六地区湖熟文化遗址调查》,《考古》1962年第3期。
南京博物院:《江苏邳海地区考古调查》,《考古》1964年第1期。
南京博物院:《江苏射阳湖周围考古调查》,《考古》1964年第1期。
南京博物院:《江苏邳县四户镇大墩子遗址探掘报告》,《考古学报》1964年第2期。
南京博物院:《江苏邳县刘林新石器时代遗址第二次发掘》,《考古学报》1965年第2期。
南京博物院:《江苏铜山丘湾古遗址的发掘》,《考古》1973年第2期。
南京博物院:《江苏六合程桥二号东周墓》,《考古》1974年第2期。
南京博物院:《长江下游新石器时代文化若干问题的探析》,《文物》1978年第4期。
南京市文物保管委员会:《南京浦口出土一批青铜器》,《文物》1980年第8期。
南京博物院:《江苏邳县大墩子遗址第二次发掘》,《考古学集刊》第1集,文物出版社,1981年。
南京博物院:《江苏海安青墩遗址》,《考古学报》1983年第2期。
南京博物院:《日照两城镇陶器》,文物出版社,1985年。
南京博物院:《江浦县曹王塍子遗址试掘简报》,《东南文化》第二辑,江苏古籍出版社,1987年。
南京市博物馆、南京大学历史系:《江苏江浦蒋城子遗址》,《东南文化》1990年第1、2期。
南京博物院:《近十年来江苏考古的新成果》,《文物考古工作十年(1979~1989)》,文物出版社,1990年。
南京市博物馆、六合县文教局:《江苏六合程桥东周三号墓》,《东南文化》1991年第1期。
南京博物院、连云港市博物馆、灌云县博物馆:《江苏灌云大伊山遗址1986年的发掘》,《文物》1991年第7期。
南京博物院:《江苏沭阳万北遗址新石器时代遗存发掘简报》,《东南文化》1992年第1期。
南京博物院考古研究所、扬州博物馆、兴化博物馆:《江苏兴化戴家舍南荡遗址》,《文物》1995年第4期。

南京大学考古专业:《仪征神墩遗址发掘有重要发现》,《中国文物报》1996 年 3 月 17 日。

南京博物院考古研究所、盐城市文管会、盐城市博物馆:《江苏阜宁陆庄遗址》,《东方文明之光——良渚文化发现 60 周年纪念文集》,海南国际新闻出版中心,1996 年。

南京博物院考古研究所、扬州博物馆、高邮文管会:《江苏高邮周邶墩遗址发掘报告》,《考古学报》1997 年第 4 期。

南京博物院等:《江苏省邳州市九女墩二号墩发掘简报》,《考古》1999 年第 11 期。

南京博物院、连云港市文物管理委员会、连云港市博物馆:《江苏连云港藤花落遗址考古发掘纪要》,《东南文化》2001 年第 1 期。

南京博物院:《花厅——新石器时代墓地发掘报告》,文物出版社,2003 年。

南京博物院、盐城市博物馆、阜宁县文化局:《江苏阜宁县东园新石器时代遗址》,《考古》2004 年第 6 期。

南京博物院等:《邳州梁王城遗址 2006~2007 年考古发掘收获》,《东南文化》2008 年第 2 期。

南京博物院、泰州市博物馆、姜堰市文物管理委员会:《江苏姜堰天目山西周城址发掘报告》,《考古学报》2009 年第 1 期。

南京博物院等:《江苏张家港市东山村新石器时代遗址》,《考古》2010 年第 8 期。

南京博物院等:《梁王城遗址发掘报告(史前卷)》,文物出版社,2013 年。

南京博物院、连云港市博物馆:《藤花落——连云港市新石器时代遗址考古发掘报告》,科学出版社,2014 年。

南京博物院等:《江苏邳州梁王城遗址西周墓地发掘简报》,《东南文化》2016 年第 2 期。

R

日照市图书馆等:《山东日照龙山文化遗址调查》,《考古》1986 年第 8 期。

S

山东省文物管理处:《日照两城镇等七个遗址初步勘查》,《文物参考资料》1954 年第 3 期。

山东省文物管理处:《济南大辛庄遗址试掘简报》,《考古》1959年第4期。

山东省文物管理处:《济南大辛庄商代遗址勘查纪要》,《文物》1959年第11期。

山东省文物管理处、山东省博物馆:《山东文物选集(普查部分)》,文物出版社,1959年。

山东省文物管理处:《山东日照两城镇遗址勘察纪要》,《考古》1960年第9期。

山西省文物管理委员会侯马工作站:《山西侯马上马村东周墓葬》,《考古》1963年第5期。

山东省博物馆:《山东滕县岗上村新石器时代墓葬试掘报告》,《考古》1963年第7期。

山东省博物馆:《山东蓬莱紫荆山遗址试掘简报》,《考古》1973年第1期。

山东省文物管理处、济南市博物馆:《大汶口——新石器时代墓葬发掘报告》,文物出版社,1974年。

山东省博物馆、日照县文化馆:《一九七五年东海峪遗址的发掘》,《考古》1976年第6期。

商丘地区文物管理委员会、中国社会科学院考古研究所洛阳工作队:《1977年河南永城王油坊遗址发掘概况》,《考古》1978年第1期。

山东省博物馆等:《莒南大店春秋时期莒国殉人墓》,《考古学报》1978年第3期。

陕西周原考古队:《陕西岐山凤雏村发现周初甲骨文》,《文物》1979年第10期。

商水县文化馆:《河南商水发现一处大汶口文化墓地》,《考古》1981年第1期。

商丘地区文物管理委员会、中国社会科学院考古研究所河南二队:《河南商丘县坞墙遗址试掘简报》,《考古》1983年第2期。

山东省文物考古研究所等:《曲阜鲁国故城》,齐鲁书社,1982年。

山东省文物考古研究所、沂水县文物管理站:《山东沂水刘家店春秋墓发掘简报》,《文物》1984年第9期。

山东省文物考古研究所:《山东曲阜南兴埠遗址的发掘》,《考古》1984年第12期。

山东大学历史系考古专业等:《山东茌平县南陈庄遗址发掘简报》,《考古》1985年第4期。

山东省文物考古研究所:《茌平尚庄新石器时代遗址》,《考古学报》1985年第4期。

山东省博物馆、山东省文物考古研究所:《邹县野店》,文物出版社,1985年。

山东省文物考古研究所、山东省博物馆、莒县文管所：《山东莒县陵阳河大汶口文化墓葬发掘简报》，《史前研究》1987年第3期。

山东省文物考古研究所、莒县博物馆：《山东莒县杭头遗址》，《考古》1988年第12期。

山东大学历史系考古专业、莒南县文物管理所：《山东莒南化家村遗址试掘》，《考古》1989年第5期。

山东省文物考古研究所、青州市博物馆：《青州市苏埠屯商代墓葬发掘报告》，《海岱考古》第一辑，山东大学出版社，1989年。

苏兆庆、常兴照、张安礼：《山东莒县大朱家村大汶口文化墓地复查清理简报》，《史前研究》辑刊，1989年。

寿县博物馆：《寿县肖严湖出土春秋青铜器》，《文物》1990年第11期。

山东大学历史系考古专业教研室：《泗水尹家城》，文物出版社，1990年。

山东省文物考古研究所、莒县博物馆：《莒县大朱家村大汶口文化墓葬》，《考古学报》1991年第2期。

山东省济宁市文物管理局：《薛国故城勘查和墓葬发掘报告》，《考古学报》1991年第4期。

山东大学历史系考古专业、山东省文物考古研究所、济南市博物馆：《1984年秋济南大辛庄遗址试掘述要》，《文物》1995年第6期。

盛储彬、姚景洲：《梁王城遗址揭示出一批重要遗迹与遗物》，《中国文物报》1996年8月4日。

山东省文物考古研究所、枣庄市文化局：《枣庄建新——新石器时代遗址发掘报告》，科学出版社，1996年。

山东省文物考古研究所：《大汶口续集——大汶口遗址第二、三次发掘报告》，科学出版社，1997年。

山东省文物考古研究所：《山东滕州市西公桥大汶口文化遗址发掘简报》，《考古》2000年第10期。

上海市文物管理委员会：《福泉山——新石器时代遗址发掘报告》，文物出版社，2000年。

上海博物馆考古研究部：《上海松江区广富林遗址1999～2000年发掘简报》，《考古》2002年第10期。

T

滕县博物馆:《山东滕县发现滕侯铜器墓》,《考古》1984年第4期。

滕州市博物馆:《山东滕州出土商代青铜器》,《文物》1993年第6期。

滕州市博物馆:《山东滕州出土商代青铜器》,《考古》1994年第1期。

滕州市博物馆:《山东滕州市薛河下游出土的商代青铜器》,《考古》1996年第5期。

X

信阳地区文管会、光山县文管会:《河南光山春秋黄季佗父墓发掘简报》,《考古》1989年第1期。

信阳地区文管会、信阳市文管会:《河南信阳市平西五号春秋墓发掘简报》,《考古》1989年第1期。

徐州博物馆、邳州博物馆:《江苏邳州市九女墩春秋墓发掘简报》,《考古》2003年第9期。

新疆文物考古研究所:《新疆罗布泊小河墓地2003年发掘简报》,《文物》2007年第10期。

W

王思礼:《山东安邱景芝镇新石器时代墓葬发掘》,《考古学报》1959年第4期。

吴山菁:《江苏六合县和仁东周墓》,《考古》1977年第5期。

万树瀛、杨孝义:《山东滕县出土西周滕国铜器》,《文物》1979年第4期。

魏正瑾:《南京市营盘山新石器时代遗址》,《中国考古学年鉴(1984)》,文物出版社,1984年。

王厚宇:《试谈淮阴高庄战国墓的时代·国别·族属》,《考古》1991年第8期。

魏成敏、燕生东等:《博兴县寨卞商周时期遗址》,《中国考古学年鉴(2003)》,文物出版社,2004年。

Y

杨子范:《山东宁阳县堡头遗址清理简报》,《文物》1959年第10期。

尹焕章、袁颖:《江苏仪六地区湖熟文化遗址调查》,《考古》1962年第3期。

尹焕章、赵青芳:《淮阴地区考古调查》,《考古》1963年第1期。

尹焕章、张正祥：《洪泽湖周围的考古调查》，《考古》1964 年第 5 期。

杨德标：《安徽省含山县出土的商周青铜器》，《文物》1992 年第 5 期。

严文明：《环境考古研究的展望》，《环境考古研究》（第二辑），科学出版社，2000 年。

燕生东、刘延常：《滕州市庄里西新石器时代至汉代遗址》，《中国考古学年鉴（2003）》，文物出版社，2004 年。

Z

中国科学院考古研究所：《洛阳中州路》，科学出版社，1959 年。

中国科学院考古研究所：《上村岭虢国墓地》，科学出版社，1959 年。

中国科学院考古研究所：《沣西发掘报告》，文物出版社，1962 年。

中国科学院考古研究所山东发掘队：《山东梁山青堌堆发掘简报》，《考古》1962 年第 1 期。

中国科学院考古研究所山东队：《山东曲阜西夏侯遗址第一次发掘报告》，《考古学报》1964 年第 2 期。

中国科学院考古研究所山东队：《山东泗水、兖州考古调查简报》，《考古》1965 年第 1 期。

中国科学院考古研究所山东队：《山东曲阜考古调查试掘简报》，《考古》1965 年第 12 期。

中国社会科学院考古研究所安阳工作队：《1969～1977 年殷墟西区墓葬发掘报告》，《考古学报》1979 年第 1 期。

中国社会科学院考古研究所山东队、滕县博物馆：《山东滕县古遗址调查简报》，《考古》1980 年第 1 期。

郸城县文化馆：《河南郸城段砦出土大汶口文化遗物》，《考古》1981 年第 2 期。

镇江博物馆：《镇江马迹山遗址的发掘》，《文物》1983 年第 11 期。

中国社会科学院考古研究所山东工作队：《山东邹县古代遗址调查》，《考古学集刊》第 3 集，中国社会科学出版社，1983 年。

浙江省文物管理委员会等：《绍兴 306 号战国墓发掘简报》，《文物》1984 年第 1 期。

中国社会科学院考古研究所山东队、滕县博物馆：《山东滕县北辛遗址发掘报告》，《考古学报》1984 年第 2 期。

枣庄市文物管理站：《枣庄市南部地区考古调查纪要》，《考古》1984年第4期。

中国社会科学院考古研究所安阳队：《1979年安阳后岗遗址发掘报告》，《考古学报》1985年第1期。

张敬国、贾庆元：《肥东县古城吴大墩遗址试掘简报》，《文物研究》第1辑，黄山书社，1985年。

周口地区文化局文物科：《周口市墓葬清理简报》，《中原文物》1986年第1期。

中国社会科学院考古研究所山东队：《西夏侯遗址第二次发掘报告》，《考古学报》1986年第3期。

中国社会科学院考古研究所河南二队、河南商丘地区文物管理委员会：《河南永城王油坊遗址发掘报告》，《考古学集刊》第5集，中国社会科学出版社，1987年。

中国社会科学院考古研究所：《胶县三里河》，文物出版社，1988年。

周煜、黄炳煜：《天目山、单塘河古遗址调查简报》，《东南文化》第三辑，江苏古籍出版社，1988年。

张敬国等：《安徽萧县先秦遗址考古调查》，《文物研究》第6辑，黄山书社，1990年。

张志清：《夏邑县三里堌堆新石器时代至汉代遗址》，《中国考古学年鉴(1990)》，文物出版社，1991年。

中国社会科学院考古研究所：《中国考古学中碳十四年代数据集(1965~1991)》，文物出版社，1991年；《放射性碳素测定年代报告》，《考古》1992年第7期、1993年第7期、1995年第7期。

中国社会科学院考古研究所安徽工作队：《安徽淮北地区新石器时代遗址调查》，《考古》1993年第11期。

中国社会科学院考古研究所安徽队：《安徽宿县古台寺和小山口遗址试掘简报》，《考古》1993年第12期。

中国社会科学院考古研究所山东队：《尧王城遗址第二次发掘有重要发现》，《中国文物报》1994年1月23日。

中美两城地区联合考古队：《山东日照市两城地区的考古调查》，《考古》1997年第4期。

浙江省文物考古研究所、余杭市文物管理委员会：《浙江余杭汇观山良渚文化祭坛与墓地发掘简报》，《文物》1997年第7期。

中国社会科学院考古研究所：《安阳殷墟郭家庄商代墓葬》，中国大百科全书出版社,1998 年。

中国社会科学院考古研究所:《张家坡西周墓地》,中国大百科全书出版社,1999 年。

张敬国、杨竹英:《凌家滩发现我国最早红陶块铺装大型广场》,《中国文物报》2000 年 12 月 24 日。

郑州大学文博学院、开封市文物工作队:《豫东杞县发掘报告》,科学出版社,2000 年。

中国社会科学院考古研究所:《蒙城尉迟寺——皖北新石器时代聚落遗存的发掘与研究》,科学出版社,2001 年。

中国社会科学院考古研究所:《山东王因——新石器时代遗址发掘报告》,科学出版社,2001 年。

中美两城地区联合考古队:《山东日照地区系统区域调查的新收获》,《考古》2002 年第 5 期。

中国社科院考古所山西第二工作队等:《2002 年山西襄汾陶寺城址发掘》,《中国社科院古代文明研究中心通讯》2003 年第 5 期。

张莉、蔡凌凯、王吉怀:《安徽尉迟寺遗址发现造型独特的七足镂孔器》,《中国文物报》2003 年 12 月 24 日。

浙江省文物考古研究所:《良渚遗址群报告之一:瑶山》,文物出版社,2003 年。

中美两城地区联合考古队:《山东日照市两城镇遗址 1998~2001 年发掘简报》,《考古》2004 年第 9 期。

中国社会科学院考古研究所:《滕州前掌大墓地》,文物出版社,2005 年。

浙江省文物考古研究所:《反山》,文物出版社,2005 年。

周润垦、李洪波等:《2003~2004 年连云港藤花落遗址发掘收获》,《东南文化》2005 年第 3 期。

赵兰会、张振忠、王吉怀:《安徽蚌埠禹会村考古发掘取得重大收获》,《中国文物报》2007 年 7 月 20 日。

中国社会科学院考古研究所、安徽省蒙城县文化局:《蒙城尉迟寺(第二部)》,科学出版社,2007 年。

《中国社会科学院古代文明研究中心通讯》第 4、6、7、8、9、11、13 期。

中国社会科学院考古研究所:《黄梅塞墩》,文物出版社,2010 年。

中国社会科学院考古研究所等:《蚌埠禹会村》,科学出版社,2013年。

中国社会科学院古代文明研究中心等:《禹会村遗址研究——禹会村遗址与淮河流域文明研讨会论文集》,科学出版社,2014年。

论文与著作

A

安志敏:《试论黄河流域新石器时代文化》,《考古》1959年第10期。

安志敏:《试论文明的起源》,《考古》1987年第5期。

安徽省文物局:《五十年来安徽省的文物考古工作》,《新中国考古五十年》,文物出版社,1999年。

安徽省文物考古研究所:《安徽考古的世纪回顾与思索》,《考古》2002年第2期。

阿兰·R.H.贝克著:《地理学与历史学——跨越楚河汉界》,阙维民译,商务印书馆,2008年。

艾兰著:《龟之谜——商代神话、祭祀、艺术与宇宙观研究》(增订版),汪涛译,商务印书馆,2010年。

安特生著:《中华远古之文化》,袁复礼节译,文物出版社,2011年。

B

布罗代尔著:《资本主义的活力》,《资本主义论丛》,顾良、张慧君译,中央编译出版社,1997年。

保罗·G·巴恩著:《剑桥插图史前艺术史》,郭小凌、叶梅斌译,山东画报出版社,2004年。

布鲁斯·崔格尔著:《考古学思想史》,徐坚译,岳麓书社,2008年。

布鲁斯·G·特里格著:《考古学思想史》(第2版),陈淳译,中国人民大学出版社,2011年。

C

陈梦家:《寿县蔡侯墓铜器》,《考古学报》1956年第2期。

《长江下游新石器时代文化学术讨论会纪要》,《文物》1978年第3期。

陈秉新：《舒城鼓座铭文初探》，《江汉考古》1984 年第 2 期。
蔡凤书：《中华文明起源"新说"驳议》，《文史哲》1988 年第 4 期。
陈梦家：《殷墟卜辞综述》，中华书局，1988 年。
陈久金、张敬国：《含山出土玉片图形试考》，《文物》1989 年第 4 期。
崔乐泉：《山东地区东周考古学文化的序列》，《华夏考古》1992 年第 4 期。
陈伟：《楚"东国"地理研究》，武汉大学出版社，1992 年。
车广锦：《海岱地区文明起源初探》，《东南文化》1994 年第 4 期。
陈星灿：《良渚兽面纹的构成及其社会心理学基础初探》，《学人》第六辑，江苏文艺出版社，1994 年。
陈公柔：《曾伯桼簠铭中的"金道锡行"及相关问题》，《中国考古学论丛》，科学出版社，1995 年。
陈淳：《酋邦的考古学观察》，《文物》1998 年第 8 期。
陈星灿：《从一元到多元——中国文明起源研究的心路历程》，《中原文物》2002 年第 1 期。
陈淑卿：《山东地区商文化编年与类型研究》，《华夏考古》2003 年第 1 期。
陈全方等：《西周甲文注》，学林出版社，2003 年。
曹玮：《周原遗址与西周铜器研究》，科学出版社，2004 年。
陈淳：《考古学理论》，复旦大学出版社，2004 年。
陈梦家：《西周铜器断代》，中华书局，2004 年。
陈佩芬：《夏商周青铜器研究》，上海古籍出版社，2004 年。
陈星灿、李润权：《申论中国史前的龟甲响器》，《桃李成蹊集——庆祝安志敏先生八十寿辰》，香港中文大学中国考古艺术研究中心，2004 年。
陈秉新、李立芳：《出土夷族史料辑考》，安徽大学出版社，2005 年。
陈金凤：《魏晋南北朝中间地带研究》，天津古籍出版社，2005 年。
曹峻：《长江下游文明化进程探析》，中国社会科学院研究生院博士学位论文，2005 年。
陈淳：《社会进化模式与中国早期国家的社会性质》，《复旦学报（社会科学版）》2006 年第 6 期。
陈雪香：《山东日照两处新石器时代遗址浮选土样结果分析》，《南方文物》2007 年第 1 期。

陈洪波：《鲁豫皖古文化区的聚落分布与环境变迁》，《考古》2007年第2期。
池子华：《中国近代流民》，社会科学文献出版社，2007年。
崔英杰：《江淮东部地区史前文化研究》，山东大学硕士学位论文，2007年。
陈立柱：《战国时宋都彭城辨》，《安徽史学》2009年第3期。
崔英杰：《江淮东部地区史前文化研究》，《东方考古》第6集，科学出版社，2009年。

D

杜在忠：《论潍、淄流域的原始文化》，《山东史前文化论文集》，齐鲁书社，1986年。
杜金鹏：《关于夏桀奔南巢的考古学探索及其意义》，《华夏考古》1991年第2期。
杜金鹏：《说皇》，《文物》1994年第7期。
杜正胜：《从疑古到重建——傅斯年的史学革命及其与胡适、顾颉刚的关系》，《中国文化》第十二期，1995年。
杜维运：《史学方法论》，北京大学出版社，2006年。
邓聪：《兴隆洼文化玉器与植物宇宙观》，《赤峰学院学报（汉文哲学社会科学版）》2008年S1期。

F

傅斯年：《夷夏东西说》，《庆祝蔡元培先生六十五岁论文集》下册，历史语言研究所集刊外编第一种，1935年。
阜阳地区博物馆：《安徽颍上王岗、赵集发现商代文物》，《文物》1985年第10期。
冯时：《红山文化三环石坛的天文学研究——兼论中国最早的圜丘与方丘》，《北方文物》1993年第1期。
费尔南·布罗代尔著：《菲利普二世时代的地中海和地中海世界》第一卷，唐家龙、曾培耿等译，商务印书馆，1996年。
方辉：《岳石文化的分期与年代》，《考古》1998年第4期。
方林：《先秦时期安徽淮河流域文化的开放性特征》，《文物研究》第13辑，黄山书社，2001年。
方辉：《济南大辛庄遗址出土商代甲骨文》，《中国历史文物》2003年第3期。
方辉：《岳石文化衰落原因蠡测》，《文史哲》2003年第3期。
傅斯年：《考古学的新方法》，《傅斯年全集》第三卷，湖南教育出版社，2003年。

方辉：《日照两城地区聚落考古：人口问题》，《华夏考古》2004年2期。

方辉：《商周时期鲁北地区海盐业的考古学研究》，《考古》2004年第4期。

方辉：《从考古发现谈商代末年的征夷方》，《东方考古》第1集，科学出版社，2004年。

冯时：《前掌大墓地出土铜器铭文汇释》，《滕州前掌大墓地》，文物出版社，2005年。

冯时：《中国天文考古学》，中国社会科学出版社，2007年。

范文芳、张居中：《中国史前龟文化综论》，《华夏考古》2008年第2期。

方辉、文德安等：《鲁东南沿海地区聚落形态变迁与社会复杂化进程研究》，《东方考古》第4集，科学出版社，2008年。

冯时：《二里头文化"常旜"及相关诸问题》，《考古学集刊》第17集，科学出版社，2010年。

冯时：《上古宇宙观的考古学研究——安徽蚌埠双墩春秋钟离君柏墓解读》，《历史语言研究所集刊》第82本第3分，2011年。

方向明：《营建中的颜色——从禹会村祭祀台基漫谈史前祭祀遗迹》，《禹会村遗址研究——禹会村遗址与淮河流域文明研讨会论文集》，科学出版社，2014年。

G

郭沫若：《中国古代社会研究》，上海联合书店，1930年。

葛介屏：《安徽阜南发现殷商时代的青铜器》，《文物》1959年1期。

郭宝钧：《山彪镇与琉璃阁》，科学出版社，1959年。

葛治功：《安徽嘉山县泊岗引河出土的四件商代铜器》，《文物》1965年第7期。

高广仁：《试论大汶口文化的分期》，《考古学报》1978年第4期。

顾炎武：《亭林文集》卷六《形势论》，《顾亭林诗文集》，中华书局，1983年。

郭沫若：《卜辞通纂》，科学出版社，1983年。

高广仁、邵望平：《中华文明发祥地之一——海岱历史文化区》，《史前研究》1984年第1期。

高广仁、邵望平：《中国史前时代的龟灵与犬牲》，《中国考古学研究——夏鼐考古五十年纪念文集》，科学出版社，1986年。

谷建祥、尹增淮：《江苏沭阳万北遗址试掘的初步收获》，《东南文化》1988年第2期。

高蒙河：《试论"漩涡地带"的考古学文化研究》，《东南文化》1989年第1期。

高广仁、胡秉华:《王因遗址形成时期的生态环境》,《庆祝苏秉琦考古五十五年论文集》,文物出版社,1989年。

顾颉刚:《徐和淮夷的迁、留——周公东征史事考征四之五》,《文史》1990年总23期。

郭克煜、孙华铎、梁方建、杨朝明:《索氏器的发现及其重要意义》,《文物》1990年第7期。

宫希成:《夏商时期安徽江淮地区的考古学文化》,《东南文化》1991年第2期。

顾栋高:《春秋大事表》,吴树平、李解民点校,中华书局,1993年。

高蒙河:《我国东方沿海地区的远古文化考察》,《复旦学报(社会科学版)》1999年第1期。

宫希成:《安徽淮河流域西周时期文化试析》,《东南文化》1999年第5期。

谷建祥、魏宜辉:《邳州九女墩所出编镈铭文考辨》,《考古》1999年第11期。

高广仁:《海岱区的商代文化遗存》,《考古学报》2000年第4期。

高广仁:《海岱区先秦考古论集》,科学出版社,2000年。

郭沫若:《两周金文辞大系图录考释》,上海书店出版社,1999年。

郭沫若:《中国古代社会研究》,河北教育出版社,2000年。

宫希成:《安徽滁州市何郢遗址发掘的主要收获》,《北京大学古代文明研究通讯》2002年第12期。

谷建祥、申宪:《王油坊类型龙山文化去向初探》,《南京大学历史系考古专业成立三十周年纪念文集》,天津人民出版社,2002年。

高广仁、邵望平:《析中国文明主源之一——淮系文化》,《东方考古》第1集,科学出版社,2004年。

宫希成:《合肥市烟大古堆遗址》,《中国考古学年鉴(2003)》,文物出版社,2004年。

高广仁:《淮河史前文化大系提出的学术意义》,《郑州大学学报(哲学社会科学版)》2005年第2期。

高蒙河:《长江下游考古地理研究》,复旦大学出版社,2005年。

顾颉刚、刘起釪:《尚书校释译论》,中华书局,2005年。

顾祖禹:《读史方舆纪要》,贺次君、施和金点校,中华书局,2005年。

郭立新:《长江中游地区初期社会复杂化研究》,上海古籍出版社,2005年。

高江涛:《中原地区文明化进程的考古学研究》,社会科学文献出版社,2009年。

H

胡渭:《禹贡锥指》,《皇清经解》第 8~15 册,学海堂,1829 年。

何光岳:《群舒与偃姓诸国的来源与分布》,《江淮论坛》1982 年第 6 期。

黄盛璋:《淮夷新考》,《文物研究》第 5 辑,黄山书社,1989 年。

贺云翱:《夏商时代至唐以前江苏海岸线的变迁》,《东南文化》1990 年第 5 期。

何德亮:《谈谈山东龙山文化的历史地位》,《纪念城子崖遗址发掘 60 周年国际学术讨论会文集》,齐鲁书社,1993 年。

韩建业:《大汶口墓地分析》,《中原文物》1994 年第 2 期。

韩辉友、朱诚:《江苏高邮周邶墩遗址孢粉分析》,《考古学报》1997 年第 4 期。

胡阿祥:《南北对立时期南方政权的攻守形势与军事重镇》,《学术界》1998 年增刊。

黄景略、张忠培等:《淮河下游新石器时代的绚丽画卷——龙虬庄遗址与江淮地区古文化学术座谈会专家发言纪要》,《东南文化》1999 年第 3 期。

何驽:《廊道理论对三峡史前聚落认识的启发——景观生态学理论与考古研究思考之一》,《中国文物报》2000 年 5 月 3 日。

郝明华:《苏皖江北地区的崧泽文化因素》,《东南文化》2001 年第 5 期。

韩树峰:《南北朝时期淮汉迤北的边境豪族》,社会科学文献出版社,2003 年。

韩起澜著:《苏北人在上海(1850~1980)》,卢明华译,上海古籍出版社,2004 年。

何德亮:《山东新石器时代环境考古学研究》,《东方博物》第十一辑,浙江大学出版社,2014 年。

何德亮:《江淮地区史前时期的文明化进程》,《文物研究》第 15 辑,黄山书社,2007 年。

黄仁宇:《中国大历史》,三联书店,2007 年。

黄盛璋:《双墩文化属于夷夏并立的夷族是形成汉族的最早来源与文明求源新思考》,《文物研究》第 15 辑,黄山书社,2007 年。

胡阿祥、张文华:《淮河》,江苏教育出版社,2010 年。

何驽:《禹会遗址祭祀礼仪遗存分析与研究》,《蚌埠学院学报》2014 年第 3 卷第 2 期。

何驽:《怎探古人何所思——精神文化考古理论与实践探索》,科学出版社,2015 年。

何晓琳:《安徽阜南台家寺遗址考古收获》,《首届中国考古学大会(2016·郑州)》论文摘要汇编,2016 年 5 月。

J

蒋赞初:《关于江苏的原始文化遗址》,《考古学报》1959 年第 4 期。

冀朝鼎著:《中国历史上的基本经济区与水利事业的发展》,朱诗鳌译,中国社会科学出版社,1981 年。

纪仲庆、车广锦:《苏北淮海地区新石器诸文化的再认识》,《考古学文化论集(二)》,文物出版社,1989 年。

吉德炜著:《考古学与思想:中国的诞生》,陈星灿译,《华夏考古》1993 年第 1 期。

靳松安:《试论山东龙山文化的历史地位及其衰落原因》,《郑州大学学报(哲学社会科学版)》1994 年第 4 期。

蒋乐平:《浙江史前鸟像图符的寓义及流变》,《浙江省文物考古研究所学刊》,长征出版社,1997 年。

靳桂云、燕生东、刘长江:《山东胶州赵家庄遗址发现龙山文化小麦遗存》,《中国文物报》2008 年 2 月 22 日。

杰西卡·罗森:《中国的丧葬模式——思想与信仰的知识来源》,《祖先与永恒:杰西卡·罗森中国考古艺术文集》,三联书店,2011 年。

金锐、周群、钱仁发:《蚌埠双墩一号墓的文化"潜信息"》,《文物研究》第 19 辑,科学出版社,2012 年。

K

《考古》编辑部:《中国文明起源座谈纪要》,《考古》1989 年第 12 期。

卡尔·雅斯贝斯著:《历史的起源与目标》,魏楚雄、俞新天译,华夏出版社,1989 年。

孔昭宸、刘长江、何德亮:《滕州庄里西遗址植物遗存及其在环境考古学上的意义》,《第四纪研究》1999 年第 4 期。

孔令远:《试论邳州九女墩三号墩出土的青铜器》,《考古》2002 年第 5 期。

凯利·克劳福德、赵志军等:《山东日照市两城镇遗址龙山文化植物遗存的初步分析》,《考古》2004 年第 9 期。

科林·伦福儒、保罗·巴恩著:《考古学:理论、方法与实践》,中国社会科学院考古研究所译,文物出版社,2004 年。

肯·达柯著:《理论考古学》,刘文锁、卓文静译,岳麓书社,2005 年。

孔令远、李艳华、阚绪杭:《徐王容居戈铭文考释》,《文物》2013 年第 3 期。

L

梁思永：《龙山文化——中国文明的史前期之一》，《中国考古学报》第七册，1954年。

历史研究编辑部编：《中国的奴隶制与封建制分期问题论文选集》，三联书店，1956年。

刘敦愿：《古史传说与典型龙山文化》，《山东大学学报（历史版）》1963年第2期。

林沄：《说"王"》，《考古》1965年第6期。

黎家芳、高广仁：《典型龙山文化的来源、发展及社会性质初探》，《文物》1979年第11期。

李学勤：《从新出青铜器看长江下游文化的发展》，《文物》1980年第8期。

李汉三：《先秦两汉阴阳五行学说》，维新书局，1981年。

李伯谦：《论造律台类型》，《文物》1983年第4期。

李学勤：《东周与秦代文明》，文物出版社，1984年。

李学勤：《班簋续考》，《古文字研究》第十三辑，中华书局，1986年。

李学勤：《论新出大汶口文化陶器符号》，《文物》1987年第12期。

李伯谦：《论文化因素分析法》，《中国文物报》1988年11月4日。

刘建国、张敏：《论湖熟文化分期》，《东南文化》1989年第1期。

李国梁：《群舒故地出土的青铜器》，《文物研究》第6辑，黄山书社，1990年。

林沄：《周代用鼎制度商榷》，《史学集刊》1990年第3期。

李学勤：《论含山凌家滩玉龟、玉版》，《中国文化》1992年第6期。

栾丰实：《论岳石文化的来源》，《纪念城子崖遗址发掘60周年国际学术讨论会文集》，齐鲁书社，1993年。

栾丰实：《论大汶口文化和崧泽、良渚文化的关系》，《中国考古学会第九次年会论文集》，文物出版社，1993年。

李斌：《史前日晷初探——试释含山出土玉片图形的天文学意义》，《东南文化》1993年第1期。

李修松：《徐夷迁徙考》，《历史研究》1996年第4期。

李民昌、张敏、汤陵华：《高邮龙虬庄遗址史前人类生存环境与经济生活》，《东南文化》1997年第2期。

刘彬徽：《山东地区东周青铜器研究》，《中国考古学会第九次年会论文集》，文物出版社,1997年。

栾丰实:《海岱地区考古研究》,山东大学出版社,1997年。

栾丰实:《论陆庄新石器时代遗存的文化性质和年代》,《考古》2000年第2期。

陆思贤、李迪:《天文考古通论》,紫禁城出版社,2000年。

栾丰实:《日照地区大汶口、龙山文化聚落形态之研究》,《中国考古学跨世纪的回顾与前瞻(1999年西陵国际学术研讨会论文集)》,科学出版社,2000年。

李修松:《试论凌家滩玉龙、玉鹰、玉龟、玉版的文化内涵》,《安徽大学学报》2001年第6期。

李小凡、陈宝贤:《从"港"的词义演变和地域分布看古吴语的北界》,《方言》2002年第3期。

刘莉、陈星灿:《中国早期国家的形成——从二里头和二里岗时期的中心和边缘之间的关系谈起》,《古代文明》第1卷,文物出版社,2002年。

栾丰实:《大汶口文化的社会发展进程研究》,《古代文明》第2卷,文物出版社,2003年。

栾丰实:《中美合作两城考古及其意义》,《文史哲》2003年第2期。

李光雨、张云:《山东枣庄春秋时期小邾国墓地的发掘》,《中国历史文物》2003年第5期。

栾丰实:《两城地区考古及其主要收获》,《山东大学学报(哲学社会科学版)》2004年第1期。

李新伟:《中国史前玉器反映的宇宙观——兼论中国东部史前复杂社会的上层交流网》,《东南文化》2004年第3期。

刘延常:《西岳庄大墓——解读一段东夷小国的历史》,《文物天地》2004年第6期。

蓝秋霞:《山东地区西周陶器研究》,山东大学硕士学位论文,2004年。

李孝聪:《中国区域历史地理》,北京大学出版社,2004年。

林留根、张文绪:《黄淮地区藤花落、后大堂龙山文化遗址古稻的研究》,《东南文化》2005年第1期。

刘志、孙林、高蒙河:《苏北海岸线变迁的考古地理研究》,《南方文物》2006年第3期。

李修松:《先秦史探研》,安徽大学出版社,2006年。

李峰著:《西周的灭亡——中国早期国家的地理和政治危机》,徐峰译,汤惠生校,上海古籍出版社,2007年;增订版,2016年。

刘莉著:《中国新石器时代——迈向早期国家之路》,陈星灿等译,文物出版社,2007年。

吕静:《春秋时期盟誓研究——神灵崇拜下的社会秩序再构建》,上海古籍出版社,2007年。

李朝远:《前掌大墓地中的"史"及其他——读〈滕州前掌大墓地〉》,《东方考古》第4集,科学出版社,2008年。

李峰、梁中合:《"长子口"墓的新启示》,《东方考古》第4集,科学出版社,2008年。

刘启益:《西周穆王时期铜器的初步清理》,《古文字研究》第十八辑,中华书局,2008年。

李兰、朱诚等:《连云港藤花落遗址消亡成因研究》,《科学通报》2008年第53卷增刊Ⅰ。

罗运兵:《从龙虬庄遗址个案看史前家猪饲养与农业发展的相关性》,《东南文化》2009年第6期。

李伯谦:《崧泽文化大型墓葬的启示》,《历史研究》2010年第6期。

刘文强:《初论史前彩绘石刀的发展》,《文物研究》第19辑,科学出版社,2012年。

林留根、甘恢元、闫龙:《兴化、东台蒋庄—五星遗址发掘》,《江苏考古(2010~2011)》,南京出版社,2013年。

吕烈丹:《稻作与史前文化演变》,科学出版社,2013年。

鲁西奇:《中国历史的空间结构》,广西师范大学出版社,2014年。

栾丰实:《崧泽文化向北方地区的扩散》,《东南文化》2015年第1期。

罗志田:《飞鸟之影:浅议历史研究中的以静观动》,《文史哲》2016年第6期。

M

摩尔根著:《古代社会》杨东蒓译,商务印书馆,1971年。

马克思:《摩尔根〈古代社会〉一书摘要》,人民出版社,1978年。

牟永抗、魏正瑾:《马家浜文化和良渚文化——太湖流域原始文化的分期》,《文物》1978年第4期。

马洪路:《试论青莲岗文化》,《考古学集刊》第4集,中国社会科学出版社,1984年。

马玺伦:《山东沂水发现一座西周墓葬》,《考古》1986年第8期。

马承源：《长江下游土墩墓出土青铜器的研究》，《上海博物馆集刊》第四集，上海古籍出版社，1987年。

闵煜铭等：《安徽省地理》，安徽人民出版社，1990年。

马修·约翰逊著：《考古学理论导论》，魏峻译，岳麓书社，2005年。

迈克·克朗著：《文化地理学》，杨淑华、宋慧敏译，南京大学出版社，2005年。

毛颖、张敏：《长江下游的徐舒与吴越》，湖北教育出版社，2005年。

迈克尔·曼著：《社会权力的来源》（第1卷），上海人民出版社，刘北成、李少军译，2007年。

米尔恰·伊利亚德：《神圣的存在：比较宗教的范型》，晏可佳、姚蓓琴译，广西师范大学出版社，2008年。

马俊亚：《被牺牲的"局部"：淮北社会生态变迁研究（1680～1949）》，北京大学出版社，2011年。

米尔恰·伊利亚德著：《宗教思想史》第1卷，晏可佳等译，上海社会科学院出版社，2011年。

N

南京博物院：《长江下游新石器时代文化若干问题的探析》，《文物》1978年第4期。

逄振镐：《东夷及其史前文化试论》，《历史研究》1987年第3期。

牛文元：《生态环境脆弱带ECOTONE的基础判定》，《生态学报》1989年第9卷第2期。

诺贝特·埃利亚斯著：《文明的进程：文明的社会起源和心理起源的研究》（第二卷），袁志英译，三联书店，1999年。

P

裴安平：《史前"白土"的利用与禹会村土坛的意义》，《禹会村遗址研究——禹会村遗址与淮河流域文明研讨会论文集》，科学出版社，2014年。

Q

祁延霈：《山东益都苏埠屯出土铜器调查记》，《中国考古学报》第二册，1947年。

齐文涛：《概述近年来山东出土的商周青铜器》，《文物》1972年第5期。

钱林书：《春秋战国时期宋国的城邑及疆域考》，《历史地理》第七辑，上海人民出版社，1990年。

钱穆：《先秦诸子系年》，商务印书馆，2001年。

R

任相宏：《岳石文化的发现与研究》，《中国考古学会第八次年会论文集》，文物出版社，1996年。

任相宏：《山东沂源县姑子坪周代遗存相关问题探讨》，《考古》2003年第1期。

饶宗颐：《未有文字以前表示"方位"与"数理关系"的玉版——含山出土玉版小论》，《凌家滩文化研究》，文物出版社，2006年。

S

石志廉：《谈谈龙虎尊的几个问题》，《文物》1972年第11期。

苏秉琦：《略谈我国东南沿海地区的新石器时代考古——在长江下游新石器时代文化考古学术讨论会上的一次发言提纲》，《文物》1978年第3期。

苏秉琦、殷玮璋：《关于考古学文化的区系类型问题》，《文物》1981年第5期。

苏秉琦：《辽西古文化古城古国——兼谈当前田野考古工作的重点或大课题》，《文物》1986年第8期。

石泉：《古代荆楚地理新探》，武汉大学出版社，1988年。

邵望平：《〈禹贡〉"九州"的考古学研究》，《考古学文化论集（二）》，文物出版社，1989年。

孙林等：《藏族乌龟神话及其神秘主义宇宙论散议》，《民族文学研究》1991年第2期。

苏秉琦：《关于重建中国史前史的思考》，《考古》1991年第12期。

施雅风：《中国全新世大暖期气候与环境》，海洋出版社，1992年。

苏秉琦：《国家起源与民族文化传统（提纲）》，《华人·龙的传人·中国人——考古寻根记》，辽宁大学出版社，1994年。

宋豫秦：《关于进行淮河流域可持续发展战略研究的若干思考》，《治淮科技》1997年第2期。

孙守道：《中国史前东北玉文化试论》，《东亚玉器》，香港中国艺术研究中心，1998年。

朔知：《良渚文化的初步分析》，《考古学报》2000年第4期。
宋建：《中国东部地区在文明化进程中的地位》，《东方考古》第1集，科学出版社，2004年。
朔知：《凌家滩祭坛遗迹试论》，《凌家滩文化研究》，文物出版社，2006年。
孙林：《唐九宫算、藏族九宫历以及纳西族巴格图的比较研究》，《中国藏学》2007年第2期。
宋建：《江淮地区早期文明进程的断裂与边缘化》，《文物研究》第15辑，黄山书社，2007年。
孙波：《再论大汶口文化向龙山文化的过渡》，《古代文明》第6卷，文物出版社，2007年。
史威、马春梅、朱诚等：《太湖地区多剖面地层学分析与良渚期环境事件》，《地理研究》2008年第27卷第5期。
苏秉琦：《中国文明起源新探》，辽宁人民出版社，2009年。

T

谭其骧：《晋永嘉丧乱后之民族迁徙》，《燕京学报》第十五期，1934年6月。
佟柱臣：《中国新石器时代文化的多中心发展论和发展不平衡论——论中国新石器时代文化发展的规律和中国文明的起源》，《文物》1986年第2期。
托马斯·哈定等著：《文化与进化》，韩建军、商戈令译，浙江人民出版社，1987年。
田名利：《试论宁镇地区的岳石文化因素》，《东南文化》1996年第1期。
滕昭宗：《尹湾汉墓简牍概述》，《文物》1996年第8期。
唐际根：《中商文化研究》，《考古学报》1999年第4期。
唐际根、荆志淳：《考古学文化发展的延滞现象和"边缘化效应"》，《三代考古（一）》，科学出版社，2004年。
童书业：《鸟夷说》，《童书业历史地理论集》，中华书局，2004年。
田名利：《凌家滩遗存与红山文化》，《文物研究》第15辑，黄山书社，2007年。
唐晓峰：《从混沌到秩序：中国上古地理思想史述论》，中华书局，2010年。

W

汪荣宝：《释皇》，国立北京大学《国学季刊》第一卷2号，1923年4月。

王湘：《安徽寿县史前遗址调查报告》，《中国考古学报》第二册，商务印书馆，1947年。

王志敏、韩益文：《介绍江苏仪征过去发现的几件西周青铜器》，《文物参考资料》1956年第12期。

吴山菁：《略论青莲岗文化》，《文物》1973年第6期。

王宇信、陈绍棣：《关于江苏铜山丘湾商代祭祀遗址》，《文物》1973年12期。

武津彦：《略论河南境内发现的大汶口文化》，《考古》1981年第3期。

吴绵吉：《"青莲岗文化"长江南北之间的文化关系》，《厦门大学学报（哲学社会科学版）》1978年第2、3期。

王仁湘：《新石器时代葬猪的宗教意义——原始宗教文化遗存探讨札记》，《文物》1981年第2期。

吴诗池：《山东新石器时代农业考古概述》，《农业考古》1983年第2期。

王树明：《陵阳河墓地雏议》，《史前研究》1987年第3期。

王恩田：《曲阜鲁国故城的年代及其相关问题》，《考古与文物》1988年第2期。

吴大澂：《说文古籀补》，中华书局，1988年。

王迅：《试论夏商时期东方地区的考古学文化》，《北京大学学报（哲学社会科学版）》1989年第2期。

王明达：《反山良渚文化墓地初论》，《文物》1989年第12期。

吴建民：《苏北史前遗址的分布与海岸线的变迁》，《东南文化》1990年第5期。

《文物研究》编辑部：《苏鲁豫皖考古座谈会纪要》，《文物研究》第7辑，黄山书社，1991年。

王育成：《含山玉龟及玉片八角形来源考》，《文物》1992年第4期。

王青：《试论史前黄河下游的改道与古文化的发展》，《中原文物》1993年第4期。

王昆吾：《楚宗庙壁画鸱龟曳衔图》，《中国文化》第八辑，1993年。

王锡平：《试论山东地区的素面陶鬲》，《中国考古学会第九次年会论文集》，文物出版社，1993年。

王育成：《含山玉龟玉片补考》，《文物研究》第八辑，黄山书社，1993年。

王青、李慧竹：《海岱地区的獐与史前环境的变迁》，《东南文化》1994年第5期。

王国维述，刘盼遂记：《说文练习笔记》，《古史新证——王国维最后的讲义》，清华大学出版社，1994年。

王迅:《东夷文化与淮夷文化研究》,北京大学出版社,1994年。

吴汝祚:《初探海岱地区古代文明的起源》,《中原文物》1995年第2期。

王青:《〈禹贡〉"鸟夷"的考古学探索》,《北方文物》1995年第4期。

吴加安:《安徽北部的新石器文化遗存》,《考古》1996年第9期。

王宇信:《山东桓台史家〈戍宁觚〉的再认识及其启示》,《夏商周文明研究——97山东桓台中国殷商文明国际学术讨论会》,中国文联出版社,1999年。

王明珂:《历史事实、历史记忆与历史心性》,《历史研究》2001年第5期。

吴文祥、刘东生:《4000a.B.P.前后降温事件与中华文明的诞生》,《第四纪研究》2001年第5期。

王恩田:《鹿邑太清宫西周大墓与微子封宋》,《中原文物》2002年第4期。

王巍:《中国文明起源研究发展趋势》,《中国社会科学院院报》2003年8月28日。

王力之:《周文化分区研究》,北京大学考古文博学院博士学位论文,2003年。

王巍:《公元前2000年前后我国大范围文化变化原因探讨》,《考古》2004年第1期。

王炳华:《生殖崇拜:早期人类精神文化的核心——新疆罗布淖尔小河五号墓地的灵魂》,《寻根》2004年第4期。

卫斯:《尉迟寺遗址出土"七足镂孔器"的命名及用途》,《中国文物报》2004年12月17日。

吴妍等:《安徽滁州何郢遗址的植硅体分析》,《农业考古》2005年第3期。

王巍:《谈谈文明与国家概念的异同》,《古代文明研究》第一辑,文物出版社,2005年。

武家璧:《含山玉版上的天文准线》,《东南文化》2006年第2期。

王巍:《聚落形态研究与中华文明探源》,《文物》2006年第5期。

王恩田:《鹿邑微子墓补证——兼释相侯与子口寻》《中原文物》2006年第6期。

王芬:《海岱地区和太湖地区史前社会复杂化进程的比较研究》,山东大学博士学位论文,2006年。

王明珂:《华夏边缘——历史记忆与族群认同》,社会科学文献出版社,2006年。

吴春明:《没有帝国的东南——闽中地区国家文明起源与发展的初步研究》,《东方考古》第2集,科学出版社,2006年。

吴妍等:《安徽霍邱堰台西周遗址的植硅体分析》,《农业考古》2007年第1期。

王吉怀:《淮河流域新石器时代晚期聚落形态及其特征》,《文物研究》第 15 辑,黄山书社,2007 年。

王铭铭:《经验与心态:历史、世界想象与社会》,广西师范大学出版社,2007 年。

王吉怀、赵兰会:《禹会村遗址的发掘收获及学术意义》,《东南文化》2008 年第 1 期。

武家璧、朔知:《试论霍山戴家院西周圜丘遗迹》,《东南文化》2008 年第 3 期。

王明珂:《羌在汉藏之间》,中华书局,2008 年。

王明珂:《游牧者的抉择:面对汉帝国的北亚游牧部族》,广西师范大学出版社,2008 年。

王铭铭:《中间圈:"藏彝走廊"与人类学的再构思》,社会科学文献出版社,2008 年。

吴立等:《巢湖流域新石器至汉代古聚落变更与环境变迁》,《地理学报》2009 年第 64 卷第 1 期。

王心源等:《巢湖凌家滩遗址古人类活动的地理环境特征》,《地理研究》2009 年第 28 卷第 5 期。

王明珂:《寻羌:羌乡田野杂记》,中华书局,2009 年。

王爱和著:《中国古代宇宙观与政治文化》,金蕾、徐峰译,上海古籍出版社,2011 年。

王厚宇、刘振永:《试论淮阴高庄战国墓的青铜器》,《淮阴工学院学报》2012 年第 2 期。

汪涛著:《颜色与祭祀——中国古代文化中颜色涵义探幽》,郅晓娜译,上海古籍出版社,2013 年。

X

徐中舒:《土王皇三字之探原》,《中央研究院历史语言研究所集刊》第四本 4 分册,1934 年。

夏鼐:《关于考古学上文化的定名问题》,《考古》1959 年第 4 期。

夏鼐:《中国原始社会史的研究》,《历史教学》1963 年第 4 期。

徐复观:《中国人性史论》,东台大学,1963 年。

夏鼐:《碳-14 测定年代和中国史前考古学》,《考古》1977 年第 4 期。

夏鼐:《中国文明的起源》,文物出版社,1985 年。

徐旭生：《中国古史的传说时代》(修订本)，文物出版社，1985年。

夏鼐：《大百科全书·考古卷》"考古学"条，中国大百科全书出版社，1986年。

萧兵：《女娲考》，《楚辞与神话》，江苏古籍出版社，1986年。

许宏：《略论我国史前时期瓮棺葬》，《考古》1989年第4期。

徐基：《试说青莲岗文化与北辛—大汶口文化的关系》，《山东大学学报(哲学社会科学版)》，1991年第1期。

萧兵：《良渚玉器神人兽面纹新解》，《东南文化》1992年第3~4期。

萧兵、叶舒宪：《老子的文化解读——性与神话学之研究》，湖北人民出版社，1993年。

徐基：《商文化大辛庄类型初论》，《中国考古学会第九次年会论文集》，文物出版社，1993年。

徐少华：《周代南土历史地理与文化》，武汉大学出版社，1994年。

谢维扬：《中国早期国家》，浙江人民出版社，1995年。

夏名采、刘华国：《山东青州市苏埠屯墓群出土的青铜器》，《考古》1996年第5期。

徐化成：《景观生态学》，中国林业出版社，1996年。

许倬云：《接触、冲击与调适：文化群之间的互动》，《中国历史学与考古学之整合研究——历史语言研究所会议论文集之四》，历史语言研究所出版品编辑委员会，1997年。

肖燕：《苏北淮海地区青莲岗文化新论》，《华夏考古》1998年第1期。

徐中舒：《蒲姑、徐奄、淮夷、群舒考》，《四川大学学报(哲学社会科学版)》1998年第3期。

徐基：《关于济南大辛庄商代遗存年代的思考》，《中原文物》2000年第3期。

许宏：《曲阜鲁国故城之再研究》，《先秦城市考古学研究》，燕山出版社，2000年。

谢维扬：《中国国家起源研究中的"古国"问题》，《学术月刊》2001年第4期。

萧兵：《良渚文化"神人兽面"的兼体造型和意蕴》，《考古与文物》2003年第6期。

夏正楷、王赞红、赵春青：《我国中原地区3500a B.P.前后的异常洪水事件及其气候背景》，《中国科学》2003年D辑。

许宏、刘莉：《关于二里头遗址的省思》，《文物》2008年第1期。

许宏：《商文明——中国"原史"与"历史"时代的分界点》，《东方考古》第4集，科学出版社，2008年。

徐长青：《李洲坳古墓——徐国遗民的最后归处》，《中华遗产》2009年第2期。

夏鼐：《中国文明的起源》，中华书局，2009年。

邬建国：《景观生态学——格局、过程、尺度与等级》，高等教育出版社，2009年。

许宏：《最早的中国》，科学出版社，2009年。

徐峰：《论西周王朝对安徽江淮的经略》，《南京博物院集刊11——庆祝南京博物院建院七十五周年纪念文集》，文物出版社，2010年。

徐峰：《死亡与再生：新疆小河墓地葬俗管窥》，《民族艺术》2011年第4期。

徐峰：《良渚文化玉琮及相关纹饰的文化隐喻》，《考古》2012年第2期。

徐峰：《边界与族群认同——论淮夷与周人之关系》，《中国人类学评论》第21辑，世界图书出版公司，2012年。

徐峰：《史前"八角星纹"原型探析》，《文物研究》第19辑，科学出版社，2012年。

徐峰：《苏北人与淮夷：同一片地域的两次族群建构》，《百色学院学报》2013年第2期。

徐峰：《江淮与皖南商周青铜器若干问题的思考》，《南京晓庄学院学报》2013年第5期。

徐峰：《从膨胀到萎缩——青莲岗文化研究的回顾与思考》，《文物研究》第20辑，科学出版社，2013年。

谢维扬：《禹会涂山之意义——中国早期国家形成过程的特点》，《禹会村遗址研究——禹会村遗址与淮河流域文明研讨会论文集》，科学出版社，2014年。

Y

尹达：《中国新石器时代》，三联书店，1955年第1版。

俞伟超：《铜山丘湾商代社祀遗迹的推定》，《考古》1973年第5期。

殷之彝：《山东益都苏埠屯墓地和"亚丑"铜器》，《考古学报》1977年第2期。

严文明：《论青莲岗文化和大汶口文化的关系》，《文物集刊（一）》，文物出版社，1980年。

严文明：《龙山文化和龙山时代》，《文物》1981年第6期。

杨怀仁、谢志仁：《中国东部近20000年来的气候波动与海面升降运动》，《海洋与湖沼》1984年第1期。

杨深富：《山东日照崮河崖出土一批青铜器》，《考古》1984年第7期。

杨德标、杨立新:《安徽江淮地区的商周文化》,《中国考古学会第四次年会论文集》,文物出版社,1985年。

严文明:《中国史前文化的统一性与多样性》,《文物》1987年第3期。

俞孔坚:《论景观概念及其研究的发展》,《北京林业大学学报》1987年第4期。

俞伟超:《楚文化的研究与文化因素的分析》,《楚文化研究论集》第1集,荆楚书社,1987年。

杨立新:《安徽江淮地区原始文化初探》,《文物研究》第4辑,黄山书社,1988年。

于中航:《大汶口文化探源——纪念大汶口遗址发掘三十年》,《华夏考古》1989年第2期。

严文明:《东夷文化的探索》,《文物》1989年第9期。

严文明:《中国新石器时代聚落形态的考察》,《庆祝苏秉琦考古五十五年论文集》,文物出版社,1989年。

俞伟超:《含山凌家滩玉器和考古学中研究精神领域的问题》,《文物研究》第5辑,黄山书社,1989年。

严文明:《碰撞与征服——花厅墓地埋葬情况的思考》,《文物天地》1990年第6期。

杨立新:《皖南古代铜矿的发现及其历史价值》,《东南文化》1991年第2期。

严文明:《略论中国文明的起源》,《文物》1992年第1期。

俞伟超:《龙山文化与良渚文化衰变的奥妙》,《文物天地》1992年第3期。

叶舒宪:《中国神话哲学》,中国社会科学出版社,1992年。

叶文宪:《部族冲突与征服战争:酋邦演进为国家的契机》,《史学月刊》1993年第1期。

杨立新:《安徽淮河流域的原始文化》,《纪念城子崖遗址发掘60周年国际学术讨论会文集》,齐鲁书社,1993年。

俞伟超:《关于楚文化的概念问题》,《考古学是什么:俞伟超考古学理论文选》,中国社会科学出版社,1996年。

院文清:《石家河文化玉器概论》,《故宫学术月刊》1997年第5期。

杨树达:《积微居金文说》,中华书局,1997年。

杨楠:《江南土墩遗存研究》,民族出版社,1998年。

尤仁德:《凌家滩玉版玉鹰释义》,《故宫文物月刊》1999年第7期。

袁广阔:《孟庄龙山文化研究》,《考古》2000年第3期。

俞伟超：《中国古代文化的离合及其启示》，《民族艺术》2001年第3期。

杨立新：《江淮地区的原始农业与文明形成的关系》，《文物研究》第13辑，黄山书社，2001年。

叶文宪：《新夷夏东西说》，《中国史研究》2002年第3期。

杨肇清：《长国考》，《中原文物》2002年第4期。

燕生东：《海安青墩遗存再分析——江淮东部地区考古学文化研究之一》，《东南文化》2004年第4期。

余英时：《朱熹的历史世界：宋代士大夫政治文化的研究》，三联书店，2004年。

杨立新：《江淮地区文明化进程的考古学观察》，《文物研究》第15辑，黄山书社，2007年。

殷志强：《江淮地区出土"良渚式"玉器文化属性蠡测》，《文物研究》第15辑，黄山书社，2007年。

袁靖、宫希成：《安徽滁州何郢遗址出土动物遗骸研究》，《文物》2008年第5期。

燕生东：《泗水流域的商代——史学与考古学的多重建构》，《东方考古》第4集，科学出版社，2008年。

杨立新：《安徽史前若干问题的思索》，《道远集——安徽省文物考古研究所五十年文集》，黄山书社，2008年。

杨晓能著：《另一种古史：青铜器纹饰、图形文字与图像铭文的解读》，唐际根、孙亚冰译，三联书店，2008年。

燕生东：《渤海南岸地区商周时期盐业考古研究》，北京大学考古文博学院博士学位论文，2009年。

易德生：《周代南方的"金道锡行"试析——兼论青铜原料集散中心"繁汤"的形成》，《社会科学》2018年第1期。

Z

张其昀：《本国地理》，商务印书馆，1930年。

曾昭燏、尹焕章：《江苏古代历史上的两个问题》，《江海学刊》1961年第12期。

张颔、张万钟：《庚儿鼎解》，《考古》1963年第5期。

竺可桢：《中国近五千年来气候变迁的初步研究》，《考古学报》1972年第1期。

朱江：《关于"青莲岗遗址"和"青莲岗文化"问题》，《考古》1977年第3期。

邹衡:《夏商周考古学论文集》,文物出版社,1980年。

张光直:《商周青铜器上的动物纹样》,《考古与文物》1981年第2期。

张光直:《殷商文明起源研究上的一个关键问题》,《中国青铜时代》,三联书店,1983年。

钟遐:《绍兴306号墓小考》,《文物》1984年第1期。

张光直:《谈聚落形态考古》,《考古学专题六讲》,文物出版社,1986年。

张敬国等:《安徽肥东、肥西古文化遗址调查》,《文物研究》第2辑,黄山书社,1986年。

邹衡:《论菏泽(曹州)地区的岳石文化》,《文物与考古论集》,文物出版社,1986年。

张敬国:《略论江淮地区夏商周文化分期及族属》,《文物研究》第3辑,黄山书社,1988年。

张国硕:《岳石文化来源初探》,《郑州大学学报》1989年第1期。

《中国文明起源座谈纪要》,《考古》1989年第12期。

张光直:《中国相互作用圈与文明的形成》,《庆祝苏秉琦考古五十五年论文集》,文物出版社,1989年。

邹厚本:《略论宁镇地区青铜文化序列》,《东南文化》1990年第5期。

张明华、王惠菊:《太湖地区新石器时代的陶文》,《考古》1990年第10期。

周世荣:《马王堆汉墓的"神祇图"帛画》,《考古》1990年第10期。

邹厚本、谷建祥:《青莲岗文化的再研究》,《东南文化》1992年第1期。

赵辉:《龙山文化的分期与地方类型》,《考古学文化论集(三)》,文物出版社,1993年。

张学海:《城子崖与中国文明》,《纪念城子崖遗址发掘60周年国际学术讨论会文集》,齐鲁书社,1993年。

张敬国:《近年来安徽淮北地区新石器时代考古的主要收获》,《文物研究》第9辑,黄山书社,1994年。

中国社会科学院考古研究所安徽工作队:《皖北大汶口文化晚期聚落遗址群的初步考察》,《考古》1996年第9期。

张学海:《试论山东地区的龙山文化城》,《文物》1996年第12期。

邹逸麟:《黄淮海平原历史地理》,安徽教育出版社,1997年。

张光直:《对中国先秦史新结构的一个建议》,《中国考古学与历史学之整合研究——历史语言研究所会议论文集之四》,历史语言研究所出版品编辑委员会,1997年。

张长寿、张光直:《河南商丘地区殷商文明调查发掘初步报告》,《考古》1997年第4期。

中国青铜器全集编辑委员会:《中国青铜器全集》,文物出版社,1997年。

张敏、韩明芳:《虞舜南巡狩与勾吴的发端》,《南京大学学报(哲学·人文科学·社会科学版)》1999年第3期。

赵辉:《以中原为中心的历史趋势的形成》,《文物》2000年第1期。

张敏:《南荡遗存的发现及其意义》,《中国社会科学院古代文明研究中心通讯》2000年第4期。

张弛:《大溪、北阴阳营和薛家岗的石、玉器工业》,《考古学研究》(四),科学出版社,2000年。

周玮:《安徽含山凌家滩祭坛的初步研究——兼及良渚文化祭坛》,《东南文化》2001年第1期。

周大鸣:《论族群和族群关系》,《广西民族学院学报(哲学社会科学版)》2001年第2期。

张敏:《破山口青铜器三题》,《东南文化》2002年第6期。

张光直:《商文明》,辽宁教育出版社,2002年。

张光直著:《美术·神话与祭祀——通往古代中国政治权威的途径》,郭净译,辽宁教育出版社,2002年。

张连利等:《山东淄博文物精粹》,山东画报出版社,2002年。

张懋镕:《西周南淮夷称名与军事考》,《古文字与青铜器论集》,科学出版社,2002年。

张敏:《句容城头山遗址出土的史前玉器及相关问题的讨论》,《玉魂国魄(一)》,燕山出版社,2002年。

中国社会科学院考古研究所:《中国考古学·夏商卷》,中国社会科学出版社,2003年。

中国社会科学院考古研究所:《中国考古学·两周卷》,中国社会科学出版社,2004年。

张居中等:《淮河流域史前稻作农业与文明进程的关系》,《东方考古》第1集,科学出版社,2004年。

赵志军:《两城镇与教场铺龙山时代农业生产特点的对比分析》,《东方考古》第1集,科学出版社,2004年。

张敏:《从青莲岗文化的命名谈淮河流域与长江流域原始文化的相互关系》,《郑州大学学报(哲学社会科学版)》2005年第2期。

朱光耀等:《安徽省新石器和夏商周时代遗址时空分布与人地关系的初步研究》,《地理科学》2005年第25卷第3期。

朱强、俞孔坚、李迪华:《景观规划中的生态廊道宽度》,《生态学报》2005年第25卷第9期。

朱凤瀚:《柞伯鼎与周公南征》,《文物》2006年第5期。

张学海:《龙山文化》,文物出版社,2006年。

周润垦等:《江苏邳州梁王城遗址发掘》,《2005中国重要考古发现》,文物出版社,2006年。

张海:《公元前4000至1500年中原腹地的文化演进与社会复杂化》,北京大学博士学位论文,2007年。

张之恒:《生态环境对史前文化的影响和中国史前文化的三个过渡地带》,《考古与文物》2008年第2期。

朱继平:《从商代东土的人文地理格局谈东夷族群的流动与分化》,《考古》2008年第3期。

郑建明:《环境、适应与社会复杂化——环太湖与宁绍地区史前文化演变》,上海世纪出版集团,2008年。

张广胜等:《安徽蚌埠禹会村遗址4.5~4.0 kaBP龙山文化的环境考古》,《地理学报》2009年第64卷第7期。

张锟:《东夷文化的考古学研究》,中国社会科学院研究生院博士学位论文,2010年。

中国社会科学院考古研究所:《中国考古学·新石器时代卷》,中国社会科学出版社,2010年。

张敏:《青莲岗文化的回顾与反思——兼论考古学文化区与民族文化区的相互关系》,《东方考古》第8集,科学出版社,2011年。

朱继平：《从淮夷族群到编户齐民——周代淮水流域族群冲突的地理学观察》，人民出版社，2011 年。

周运中：《六百年前到江淮的广东移民》，《寻根》2013 年第 1 期。

张文华：《汉唐时期淮河流域历史地理研究》，上海三联书店，2013 年。

张文华：《先秦至唐宋时期洪泽湖地区渔业史迹钩沉》，《农业考古》2014 年第 4 期。

赵晓瑜、王宏伟：《长江以北首次发现良渚文化聚落——234 位"良渚人"骨骼隐藏中华文明基因》，《新华日报》2016 年 3 月 1 日。

外 文 文 献

Arnold, JE., Understanding the Evolution of Intermediate Societies. In: Arnold, J. E. (ed),. *Emergent complexity — the Evolution of Intermediate Societies*, International Monographs in Prehistory, 1996.

Braudel, F. *Histoire et sciences sociales: la longue durée*, Annales, 17, 1958.

Binford, L.R. "Archaeology as Anthropology", *American Antiquity* 28. 1962.

Bruce G. Trigger, Settlement archaeology — its goals and promise, *American Antiquity*, 32(1967).

Childe, V.G. *The Danube in Prehistory*. Oxford, Oxford University Press, 1929.

Chirot, Daniel. The Rise of the West, *American Sociological Review* 50: 181~195.

Cho-yun Hsu and Katheryn Linduff, *Western Chou Civilization*, New Haven and London, Yale University Press, 1988.

C.R. Whittaker, *Frontiers of the Roman Empire: A Social and Economic Study*, Baltimore, Johns Hopkins University Press, 1994.

David Joel Cohen, The Yueshi Culture, The Dongyi, and The Archaeology of Ethnicity in Early Bronze Age China, unpublished thesis, Havard University, 2001.

Di Cosmo, Nicola, Ancient China and Its Enemies, Cambridge, Cambridge University Press, 2002.

David Lewis-Williams, David Pearce, Inside the Neolithic Mind: Consciousness, Cosmos and the Realm of the Gods, Thames&Hudson, 2005.

Dingxin Zhao, The Confucian-Legalist State: A New Theory of Chinese History, Oxford

University Press, 2015.

Esther Pasztory, The function of Art in Mesoamerica, Archaeology, vol. 37, no. 1 (January/February 1984), pp.18~25.

Fried, M. The Evolution of Political Society. New York: Random House, 1967.

Flannery, Kent V. The Origins of the Village as a Settlement Type in Mesoamerica and the Near East: A Comparative Study, In Man, Settlement and Urbanism, edited by Peter Ucko, Ruth Tringham, and G.W. Dimbleby, 1972.

Forman R T T, Godron M. Landscape Ecology. New York Wiley, 1986.

Hsiao-Chun Hung, etal, Ancient jades map 3,000 years of prehistoric exchange in Southeast Asia, PNAS December 11, 2007, vol.104, no.50, 19745~19750.

Joseph A Tainter, The Collapse of Complex Societies, Cambridge: Cambridge University Press, 1988.

Karlgren, B. Huai and Han, Bulletin of the Museum of Far Eastern Antiquities (BMFEA), 13, 1941.

Kane, Virginia, The Dependent Bronze Industries in the South of China Contemporary with the Shang and Western Chou Dynasties. Archives of Asian Art 28 (1974~1975).

Kent V. Flannery, Joyce Marcus, Cognitive Archaeology. In Contemporary Archaeology in Theory: A Reader. Robert W. Preucel and Ian Hodder ed. Blackwell Publisher Ltd, 1996.

Lothar Von Falkenhausen, The Waning of the Bronze Age: Material Culture and Social Development, in The Cambridge History of Ancient China, Cambridge, Cambridge University Press, 1999.

Mircea Eliade, Cosmos and History: The Myth of the Eternal Return. Harper & Row, 1959.

Michael Mann, The Sources of Social Power: Volume1, A History of Power from the Beginning to AD 1760, Cambridge University Press, 1986.

Mitchell S. Rothman, "Studying the Development of Complex Society: Mesopotamia in the Late Fifth and Fourth Millennia B.C.," Jounal of Archaeological Research, vol. 12, no.1, 2004.

Randall H. McGuire, "Breaking down Cultural Complexity: Lnequality and Heterogeneity," Advances in Archaeological Method and Theory, vol.6, 1983.

Solomon Katz, The Decline of Rome and the Rise of Medieval Europe, p.74, Ithaca, NY: Cornell University Press, 1955.

Sauer C, Land and Life: A Selection from the Writing of Carl Sauer, ed. John Leighley. Berkeley: University of California Press, 1962.

Service, E.R. Primitive Social Organization. New York, Random House, 1962; Origins of the State and Civilization. New York, Norton, 1975.

Tambiah, Stanley J, Culture, Thought, and Social Action, Cambridge, Mass: Harvard University Press, 1985.

Trigger, B. G. Monumental architecture: a thermodynamic explanation of symbolic behavior. World Archaeology, 1990, 22(2): 119~132.

Underhill, A, G.Feinman, G.Nicholas, G.Bennet, F.Cai, H.Yu, F.Luan and F.Hui, 1998, Systematic, regional survey in SE Shandong province, China. Journal of Field Archaeology 25.

Wallerstein, Immanuel. The Modern World-System: Capitalist Agriculture and The Origins of The European World-Economy in The Sixteenth Century. 1974, New York, Academic Press.

Wang, Aihe, Cosmology and Political Culture in Early China, Cambridge, Cambridge University Press, 2000.

后　　记

十多年前,我报考了中国社会科学院研究生院。记得考试结束后,我在故宫一带闲逛,走在一条胡同里。那是我第一次到帝都,是时头顶有白鸽飞过,鸽群时而聚拢,时而分开,在蓝天白云间,自由翱翔。此景此情,心海突然有理想泛起,我对这次考博有了渴望。想在社科院考古所继续深造,然后才有机会从事学术研究。运气不错,我通过了博士生考试,忝列著名考古学家王巍先生门墙。

读博期间,正是中国考古学界最热点的课题中华文明探源工程进展之时。工程的总负责人便是王巍老师。我注意到王老师之前指导的几位博士生的论文题目均与文明起源有关,如对中原地区或环太湖的文明化进程的研究。兄弟高校也有不少研究者完成了或正做着区域文明化或复杂化进程的研究。一句话,当时文明化或复杂化的研究十分流行。因此我思忖是否也在这一学术潮流下选择某个区域做些工作,我很自然地将这一设想与之前硕士论文做的淮夷联系起来。由于淮夷所生存的两淮地区是南北过渡地带,属于环太湖地区与中原或山东之间的交界地带,我意识到从考古学泰斗苏秉琦先生论述的六大文化中心区中转移出来,关注中心区与中心区之间的交界地带还比较有新意。当我将此想法与王老师交流时,他即刻就表示支持。

最初我对做两淮研究的担忧在于,相比于中原、环太湖等考古工作做得较多、资料积累较丰富的地区,两淮地区的考古学材料不平衡,局部小区的文化谱系还不完整。如何将这些零散的材料串起来是我面临的一个问题。我自认为线索是在我联系到东周时期两淮地区的政局时出现的。到东周时期,两淮社会进程的一个阶段性面貌便是小国林立,苟延残喘于大国之间。这种局面是怎么来的?带着这种思考,我回想起法国年鉴学派史学家费尔南·布罗代尔在其名著《菲利浦二世时代的地中海和地中海世界》中提出的"长时段"观点。他认为长时段对应的是长期不变或者变化极慢的"结构"概念,如地理、气候、生态环境等。我意识到,东周时期两淮小国分散、寡弱之局面不过是短时之外层现象,而深层次原因恐怕与两淮的地理结构有关。而地理结构的显现非借助不同时期的材料不可,要从诸多外层现象中发现一种深层的历史结构,就不得不对两淮地区社会进程做长时段的、通古今之变的研究,故我以大约距今 5 500 年前的大汶口文化作为起点,一直谈到东周"淮泗夷散为民户"。这便是我关于两淮社会进程研究的一个重要的"纵向"思路。而且我认为,与环太湖地区或中原地区的文明化进程大体呈现出从弱到强、从不发达向文明状态演进的特征不同,我在两淮的社会进程中看到一种"渐衰"的特点,它频频受到来自毗邻区域的影响与干扰。

本书的第二个重要思路是"整体"的视角,将两淮置于当时的跨区域互动中去观察。借助景观生态学,特别是其中的"廊道"理论(我对此的关注受惠于2008年王巍老师安排我到淅川下王岗遗址田野实习,指导老师是何驽先生,其间得到何老师的点拨),我对两淮地区的早期文化、族群的格局、变迁及互动进行了探讨。廊道理论中有一点与我最初的想法不谋而合,即廊道对于文化互动具有正负效应,廊道既能连通,亦能阻隔。连通带来融汇,而阻隔常常引发冲突。而且由于两淮属于过渡地带,空间竞争性强,其诞生广阔且持久性文明的先天条件不是很好,又易受到南北区域文化的夹攻。所以该区的文化演进,常在若干地点出现繁荣,但在更大面上的发展却难以与周边区域相提并论。两淮社会进程中的"兴"与"衰"均与其地理位置有密切的关联。

总而言之,这是一部试图为两淮的早期历史做传的著作。

在社科院读书的三年,开阔了学术视野,积累了学术信息。考古所丰富而全面的藏书、学富五车的专家学者以及大大小小、几乎无间断的学术报告营造出极好的学术氛围。这种好的氛围不仅为我提供了吸收各种信息的机会;更重要的是,潜移默化中,它滋养了我的学术和见贤思齐之心。

2010 年,我又回到南京师范大学文博系,身份从学生转换成了老师。在日常教学之余,我继续修改博士论文。这本书从写作之初到正式出版间隔了十多年的时间,关于它的撰写与修改时而停滞,时而又起,辗转多地。现在呈现给读者们的这本书算是我十年来对两淮早期社会进程研究的一个阶段性思考。尽管花费了这么长的时间,但由于水平的原因,我感到还有很多不足之处,一时半会也无能为力,还请读者谅解。

这部书稿中讨论的若干主题曾先行在学术刊物上发表,为这些文章提供版面的刊物有《中原文物》、《中国农史》、《中国人类学评论》、《四川文物》、《寻根》、《长安学术》、《文物研究》、《南都学坛》等等。我特别感谢这些学术期刊,如果没有它们对一篇篇拙文的肯定与接受,就没有这项课题的顺利进展,我的学术自信也不会得以建立。

这部书稿的撰写包括了我的硕士和博士阶段,借拙著的出版,特别感谢我学业之路上的两位恩师对我的培养和教诲。一位是本科和硕士阶段的导师汤惠生先生,另一位是博士生导师王巍先生。谨向他们致以我崇高的敬意!

拙著能在上海古籍出版社出版,我十分高兴,心怀感激。不仅因为上古是中国知名、老牌的出版社,还在于我与上古颇有缘分,此前独立承担或合作的三部译著皆由上古出版。特别感谢吴长青兄的大力推荐与支持,以及贾利民兄的精心编辑。

也要感谢我的家人,谢谢他们的支持与陪伴。

徐　峰

2019年12月于南京

新 版 后 记
——在区域空间中发现"过渡带"

拙著《过渡带：两淮地区早期社会进程》（以下简称《过渡带》）的新版就要与读者们见面了。能够再版让我颇受鼓励和感到高兴。大约在今年3月份的时候，我与上海古籍出版社的贾利民先生在南京大学主办的"长江文明溯源研究"会议上相遇。贾利民是拙著的责任编辑。他告诉我，社里想将一批之前出版的与中华文明起源有关的著作以丛书形式再版。我撰写的《过渡带》忝列其中。利民和我商量，是保持原版不动，还是出修订版。考虑到新版不久就要推出来，短时间内修订很可能思考不周，有画蛇添足之虞。同时，也考虑到我的观点几乎未有变化，修订无非是增加些许新材料和相应的分析。因此，我决定保持原版不变，只增加一个新版后记。借此谈一谈《过渡带》出版以来的学界反馈，并对若干新材料略作分析，以作过渡带研究的一个延续。

《过渡带》于2020年3月由上海古籍出版社出版，很快就收获了一些社会效应。"中国考古网""澎湃新闻""人文社科好书榜"等自媒体平台进行了介绍推广。热心的读者在纸媒或网络上发表书评或读后感，评价总体上是积极的。尤感欣慰的是，不少历史学和考古学同行谈到拙著时，认可我对两淮地区"过渡带"概念的提炼、阐发和相应的研究。这种认可，包括几个方面：（1）肯定在多元论思维下开展区域史的研究，主张从关注较多的中心区迁移出来，给予"中心的边缘"或"文明的周边"更多聚焦。由于中国区域性和地方性差异很大，要想对全景的中国有一个更加分明、特点更加突出的了解，就必须尽可能多地关注局部的中国。在宏大的中国历史叙述中，微观和局部的区域经常被忽略和遮蔽，它们的特性及其表现形态，以及作为局部而在整体的历史发展中所起的作用和意义没有得到充分的认识。（2）用"过渡带"形容两淮是贴切的，同时对于其他地理空间内的过渡带研究也有参考意义。换言之，对过渡带进行具体研究是可以衍生出理论和方法价值的。（3）赞同过渡带这种地理结构在长久的历史和文化演进中起塑造和影响作用。

在当代中国考古学界文明探源的背景下，考古材料日新月异。下面，我结合

"过渡带"这一概念,简略谈谈两淮近年的若干新发现。

首先,两淮地区近年最引人注目的发现当然是凌家滩遗址的考古。凌家滩遗址连续性的发掘,令凌家滩遗址的聚落结构更加明晰。其作为一处超大型聚落,面积达160万平方米,以内外两道环壕进行规划布局并构建防御体系。内有大型祭坛与墓地、大型红烧土结构公共建筑基址、燎祭区,出土了数量多且精的玉礼器。层出不穷的新发现进一步丰富了凌家滩文化的内涵,为探讨文明起源的"过渡带"模式提供了典型样本。

凌家滩与红山、良渚并称为"中国史前三大玉文化中心"。从东方沿海地区的空间视角看,凌家滩文化处于中间,恰好是红山和良渚的过渡。凌家滩文化与红山文化曾经有过密切的互动。两者在玉器种类、琢玉技术,以至上层宇宙观领域,都有相当的一致。2024年内蒙古自治区赤峰市敖汉旗下洼镇八旗村的元宝山积石冢遗址中出土了一件玉冠饰。这件玉器甫一出土,就引得考古界啧啧称奇。因为这件冠饰与凌家滩文化的一件玉冠饰高度相似,不用文化交流来解释实在说不过去。凌家滩文化的这件玉冠饰也是体现文化"绵延性"的一个极好证据。良渚文化玉器上有很多介字形设计,其中与凌家滩最接近的,是瑶山M12出土的一件琮节面的图案。在神人亚腰倒梯形面首和兽的鼻子之间有一个介字形。因为这个图案隐藏在繁缛的神人兽面图像中,常为人所忽视。这件介字形冠饰极好地体现了一件具体器类层面的"过渡"样态。

将凌家滩文化与空间上毗邻、时间上紧邻的良渚文化略作对比,有助于我们认识凌家滩文化的文明形态。良渚文化被考古学界视为长江下游地区早期国家和王权的一个典型形态。重要的考古发现包括(1)良渚古城;(2)水利系统;(3)莫角山宫殿基址;(4)遍布环太湖地区的高等级墓葬;(5)发达的稻作农业;(6)数量庞大的玉器;(7)蔓布的神徽。

文明探源工程的研究成果显示,这些发现反映出良渚文化的史前农业和手工业取得显著进步;部分具有较高技术含量的手工业专业化并被权贵阶层所掌控;出现显著的人口集中,形成了城市;社会贫富、贵贱分化日益严重,形成了掌握社会财富和权力的贵族阶层;社会形成了金字塔式的社会结构,出现了居于金字塔顶尖,集军事指挥权、社会管理权和宗教祭祀权力于一身的王;血缘关系仍然保留并与地缘关系相结合,发挥着维系社会的重要作用;暴力与战争成为较为普遍的社会现象;形成了王权管理的区域性政体和服从于王的官僚管理机构。良渚文化社会已经进入了文明社会。

比照来看,凌家滩遗址是五千多年前巢湖流域规模最大的中心性聚落,遗址周围密集分布着一些中小型聚落。遗址核心区有高等级建筑区、贫富分化的墓葬区、数量庞大的随葬玉器等等。其文化性质与良渚文化十分类似。不过,在城市化复杂程度上,凌家滩遗址不如良渚古城遗址。从玉器方面看,凌家滩玉器中的玉鹰、玉版、C形龙、龙首形玉器等在造型上的确给人耳目一新之感,尤其是玉版,前所未见,在周边文化中找不到完全相似的物品。然而它们在数量上迄今均只有1件,可能是没有批量制作。尽管这或许具有限量版的珍贵性和稀缺性,但是数量并不丰富的文化要素难以在空间与时间两个层面产生广泛和长久的影响,所折射的恰恰是这支文化广度和深度的不足。良渚文化则不同,大量的琮、璧以及遍布玉器表面的神人兽面纹,标志着良渚文化玉器的生产达到了史前玉文化的高峰。在良渚、大汶口、陶寺、齐家、石峡、三星堆等诸多文化中,均可见到玉琮的身影。玉琮的分布范围几乎覆盖了今天中国地理空间的大部分,展现了旺盛的历史生命。

良渚玉琮上的神徽代表的是古代江南地区统一的关于神灵的信仰,是一种广域的意识形态共识。神徽强化了社会价值观,使意识形态超越地方群体成为可能。透过这种文化现象,我们看到的是整个环太湖地区良渚文化蔓布的文化权力与宗教信仰,很可能意味着良渚文化已经形成较为统一的权力与高度一致的宗教信仰体系。这一情形确实与良渚作为早期国家和王权的一个典型形态相称。

这里将凌家滩文化和良渚文化的若干要素进行比较,并无扬良渚抑凌家滩之意。而是借助这种比较,可以更好地认识凌家滩文化的性质。进一步说,可以在比较中认识区域文化的"国家性(stateness)"。不难看出,无论是在玉器工业,还是社会形态上,凌家滩文化均可谓良渚文化的先声。如果说良渚文化代表了一个区域性的早期国家和文明形态。那么,凌家滩文化则是代表了"文明的曙光",跨入了初期文明时代的门槛,正在向良渚文化所代表的更成熟一步的文明形态过渡。

过渡带的融合特性在若干新发现中继续体现。安徽金寨遗址揭示出一处中心性聚落遗址,遗址年代约自大汶口文化中期持续至龙山文化早中期,面积达50万平方米。遗址发现有来自屈家岭文化与良渚文化的遗物。我们结合早年间发现有大量良渚式玉器的情况,可知该聚落应为一处高规格的区域文化中心。

除了安徽江淮间凌家滩遗址近年有不少新发现外,属于江淮东部的兴化草堰港遗址是里下河地区近年最夺人眼球的一个发现。草堰港遗址所在的里下河地区地势低洼,河湖纵横。该遗址发现于海相淤泥之下,属于滨海湿地型史前遗址。

草堰港遗址遗物丰富。陶器以釜为主,其次为罐、钵、豆、箅、支脚、盖等;骨角器有耜、靴形器、镞、镖、锥、针等;玉器有璜、环、管、坠等;石器有钺、锛、研磨器、砺石等;木器有钻木取火器、纺轮、浮漂、锥形器等;地层中水稻壳和芡实壳堆积大面积分布。这些发现显示距今 7 000 年前后江淮东部有一支独具地域特色的史前文化。

虽然《过渡带》讨论的社会进程设置的起点是距今 5 500 年,但是草堰港的例子与我曾强调的两点有联系。其一,两淮过渡带有其"脆弱"的一面,包括竞争程度高、抗干扰能力弱;其二,江淮东部滨海,受海洋影响较大。根据兴化地区地质和考古钻探资料可知,当地的地层堆积较大范围内有一层青灰色海相沉积层。

再来看商周时期的一些发现。肥西三官庙遗址近年出土了多件青铜器,器形有铜钺、铜凿、铜铃、铜戈、铜牌、铜箭镞等。其年代相当于二里头文化晚期,面貌与二里头文化铜器有相似之处。整体上,这一发现同样可以视为"中原化"趋势的组成部分。

位于江淮东部高邮湖东岸的佛前墩遗址是一处商周时期的遗址,出土了包括陶器、瓷器、石器、铜器和骨角器在内的各类遗物近 400 件,其中西周时期卜甲和卜骨 70 余片。《过渡带》中曾经指出,两淮之间商周时期存在若干区域性古国,它们与商周霸权性王国的关系是时服时叛,文化面貌上既受到周文化的影响,又保持着地域个性。从族群身份上讲,它们是淮夷族群联合体的组成部分。

在长江南岸,西周至春秋时期与铸铜有关的聚落遗址近年有不少新发现。繁昌神墩头、镇江孙家村等遗址展现了周代的基层聚落面貌和冶铸工业的发展,丰富了周代长江下游冶铸工业的历史内涵。《过渡带》中讨论过"金道锡行"的问题以及淮夷与周人围绕铜资源展开的竞争。这些年的一些新发现让文献中的"金道锡行"具象化。

在区域研究领域,最近有一个非常流行的话语——"把××作为方法"。如果××是指地区。这些地区的规模大到亚洲或中国,小到国内的地区,甚至缩小到"自己"。在考古学的区域文明探源中,中原所代表的核心区可以作为一个方法。边缘研究也被很多学者重视。过渡带当然也可以作为方法。比如,在两淮过渡带的邻近处,就存在空间规模小一些的过渡带。在中国境内,有很多个大大小小的过渡带。藏彝走廊、岷山走廊、随枣走廊等等。

例如，考古学界普遍认为江淮之间的凌家滩文化与环太湖地区的良渚文化在时间上一早一晚，两者有密切的联系。良渚文化的文明化水平吸收了诸多凌家滩文化的精髓。那么，凌家滩文化是如何影响良渚文化的？这就提出了凌家滩文化所在的巢湖流域和良渚文化所在的环太湖流域交流的中间地带问题。吴卫红先生曾对走向太湖流域的通道做过重建。他提出三条路线：太湖北道、太湖中道和太湖南道。按照历史地理知识，这三条路线都是有效的。原因很简单。古人走过的路，就是今人在走的路。良渚文化代表的是一个区域性早期国家。如果借用"条条大路通罗马"这个谚语，那么"条条大路通良渚"。这里其实反映的是一个"文明与周边"的主题。在良渚文化所代表的区域性早期国家形成过程中，虹吸效应已经出现，会从周边吸引人和资源。于是从或近或远的周边前往早期国家所在的中心城市的现象发生了，而途经的中间地带正是一个个过渡带。要从考古学上实证这三条路线当然需要细致的文化因素分析。我也相信这三条路线的历史地理传统存在深浅之别。比如，太湖中道，即由凌家滩顺裕溪河，跨长江向东，经由现姑溪河和石臼湖一带，向东越过宜溧山地，抵达宜兴太湖。这条路线在历史文献中早有记载。《汉书·地理志》丹阳郡芜湖县下注云："中江出西南，东至阳羡入海。"阳羡即今宜兴，在西太湖。春秋时期伍子胥开凿胥河，沟通了太湖水系荆溪和长江在芜湖的支流水阳江。也就是说这条通道在历史地理传统中是被认识到的，并且是被反复实践的。

今日从南京往杭州，也能体会到太湖中道所经区域是一个小型过渡带。从南京到高淳，约一小时车程。高淳东与溧阳接壤，再从溧阳至宜兴，这一段在地形上属于宜溧山地。宜兴在太湖西南，与长兴相邻。从太湖南缘东行，很快便抵达良渚文化的核心地带。所以这条路线所在区域正是通向早期国家的一个过渡带。在这个过渡带中，会有若干枢纽性遗址。我们在高淳的薛城遗址连续做了几年工作，高淳地处古中江和丹阳大泽交汇处，曾是"崧泽文化圈"的一个边缘区。在2021年的发掘中，M16出土的彩陶瓶，形似葫芦，带草叶纹黑彩，有中原庙底沟文化风格，应为外来文化因素。无巧不成书，在2021—2022年凌家滩遗址的发掘中，一座祭祀坑的西北角也出土了一件彩绘葫芦瓶，其造型及彩绘纹饰与薛城遗址的十分相近。这是反映巢湖流域与古丹阳湖流域文化互动的极佳证据。与此同时，薛城遗址也有很多崧泽文化晚期的遗存，如假腹杯形豆，与湖州毘山遗址的同类器非常相似。

古丹阳湖流域、宜溧山地，可谓宁镇地区与环太湖地区之间的过渡带，也是文明的周边地带之一。从人群的角度看,也有詹姆斯·C.斯科特所说的"不服从的地带"的意思。这一点,我在《过渡带》中曾通过讨论淮夷族群联合体表达过。在这样的地带,我认为可以并且期待看到和中心区不一样的生业模式、文化演进、社会复杂化样态,以及和早期国家的联系等。未来的区域文化演进研究会走向更微观、更基层的领域。从大型中心都邑性遗址转移到小型聚落遗址。文明的周边是怎样的?文明和文明的中间地带具有什么样的景象,都还有很多可供探索的空间。

总之,我要说的是,把"过渡带"作为方法,能够从多元复杂的历史空间中看到更多的"过渡带"。我们对于早期全景中国的认识,自然就更全面和立体。

在研究过渡带的过程中,我也粗浅地思考过"历史与现实"的经典话题。历史不仅是过去事件的记录,更是理解现实和未来的钥匙。历史研究的意义在于揭示人类社会发展的规律和趋势,帮助我们从过去的经验中汲取智慧,以应对当前和未来的挑战。

王汎森先生经常性反思"史家究竟能为他的时代做些什么"这一问题。他认为"史家的任务"在过去是一个最容易回答,而现在变得非常困难的课题。传统史家与时代的关系是非常确定的,史学能帮助人们鉴往知来、提供道德劝诫等非常实际的功能。但是今天历史承载的价值和功能非常复杂和不确定。现实中的决定往往不是基于史识,而是短期的利益。王汎森没有刻意强调史学之用,而是提倡"存真实以关联呼应现实"。他轻柔地指出历史的"点染"作用,历史的知识是充满意义的资源。

杨绛先生写过一篇《车过古战场》,追忆其与钱穆先生同行赴京的经历。文中提及火车经过两淮之地,"没有山,没有水,没有树,没有庄稼,没有房屋,只是绵延起伏的大土墩子"。过了蚌埠,窗外景色还是不改。杨绛叹气说:"这段路最乏味了。"这也是当代旅人坐高铁途径此段的同感。宾四先生说:"此古战场也。"经他这么一说,历史给地理染上了颜色,眼前的景物顿时改观。可见,历史提供人们扩充其视野的各种资粮。史识让眼前平淡的景象、口边乏味的话题生出了兴味。

过渡带历史的点染作用在近代和当代苏皖江南江北的经济发展、人群流动上同样可以见到。每逢节假日,滚滚车流归乡和返工,南下北上,途经过渡带。东向苏沪、西往南京。在滚滚车流中,我看到了历史和现实之间的紧密联系。

如果要从过渡带的研究中提出对现实发展的一点建议。如我在《过渡带》指出的,过渡带是一个兼有流动和定居的廊道,既有融汇,又有阻隔的功能。那么从趋利避害的角度说,自然是多让融汇功能起效,尽量减少阻隔和冲突。《左传·哀公七年》记载了一个著名的历史事件,堪称过渡带枢纽性地点发挥融合功能的经典象征:"禹合诸侯于涂山,执玉帛者万国。"这桩历史事件可谓两淮过渡带早期历史发展中的一个高光时刻。四方诸侯汇聚于过渡带中的一个枢纽之地,带着玉帛而来,而非干戈。和平性、融合性与统一性在过渡带被见证了。在"涂山之会"上,我们看到了古代中国历史上"文明中国"特质的诞生。

徐　峰

2025 年夏于建邺